Fock · Schnellboote

Harald Fock

SCHNELL-BOOTE
Entwicklung und Einsatz im 2. Weltkrieg

Band 2

KOEHLERS VERLAGSGESELLSCHAFT MBH HERFORD

ISBN 3 7822 0092 6
© 1974 by Koehlers Verlagsgesellschaft mbH, Herford
Alle Rechte, insbesondere das der Übersetzung vorbehalten
Graphische Gestaltung: Ernst A. Eberhard, Bad Salzuflen
Druck: Ernst Gieseking, Graphischer Betrieb, Bethel bei Bielefeld
Bucheinband: Großbuchbinderei Bernhard Gehring, Bielefeld

Printed in Germany

Inhaltsverzeichnis

Vorwort

Der erste Band behandelte in vier Abschnitten die ersten Vorläufer des Schnellboots, die Entwicklung und den Einsatz von Schnellbooten im Ersten Weltkrieg und die Entwicklungsarbeiten aller beteiligten Marinen zwischen den Kriegen. Er endet mit dem Ausbruch des Zweiten Weltkriegs. Besonders hervorhebenswert waren die systematisch aufeinander aufbauenden Arbeiten Deutschlands, Italiens und der Sowjetunion und das interessante Bemühen Englands, der USA und Japans, in den letzten Jahren vor dem Kriege Versäumtes nachzuholen und zumindest Prototypen für einen Serienbau zu entwickeln und zur Frontreife zu bringen. Dabei fiel auf, daß sich alle Marinen bei der Boots- und Motorenfertigung auf relativ wenige, zum Teil sogar ausländische Firmen beschränkten.

Der vorliegende zweite Band setzt den Bericht mit dem Abschnitt 5 fort. Er behandelt die sich gewaltig ausdehnenden „Coastal Forces" aller Marinen im Verlaufe des Zweiten Weltkriegs, die Bauleistungen und das Schicksal der Boote. Kurze, zusammenfassende Einsatzberichte, Hinweise auf Erfolge, Erfahrungen und taktische Entwicklungen zeigen, daß die Arbeiten unter dem Zwang des Kriegsgeschehens systematisch vorangetrieben und die Fahrzeuge im Rahmen des möglichen den sich wandelnden Erfordernissen des Einsatzes angepaßt wurden. Gegen Ende des Krieges entstandene, zum Teil bisher unveröffentlichte Kleinkampfmittel und die ersten Tragflügelboote der deutschen Marine runden das Bild einer unerhört expansiven Entwicklung und harter Fronteinsätze ab.

Wiederum ist der Verfasser für ergänzendes Material und Hinweise, und seien es kleinste Details oder Berichtigungen, dankbar. Besonders Originalzeichnungen, wenig bekannte Bilder usw. sind von Interesse. Alles in diesem Buch veröffentlichte Zeichnungs- und Bildmaterial wird mit dem Erscheinen der Historischen Sammlung der Marineschule Mürwik übergeben. Dank gilt all denen, die den Verfasser bei seiner Arbeit unterstützten. Besonderer Dank gilt dem „Ufficio Storico" der italienischen Marine für die Genehmigung zur Verwendung von Bild- und Zeichnungsmaterial, dem Bundesarchiv/Militärarchiv in Freiburg, der Lürssen-Werft und Herrn Schiffbau-Ingenieur F. H. Wendel, der erstmals sein umfangreiches privates Archiv öffnete. Dank gilt auch Herrn Gerhard Mittelstädt, der wiederum sämtliche Skizzen und Zeichnungen fertigte, und all jenen, die Unterlagen und Informationen zur Verfügung stellten.

Flensburg, im April 1974

Harald Fock

5. Schnellboote des Zweiten Weltkrieges

5.1 Allgemeines

Zu Beginn des Zweiten Weltkriegs, Anfang September 1939, war die Anzahl der bei den beteiligten Marinen in Dienst befindlichen Schnellboote relativ gering: England verfügte über wenig mehr als drei Torpedo (MTB) — und zwei U-Jagd (MA/SB) — Flottillen, Deutschland über zwei Schnellboot-Flottillen. Frankreich besaß eine Handvoll nur bedingt frontfähiger Boote. Polen hatte gerade eben begonnen, die ersten Schnellboote im Ausland zu bestellen. Von den englischen MA/SB abgesehen, überwog — wie bei allen Marinen zwischen den Kriegen — das **torpedo**tragende Motorschnellboot.

Während die englische und die deutsche Marine bis zum Zeitpunkt des Kriegsausbruchs die Entwicklung von Fahrzeugen abgeschlossen hatten, deren weitgehend erprobte und als zweckmäßig erachtete Eigenschaften die unverzügliche Aufnahme einer Serienfertigung ermöglichten, waren die USA, Japan, Frankreich, Schweden und einige andere Marinen noch mitten im Experimentierstadium. Einzig und allein die erst zu einem späteren Zeitpunkt am Kriege beteiligten Marinen Italiens und der Sowjetunion besaßen im Herbst 1939 nicht nur ausreichend erprobte und weitgehend standardisierte Modelle, sondern auch größere, voll einsatzfähige Schnellbootverbände.

Deutschland wie auch England konnten die bei Kriegsausbruch vorhandenen Schnellboote relativ kurzfristig durch einige für ausländische Rechnung in Bau befindliche, mit Beginn der Feindseligkeiten beschlagnahmte Fahrzeuge aufbessern. Für alle Marinen ergab sich aber schon in den ersten Kriegstagen die Notwendigkeit, die in den langen Friedensjahren aus Personal- und Kostengründen etwas vernachlässigten „Coastal Forces" erheblich auszubauen. Dabei stellte sich — wie im Ersten Weltkrieg — heraus, daß sich keine Marine schon im Frieden voll über den erheblichen Bedarf an kleinen, schnellen Küstenfahrzeugen klargeworden war und vorbereitende Maßnahmen für die Groß-Serienfertigung fehlten. Allein eine englische Privatfirma, die „Fairmile

Company", hatte der britischen Admiralität noch kurz vor Kriegsausbruch das Konzept einer weitgehend mechanisierten Groß-Serienfertigung von „Coastal Forces" angeboten, ein Zusammenbauverfahren mit vorgefertigten Teilen, das selbst das Heranziehen von Betrieben erlaubte, die praktisch über keinerlei schiff- und bootsbauliche Erfahrungen verfügten.

Die folgende Darstellung der Schnellboote des Zweiten Weltkrieges wird sich — wie schon vom ersten Band bekannt — wieder primär der technischen Entwicklung widmen. Taktische Fragen werden nur insoweit angesprochen, wie sie Einfluß auf die technische Entwicklung nahmen. Da über die Kriegseinsätze von Schnellbooten aller Marinen im Zweiten Weltkrieg eine äußerst umfangreiche einschlägige Literatur vorliegt und die Vielzahl der Einsätze Rahmen und Aufgabe dieses Buches überschreiten würde, wird von der Darstellung einzelner Einsätze im allgemeinen abgesehen. Besonders hervorhebenswerte Unternehmen und die für die weitere Entwicklung der Fahrzeuge wichtigen taktischen und technischen Kriegserfahrungen werden teils bei der Behandlung der Boote, teils bei den summarischen Zusammenfassungen berücksichtigt. Die etwas detailliertere Betrachtung der sowjetischen Schnellbooteinsätze soll das Verständnis für den Russen als Gegner zur See fördern.

5.2 Die Entwicklung der englischen Marine

5.21 Die Boote

Die Entwicklung der englischen Schnellboote im Zweiten Weltkrieg wurde — wie bei allen Waffen — nachhaltig vom Gegner und der fortschreitenden Technik bestimmt. Lenton (53) schreibt „In the German E-boat (englische Bezeichnung des deutschen S-Boots) the British MTB was opposed to a tough opponent. The E-boat was larger, and consequently carried a havier gun armament, it was diesel-engined and thus less liable to catch fire and explode if its fuel tanks were penetrated, and it presented a low silhouette difficult to pick up on a dark night. This latter attribute in pre-RDF-days, which relied on visual sighting, was no mean advantage. For attack the MTB needed more guns, or, better still, an MGB to engage with gunfire E-Boats screening an squadron of heavy warships or a convoy while they went in with torpedo (S. 483)".

Die Entwicklung des englischen Schnellboots, die sich bereits vor dem Kriege in das echte MTB und den etwas langsameren U-Jäger MA/SB geteilt hatte, verlief aufgrund der ersten Kriegserfahrungen etwas anders, als im Frieden erwartet.

Um dem Mangel an schnellen Küstenfahrzeugen für Offensiv-, Geleit- und Sicherungszwecke abzuhelfen, der sich schon in den ersten Kriegstagen als äußerst dringlich darstellte, sorgte die Admiralität

— für eine beschleunigte Fertigstellung der für eigene Rechnung in Bau befindlichen bzw. beschlagnahmten MTB,

— für sofortige Inbaugabe größerer Baureihen des 70'-Standard-MTB. Dieser Typ wurde dann mit diversen kriegsbedingten Änderungen als Einheitstyp bis 1945 gebaut (60).

— für die Inbaugabe schneller Geleit- und Sicherungsfahrzeuge, der Motor-Launches (ML), ein Typ, der zwischen den Kriegen praktisch völlig vernachlässigt worden war.

Die vorhandenen MA/SB erwiesen sich schon nach den ersten Kriegsmonaten als Fehlspekulation, da die deutschen U-Boote weitgehend außerhalb der britischen Küstengewässer, und damit außerhalb der begrenzten Reichweite dieser Fahrzeuge, operierten. Last not least aber sollte sich ihre Existenz dann doch noch als glücklich erweisen: Als die deutschen Schnellboote ab Sommer 1940, nach der Besetzung Hollands, Belgiens und Frankreichs, eine intensive Aktivität gegen die englische Schiffahrt im Kanal und an der englischen Südost-Küste entfalteten, zeigte sich, daß die mit wenigen kleinkalibrigen MG bewaffneten englischen MTB den großen, mit 20-mm-MK bewaffneten deutschen Schnellbooten nicht gewachsen waren. Als ad hoc-Lösung entstand auf englischer Seite, zu-

nächst als Umbau der vorhandenen MA/SB, später als spezielle Neukonstruktion, das Motor-Gun-Boat (MGB), ein Anti-Schnellboot-Motorboot, das mit einer ausreichenden Anzahl kleinkalibriger Maschinenkanonen und MG bewaffnet war.

Später, ab Herbst 1943, vereinten sich MTB und MGB schließlich wieder in einem einzigen Fahrzeugtyp, der, alternativ bewaffnet, als MTB und MGB, unter Umständen aber auch als Kombinationstyp MTB/MGB, verwandt werden konnte.

5.211 Die englischen Motor-Torpedoboote (MTB)

Die Entwicklung des englischen MTB während des Krieges ist in der ersten Kriegshälfte charakterisiert durch

— die prinzipielle Weiterentwicklung des bereits im Frieden als Standardtyp kreierten 70'-Typs,

— die Übernahme zahlreicher, für ausländische Rechnung in Bau befindlicher Boote,

— die Übernahme zahlreicher Boote aus amerikanischer Fertigung,

— eine Anzahl von Versuchsbauten.

5.2111 Die Weiterentwicklung des 70'-MTB

Generell wurde das in der Vorkriegszeit entwickelte 70'-MTB während des ganzen Krieges weitergebaut. Kriegserfahrungen und -umstände bedingten allerdings permanente Wandlungen:

a) **Bootskörper:** Die vor dem Kriege systematisch entwickelte V-Spantform wurde mit nur geringen Änderungen den ganzen Krieg über beibehalten. Viele Unannehmlichkeiten ergaben sich jedoch auch weiterhin aus der bereits vor dem Kriege beanstandeten unzureichenden Festigkeit der Bootskörperverbände, die z. T. auf mangelnden konstruktiven Erfahrungen beruhte, z. T. aber auch Schuld der noch unerfahrenen jungen Kommandanten war. Holt (28) schreibt hierzu:

"If a boat is given big engine power and will travel fast, it is human nature — and specially young human nature — to open out the throttle and make it travel fast despite weather conditions. Even with a strong hull it is always possible to smash structure in MTB's by using full engine power and driving the boat nearly head-on into the sharp deep head seas.

However, after taking full account of the inexperienced driving, much of the structural damage was attributable to inexperience in design and lack of full appreciation of the destructive power of high-speed driving. There was progressive improvement in hull structure (S. 195)."

b) **Motoren:** Da leistungsfähige, für Bordzwecke geeignete Leicht-Motoren vor dem Kriege in England nicht zur Verfügung standen und — abgesehen von dem Thornycroft-Otto-Motor — weder aus privater noch aus staatlicher Initiative entwickelt wurden, wurde der bewährte italienische 1150-PS-Isotta-Fraschini-Otto-Asso-1000-Motor praktisch zum Standardantrieb der britischen Schnellboote. Als das italienische Fabrikat ab 1940 nicht mehr zur Verfügung stand, mußte zunächst der wenig leistungsstarke, jedoch in ausreichender Zahl zur Verfügung stehende 600-PS-Hall-Scott-Otto-Motor eingebaut werden. Aufgrund der um fast 50 % geringeren Leistung fiel die Geschwindigkeit der mit diesem Motor ausgerüsteten Fahrzeuge auf 25 kn — ein weiteres Handikap gegenüber den deutschen S-Booten. Erst als der leistungsstarke amerikanische 1150/1200-PS-Packard-Otto-Motor, der später durch Aufladung auf 1350 PS gesteigert wurde, in ausreichender Zahl zur Verfügung stand, war die Antriebsfrage befriedigend gelöst. Praktisch wurde dann der Packard-Motor Standardmotor aller britischen Schnellboote des Zweiten Weltkriegs. Die Ausrüstung mit Untersetzungsgetrieben war — abhängig von der Lieferkapazität — unterschiedlich. Auf den Einbau der bei den Friedensbooten verwandten Ford-V-8-Marsch- und Schleichmotoren wurde im Kriege verzichtet. Praktische Gefechtserfahrungen hatten gezeigt, daß das beim Sprintstart notwendige schnelle Umschalten vom Marsch- auf den Hauptantrieb einige Schwierigkeiten bereitete. Ferner stellte sich heraus, daß die starken Geräusche der nicht-schallgedämpften Ottomotoren besonders Nachtangriffe vereitelten bzw. erschwerten, da der Gegner vorbereitet war. Erst im weiteren Kriegsverlauf (ab 1943) gelang es, dieses Problem durch Einbau wirksamer Schalldämpfer zu beseitigen.

c) **Verdrängung:** Aufgrund zunehmender militärischer Forderungen (Bewaffnung, Brennstoff- und Munitionsvorräte, Radar usw.) stieg die Verdrängung der 70'-MTB im Laufe des Krieges um mehr als 10 ts (s. Tabelle 10). Der daraus resultierende Geschwindigkeitsverlust wurde allerdings durch die größere Leistung des Packard-Motors weitgehend kompensiert.

d) **Bewaffnung:** Die 7,62-mm-MG der Friedens-MTB erwiesen sich gegen die deutschen S-Boote als relativ wertlos. Die mechanisch angetriebenen 12,7-mm-Doppelafetten und die 20-mm-Oerlikon-Maschinenkanone stellten, ebenso wie die gegen Kriegsschluß verwandten 6-pdr.-Leichtgeschütze, einen realen Fortschritt dar. Durch die an Zahl und Kaliber wachsende Bewaffnung verwandelte sich das MTB gegen Kriegsschluß immer mehr in eine Art Zwei-Zweck-Fahrzeug (MTB/MGB).

Im einzelnen verlief die Entwicklung des 70'-MTB wie folgt:

Bei bzw. kurz nach Kriegsbeginn standen „MTB 1—30" zur Verfügung (s. Abschnitt 4.311). Ab 1940 folgten

— „MTB 31—40", Vosper, Portsmouth, 39,75 ts, 21,64 x 4,5 m, „MTB 31—34" 3 x 1150/1200-PS-Isotta-Fraschini-Motoren, 38—40 kn, „MTB 35—40" 3 x 600-PS-Hall-Scott-Motoren, 25 kn, 2 — 12,7-mm-MG (1 x 2), 4 — 7,62-mm-MG (2 x 2), 2 — 53,3-cm-TR, 12 Mann.

Als Packard-Motoren zur Verfügung standen, wurden die Hall-Scott-Boote auf diese umgerüstet.

— „MTB 41—48", Withe, Cowes, 33 ts, 22,25 x 5,49 m, 3 x 1120-PS-Sterling-Otto-Motoren, 33,2—39,7 kn, 2 — 12,7-mm-MG (1 x 2) 2 — 7,62-mm-MG (2 x 1), 2 — 53,3-cm-TR, 12 Mann.

— „MTB 49—56", Thornycroft, Hampton, 52 ts, 23,01 x 5,03 m, 4 x 650-PS-Thornycroft-Otto-Motoren (je zwei auf eine Welle), 29 kn, 2 — 12,7-mm-MG (1 x 2), 2 — 7,62-mm-MG (2 x 1), 2 — 53,3-cm-TR, 12 Mann. Alle Boote wurden später unter den Namen „Meggido", „Menin", „Messines", „Marne", „Mons", „Montabaun", „Morwal", „Nablus" als schnelle Scheibenschlepper verwandt.

— „MTB 57—66", Vosper, Portsmouth, technische Daten wie „MTB 35—40", jedoch 1 — 20-mm- **oder** 4 — 7,62-mm-MG (1 x 4) achtern, 2 — 12,7-mm-MG (1 x 2) mittschiffs und 2 — 7,62-mm-MG (1 x 2) vorn.

— „MTB 73—98" (73—85 Vosper, Portsmouth, 86 Morgan Giles, Teignmouth, 87—92 Harland & Wolff, Belfast, 93—94 Berthon Boat, Lymington, 95—96 Morgan Giles, 97—98 Vosper) 47 ts, 22,10 x 5,86 m, 3 x 1200/1350-PS-Packard-Otto-Moto-

ren, 38—40 kn, 2 — 12,7-mm-MG (1 x 2), 4 — 7,62-mm-MG (2 x 2), 2 — 53,3-cm-TR, 12 Mann. Erste, von Anfang an auf die US-Packard-Motoren ausgelegte Serie. SK 85 und Abb. 84 zeigen Einzelheiten dieser frühen 70'-Serie.

— „MTB 201—212", White, Cowes, technische Daten wie „MTB 41—48", jedoch 38,5 ts.

— „MTB 222—245" (Vosper-Entwurf, 222—228 H. McLean, Renfrew, 229—231 McGruer, Clynder, 232—235 Berthon Boat, Lymington, 236—239 Camper & Nicholson, Gosport, 240—241 Morgan Giles, Teignmouth, 242—245 Vosper, Portsmouth), 47 ts, 22,10 x 5,86 m, 3 x 1200/1350-PS-Packard-Otto-Motoren, 34—39,5 kn, 1 — 20-mm-, 2 — 12,7-mm-MG (1 x 2), 2 — 53,3-cm-TR, 13 Mann.

— „MTB 246—257", White, Cowes, technische Daten wie „MTB 41—48" und „MTB 201—212", jedoch 41 ts.

— „MTB 347—362" (Vosper-Entwurf, 347—349 Vosper, Portchester, 350 Harland & Wolff, Bel-

SK 85

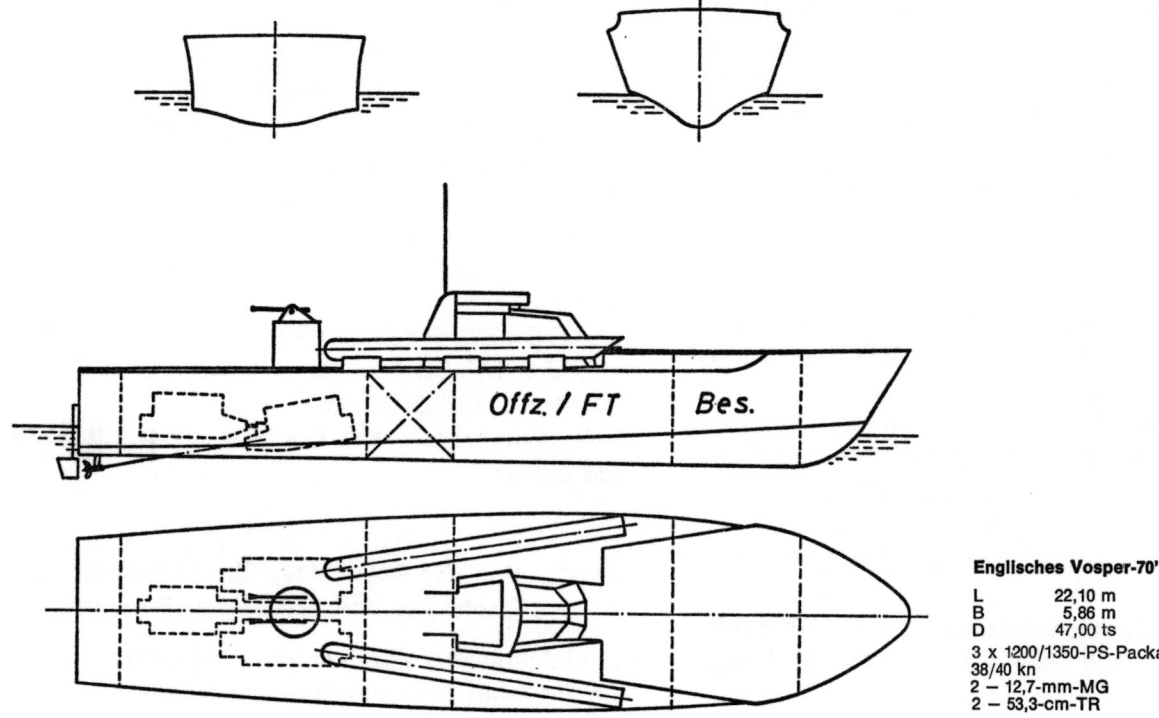

Englisches Vosper-70'-MTB um 1940

L   22,10 m
B   5,86 m
D   47,00 ts
3 x 1200/1350-PS-Packard-Motoren
38/40 kn
2 — 12,7-mm-MG
2 — 53,3-cm-TR

fast, 351—354 Vosper, Wivenhoe, 355—359 Harland & Wolff, Belfast, 360—362 Morgan Giles,
Teignmouth), 44,75 ts, 22,10 x 5,86 m, 3 x 1200/
1350-PS-Packard-Otto-Motoren, 35—39,5 kn, 1 —
20-mm-, 2 — 12,7-mm-MG (1 x 2), 4 — 7,62-mm-
MG (2 x 2), 2 — 53,3-cm-TR, 12 Mann. Bei einigen
Booten wurde das 12,7-mm-Doppel-MG durch
1 — 20-mm- ersetzt, bei anderen die vordere
20-mm- durch 1 — 1-pdr.
— „MTB 379—395", Vosper-Portsmouth, 44,5 ts,
22,5 x 5,94 m, 3 x 1200/1350-PS-Packard-Otto-
Motoren, 34—39,5 kn, 2 — 20-mm- (1 x 2), 2 — 12,7-
mm-MG (2 x 1), 4 — 7,62-mm-MG (2 x 2), 4 — 45,7-
cm-TR, 13 Mann (Abb. 85).
— „MTB 412—418", British Power Boat, Hythe,
46 ts, 21,86 x 6,32 m, 3 x 1200/1350-PS-Packard-
Otto-Motoren, 39 kn, 1 — 2-pdr., 2 — 20-mm- (1 x
2), 4 — 7,62-mm-MG (2 x 2), 2 — 47,5-cm-TR,
17 Mann (waren vorher „MGB 74—81").
— „MTB 424—429", White, Cowes, 46,75 ts,
22,25 x 5,49 m, 3 x 1120-PS-Sterling-Otto-Moto-
ren, 33,2—39,7 kn, 1 — 6-pdr., 2 — 20-mm- (1 x 2),
4 — 7,62-mm-MG (2 x 2), 2 — 45,7-cm-TR, 17
Mann.
— „MTB 430—432", Britsh Power Boat, Hythe,
37 ts, 21,86 x 6,32 m, 3 x 1200/1350-PS-Packard-
Otto-Motoren, 39 kn, 1 — 2-pdr., 2 — 20-mm- (1 x
2), 4 — 7,62-mm-MG (2 x 2), 2 — 45,7-cm-TR, 17
Mann (waren vorher MGB der Serie „MGB 107
bis 176" (s. Abschnitt 5.2133).
— „MTB 434—500, 502—509, 519—522", British
Power Boat, Hythe, alle technischen Daten wie
„MTB 430—432", jedoch „MTB 434—457", 37 ts,
„MTB 458—492", 41 ts, alle folgenden 44 ts.
Ferner ab „MTB 458" statt des 2-pdr. einen 6-pdr.
„MGB 434—500" waren vorher MGB der Serie
„MGB 107—176" (s. Abschnitt 5.2133).
— „MTB 523—537", Vosper, Portsmouth, 48,75 ts,
22,1 x 5,86 m, 3 x 1200/1350-PS-Packard-Otto-
Motoren, 38—40 kn, 1 — 6-pdr., 2 — 20-mm- (1 x 2),
4 — 7,62-mm-MG (2 x 2), 2 — 53,3-cm-TR, 13
Mann. „MTB 534, 536" wurden 1945 nicht mehr
fertiggebaut.
Eine außerordentlich detaillierte und reich bebil-
derte Darstellung des Vosper-70'-MTB bringt
Cobb (60).

5.2112 Für ausländische Rechnung in England in Bau befindliche und bei Kriegsausbruch beschlagnahmte MTB

Mit Kriegsausbruch oder im Verlauf des Krieges
wurden 23 MTB beschlagnahmt, die auf englischen Werften für ausländische Rechnung in
Bau waren. Auf diese Weise erhielt die Royal
Navy
— „MTB 26—27" (ex chinesisch), Thornycroft,
Hampton, 17 ts, 16,76 x 3,35 m, 2 x 600-PS-
Thornycroft-Otto-Motoren, 40 kn, 2 — 7,62-mm-
MG (2 x 1), 2 — 45-cm-Heck-Torpedoablaufbahnen, 5 Mann.
— „MTB 67—68" (ex finnisch), Thornycroft,
Hampton, technische Daten wie „MTB 26—27",
jedoch 4 — 7,62-mm-MG (2 x 2).
— „MTB 69—70" (ex griechisch), Vosper, Portsmouth, 21,34 x 4,49 m, 2 x 1150-PS-Isotta-Fraschini-Motoren, 27,5 kn, 10 — 7,62-mm-MG (2 x
4, 2 x 1), 2 — 53,3-cm-TR, 10 Mann. Ursprünglich
mit 3 Motoren für 35 kn geplant, wegen Motorenmangel auf 2 umgestellt!
— „MTB 71—72" (ex norwegisch), Vosper, Portsmouth, 25 ts, 18,29 x 4,57 m, 2 x 1150-PS-Isotta-
Fraschini-Motoren, 35 kn, 2 — 12,7-mm-MG (1 x
2), 2 — 45,7-cm-TR, 10 Mann.
— „MTB 213—217" (???), Thornycroft, Hampton,
technische Daten wie „MTB 67—68".
— „MTB 218—221" (ex griechisch), Vosper,
Portsmouth, technische Daten wie „MTB 69—
70".
— „MTB 327—331" (ex philippinisch), Thornycroft, Hampton, technische Daten wie „MTB
67—68".
— „MTB 433" (ex holländisch „TM 51"). Wurde
zunächst MA/SB und dann MGB. Daten s. Abschnitt 5.2133 („MGB 46").
Weitere übernommene Boote s. Abschnitt 5.212
und 5.2134.

5.2113 Von der Royal Navy übernommene Boote aus amerikanischer Fertigung

Im Rahmen des Pacht- und Leihgesetzes lieferten die Amerikaner an die Royal Navy

— „MTB 258" (ex US „PT 9". Das 1939 von der British Power Boat als Spekulationsbau (P.V. Boat) gebaute, nach Ablehnung durch die britische Admiralität von der US-Navy übernommene Fahrzeug kam 1941 nach England zurück), 32 ts, 21,3 x 6,1 m, 3 x 1000/1100-PS-Rolls-Royce-Merlin-Motoren, 40—44 kn, 4 — 12,7-mm-MG (2 x 2), 4 — 45,7-cm-TR, 12 Mann.

— „MTB 259—268" (ex US „PT 10—19"), Electric Boat Co., Bayonne (USA), 32 ts, 21,34 x 6,1 m, 3 x 1200/1350-PS-Packard-Otto-Motoren, 40 bis 45 kn, 4 — 12,7-mm-MG (2 x 2), 4 — 45,7-cm-TR, 12 Mann („MTB 267" wurde vorübergehend als Minenleger für 4 Minen verwendet).

— „MTB 269—270" (ex US „PT 5—6"), Higgins, New Orleans (USA), 24,76 m, 45 ts, 3 x 1200-PS-Packard-Otto-Motoren, 46 kn, 2 MG, 4 — 45,7-cm-TR, 8 Mann („PT 6" war 2. Boot dieses Namens! Erstes „PT 6" wurde bereits 1940 als MA/SB, später „MGB 68" an die Royal Navy geliefert [s. Abschnitt 5.2131]).

— „MTB 271—272" (ex US „PT 7—8"), Philadelphia Naval Shipyard (USA), technische Daten s. Abschnitt 4.341. „MTB 272" wurde später als „YP 110" an die US-Navy zurückgegeben.

— „MTB 273—274" (ex US „PT 3—4"), Fisher Boat Works, Detroit (USA), 17,7 x 4.2 m, 25,5 ts, 2 x 1200-PS-Packard-Otto-Motoren, 40 kn, 2 MG, 2 — 45,7-cm-Heck-TR, 8 Mann.

— „MTB 275—306", Vosper-Entwurf, 1941/42 als „BPT 21—52" in den USA gebaut (275—282 Annapolis Yacht Yard, 283—290 Heereshoff Mfg, Co., Bristol, 291—296 Robert Jacob, City Island, 297—302 Harbour Boat Building, Terminal Island, 303—306 Annapolis Yacht Yard) und unter Leih- und Pachtgesetz an England geliefert, 37 ts, 22,1 x 5,86 m, 3 x 1200/1350-PS-Packard-Otto-Motoren, 35—39,5 kn, 1 — 20-mm-, 2 — 12-7-mm-MG (1 x 2), 2 — 53,3-cm-TR, 13 Mann.

— „MTB 307—326" (ex US „BPT 1—20", ex „PT 49—68"), Electric Boat Co., Bayonne, 45 ts, 23,47 x 6,1 m, 3 x 1200/1350-PS-Packard-Otto-Motoren, 40—45 kn, 1 — 20-mm-, 4 — 12,7-mm-MG (1 x 2), (2 x 1), 2 — 53,3-cm-TR, 12 Mann. „MTB 317—326" wurden jedoch nicht an Eng-

land ausgeliefert, sondern als „PT 59—68" in den USA zurückbehalten.

— „MTB 332—343" wurden 1940/41 bei der Canadian Power Boat Company für die Kanadische Marine als Nachbauten des 1939 an Kanada als „CMTB 1" von der British Power Boat gelieferten P.V.-Boots (vgl. Abschnitt 4.311) gebaut und an die Royal Navy abgegeben. Der Bootskörper entsprach dem Prototyp „MTB 258", als Antriebsanlage waren 3 x 1200/1350-PS-Packard-Otto-Motoren für 40—45 kn installiert. Bewaffnung und Besatzung entsprechend „MTB 258".

— „MTB 363—378" (ex US „BPT 53—68"). Technische Daten wie „MTB 275—306". Alle Boote bei Annapolis Yacht Yard (USA) gebaut (Abb. 86). Acht dieser Boote, „MTB 363—370", wurden an Rußland weitergegeben.

— „MTB 396—411" (ex US „PT 384—399"). Technische Daten wie „MTB 275—306". Alle Boote bei Robert Jacobs, City Island (USA) gebaut.

— „MTB 419—423" (ex US „PT 88, 90—94"), Higgins, New Orleans (USA), 35 ts, 24,69 x 6,1 m, 3 x 1350-PS-Packard-Otto-Motoren, 40 kn, 1 — 40-mm-, 1 — 20-mm-, 4 — 12,7-mm-MG (2 x 2), 2 — 53,3-cm-TR, 12 Mann.

Insgesamt 96 US- und 12 kanadische Boote. Weitere Lieferungen s. Abschnitt 5.2131.

5.2114 Versuchsboote

Außer den bereits in Abschnitt 4.311 genannten, vor bzw. Anfang des Krieges in Dienst gestellten Versuchsbooten „MTB 100—109" entstanden während des Krieges bei Thornycroft die Versuchsboote „MTB 344" (18,3 m lang) und „MTB 345—346" (13,7 m lang).

Die unter Rückgriff auf die 45'- und 55'-CMB konstruierten, mit 2 x 600-PS-Thornycroft-Otto-Motoren 40 kn laufenden und mit 2 — 45,7-cm-Hecktorpedoablaufbahnen versehenen Stufenboote setzten die mit den ähnlichen „MTB 104—107" angestellten Versuche fort, kleine Schnellboote an Bord größerer, seegängiger Schiffe zu nehmen, um diese zu Raid-Unternehmen im gegnerischen Küstenbereich zu verwenden. Von allen Booten ist jedoch nur „MTB 105" an Bord des Special Service Ship „Fidelity" gegeben worden. Hierfür wurde anstelle der Torpedos ein Adic-Gerät eingebaut.

5.212 Die englischen U-Jagd-Schnellboote (MA/SB)

Die bei Kriegsausbruch in Dienst bzw. noch in Bau befindlichen „MA/SB 1–21", ausnahmslos British Power Boat-Fahrzeuge (s. Abschnitt 4.311), wurden nach Kriegsbeginn zahlenmäßig verstärkt durch Neubauten und Übernahme fremder Boote. Listenmäßig erscheinen dauernd bzw. vorübergehend unter der Bezeichnung MA/SB:

— „MA/SB 22–39", British Power Boat, 20 ts, 19,2 x 4,57 m, 2 x 500-PS-Napier-Otto-Motoren, 25 kn, 2 – 7,62-mm-MG (1 x 2), Wabos, 9 Mann.
— „MA/SB 40–43" (ex norwegische MTB „Nr. 1–4"), British Power Boat.
— „MA/SB 44–45" (ex schwedische MTB „T 1–2"), British Power Boat.
— „MA/SB 46" (ex holländisches MTB „TM 51"), British Power Boat.
— „MA/SB 47–48" (ex polnische MTB), White, Cowes.
— „MA/SB 49", British Power Boat, technische Daten wie „MA/SB 22–39".
— „MA/S 50–67" (ex französische „VTB 23–40"), British Power Boat.
— „MA/SB 68" (ex US „PT 6"), Higgins, New Orleans (USA). 1940 an die Royal Navy abgegeben.
— „MA/SB 69–73" (ex finnische MTB „RB 1–5"), Higgins, New Orleans (USA), 1940 an die Royal Navy abgegeben.
— „MA/SB 74–97" wurden 1941 bei der British Power Boat bestellt, jedoch später storniert.

Bereits im Jahre 1940 wurde beschlossen, mit Ausnahme von „MA/SB 1–5, 22–39, 49" alle Fahrzeuge als Motorkanonenboote (MGB) um- bzw. fertigzubauen. Technische Details dieser Fahrzeuge s. Abschnitt 5.2131.
Die nicht zu MGB umgebauten Boote „MA/SB 1–5, 22–39, 49" wurden in den Jahren 1941/42 zu ASR's umgerüstet.

5.213 Die englischen Motorkanonenboote (MGB = Motor Gun Boat)

Die nach der Besetzung der französischen Kanalhäfen schnell zunehmenden Angriffe deutscher S-Bootsverbände auf britische Kanalgeleitzüge zeigten bald, daß die englischen MTB den wesentlich größeren deutschen Booten weder bewaffnungsmäßig, noch im Hinblick auf die Seefähigkeit gewachsen waren. Spezielle, schnelle, mit Maschinenwaffen größerer Kaliber ausgerüstete Motorschnellboote mit einer den deutschen Fahrzeugen entsprechenden Seefähigkeit und der Eignung, hohe Fahrt auch bei ungünstigeren Witterungsverhältnissen laufen zu können, waren daher dringend erforderlich. Holt (28) schreibt „The enemy craft were almost immune from attack by torpedo, and the provision oft very fast small craft with automatic guns to shoot up the enemy boats became a matter of great urgency (S. 196)".
Da vorbereitende Arbeiten für einen derartigen „Schnellbootjäger" nicht vorlagen, mußte stufenweise von der Improvisation zur Entwicklung übergegangen werden. Die Engländer gingen diesen Weg mit höchst bemerkenswerter Logik: Sie rüsteten zunächst einige der vorhandenen MA/SB und für ausländische Rechnung in Bau befindliche, mit Kriegsausbruch beschlagnahmte MTB zu MGB um. Erst in der zweiten Phase wurden speziell für diesen Einsatz konzipierte Fahrzeuge eingesetzt. Als sich dann um 1942 herausstellte, daß die bisherigen, von den wenigen Dampfbooten abgesehen, relativ kleinen MGB den permanent wachsenden taktischen und Waffenforderungen nicht mehr gerecht werden konnten, wurde der Bau eines großen, seefähigen Rundspantbootes vorbereitet, das — mit alternativer Bewaffnung versehen —, sowohl als MTB als auch als MGB verwandt wurde.

5.2131 Die ersten behelfsmäßigen MGB

Im Jahre 1940 ließ sich übersehen, daß die noch im Frieden vorbereiteten Motor Anti-Submarine

Boats (MA/SB) keine realen Aufgaben fanden, da die deutschen U-Boote, entgegen den Erwartungen der Engländer, weit außerhalb des engeren Küstenbereichs, und damit auch außerhalb des Operationsbereichs dieser Fahrzeuge, arbeiteten. Die Admiralität entschloß sich daher, sowohl die vorhandenen resp. in Bau befindlichen Boote eigener Fertigung als auch einige auf englischen Werften für fremde Rechnung bestellte und bei Kriegsausbruch beschlagnahmte Boote zu MGB umzurüsten.

Obwohl einige Schwierigkeiten bei der Unterbringung der Geschütze im Bootskörper der kleinen, relativ schwach gebauten Fahrzeuge auftraten, wurden die Umrüstungsarbeiten zielstrebig ausgeführt. Das erste Boot konnte noch in den letzten Monaten des Jahres 1940 fertiggestellt werden, die restlichen folgten bis Anfang 1942.

Aus dieser Aktion entstanden

— „MGB 6—21" (ex „MA/SB 6—21"), British Power Boat, 21,34 x 6,1 m, 31 ts, 2 x 500-PS-Napier-Otto-Motoren, 23 kn, 1 — 2-pdr. **oder** 1 — 20-mm- **oder** 4 — 7,62-mm-MG (1 x 4) und 4 — 12,7-mm-MG (2 x 2), 10 Mann.

— „MGB 40—45" (ex norwegische MTB „Nr. 1—4" und schwedische MTB „T 1—2"), British Power Boat, 19,2 x 4,57 m, 24 ts, 2 x 1000/1100-PS-Rolls-Royce-Merlin-Otto-Motoren, 36—40 kn, 1 — 2-pdr., 4 — 12,7-mm-MG (2 x 2), 10 Mann (vgl. Abschnitt 4.311).

— „MGB 46" (ex holländisches MTB „TM 51"), British Power Boat, 21,34 x 6,1 m, 33—37 ts, 3 x 1000/1100-PS-Rolls-Royce-Merlin-Otto-Motoren, 39—42,5 kn, 1 — 2-pdr., 4 — 12,7-mm-MG (2 x 2), 9 Mann (vgl. Abschnitt 4.311). Wurde später „MTB 433" (vgl. Abschnitt 5.2112).

— „MGB 47—48" (ex polnische MTB), White, Cowes, 21,34 x 5,03 m, 39 ts, 3 x 1150/1200-PS-Isotta-Fraschini-Otto-Motoren, 38—42 kn, 1 — 20-mm-, 4 — 12,7-mm-MG (2 x 2), 4 — 7,62-mm-MG (2 x 2), 12 Mann.

— „MGB 50—67" (ex französische „VTB 23—40") British Power Boat, 21,34 x 6,1 m, 28 ts, 3 x 1000/1100-PS-Rolls-Royce-Merlin-Otto-Motoren, 36—40 kn, 1 — 20-mm- **oder** 4 — 7,62-mm-MG (1 x 4), 4 — 12,7-mm-MG (2 x 2), 4 — 7,62-mm-MG (2 x 2), 12 Mann (51) (Abb. 87).

— „MGB 68" (ex US „PT 6", 1940 von den USA unter Leih- und Pachtgesetz an die Royal Navy abgegeben), Higgins, New Orleans (USA), 24,69 x 6,1 m, 34 ts, 3 x 1200-PS-Packard-Otto-Motoren, 35—40 kn, 1 — 20-mm-, 6 — 12,7-mm-MG (2 x 2, 2 x 1), 14 Mann.

— „MGB 69—73" und „MGB 100—106" (ex finnisch MGB „RB 1—5" bzw. „RB 6—12", von Finnland in den USA bestellt, dort beschlagnahmt und 1940 unter Leih- und Pachtgesetz an England), Higgins, New Orleans (USA), 21,1 x 5,79 m, 30 ts, 3 x 500-PS-Hall-Scott-Otto-Motoren, 27 kn, 1 — 20-mm-MG, 4 — 12,7-mm-MG (2 x 2), 12 Mann (53).

— „MGB 82—93" (ex US „PTC 1—12" [ex US „STC 1—12"], von den USA unter Leih- und Pachtgesetz an England abgegeben), Electric Boat Company, Groton (USA), 23,47 x 6,1 m, 3 x 1200/1350-PS-Packard-Otto-Motoren, 35—40 kn, 1 — 20-mm-, 4 — 12,7-mm-MG (2 x 2), 12 Mann.

— „MGB 98—99" (ex französische Schnellboote „VTB 11—12", die nach der Kapitulation Frankreichs 1940 von der Royal Navy übernommen wurden). Technische Daten s. Abschnitt 4.321.

— „MGB 177—192" (ex US „PT 198, 201, 203—217", im Jahre 1944 unter Leih- und Pachtgesetz an England abgegeben). Higgins, New Orleans (USA), 24,76 x 6,1 m, 3 x 1200/1350-PS-Packard-Otto-Motoren, 36—42 kn, 2 — 20-mm-, (2 x 1), 4 — 12,7-mm-MG (2 x 2), 4 — 7,62-mm-MG (2 x 2), 12 Mann.

Da spezielle, für derartige „Schnellbootjäger" geeignete Waffensysteme zu jener Zeit noch nicht vorlagen, mußte man nehmen, was man hatte. Daraus ergab sich die auffallende Vielfalt der Bewaffnung, die auch in der Zusammensetzung nicht immer befriedigte. Besonders das Recht-Vorausfeuer war bei den meisten Booten zu schwach. Schließlich bereiteten die mit Waffen und Munition überladenen, für derartigen Einsatz konstruktiv nicht ausgelegten Bootskörper und Antriebsanlagen ebenfalls einigen Ärger. Man entschloß sich daher schon sehr frühzeitig, im Jahre 1940, neben der Umrüstung bestehender und aus ausländischen Quellen stammender Boote spezielle, von Anfang an für den Einsatz als MGB konstruierte Fahrzeuge in Angriff zu nehmen. Gedanklich parallel, doch zeitlich etwas gegeneinander verschoben, entstanden zunächst die Dampfkanonenboote und später die Motorkanonenboote des Typs „MGB 74".

5.2132 Die Dampfkanonenboote (SGB = Steam Gun Boat)

Da ein an sich für im Artilleriegefecht kämpfende Schnellboote zweckmäßiger, leichter Hochleistungsdiesel entsprechender Leistung in England nicht zur Verfügung stand, wurde Mitte 1940 auf der Suche nach einem effektiven Gegner zum deutschen S-Boot die Entwicklung schneller Rundspant-Stahl-Kanonenboote mit

leichten Dampfturbinen als Antrieb erwogen. Gegen das stählerne Dampfkanonenboot sprachen höheres Gewicht, großer Brennstoffverbrauch sowie die leichte Verletzbarkeit des stark zergliederten Dampfantriebs, schließlich auch, daß jeder Stahlbau auf Kosten des für die Sicherung des englischen Nachschubs lebenswichtigen Zerstörer- und Fregattenbaus gehen mußte. Dafür sprach der einfach unumgängliche Zwang, ein dem deutschen S-Boot hinsichtlich Seefähigkeit und Geschwindigkeit zumindest gleichwertiges, in der Artilleriebewaffnung jedoch überlegenes Fahrzeug zu bauen.

Im Oktober 1940 begann die Admiralität, die Linien und den Generalplan eines derartigen Dampfkanonenboots zu entwickeln. Detailpläne entstanden aus der Zusammenarbeit der technischen Abteilungen der Admiralität mit den Firmen Yarrow und Denny. Von den ursprünglich vorgesehenen 60 Fahrzeugen wurden, im

SK 86

Englisches Kanonen-Schnellboot
mit Dampfantrieb (SGB)

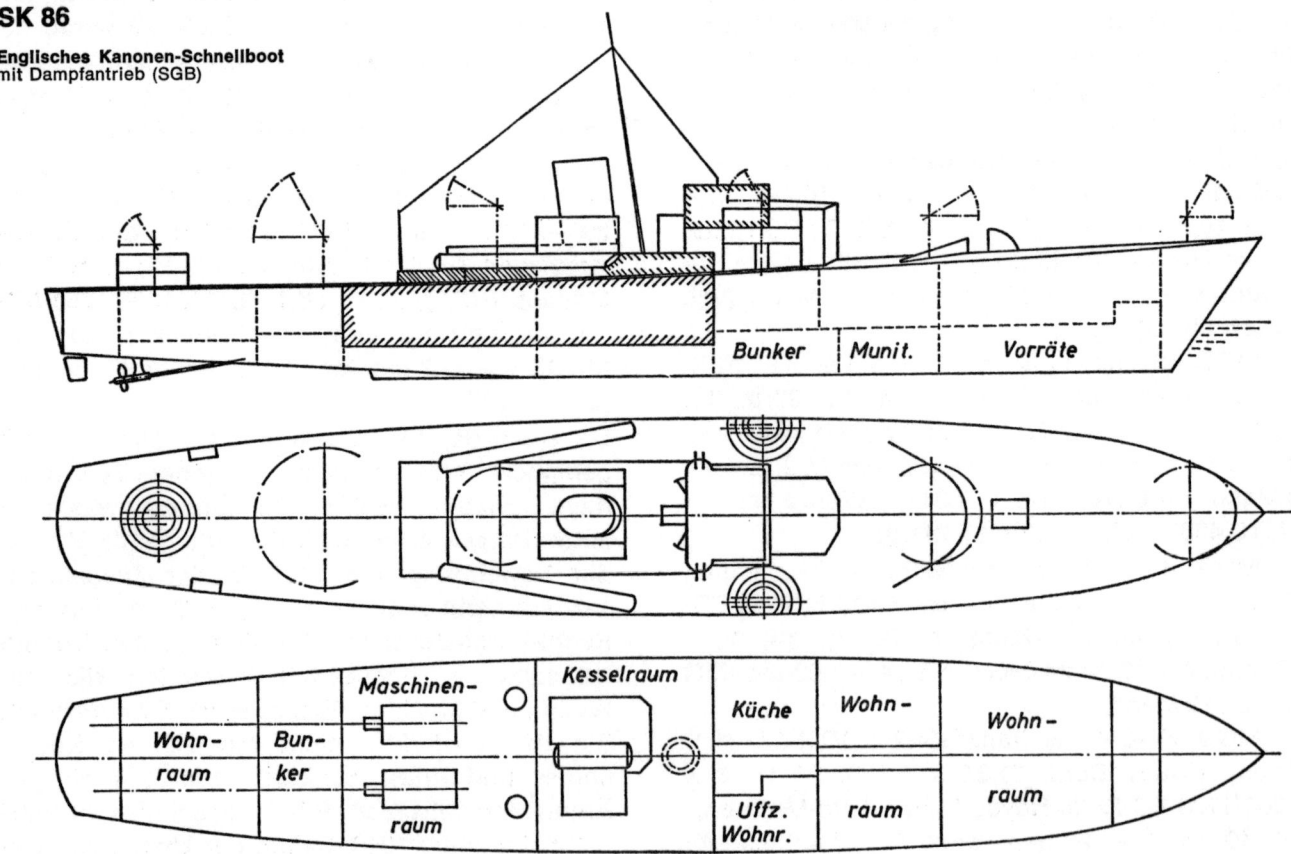

Abb. 84
Englisches „MTB 89"

Abb. 85
Englisches „MTB 385"

Abb. 86
Englisches „MTB 378"

Abb. 87
Englisches „MGB 61"

Abb. 88
Englisches Dampfkanonenboot (SGB)

Abb. 89
Englisches „MGB 116"

Abb. 89
Englisches „MGB 116"

Abb. 90
Englisches „MGB 501"

Abb. 91
Englisches Transportschnellboot
„Gay Viking"

Abb. 92
Zusammenbau eines Bootskörpers
nach dem Fairmile-System

Hinblick auf die Material- und Facharbeiterlage, nur 9 Boote in Bau gegeben: „SGB 1–2" bei Thornycroft, „SGB 3–4" bei Yarrow, „SGB 5–6" bei Hawthorn-Leslie, „SGB 7–8" bei Denny und „SGB 9" bei White. Der Auftrag der beiden Thornycroft-Boote wurde später noch annulliert, die übrigen Boote liefen zwischen dem 27. 8. 1941 und dem 14. 2. 1942 von Stapel. Im November 1941 erledigte „SGB 5" als erstes Boot die Probefahrten. Die 44,5 m langen und 6,1 m breiten Rundspant-Stahlboote (SK 86, Abb. 88) verdrängten 165 ts und waren mit **einem** La-Mont- bzw. Foster-Wheeler-Kessel und **zwei** Metropolitan-Vickers-Räder-Getriebe-Turbinen von zusammen 8000 PSw (bei „SGB 7–9" nur 7200 PSw) ausgestattet. Der Normal-Brennstoffvorrat von 30 ts Dieselöl konnte für längere Einsätze bis auf 50 ts erhöht werden. Bei den ersten Probefahrten zeigten sich erhebliche Kavitationsschäden an den Propellern und eine für Vollastbetrieb unzureichende Kesselleistung. Nach Verbesserungen an Propellern und Kesseln wurden 35 kn bei 170 ts Verdrängung erreicht. Bei Vollast betrug der Brennstoffverbrauch 3,5 t/h, bei gestopptem Boot immer noch 0,5 t/h.

Obwohl es den Konstrukteuren gelungen war, das Bootskörpergewicht ungewöhnlich niedrig zu halten, erwies sich die Festigkeit des Bootskörpers als bemerkenswert gut. Schäden durch Seeschlag, hohe Fahrt usw. traten im Betrieb kaum auf. Weniger erfreulich war dagegen die Standfestigkeit der Antriebsanlage und die mit 2 – 2-pdr. (2 x 1), 4 – 12,7-mm-MG (2 x 2) und 2 – 53,3-cm-TR unzureichende Bewaffnung: Schon nach wenigen Gefechten mit deutschen S-Booten und bewaffneten Trawlern zeigte sich, daß die Boote nicht nur unterbewaffnet waren, sondern häufig durch geringfügige Treffer in eine der zahlreichen Dampfleitungen, Wasserrohre, Pumpen usw. ausfielen und liegenblieben. „SBG 7" ging schließlich im Juni 1942 verloren. Die Admiralität sah sich daher schon nach wenigen Einsätzen zu einem drastischen Schritt gezwungen: Die Außenhaut im Bereich der Kessel- und Maschinenräume wurde mit 19 mm Panzerschutz versehen, die Bewaffnung auf 1 – 7,6-cm-, 2 – 6-pdr. (2 x 1), 6 – 20-mm- (3 x 2), 2 – 53,3-cm-TR verstärkt und die Besatzung dementsprechend auf 34 Mann erhöht. Da diese Maßnahmen jedoch die Verdrängung von 165 auf 260 ts erhöhten, fiel die Geschwindigkeit von 35 auf 30 kn ab (28, 53).

Im Jahre 1944 erhielten die noch existenten Boote Namen:

„Grey Seal" (ex SGB 3), „Grey Fox" (ex SGB 4), „Grey Owl" (ex SGB 5), „Grey Shark" (ex SGB 6), „Grey Wolf" (ex SGB 8), „Grey Goose" (ex SGB 9).

Allgemein müssen die Dampfkanonenboote als technisch höchst bemerkenswerte Fahrzeuge, aus militärischer Sicht jedoch als Notlösung betrachtet werden.

5.2133 Der Typ „MGB 74"

Bereits kurz nach der Entwicklung der SGB, deren Unvollkommenheit schon aus der geringen Stückzahl hervorgeht, entschloß sich die Admiralität, in Zusammenarbeit mit der British Power Boat ein speziell für die Eigenarten dieses Einsatzes ausgelegtes Motorkanonenboot zu entwickeln. Unter weitgehender Anlehnung an die Linien des 1938 von der British Power Boat entwickelten und von der Admiralität abgelehnten P.V.-Boots (vgl. Abschnitt 4.311), jedoch unter erheblicher Verstärkung der Bootskörperverbände und mit negativem Decksprung für ein unbehindertes Recht-Voraus-Feuer, entstanden 1941/42 die Boote „MGB 74–81" (SK 87, 23,93 x 6,35 m, 46 ts, 3 x 1200/1350-PS-Packard-Otto-Motoren, 35–40 kn, 1 – 2-pdr., 2 – 20-mm- (1 x 2), 4 – 7,62-mm-MG (2 x 2), 12 Mann).

Die gute Bewährung der ersten Serie brachte der Werft noch im Jahre 1942 den Auftrag zum Bau der Folgeserie „MGB 107–176" (Abb. 89). Zu einem späteren Zeitpunkt des Krieges, 1943/44, vor der Invasion Frankreichs, wurde fast die gesamte Serie „MGB 74–81, 107–176" zusätzlich zu der Artilleriebewaffnung mit zwei 53,3-cm-TR beidseits der Brücke ausgerüstet und damit zu kombinierten MGB/MTB verwandelt (vgl. Abschnitt 5.213).

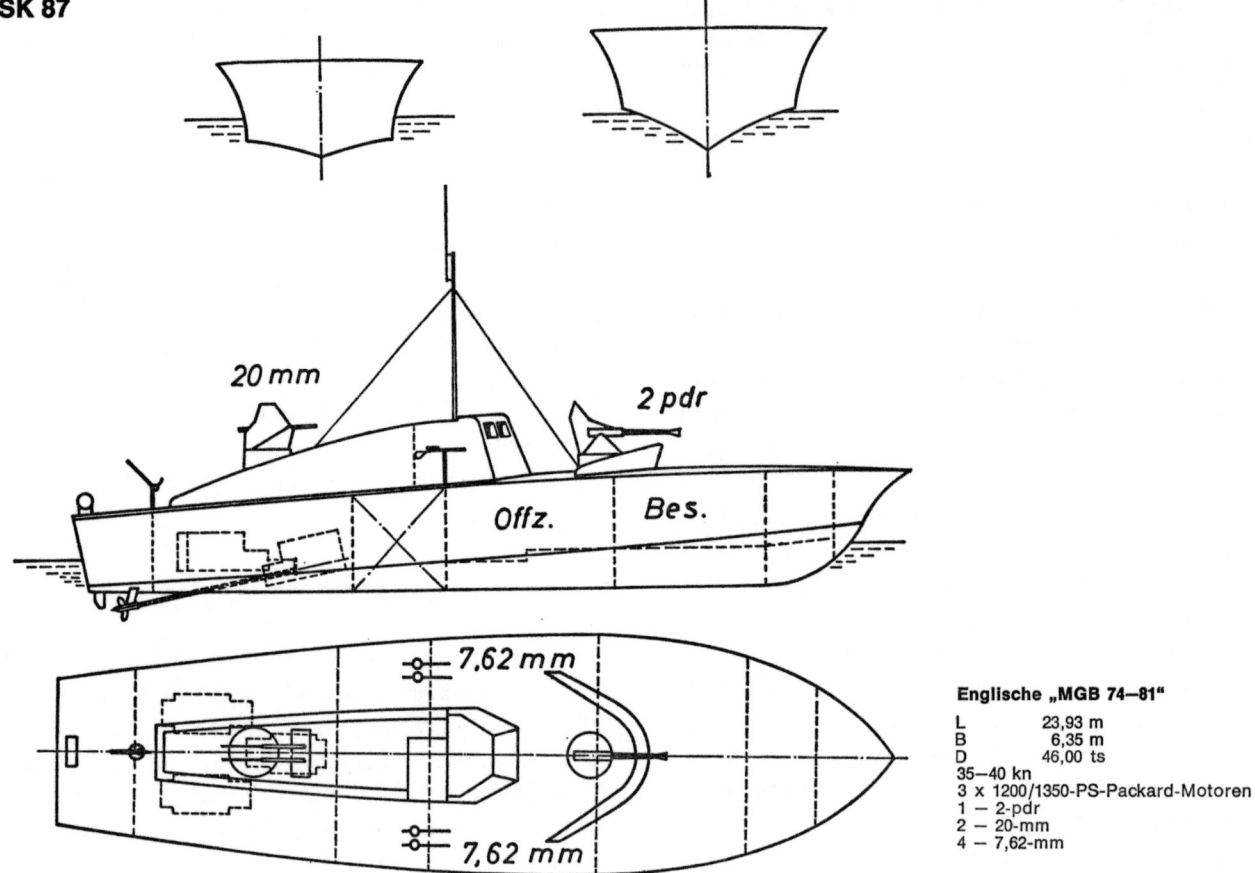

SK 87

20 mm

2 pdr

Offz. Bes.

7,62 mm

7,62 mm

Englische „MGB 74—81"

L   23,93 m
B   6,35 m
D   46,00 ts
35—40 kn
3 x 1200/1350-PS-Packard-Motoren
1 — 2-pdr
2 — 20-mm
4 — 7,62-mm

5.2134 Der Trend zum großen MGB

Bereits im Jahre 1939 hatte sich die Admiralität mit der Entwicklung einer Alternativ-Lösung zum 70'-Typ beschäftigt, einem sowohl größenmäßig als auch als Rundspant-Verdrängungsboot dem deutschen S-Boot vergleichbaren Fahrzeug. Die Konstruktionsabteilung der Admiralität fertigte Projektzeichnungen und Linienriß und ersuchte um Genehmigung, ein Versuchsfahrzeug bauen zu dürfen. Modellversuche hatten ergeben, daß bei der gewählten Bootsform und bei Vorhandensein entsprechender Antriebsanlagen 30—35 kn gut zu erreichen waren. Der schließlich nach Kriegsausbruch bei Camper & Nicholson, Gosport, in Auftrag gegebene Versuchsbau „MTB 501" war 35,66 m lang und 5,94 m breit. Er sollte bei 95 ts Verdrängung mit 3 x 1200-PS-

Packard-Otto-Motoren um 30 kn laufen. Der Bootskörper war — ebenfalls in Anlehnung an die deutschen S-Boote — als Stahl-Holz-Kompositbau mit Doppeldiagonalbeplankung ausgeführt, die vorgesehene Bewaffnung umfaßte eine 7,6-cm- achtern, 1 — 2-pdr. vorn, eine Anzahl Wabos, 2 — 53,3-cm-TR und ein Asdic-Gerät. Der Brennstoffvorrat betrug normal 13 600, maximal 22 600 Liter.

Aufgrund der ersten Kriegserfahrungen wurde dann noch während des Baus beschlossen, das Fahrzeug als MGB fertigzustellen und die Bewaffnung abzuändern in 1 — 2-pdr., 1 — 20-mm-, 4 — 12,7-mm-MG (2 x 2), 2 — 53,3-cm-TR. Bei den Probefahrten erreichte das Boot (SK 88, Abb. 90) auf Konstruktionstiefgang und mit 95 ts Verdrängung 30,3 kn (28, 53).

SK 88

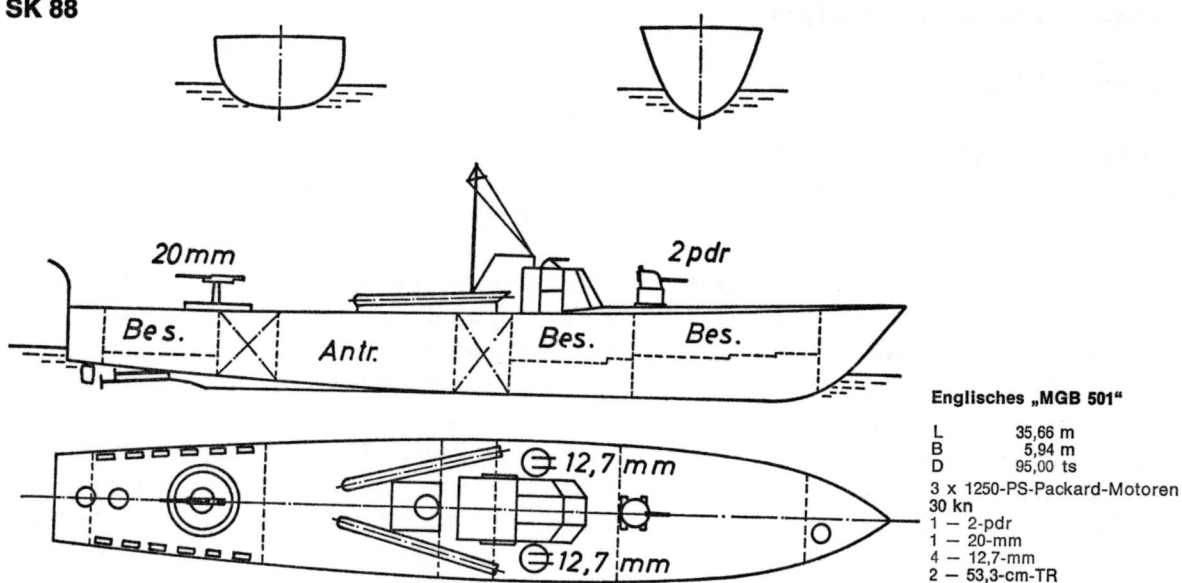

20 mm   2 pdr

Bes.   Antr.   Bes.   Bes.

12,7 mm

12,7 mm

Englisches „MGB 501"

L   35,66 m
B   5,94 m
D   95,00 ts
3 x 1250-PS-Packard-Motoren
30 kn
1 — 2-pdr
1 — 20-mm
4 — 12,7-mm
2 — 53,3-cm-TR

Acht ähnliche Fahrzeuge, die Camper & Nichol-son ursprünglich für türkische Rechnung in Auftrag hatte, wurden „MGB 501" angeglichen und sollten als „MGB 502—509" fertiggestellt werden. Sie verdrängten bei 35,66 m Länge und 6,17 m Breite 95 t und erreichten mit 3 x 1000-PS-Davey-Paxman-Dieseln 27—30 kn. Da eine ausreichende Anzahl dieser Diesel jedoch nicht zur Verfügung stand, mußte „MGB 509" wieder mit 3 x 1200-PS-Packard-Otto-Motoren ausgestattet werden. Die Bewaffnung sollte aus 1 — 2-pdr, 4 — 12,7-mm-MG (2 x 2), 4 — 7,62-mm-MG (2 x 2) und 2 — 53,3-cm-TR bestehen. Bereits während des Baus wurde jedoch beschlossen, nur drei Boote, „MGB 502, 503, 509", als Motorkanonenboote, die übrigen fünf jedoch als Blockadebrecher zum Transport kriegswichtiger Güter zwischen England und dem schwedischen Hafen Göteborg einzurichten: Die innerhalb des Bootskörpers befindlichen Wohneinrichtungen wurden zugunsten eines Laderaumes entfernt und in ein Deckshaus verlegt (Abb. 91). Die unter den Namen „Hope-well", „Nonsuch", „Gay Viking", „Gay Corsair" und „Master Standfast" laufendem Fahrzeuge liefen bei 45 ts Zuladung 20—23 kn und waren mit 2 — 20-mm- (2 x 1) und 4 — 7,62-mm-MG (2 x 2) bewaffnet.

Die drei als MGB verwandten Boote wurden später umarmiert und erhielten 1 — 6-pdr., 1 — 1-pdr., 2 — 20-mm- (1 x 2), 4 — 12,7-mm-MG (2 x 2), 4 — 7,62-mm-MG (2 x 2) (28, 53).

Im Jahre 1943 baute Vosper „MGB 510" (30,63 x 5,79 m, 75 ts, 4 x 1200-PS-Packard-Otto-Motoren, 35 kn, 1 — 6-pdr., 2 — 20-mm- (1 x 2), 4 — 7,62-mm-MG (2 x 2), 2 — 45,7-cm-TR, (20 Mann Besatzung), ein Versuchsboot mit besonders spitz-winkligem V-Boden, das jedoch — mutmaßlich schon allein wegen der hohen Motorenzahl — ein Einzelgänger blieb.

Erst im Jahre 1944 entstand — wiederum als Weiterentwicklung des Typs „MGB 501" — bei Camper & Nicholson eine neue Serie, „MGB 511—518". Die 35,66 m langen und 6,78 m breiten Boote verdrängten 115 ts und erreichten mit 3 x 1200/1350-PS-Packard-Otto-Motoren 26—31 kn. Die Bewaffnung umfaßte 2 — 6-pdr. (2 x 1), 4 — 20-mm- (1 x 2, 2 x 1) und 4 — 45,7-cm-TR, die Besatzung betrug 30 Mann. Schiffbaulich ist die von Typ zu Typ zunehmende Breite hervorhebenswert — ein deutliches Zeichen der aus der stärker werdenden Bewaffnung resultierenden Stabilitätssorgen.

5.214 Die Entwicklung des Standard-Typs

5.2141 Zur Vorgeschichte

Wenige Monate vor Kriegsausbruch 1939 hatte die Fairmile Company der britischen Admiralität einen Vorschlag unterbreitet, wie der im Kriegsfall zwangsläufig große Bedarf an seegängigen, schnellen Motorbooten für Patrouillen- und Hafendienst durch eine programmierte Massenproduktion von V-Spantbooten schnell und ökonomisch zu decken wäre. Der Plan, der auf der Vergrößerung einer existenten V-Spant-Motoryacht aufbaute, sah vor, daß Spanten, Querschotte, Kiele, Steven usw. für ein Standard-Fahrzeug von Sägewerken und Möbelfabrikanten in Groß-Serien vorgefertigt und geeigneten Bootswerften zum Zusammenbau überstellt werden sollten. Diese hätten nur die einzelnen Kielstücke, Spantteile usw. zu verbinden, Vorsteven, Querschotte und die aus wasserfest verleimtem Sperrholz bestehenden Spanten aufzustellen, Längsstringer in den entsprechenden Spantausnehmungen (Abb. 92) zu befestigen, und der Bootskörper wäre fertig zum Aufplanken. Auch die Beplankung wäre fix und fertig zugeschnitten und gehobelt von den Vorfertigungsfirmen an die Werften zu liefern.

5.2142 Die Fairmile-A-Klasse

Nach eingehender Abstimmung zwischen Admiralität und Fairmile wurden einige Verstärkungen des Bootskörpers eingeplant und noch 1939 als erste Serie die Fairmile-A-Klasse mit „ML 100—111" bei Woodnut's Yard, Bembridge, Isle of Wight, in Bau gegeben. Die 33,53 m langen und 5,33 m breiten Fahrzeuge (Abb. 93) gingen vorn 1,37 m und achtern 1,83 m tief. Die einzölligen Sperrholzspanten waren rd. 1,35 m voneinander entfernt, dazwischen waren jeweils vier Zwischenspanten angeordnet. Die Außenhaut war in afrikanischem Mahagoni ausgeführt. Drei Hall-Scott-Otto-Motoren von je 500/600 PS ergaben bei 50 ts Probefahrtsverdrängung 25 kn

Kurzhöchst- und 22 kn Dauerhöchstgeschwindigkeit. Bei 57 ts Konstruktionsverdrängung betrug der Brennstoffvorrat 5500 Liter. Die Bewaffnung bestand aus 1 — 3-pdr., 2 — 7,62-mm-MG (2 x 1), zwölf Wabos und einem Asdic-Gerät, die Besatzung umfaßte zwei Offiziere und 14 Mann. Im Jahre 1942 wurden alle Boote zu schnellen Minenlegern für 9 Ankertau- bzw. 6 Grundminen umgebaut. Gleichzeitig wurden die 7,62-mm-MG durch 3 — 20-mm-MG ersetzt.

Generell hatte die Fairmile-A-Klasse gezeigt, daß das angewandte Prinzip der Trennung von Vorfabrikation und Zusammenbau (das später ja auch im deutschen U- und M-Bootbau praktiziert wurde!) für den Bau der dringend und in großer Stückzahl benötigten großen, seegängigen Motorboote äußerst vorteilhaft war. Andererseits schreibt Holt (28): „On the other hand, the ‚A' type fell short of requirements in important particulars — the fuel tank capacity was about half that required. Due to the hard shine form, the boat was very resistful at cruising speeds, and the bow was inclined to throw up light spray and to pound in a seaway. The accommodation was awkward (S. 187)."

Die Admiralität entschloß sich daher noch um die Jahreswende 1939/40, unter Beibehalten des Bauprinzips einen neuen Typ zu entwickeln.

5.2143 Die Fairmile-B-Klasse

Der von der technischen Abteilung der Admiralität entwickelte Rundspant-Verdrängungsboot-Typ Fairmile-B ließ nach den Modellversuchen im Schleppkanal von Haslar günstige Widerstands- und See-Eigenschaften erwarten. Die Erstplanung des 34,14 m langen, 5,56 m breiten und 1,5 m tiefgehenden Fahrzeugs sah den Einbau von 3 x 500/600-PS-Hall-Scott-Otto-Motoren für 21—24 kn vor. Da die Lieferkapazität des amerikanischen Motorenherstellers jedoch beschränkt und aus militärischer Sicht für die unterschiedlichsten Zwecke eine große Anzahl von Fahrzeugen mit geringerer Geschwindigkeit interessanter erschien, als eine kleinere Zahl schneller Boote, entschloß man sich, nur zwei Motoren zu installieren, um 50 % mehr Fahrzeuge bauen zu können. Bei 67 ts Verdrängung wurden 20 kn Kurzhöchst- und 17,5 kn Dauerhöchstgeschwindigkeit gelaufen. Mit einer Bunkerkapazität von 10 500 Litern wurden 600 sm bei Vollast bzw. 1500 sm bei 12 kn Fahrt erreicht. Alle Fahrzeuge wurden dafür eingerichtet, vorübergehend Zusatz-Brennstofftanks an Deck zu nehmen. Sie erreichten dann 22 500 Liter Brennstoffkapazität, um Verlegungsfahrten in überseeische Gebiete auf eigenem Kiel ausführen zu können. Die Bewaffnung umfaßte bei den ersten Booten 1 – 3-pdr., 2 – 7,62-mm-MG (2 x 1), 12 Wasserbomben und ein Asdic-Gerät, die Besatzung 2 Offiziere und 14 Mann.

Wegen der Knappheit derartiger Fahrzeuge und dem Entschluß der Admiralität, gerade den ökonomischen Typ Fairmile-B in großen Stückzahlen zu bauen, erhielten alle Boote an den entsprechenden Stellen des Oberdecks Stahlschienen mit entsprechenden Halterungsöffnungen zur Aufnahme unterschiedlichster Waffen (Wasserbombengerüste, Minenschienen, Torpedorohre usw.), so daß jedes Boot nicht nur mit

alternativer Bewaffnung fertiggestellt, sondern auch innerhalb kürzester Frist für einen anderen Verwendungszweck umgerüstet werden konnte. So wurden

- 50 der ersten Boote mit 2 – 53,3-cm-TR (von früheren US-Zerstörern!) ausgerüstet (SK 89, Abb. 94), um 1940 als Anti-Invasionsboote zur Verfügung zu stehen. Später wurden die TR wieder entfernt,
- 12 Boote mit einem Hammerwerk versehen, um Akustik-Minen auf flachem Wasser zu räumen,
- einige Boote mit Spezial-Generatoren und -Kabeln gegen Magnetminen, andere als Minenleger, als Seenot-Rettungsboote, als Geleitsicherungs- und Nebelfahrzeuge usw. ausgerüstet,
- einige Boote als Einweisungsboote für Landungsoperationen (St. Nazaire, Normandie usw.) mit zusätzlichen Navigationseinrichtungen versehen,
- Ende 1944 einige Boote als Verwundetentransporter mit Lazaretteinrichtungen ausgestattet,
- Ende 1944 einige Boote für den Einsatz als Kanonenboote im Fernostraum umgerüstet, da sie im Gegensatz zu den komplizierten MTB

SK 89

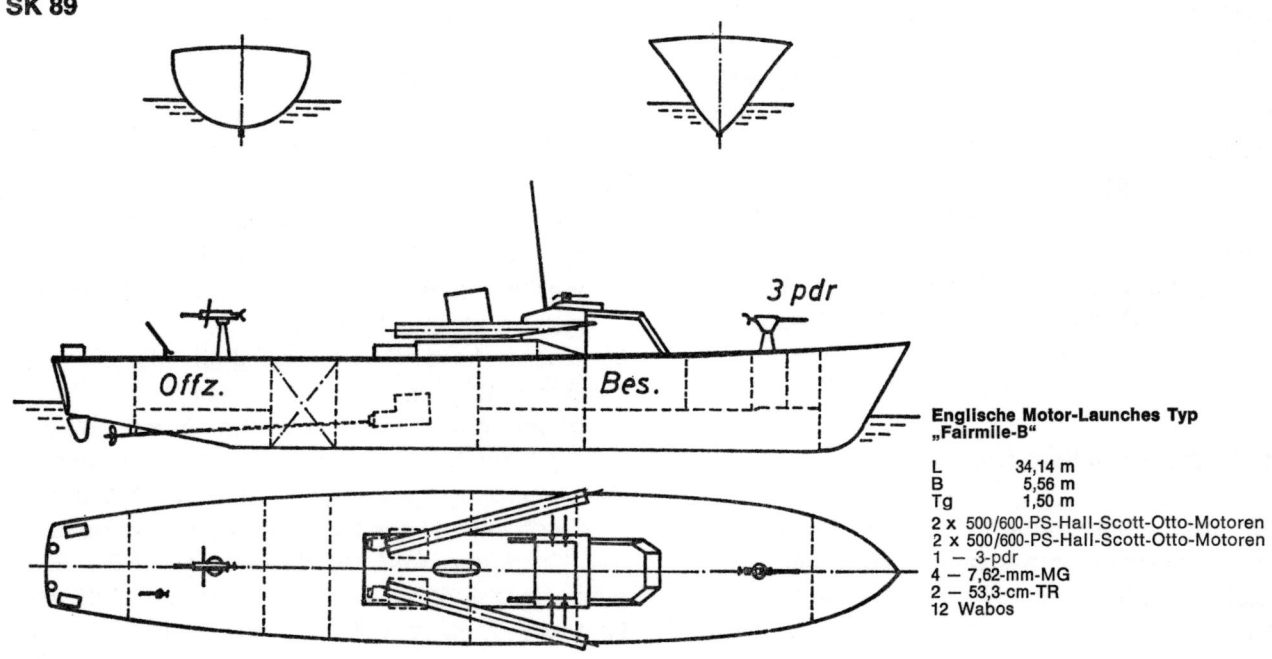

3 pdr

Englische Motor-Launches Typ „Fairmile-B"

L   34,14 m
B   5,56 m
Tg   1,50 m
2 x 500/600-PS-Hall-Scott-Otto-Motoren
2 x 500/600-PS-Hall-Scott-Otto-Motoren
1 — 3-pdr
4 — 7,62-mm-MG
2 — 53,3-cm-TR
12 Wabos

und MGB relativ wenig Wartung und Aufwand erforderten. Zu diesem Zweck wurde die Außenhaut des Unterwasserschiffs mit Kupfer beschlagen, um Bohrwurmschäden zu vermeiden.

Bei allen Einsätzen erwies sich die Seefähigkeit des Typs Fairmile-B als bemerkenswert gut. So verlegte eine Flottille von acht Booten auf eigenem Kiel von England über Island, Grönland, Neufundland und US-Küste nach Trinidad, andere über Gibraltar, Malta, Alexandrien bis nach Indien. In Südafrika gebaute Boote dieses Typs verlegten allein in den Persergolf und nach Indien. Weniger vorteilhaft erwies sich dagegen erneut die Verwendung der Otto-Motoren: Wieder gingen mehrere Boote durch Feuer und Explosion von Benzindämpfen verloren.

Insgesamt wurden bei einer großen Vielzahl z. T. sehr kleiner, im Einzelfall auch nicht mehr vollständig nachweisbarer Werften des britischen Mutterlandes und des Empire vom Typ Fairmile-B gebaut: „ML 112—311, 336—491, 553—600, 801—933, 4001—4004, 050—129". Davon gingen „ML 050—129" an die kanadische, „ML 390, 391, 412—423, 436—441" an die indische, „ML 400—411" an die neuseeländische, „ML 424—431, 801—827" an die australische und „ML 829—832, 846—857" an die südafrikanische Marine. Die Boote unter den Nummern 492—500 und 511—553 wurden als Seenotboote fertiggestellt und mit 1 — 2-pdr., 1 — 20-mm, 4 — 7,62-mm-MG (2 x 2) ausgerüstet. Einige Boote erhielten achtern noch einen 6-pdr., spätere Boote auch 1 — 40-mm und 2 — 20-mm-MGs. Aufgrund der im Laufe des Krieges permanent wachsenden Zuladung stieg die Verdrängung von anfänglich 65 ts ab „ML 124" auf 73 ts. Die Boote der letzten Serie kamen z. T. auf 87 t Verdrängung.

5.2144 Die Fairmile-C-Klasse

Ende 1940 entschloß sich die Admiralität, die noch vollständig vorhandenen, aber nach Abschluß der Serie nicht mehr verwandten Vorfertigungs- und Montageeinrichtungen der Fairmile-A-Klasse zu nutzen, um bis zur Entwicklung und Fertigstellung eines speziell für diesen Einsatz konstruierten Motorkanonenboots einen Interimstyp zu bauen. Unter Beibehalten des Bootskörpers und der Inneneinrichtung erhielten die 24 bei 13 kleineren Bootswerften in Auftrag gegebenen, als Fairmile-C-Klasse bezeichneten „MGB 312—335"

a) drei durch Aufladung auf je 900 PS verstärkte Hall-Scott-Otto-Motoren für 26,5 Kurzhöchst- und 24—25 kn Dauerhöchstfahrt bei 75 ts Verdrängung,

b) eine den Kanonenboots-Aufgaben entsprechend abgewandelte Brücke (Abb. 95).

Die Bunkerkapazität von 8150 Litern ermöglichte einen Fahrbereich von 500 sm bei 10 kn. Die Bewaffnung bestand zunächst aus 2 — 2-pdr. (2 x 1), 4 — 12,7-mm-MG (2 x 2), 4 — 7,62-mm-MG (2 x 2) und 4 Wabos (Abb. 96). Später erhielten sie 2 — 2-pdr. (2 x 1) und 6 — 20-mm (3 x 2). Abgesehen von der gegenüber dem deutschen S-Boot unzureichenden Geschwindigkeit und einem für den Fairmile-A-Typ charakteristischen, sehr großen Drehkreis bewährten sich die Fahrzeuge im Einsatz gut.

5.2145 Die Fairmile-D-Klasse

Ende 1939 beschäftigte sich die Admiralität mit der Entwicklung einer Bootsform für einen großen, schnellen MTB/MGB-Kombinationstyp, der

a) nach der programmierten Fairmile-Fertigungsmethode auch auf kleinen Bootsbauwerften schnell und in großer Stückzahl gebaut werden konnte,

b) eine höhere Geschwindigkeit als die ML-Boote aufwies.

Vergleichende Modellversuche eines Wellenbinder-Bootskörpers und einer gleichgroßen Rundspantform ergaben, daß eine Mischform (Wellenbinder-Hinterschiff mit vorn hochgezogener Knicklinie und Rundspant-Vorschiff), d. h. eine Kombination von Zerstörervorschiff und Hinterschiff eines V-Spant-Motorboots (Abb. 97), ein befriedigendes Einsetzen des Vorschiffs beim Laufen gegen die See und eine ausreichende Spritz- und Sprühwasserfreiheit des Decks gewährleistete. Da die als „quasi-hard-shine" bezeichnete weitgehende Knickspantbauweise schließlich durch die vielen, relativ geraden Flächen der geplanten Vorfertigungs- und Zusammenbaumethode entgegenkam und die breite Heckform vorteilhaft schien für die Unterbringung der vorgesehenen vier Propeller (Abb. 98), entschloß man sich, die genannte Mischform zu bauen. Im März 1941 begann die konstruktive Durcharbeitung des Fairmile-D-Klasse genannten Typs. Im Februar 1942 machte das erste Fahrzeug Probefahrten. Die 35,05 m langen und 6,47 m breiten Boote verdrängten bei rd. 1,5 m Tiefgang als MGB bewaffnet 90 ts, als MTB 95 ts und als MGB/MTB 105 ts. Vier 1200-PS-Packard-Otto-Motoren, die bei den ersten Booten mangels Getrieben direkt auf die Welle arbeiteten, ergaben bei 91 ts Verdrängung maximal 30 kn. Nach Lieferung und Einbau der Getriebe wurden 32,5 kn bei 98 ts Verdrängung erreicht. Die Gesamtbunkerkapazität betrug 22 500 Liter, doch

waren die Propeller für eine Zuladung von nur 13 500 Litern ausgelegt. Die ersten, ab Februar 1942 in Dienst kommenden, als Motorkanonenboote klassifizierten Fahrzeuge, „MGB 601–695" erhielten 1 – 2-pdr. vorn, 2 – 20-mm- (1 x 2) achtern, 4 – 12,7-mm-MG (2 x 2) seitlich der Brücke und 4 – 7,62-mm-MG (2 x 2) in den Brückennokken. Bei einigen Booten wurde später die 20-mm-Doppel-MK auf den Maschinenraum-Aufbau verlegt und achtern ein 6-pdr. zusätzlich eingebaut, andere erhielten 2 – 53,3-cm-TR zusätzlich.

Aufgrund der laufend wachsenden militärischen Forderungen wurde die Bewaffnung der Kombinationsboote „MGB/MTB 695–800" erheblich verstärkt (SK 90, Abb. 99, 2 – 6-pdr. (2 x 1), 2 20-mm- (1 x 2), 4 – 12,7-mm-MG (2 x 2), 4 – 7,62-mm-MG (2 x 2), 4 – 45,7-cm-TR, (Radar), wodurch die Verdrängung auf 120 ts anstieg und die Geschwindigkeit – bei Vorhandensein von Getrieben – auf 29 kn sank.

„MTB 726, 727, 735, 736, 743–746, 748, 749" wurden 1944 an die kanadische Marine abgegeben. Vierzig Boote wurden ab Ende 1944 in Long Range Rescue Craft für beabsichtigte Pazifik-

SK 90

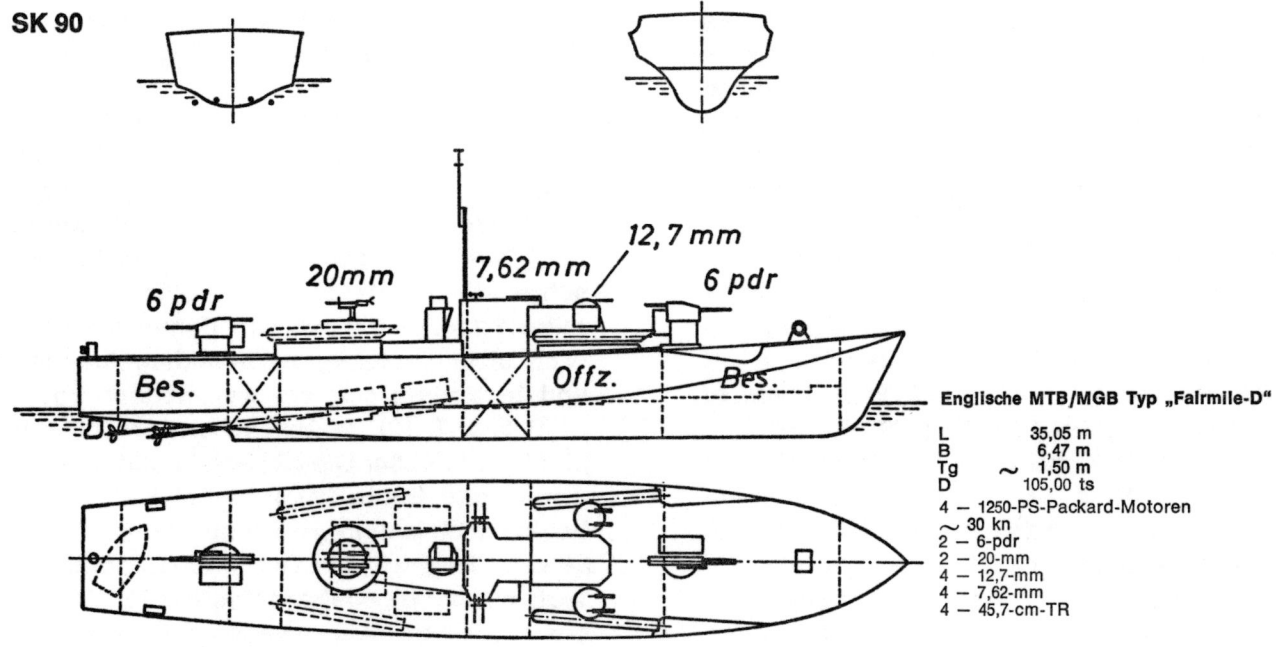

Englische MTB/MGB Typ „Fairmile-D"

L	35,05 m
B	6,47 m
Tg	~ 1,50 m
D	105,00 ts

4 – 1250-PS-Packard-Motoren
~ 30 kn
2 – 6-pdr
2 – 20-mm
4 – 12,7-mm
4 – 7,62-mm
4 – 45,7-cm-TR

Operationen der Royal Air Force umgebaut (sie behielten nur 3 – 20-mm). Weitere 29 Fahrzeuge einer mit 2 – 6-pdr. (2 x 1), 2 – 20-mm (1 x 2) und 2 – 53,3-cm-TR ausgerüsteten modifizierten Fairmile-D-Klasse, „MTB 5001–5029", wurden 1944 in Bau gegeben, nach dem Zusammenbruch Deutschlands z. T. storniert, z. T. im Rahmen der o. g. 40 Long Range Rescue Crafts fertiggestellt.

Der Einsatz der Fairmile-D-MTB und MGB erfolgte in allen Seegebieten. Im Frühjahr und Sommer 1943 verlegten mehrere Flottillen auf eigenem Kiel ins Mittelmeer. Durch losnehmbare Decktanks wurde der Brennstoffvorrat hierfür auf 36 300 Liter erhöht. Holt (28) schreibt zu diesem Typ: „The „D" type MTB's saw much service and, being available in large numbers, they were of great value to coastal forces. They were true massproduction MTB using the Fairmile method of production. The need for quick production, in the circumstances prevailing at the time, ruled out the possibility of using the composite system of construction, which could have been specified in normal circumstances for a high speed craft over 100 ft. in length. The need for quick production also resulted in the use of heavy stock fittings to the detriment of speed (S. 199)".

Besonders in den Fällen, wo militärische Umstände ein Laufen mit hoher Fahrt gegen die See erforderten, brachen die Sperrholzspanten im vorderen Bereich des Bootskörpers, begannen die Laschenverbindungen an Kiel und Stringern zu arbeiten usw. Erst nach der Verdoppelung der Sperrholzvorschiffsspanten, dem Einbau stählerner Winkel an den Innenseiten der Spanten, stählerner Verstärkungen von 3 m Länge über den Kiellaschen und stählerner Randplatten an Deck im Bereich der Decksöffnung zum Maschinenraum waren die Bootskörper „. . . found to be just about adequately strong and kept clear of serious structural troubles (Holt [28], S. 199)."

Ein weiteres, 1943 gebautes, als Fairmile-F-Typ bezeichnetes Boot, „MTB 2001", war – offensichtlich als Versuchsboot – mit 4 – 1750-PS-Bristol-Otto-Motoren für 36 kn ausgerüstet. Es blieb – mutmaßlich wegen unbefriedigender Eigenschaften der Motoren – ein Einzelgänger.

5.215 Die Boote der ausländischen, im Verband der Royal Navy kämpfenden Marinen

Das Schicksal der bei Kriegsausbruch vorhandenen bzw. in Bau befindlichen Schnellboote der im Kriege von Deutschland besetzten Länder sowie die im Laufe des Krieges den auf alliierter Seite weiterkämpfenden Exilmarinen zugeteilten Boote lassen sich zwar weitgehend, aber bei diesen kleinen, in der Literatur oft vernachlässigten Fahrzeugen nicht immer völlig einwandfrei und detailliert verfolgen.

5.2151 Frankreich

Vom Jahre 1921 bis zum Zeitpunkt des Kriegsausbruchs, im September 1939, hatte die französische Marine insgesamt 44 Schnellboote angekauft bzw. in Auftrag gegeben. Vier dieser Fahrzeuge waren kleine Küstenboote des Typs VTA, die aufgrund ihrer geringen Größe und Einsatzmöglichkeit schon in den dreißiger Jahren ausgemustert worden waren. Die 40 mittelgroßen Boote des Typs VTB setzten sich aus vier Gruppen zusammen:

a) ein Thornycroft-55'-CMB aus dem Jahre 1921, das aufgrund seines hohen Alters nur noch einen sehr bedingten militärischen Wert besaß (VTB 1).

b) elf in den Jahren 1929/40 fertiggestellte bzw. zu stellende Boote, die aus dem 55'-Typ weiterentwickelt und in kleinen „Serien" bzw. als Versuchsboote gebaut worden waren (VTB 2–12). Es handelte sich um recht unterschiedliche, technisch nur bedingt ausgereifte Stufengleitboote, von denen ein Boot (VTB 9) im Seegang auseinandergebrochen und in Verlust geraten, vier weitere Boote (VTB 5, 6, 7, 10) bei Versuchen verschlissen und bereits außer Dienst gestellt und die beiden letzten Boote (VTB 11–12) bei Kriegsbeginn noch in der Ausrüstung waren.

c) zehn im Rahmen des Gesamtbauprogramms 1938 in Auftrag gegebene Boote (VTB 13–22), die technisch sehr weitgehend dem Versuchsboot „VTB 10" entsprachen. Zwei dieser Boote, die als Stufengleitboote auszuführenden „VTB 13—14", sollten als Prototypen vorgezogen werden, die restlichen (VTB 15—22) als stufenlose V-Spantboote ausgeführt und erst nach dem Vorliegen der Erfahrungen in Angriff genommen werden. Bei Kriegsbeginn waren die ersten beiden Boote angefangen, zum Zeitpunkt des Waffenstillstands waren sie zu 20—24 % fertiggestellt. Die Folgeboote wurden gar nicht mehr angefangen.

d) achtzehn Boote des British Power Boat P.V.-Typs (VTB 23—40), die in England gebaut und zwischen dem 1. 2. und dem 1. 9. 1940 geliefert werden sollten.

Tatsächlich vorhanden waren im September 1939 also nur die fünf, z. T. schon recht alten und kaum noch zu operativer Verwendung geeigneten Boote „VTB 1, 2, 3, 4, 8", die zunächst in Cherbourg zusammengezogen wurden. „VTB 3" wurde Anfang 1940 der Luftwaffe übergeben, nahm aber mit den übrigen Booten an der Evakuierung Dünkirchens und der nordostfranzösischen Küste teil. Alle fünf Boote verließen Cherbourg am 18. 6. 1940 in Richtung England. „VTB 3" mußte auf der Überfahrt wegen maschineller Schäden verlassen und aufgegeben werden. „VTB 1, 2, 4" wurden aufgrund ihres Zustandes in England aufgelegt und nicht wieder reaktiviert. Das nach der Überführung ebenfalls stark verschlissene „VTB 8" wurde zur Werft der British Power Boat Co. nach Hythe verlegt und am 3. 7. 1940 von der Royal Navy beschlagnahmt. Es erhielt die Bezeichnung „B 063", wurde aber schon 1941 unter seinem alten Namen an die „Forces Francaises Libres" (FFL) abgegeben. Im Januar 1944 wurde das völlig verbrauchte Boot in Portsmouth ausgemustert.

Die bei Kriegsbeginn noch in der Ausrüstung befindlichen Boote „VTB 11—12" wurden — noch unbewaffnet — nach England geschickt, um ein U-Ortungsgerät und Einrichtungen für 6 — 35-kg-Wabos eingebaut zu bekommen. Am 13. 5. 1940 wurden sie nach Cherbourg zurückgerufen, und — ohne Torpedos und Asdicgerät, nur mit 2 MG

bewaffnet — zur Evakuierung Dünkirchens eingesetzt. Ende Juni 1940 wurden die beiden Boote zur weiteren Ausrüstung zur British Power Boat nach Hythe verlegt, wo sie am 3. 7. 1940 von der Royal Navy beschlagnahmt wurden. Sie erhielten zunächst die Bezeichnungen „B 064—065", später wurden sie in „MGB 98—99" umbenannt. Ersteres wurde im März 1941 von der deutschen Luftwaffe bei einem Angriff auf die Anlagen von HMS HORNET in Gosport zerstört, letzteres ging im April 1945 verloren.

Die beiden zum Zeitpunkt des Waffenstillstands bei den Ateliers & Chantiers de la Loire in Bau befindlichen, im Juni 1940 zu 24 resp. 20 % fertiggestellten Boote „VTB 13—14" wurden stillgelegt. „VTB 13" fiel 1941 einem Luftangriff zum Opfer und wurde endgültig abgebaut, „VTB 14" wurde 1944 von den rückkehrenden französischen Truppen übernommen und zunächst als Seenotrettungsboot fertiggebaut. Es diente später, noch bis 1950, Versuchen des Konstruktionsamtes. Die bereits in Auftrag gegebenen bzw. zur Auftragsvergabe vorgesehenen Folgeboote „VTB 15—22" wurden nach dem Waffenstillstand annulliert.

Die Auslieferung der achtzehn bei der British Power Boat bestellten Boote „VTB 23—40" begann planmäßig im Februar 1940. Bei den Erprobungen auftretende Mängel an den Torpedo- und Waboanlagen konnten bald beseitigt werden. Im März 1940 überlegte die französische Marineleitung, Boote dieses Typs als schnelle Minenleger zu verwenden und fragte bei der englischen Werft an, ob sie zusätzliche vier Boote dieses Typs (VTB 41—44?) liefern könnte, deren Torpedorohre kurzfristig durch Minenschienen für 12 Minen des Typs Brèguet (160 kg) auswechselbar sein sollten. Um Zeit zu gewinnen, stimmte die Marine dem Vorschlag der Werft zu, die Boote bei der kanadischen Zweigwerft (Canadian Power Boat) zu bauen und die englischen Rolls-Royce-Motoren durch 1200-PS-US-Packard-Motoren zu ersetzen. Letzthin wurden diese Überlegungen dann aber durch den Waffenstillstand überholt.

Die ab Februar 1940 ausgelieferten Boote „VTB 23 (Abb. 100), 24, 25, 26" nahmen schon an den Evakuierungseinsätzen im Kanal teil und kehrten am 3. 6. 1940 zur Werft zurück, um Restarbeiten auszuführen. Am 3. 7. 1940 wurden sie von der Royal Navy beschlagnahmt und zunächst als „MA/SB 50—53", später als „MGB 50—53" übernommen.

„VTB 27" hatte seine Probefahrten noch nicht abgeschlossen, als es beschlagnahmt und als „MA/SB 54" bzw. „MGB 54" übernommen wurde. Die folgenden Boote „VTB 28—40" kamen nie unter französische Flagge: Sie wurden bereits auf den Helgen beschlagnahmt und als „MA/SB 55—67", später „MGB 55—67", übernommen. „MGB 62" (ex VTB 35) ging am 9. 8. 1941 nach einer Kollision mit „MGB 67" (ex VTB 40) in der Nordsee verloren, „MG 64" (ex VTB 37) am 8. 8. 1943 zwischen Dover und Ostende.

Im August 1942 wurden den auf englischer Seite kämpfenden Forces Francaises Libres (FFL) leihweise die in der 23. MTB-Flottille zusammengefaßten Vosper-Boote „MTB 90, 91, 92, 94, 96 (Abb. 101), 98, 227 und 239" sowie elf M. L. überlassen, die, ab Februar 1943 in Dartmouth stationiert, in enger Zusammenarbeit mit englischen, und später auch amerikanischen, Coastal Forces, eine Vielzahl von Einsätzen im Kanalgebiet ausführten. Details s. (74 c). Im Januar 1945 verlegten die Boote zum Einsatz gegen die noch von den Deutschen gehaltenen Atlantikhäfen nach Bénodet. Bei Kriegsende wurde der Verband in Brest versammelt, um die Boote im Februar 1946 an die englische Marine zurückzugeben (Abb. 102).

Andererseits hatte die Deutsche Kriegsmarine bei den Chantiers Navals de Meulan im Jahre 1943 zwei Typen schneller Seenotkreuzer (Nr. 301—308, 65/94 t, 30 x 6,0 x 1,9 m, 6 — 1100-PS-Jumo-211-Motoren zu je 3 auf eine Welle und acht 30-t-Boote) bestellt, die allerdings unvollendet blieben und erst nach dem Kriege von den Franzosen fertiggestellt wurden (s. Abschnitt 6.1927).

Für die spätere Betrachtung der Nachkriegsentwicklung des französischen Schnellbootbaus ist es nicht uninteressant, festzustellen, daß die französische Marine mit den im Kriege vorhandenen Eigenbauten praktisch kaum nennenswerte Erfahrungen sammeln konnte. Echte Kriegserfahrungen mit Schnellbooten liegen nur aus den ab Februar 1943 mit wenigen englischen Leihbooten geführten Einsätzen vor, die zudem unter englischer Stabsplanung stattfanden.

5.2152 Griechenland

Die im Jahre 1929 angekauften Thornycroft-CMB „T 1—2" gingen im April 1941 durch deutsch-italienische Flugzeuge verloren. Sechs in England als „T 3—4" bzw. „T 3—6" bestellte Boote wurden von der Royal Navy als „MTB 69—70" bzw. als „MTB 218—221" übernommen.

5.2153 Jugoslawien

Von den bei Kriegsausbruch vorhandenen zwei Thornycroft-CMB und acht Lürssen-Booten gerieten im Jahre 1941 die beiden CMB als „MAS 1D—2D" und die Lürssen-Boote „Orjen", „Velebit", „Dinara", „Triglav", „Suvobor", „Rudnik" als „MAS 3D—8D" in italienische Hand. Die Lürssen-Boote „Kajmakcalan" und „Durmitor" konnten mit der Besetzung Jugoslawiens nach Malta entkommen und kämpften dann auf englischer Seite. Die Boote „MAS 4D—6D" und „MAS 8D" wurden nach der Kapitulation Italiens, am 9. 9. 1943, als „S 2—5" von der deutschen Marine übernommen (139, 153). Im Jahre 1945 erhielt die jugoslawische Marine von der Royal Navy die Boote „MGB 181—188" als Leihgabe zur Verfügung gestellt. Sie waren an Kriegseinsätzen im Mittelmeer und in der Adria beteiligt.

5.2154 Niederlande

Alle bei Kriegsausbruch vorhandenen fertigen Boote, incl. der 1940/41 auf Java gebauten bzw. in Bau befindlichen achtzehn 18-t-Boote „TM

4—21", gingen im Laufe des europäischen bzw. Fernostkriegs verloren. Die Fernostboote konnten von den Japanern geborgen und instandgesetzt bzw. fertiggebaut werden (s. Abschnitt 5.71).

Das bei der British Power Boat in Bau befindliche Prototypboot „TM 51" wurde als „MTB 433" für die Royal Navy fertiggestellt.

Von den im Mutterland in Bau befindlichen Booten wurden „TM 54—61" von der deutschen Marine als „S 151—158" übernommen. Sie erhielten anstelle der ursprünglich vorgesehenen 3 x 1000/1100-PS - Rolls-Royce-Merlin-Otto-Motoren 3 x 700/950-PS-Daimler-Benz-MB-500 12-Zyl.-V-Viertakt-Diesel.

Von den neunzehn bei „Gusto" N. V., Schiedam, in Bau befindlichen Booten des British Power Boat-P.V.-Typs wurden die beiden ersten Fahrzeuge, „TM 52—53", als „S 201—202" vorübergehend von der deutschen Marine in Dienst gestellt und erprobt, dann aber an Bulgarien weitergegeben. Fünf weitere Boote dieses Typs gingen nach ihrer Fertigstellung unter deutscher Regie als Waffenhilfe an Bulgarien und Rumänien (vgl. Abschnitte 5.512, 5.521, 5.82 und 5.87). Angeblich sollen bei einigen Booten Rolls-Royce-Merlin-Motoren abgeschossener britischer Bomber eingebaut worden sein. Die übrigen Boote wurden — offensichtlich mangels Motoren und Material — nicht mehr fertiggestellt.

Von den in Kanada und in den USA in Bau befindlichen Booten „TM 22—37" gingen „TM 23, 24, 25, 27" im Jahre 1943, „TM 31" im Jahre 1944 auf dem fernöstlichen Kriegsschauplatz verloren. Die Boote „TM 32, 35, 36, 37" wurden als „PT 368—371" von der U S Navy übernommen (vgl. Abschnitt 5.421).

Als Leihgabe erhielt die holländische Marine während des Krieges die englischen Boote „MTB 222, 229, 231, 235, 236, 240, 418, 436, 437, 453". Die ersten sechs Boote erhielten die holländischen Namen „Sperwer I", „Gier", „Stormvogel", „Sperwer II", „Havik", „Buizerd". „Sperwer I" ging 1942 in der Nordsee durch Minen verloren und wurde durch „Sperwer II" ersetzt.

5.2155 Norwegen

Von den acht vor Kriegsausbruch in England bestellten Booten wurden nur noch die beiden Vosper-Boote „Nr. 5—6" ausgeliefert. Sie gingen im Kriege verloren. Die als „Nr. 1—4" bestellten British Power Boat-Fahrzeuge wurden als „MBG 40—43", die als „Nr. 7—8" bezeichneten Vosper-Boote als „MTB 71—72" von der Royal Navy übernommen.

Während des Krieges wurden vierzehn MTB/MGB als Leihgabe an die norwegische Marine abgegeben: die englischen Boote „MTB 54, 56, 203, 618, 619, 620, 623, 625, 626, 630, 631, 653, 715". Die in der 30. norwegischen MTB-Flottille zusammengefaßten Boote fuhren in den Jahren 1941/44 mehrfach Einsätze gegen die von deutschen Truppen besetzte heimatliche Küste. U. a.:

1./4. 10. 1941	Norweg. Torpedoboot „Draug" schleppt „MTB 56" von Scapa Flow bis rd. 120 sm vor die norwegische Küste. Am 3./4. 10. greift das Boot einen deutschen Geleitzug an, versenkt den norwegischen Tanker „Borgny" (3015 BRT), läuft zur „Draug" zurück und wird nach Scapa Flow zurückgeschleppt.
19./24. 1. 1943	Einsatz gegen deutsche Signalstation. Mißlungene Angriffe gegen Nachschubschiffe.
13./14. 3. 1943	„MTB 19" und „MTB 631" versenken vor Flörö 1249-BRT-Frachter. „MTB 631" läuft dabei auf Grund und muß aufgegeben werden.
4. 6. 1943	„MTB 620" und „MTB 626" versenken im Korsfjord den Frachter „Altenfels" (8132 BRT).
13. 2. 1944	„MTB 627" und „MTB 653" versenken bei Kristiansand zwei Routenschiffe mit zusammen 2026 BRT.
1. 1. 1944	2 MTB versenken deutsche Vp-Boote „V 5525" und „V 5531".

Ende 1944, nach der Eroberung von Kirkenes durch sowjetische Truppen, wurden leichte Seestreitkräfte der norwegischen Marine zum weiteren Einsatz dorthin verlegt.

Sechs der Leihfahrzeuge gingen im Kriege verloren, u. a. „Arend" (ex „MTB 203"), „MTB 626, 631, 715".

5.2156   Polen

Von den vier vor dem Kriege in England bestellten Schnellbooten wurden nur noch zwei Fahrzeuge geliefert. Die beiden anderen Boote wurden als „MGB 47—48" von der Royal Navy übernommen. Die im Mutterland vorgesehene Eigenfertigung kam nicht mehr in Gang.

Während des Krieges erhielt die kleine, mit bemerkenswerter Bravour auf alliierter Seite kämpfende polnische Exilmarine von der Royal Navy „MGB 48" als „S 1", „MGB 44—45" als „S 2—3", „MTB 424—429" als „S 5—10" zugeteilt. Zwei dieser Boote, „S 3" und das nicht identifizierte „S 4", gingen im Kriege verloren.

Quellen: 3, 37, 51, 52, 53, 54, 120. Technische und sonstige Details der hier genannten Boote s. Abschnitte 4.311, 4.37, 5.2112, 5.212, 5.2131, 5.312, 5.512.

5.22   Zusammenfassung

5.221   Bauleistung und Verbleib

Soweit bei diesen kleinen Fahrzeugen und den — besonders zum Schluß des Krieges — erheblichen Bauserien eine verbindliche Aussage überhaupt möglich ist, ergeben sich folgende Gesamtbauzahlen britischer Schnellboote (incl. Vorkriegsbauten)

a) **MTB, MA/SB und MGB der 45'-, 55'-, 60'- und 70'-Typen**

In England gebaut	336 Boote
Von den USA über Leih- und Pachtgesetz usw.	137 Boote
In Kanada gebaut	12 Boote

Durch Beschlagnahme, Übernahme von fremden Marinen usw.	46 Boote

b) **Fairmile-Typen**

Fairmile — Typ A	12 Boote
Fairmile — Typ B	652 Boote
Fairmile — Typ C	24 Boote
Fairmile — Typ D	229 Boote
Fairmile — Typ F	1 Boot
c) **Große BGB** (incl. Blockadebrecher)	18 Boote
d) **Dampf-MBG**	7 Boote
Insgesamt zum Einsatz gekommen	**1474 Boote**

Die tatsächliche Zahl während des Krieges gebauter Coastal Forces wird sich wohl nie mehr einwandfrei klären lassen, zumal selbst offizielle Quellen Unterschiede aufweisen. Einschließlich der hier nicht genannten HDML nennen:

Coastal Forces Periodical Review 1568 Boote (1251 in England, 143 in den USA, 174 im Brit. Empire gebaut).

Admiraliy's Nominal List of Ships 1551 Boote.

Statistical Digest of the War (veröffentlicht 1951 vom H. M. Stationary Office) 1604 Boote.

Coastal Forces Monograph (veröffentlicht 1952) 1689 Boote.

Bryan Cooper schließlich, der diese Zahlen 1970 in seinem Buch „The Battle of the Torpedo Boats" (145) veröffentlichte, kommt, incl. der HDML, auf 1383 Boote.

Von diesen Fahrzeugen wurden während des Krieges an fremde Marinen abgegeben:

Norwegen	MTB 54, 56, 203, 618, 619, 620, 623, 625, 626, 627, 630, 631, 653, 715	14 Boote
USA	MTB 317—326	10 Boote
Rußland	MTB 363—370	8 Boote
Rumänien	MTB 20, 21, 23	3 Boote
Polen	MTB 424—429, MGB 44, 45, 48	9 Boote
Holland	MTB 222, 229, 231, 235, 236, 240, 418, 436, 437, 453	10 Boote
Frankreich	MTB 90, 91, 92, 94, 96, 98, 227, 239	8 Boote
Jugoslawien	MGB 181—188	8 Boote
Insgesamt		70 Boote

Weitere Abgaben, besonders von Fairmile-Typen, sind sicher, jedoch einzeln nicht nachweisbar. Nicht aufgeführt sind ferner die Boote, die an Commonwealth-Marinen abgegeben wurden, z. B. 1944 „MTB 459—466, 48, 491" an Kanada, Fairmile-Boote an Kanada, Südafrika usw. (siehe Abschnitt 5.2143).

Im Kriege gingen verloren

1939	MTB 6	1 Boot
1940	MTB 15, 16, 17, 33, 37, 39, 40, 106	8 Boote
	ML 109, 111, 127	3 Boote
1941	MTB 7, 8, 9, 10, 11, 12, 26, 27, 28, 41, 67, 68, 80, 213, 214, 216, 217	17 Boote
	MA/SB 3, 30	2 Boote
	MBG 12, 62, 90, 92, 98	5 Boote
	ML 144, 219, 288	3 Boote
1942	MTB 29, 30, 43, 44, 47, 74, 87, 101, 201, 215, 218, 220, 237, 259, 308, 310, 312, 314, 338, 601	20 Boote
	MGB 18, 19, 76, 78, 314, 328, 335, 501	8 Boote
	ML 103, 129, 130, 132, 156, 160, 169, 177, 192, 242, 262, 267, 268, 270, 298, 301, 306, 310, 311, 339, 352, 353, 362, 363, 364, 365, 372, 373, 374, 375, 376, 377, 388, 389, 432, 433, 434, 435, 446, 447, 457	41 Boote
	SGB 7	1 Boot
1943	MTB 61, 63, 64, 73, 77, 105, 222, 230, 262, 264, 267, 284, 285, 288, 311, 316, 345, 356, 357, 606, 622, 626, 631, 636, 639, 641, 644, 648, 665, 669, 686	31 Boote
	MGB 64, 79, 109, 110	4 Boote
	ML 108, 126, 133, 251, 358, 579, 835	7 Boote
1944	MTB 93, 203, 241, 248, 287, 347, 352, 360, 371, 372, 412, 417, 430, 434, 448, 460, 463, 640, 657, 663, 666, 671, 672, 681, 707, 708, 732, 734, 782	29 Boote
	MGB 17, 313, 326, 506 (Gay Viking)	4 Boote
	ML 147, 210, 216, 258, 265, 287, 385, 387, 389, 430, 443, 444, 562, 563, 819, 870, 916	17 Boote
1945	MTB 242, 243, 255, 261, 438, 444, 459, 461, 462, 465, 466, 493, 494, 605, 635, 655, 690, 697, 705, 710, 712, 715, 776, 789, 791, 798, 5001	27 Boote
	ML 183, 230, 460, 466, 558, 591, 891, 905	8 Boote
	MGB 99, 502, 507	3 Boote
Insgesamt		239 Boote

zuzüglich die beiden unter Handelsflagge laufenden Frachtschnellboote „Gay Viking" und „Master Standfast".

In Gegnerhand fielen:
„MTB 220"
„MTB 314". Das Boot wurde deutsch „RA 10".
„ML 306". Das Boot wurde deutsch „RA 9".
„ML 310". Wurde von den Japanern geborgen und als „I.J.N. SUKEI Nr. 12" in Dienst gestellt.
Abweichend von o.g. Aufstellung nennt Bryan Cooper (145) 223 verlorene Boote: 115 MTB, 28 MBG, 79 ML und HDML, 1 SGB.

5.222 Allgemeine Wertung

Admiral Sir F. T. B. Tower, von 1936—1944 Director of Naval Equipment der Royal Navy, sagte nach dem Kriege zum englischen Schnellbootbau „Very few people knew very much about coastal forces and certainly very few had any idea of what they were going to do in the war. Before the war, people thought, they might be valuable, but many thought they were mere toys. In any case most people thought that to produce enough of them would cost too much money. As a consequence we started the war with very few of these craft" [28], S. 204).

Um dem englischen Schnellbootbau gerecht zu werden, muß man sich erinnern, daß
— das Interesse der Admiralität an Schnellbooten erst im Jahre 1935 durch die private Spekulation einer Bootswerft wieder geweckt wurde,
— die gesamte Folgeentwicklung ohne öffentliche Mittel, allein durch die Konkurrenz einiger Bootswerften und die Hoffnung auf lukrative Auslandsaufträge, vorangetrieben wurde,

– die Admiralität im Jahre 1938, nach Erprobung zahlreicher Bootsgrößen und -formen, den 70'-Typ mit 53,3-cm-Torpedorohren und V-Spantform als Standardtyp forderte, gleichzeitig aber auch die Entwicklung abweichender größerer und kleinerer Versuchsfahrzeuge verfolgte,

– die Entwicklung bzw. die Auswahl der Schnellbootantriebe völlig der Initiative der privaten Bootswerften überlassen wurde. Förderungen oder Versuche mit öffentlichen Mitteln fanden nicht statt.

– allein die 1939 von Sir Noel Macklin entwickelte, von der Admiralität akzeptierte Fairmile-Baukonzeption die hohe Zahl gebauter Boote ermöglichte.

Die gesamte Schnellboot-Entwicklung wurde praktisch bis zum Kriegsausbruch von einigen wenigen Firmen getragen (British Power Boat, Camper & Nicholsen, Fairmile, Thornycroft, Vosper, White). Die Konstruktionsabteilungen der Admiralität begannen erst 1939, eigene Konzeptionen zu entwickeln. Für diese leistete die Schleppversuchsanstalt der Marine, the Admirality Experiment Tank in Haslar, bedeutende theoretische Grundlagenarbeiten, die für kleine, schnelle, seegängige Fahrzeuge dieser Abmessungen bis dato kaum vorlagen (Gestaltung optimaler Bootsformen hinsichtlich Widerstand und Seeverhalten, besonders beim Laufen mit hoher Fahrt gegen die See, Propellerauswahl hinsichtlich Kavitation und Belastung usw.).

Insgesamt wurden, um für Marsch- und Höchstfahrt gleich gut geeignete Bootsformen zu finden, mehr als 50 Modelle getestet, von denen einige 2–3mal abgewandelt wurden.

Die von den Haupt-Schnellbootwerften (British Power Boat, Thornycroft, Vosper und White), z. T. unter widrigen Umständen (so wurden z. B. bei Vosper „MTB 33, 37, 39, 40" durch Luftangriff auf dem Helgen zerstört) gebauten Bootszahlen sind beträchtlich. Obgleich andere Werften (Harland & Wolff, Camper & Nicholsen, McGruers, Morgan Giles, Berthon Boat, McLean, Lymington) als Nachbaubetriebe herangezogen wurden, hätten die von diesen Betrieben gelieferten

Boote niemals den militärisch notwendigen Stückzahlen entsprochen. Allein die Fairmile-Baukonzeption ermöglichte es, neben den Spezialwerften auch jene Firmen als Zusammenbaubetriebe heranzuziehen, die vorher nie gebaut, sondern nur Instandhaltungen und Reparaturen an Yachten usw., ja selbst völlig andere Fertigungen, ausgeführt hatten. So wurden rd. 300 Fairmile-B-Boote außerhalb des englischen Mutterlandes zusammengebaut, in Singapore, Hongkong, Rangoon, Indien, Alexandrien, Daresalaam, Kapstadt, Australien, Neuseeland, auf Jamaica und den Bermudas. Die Vorfertigung der Einzelteile erfolgte fast ausschließlich im Großraum London. Nur die in Kanada gebauten Fairmile-Boote wurden auch in Kanada vorgefertigt. Bedenkt man, daß

– vor Kriegsbeginn noch kein einziges Boot nach dem Fairmile-Konzept gebaut worden war,

– allein diese Baumethode mit der geringstmöglichen Zahl von Menschen und Maschinen den höchstmöglichen Massenausstoß ergab,

– die Umstellung der meist im Bau derart hochwertiger Motorboote völlig unerfahrenen Zusammenbaubetriebe und die planmäßige Verteilung und Auslieferung der vorgefertigten Teile ein beträchtliches Organisationsvermögen erforderte,

so ist die Leistung aller am Bau der Fairmile-Typen beteiligten Menschen bewundernswert.

Ohne Zweifel war der große, schnelle, aufgrund seiner Größe und Geschwindigkeit besonders im Seegang hochbelastete Fairmile-D-Typ als Ganz-Holz-Konstruktion nicht ganz glücklich. Über 30 m lange Boote mit derartigen Antriebsleistungen erfordern an sich den Kompositbau. Man war im englischen Schnellbootbau jedoch auf den reinen Holzbau angewiesen, da

– die gesamte Leichtmetallproduktion ausschließlich für den Flugzeugbau reserviert war,

– Stahl knapp war,

– die verwandten Zusammenbaubetriebe nur auf die Holzver- und -bearbeitung eingestellt waren.

Analysiert man englische Nachkriegsurteile über die britische Schnellbootentwicklung (28), so lassen sich folgende Kernpunkte herausstellen

a) Die 70'-Boote, die in den ersten Kriegsjahren die Hauptlast zu tragen hatten, besaßen von Anfang an Befürworter und Gegner. Die Meinungen trennten sich bei der Beurteilung der Größe und Seefähigkeit. Die Befürworter wiesen darauf hin, daß die Seegängigkeit des 70'-Boots mit V-Spant- resp. Wellenbinderform für ein Fahrzeug im Küsteneinsatz durchaus ausreichend sei und das kleinere Fahrzeug die im Einsatz interessante größere Stückzahl ermögliche. Die Kritiker hielten entgegen

   - daß die Seegängigkeit für ein Fahrzeug dieser Größe bei den gewählten Bootsformen zwar ausreichend, aber der sichere Waffeneinsatz zu früh beeinträchtigt wäre. Bei einem idealen Schnellboot müßten die Grenzen von Seefähigkeit und Waffeneinsatz weitgehend identisch sein.

   - die Größe der Boote sei gerade ausreichend, die friedensmäßige Ausrüstung, Einrichtung und Bewaffnung zu tragen. Sie reiche jedoch nicht aus, die nach den ersten Kriegserfahrungen zwangsläufig auftretenden Zusatzforderungen aufzunehmen. So zeigte der Kriegsverlauf nicht nur eine beträchtliche Zunahme der militärischen Zuladung (vgl. Tabelle 10), sondern aus Einsatz- und Alarmgründen auch den Zwang, die Besatzungen fast dauernd an Bord der dafür friedensmäßig nicht eingerichteten Boote wohnen zu lassen. Die erforderlichen Wohneinrichtungen, incl. Heizungs-, Koch- und Lüftungsanlagen, erforderten ebenfalls erhebliche Zusatzgewichte.

   Generell war man sich nach dem Kriege klar, daß die 70'-Boote innerhalb ihrer natürlichen Grenzen gute Seeboote gewesen waren. Aber nur bei glatter See waren sie sehr gut. Die großen, über 100' langen Rundspant- bzw. Wellenbinderboote waren im Seegang, ganz besonders beim Laufen gegen die See,

erheblich besser und insgesamt weniger wetterabhängig.

Der im Herbst 1943 erfolgende Zusammenschluß der MTB und MGB zu einem einzigen großen Typ, der, alternativ, mit stärkerer Geschütz- resp. Torpedobewaffnung ausgestattet war, war ein realer Fortschritt. Darüber hinaus war er aber auch notwendig, da man um 1942 erkannte, daß der 70'-MTB-Typ die aufgrund der permanent steigenden militärischen Forderungen wachsende Zuladung auf längere Sicht nicht mehr aufnehmen konnte. Lenton (53) schreibt treffend „If, with the profound advantage of hindsight, this would appear an obvious combination of duties giving greater operational flexibility it is only fair to note that such a marriage could not have been achieved much earlier until sufficient experience, obtained neither cheaply or hurriedly, had been gained to evaluate requirements and production difficulties mastered (S. 484).“

b) Da die englische Marine während des Krieges praktisch alle Bootsformen und -größen in größeren Stückzahlen und unter unterschiedlichsten Bedingungen im Einsatz erproben konnte, ist es besonders informativ, die Stellungnahme des Chief Constructors der Admiralität, W. J. Holt, zu lesen. Im Jahre 1947 stellte Holt vor der Institution of Naval Architects (28) fest

   - Leichtbewaffnete Boote für Einsätze bei glattem Wasser und hohen Geschwindigkeiten werden am zweckmäßigsten als flachbodige Einstufenboote ausgeführt.

   - Bei leichtem Seegang und etwas stärkerer Bewaffnung ist ein modifiziertes Einstufenboot mit breitem V-Boden (wie z. B. bei den Thornycroft-CMB) den flachbodigen Fahrzeugen hinsichtlich Seefähigkeit und Geschwindigkeit überlegen. Beide Bootsformen sind jedoch sehr stark abhängig vom Einhalten der optimalen, konstruktiv vorgesehenen Trimmlage. Veränderungen des Trimms durch kriegsbedingt notwendige Veränderungen der Bewaffnung,

Ausrüstung, Brennstoffvorräte usw. nehmen starken, meist negativen Einfluß auf Seeverhalten und Geschwindigkeit.

– Bei etwas größerer Verdrängung (um 30–40 ts), der Forderung, höhere Fahrtstufen auch bei ungünstigen Witterungsbedingungen durchhalten zu können und, um geringere Beanspruchungen von Bootskörper und Besatzung im Seegang zu erreichen, sollte man – allerdings unter Verzicht auf die letzte Geschwindigkeitsspitze – einer stärker zugeschärften V-Spantform den Vorzug geben.

– Bei Fahrzeugen über 30 m Länge und einer Verdrängung von 100 t und mehr sind Rundspant- bzw. Wellenbinderformen am vorteilhaftesten. Die Rundspantform ist im Marschfahrtbereich optimal. Im Bereich der Spitzengeschwindigkeit ist der gegenüber V-Spant- und Wellenbinderformen auftretende Geschwindigkeitsabfall des Rundspantboots bei Fahrzeugen dieser Größenordnung meist gering. Der Hauptvorteil dieser baulich etwas aufwendigeren Formen liegt in der Fähigkeit, bei allen einigermaßen normalen Witterungsbedingungen auch mit höheren Fahrtstufen gegen die See laufen zu können.

Zu sehr ähnlichen Erfahrungen kam im übrigen auch die deutsche Marine. So schreibt Ober-Ing. H. Docter, der an der deutschen Schnellboot-Entwicklung einigen Anteil hatte (vgl. Abschnitt 4.3712):

„Im Jahre 1937 waren bereits im Anschluß an die Schleppversuche zur Verbesserung der Linien des großen Schnellboottyps Modellversuche mit verschiedenen Wellenbinderformen durchgeführt worden, um festzustellen, ob nicht bei den günstigeren Widerstandsverhältnissen dieser Schiffsform eine Geschwindigkeitserhöhung ohne Vergrößerung der Motorenleistung erreichbar wäre. Es ist ja bekannt, daß eine richtig ausgebildete Wellenbinder- bzw. V-Bodenform bei höheren Geschwindigkeiten nach Eintreten des Gleitzustandes dem rundspantigen Verdrängungsboot überlegen ist. Diese Überlegenheit in

der Geschwindigkeit muß aber leider bei den meisten Schnellbooten mit einer erheblichen Verschlechterung der Seefähigkeit erkauft werden... Als Ergebnis dieser Schleppversuche war folgendes festzustellen: Bei Geschwindigkeiten bis etwa 39 kn war die Rundspantform der Wellenbinderform etwas überlegen. Von 39–40 kn waren beide Formen im Widerstand praktisch gleichwertig. Erst bei Geschwindigkeiten über 40 kn wurde die Wellenbinderform im Widerstand bei zunehmender Geschwindigkeit erheblich überlegen ([86], S. 416)."

c) Der neuralgische Punkt des britischen Schnellbootbaus war jedoch die Motorenfrage. Alle Vorkriegsboote waren mit unterschiedlichen Motoren nach Wahl der Herstellerwerft ausgerüstet. Neben dem seit dem Ersten Weltkrieg laufend weiterentwickelten 650-PS-Thornycroft-RY-12-Motor, den für Marinezwecke umgebauten 500/600-PS-Napier-Lion- und 1000/1100-PS-Rolls-Royce-Merlin-Motoren und dem Anfang des Krieges in der Entwicklung befindlichen 1000-PS-Davey-Paxman-Diesel wurde vorherrschend der auf Kosten der italienischen Marine entwickelte, von Vosper für die britischen Schnellboote eingeführte 1150/1200-PS-Isotta-Fraschini-Motor gefahren. Jeder Ansatz einer planmäßigen, von der britischen Admiralität gesteuerten und geförderten Entwicklung eines geeigneten Schnellboot-Motors englischer Fabrikation unterblieb. Die Initiative der Admiralität erschöpfte sich

– in einem Übereinkommen mit dem Luftfahrtministerium, das einige Rolls-Royce-Merlin-Motoren für den Bau von Mob-Schnellbooten reservierte. Mit Kriegsbeginn wurden jedoch nicht nur diese Motoren, sondern die gesamte weitere Rolls-Royce-Merlin-Motoren-Produktion für den ausschließlichen Gebrauch der Royal Air Force bestimmt.

– bei Kriegsausbruch in einer kurzfristigen Bestellung zusätzlicher italienischer Isotta-Fraschini-Motoren, von denen jedoch bis zum Kriegseintritt Italiens nur etwa 30 %

Abb. 93
Englische „ML 105"
(Fairmile-A-Klasse)

Abb. 94
Englische „ML 117"
(Fairmile-B-Klasse)

Abb. 95
Englische „ML 333"
(Fairmile-C-Klasse)

Abb. 96
Englische Fairmile-C-Klasse
— Waffenaufstellung —

Abb. 97
Englische Fairmile-D-Klasse
(Vorschiff)

Abb. 99
Englische Fairmile-D-Klasse

Abb. 98
Englische Fairmile-D-Klasse
(Heckansicht)

Abb. 100
Französisches „VTB 23"

Abb. 101
„MTB 96" der
Forces Francaises Libres

Abb. 102
MTB der Forces Francaises Libres
in Brest

Abb. 103
Italienisches
Beuteschnellboot
„MAS 7 D"

Abb. 104
Italienisches „MS 15"

Abb. 105
Italienisches „MS 74"

geliefert wurden. Da die in England lagernden Isotta-Fraschini-Motoren nur ausreichten, um die vor dem Kriege bestellten, in Bau befindlichen Boote auszurüsten, standen

1. für die Mob-Boote zunächst keine Motoren zur Verfügung, mußten
2. einige Boote zum Sicherstellen von Ersatzteilen auf Kosten der Geschwindigkeit von drei auf zwei Motoren umgestellt werden.

Die Verwendung leichter Dampfturbinenanlagen in den SGB zeigte die zu erwartenden Mängel der Notlösung. Die wenig leistungsstarken Thornycroft- und Napier-Lion-Motoren wurden während des ganzen Krieges in größeren Stückzahlen (Thornycroft z. B. 390 Stück) gebaut, auch der Paxman-Diesel konnte im letzten Teil des Krieges noch eingesetzt werden, doch der nach Ausfall der Mob-Rolls-Royce-Motoren entstandene Engpaß beim Bau der ersten Kriegsboote wurde erst überwunden, als die amerikanischen 600-PS-Hall-Scott-Motoren zur Verfügung standen. Last not least konnten diese für die US Coast Guard entwickelten Motoren wegen ihrer geringen Leistung, und der dadurch unzureichenden Geschwindigkeit der Boote, nur eine Interimslösung sein. Erst als der für die US-PT-Boote entwickelte amerikanische 1200/1350-PS-Packard-Motor in ausreichenden Mengen geliefert und praktisch zum Standard-Motor der britischen Schnellboote wurde, ließen sich die für diesen Bootstyp unerläßlichen, dem deutschen S-Boot äquivalenten Geschwindigkeiten erreichen. Bei aller Anerkennung dieser Motoren stellt Holt jedoch unumwunden fest „The engines fitted in coastal force boats gave very good service, and it is no reflection on the design of these engines to state that the large MTB, MGB and ML would have been better circumstanced had high-power light-weight diesel machinery, such as was available in Germany, been installed instead of petrol engines. Tanks containing large quantities of petrol are always dangerous in a boat, involving considerable risk of explosion or fire. When incendiary machine-gun bullets are flying about in action the risks involved amount almost to certainties if the boats are hit in the region of the petrol tanks ([28], S. 202)."

So gingen allein am 14. 2. 1945 vor Ostende 12 Boote (MTB 255, 438, 444, 459, 461, 462, 465, 466, 776, 789, 791, 798) durch Feuer und Explosion verloren.

d) In der Nachkriegsdiskussion um den englischen Schnellbootbau (28) waren sich die in großer Zahl anwesenden Konstrukteure der Marine und der Werften und die Offiziere der Royal Navy einig, daß Schnellboote außerordentlich hochgezüchtete, empfindliche Fahrzeuge seien, die hinsichtlich Unterhaltung und Instandsetzung eher mit Flugzeugen als mit üblichen Kriegsschiffen zu vergleichen sind. Die Konzentration zahlreicher hochwertiger Anlagen in einem äußerst kleinen, durch Seegang, Hochleistungsantriebsanlage und Waffeneinsatz stark beanspruchten Bootskörper brachte erheblichen Verschleiß mit sich. Darüber hinaus waren die Zeiten zwischen zwei Überholungen der sehr hochtourigen, gleich Rennpferden etwas überzüchteten Antriebsanlagen meist kurz. Die große Anzahl der Boote erforderte eine entsprechende, zentral gesteuerte Organisation der Wartungs- und Instandsetzungsbetriebe und — wenn irgend möglich — die weitgehende Standardisierung der Boote und ihrer Anlagen, um die Lager- und Ersatzteilbevorratung zu vereinfachen. Admiral Sir F. T. B. Tower, Vice-Controller und Director of Naval Equipment der Royal Navy in den Jahren 1936—1944, stellte hierzu seine Erfahrungen mit der gegenläufigen Tendenz der Praxis heraus:

„When new hulls and equipment, including engines, became more readily available, a continual struggle proceeded to try to keep in line with requirements. The latter were constantly changing, almost from minute to minute. This was partly due to changing war conditions, and partly added experience and personal views. The net result meant that no new model by the time, it was produced was ever ‚up to date'.

Consequently changes had to be made during construction, which was very unfair to the design, and not unnaturally had annoying repercussions on perfomance. This difficulty is probably unavoidable in war and indeed applies to other types of warships, but with coastal forces it was a very serious matter, as a change in weight or position of a weapon, for example, has, or may have, a very considerable effect on boat's performance ([28], S. 204).“

Hier einen Kompromiß zu finden zwischen dem pausenlosen Nachjagen nach dem letzten „up to date", militärischen Notwendigkeiten, technischen Möglichkeiten und der zweckmäßigen, möglichst wenig behinderten Unterhaltung und Instandsetzung im frontnahen Bereich erfordert von den Verantwortlichen nicht nur den Mut der Entscheidung, sondern auch den meist nicht sonderlich opportunen Mut zur Unbeliebtheit!!!

Bei der Beurteilung der Wichtigkeit von Unterhalt und Instandsetzung muß man sich klar sein, daß der relativ geringe Fahrbereich der Boote ein nahes Heranschieben der Basen an den Einsatzort erfordert. Bei einem schnellen Vormarsch der Heerestruppen sind u. U. mobile, auf Schiffe (Tender) oder LKW verladene Stützpunkte erforderlich, damit die Boote permanent am Feind bleiben können. Von äußerster Wichtigkeit ist dabei eine mobile Dockkapazität, da bei diesen kleinen, schnellen, hoch beanspruchten Fahrzeugen jeder Unterwasserschaden sofort beseitigt werden muß. Gegebenenfalls können kleinere Unterwasserarbeiten bei Vorhandensein entsprechender Ausrüstungen und Spezialisten auch von Tauchern ausgeführt werden.

e) Der Einsatz der englischen Schnellbootverbände erfolgte auf allen Kriegsschauplätzen.

Bis Ende 1943 war der Schwerpunkt der MTB-Einsätze der Angriff auf den deutschen Nachschubverkehr im Bereich der südlichen Nordsee- und Kanalküste. Mit dem Zusammenbruch der deutsch-italienischen Front in Nord-Afrika und der Invasion Italiens bildete sich ein weiterer Einsatzschwerpunkt im Mittelmeerraum heraus, wo englische Schnellbootverbände — in Zusammenarbeit mit amerikanischen PT-Booten — außerordentlich zahlreiche und vielseitige Aufgaben erledigten.

Die primär gegen die deutschen Schnellboote operierenden englischen MGB wurden z. T. als Sicherung für eigene Geleite verwandt. Darüber hinaus bezogen die MGB ca. 15—20 sm vor den englischen Küstenwegen Lauerstellungen (Z-Positionen), von wo aus sie entweder von Landbefehlsstellen auf von diesen geortete anmarschierende deutsche Schnellboote herangeführt wurden, oder sie griffen, gestoppt liegend wartend und die Motorengeräusche der anlaufenden S-Boote hörend, selbständig an. Andere MGB-Verbände wurden vor den deutschen Schnellboot-Stützpunkten aufgestellt, um besonders abgesprengte und einzeln heimkehrende deutsche Boote abzufangen. Üblicherweise operierten die MGB in Gruppen zu je vier Booten. Die 1941 beginnende, bis Ende 1942 fast abgeschlossene Ausrüstung der britischen Schnellboote mit Radargeräten und die enge taktische Kooperation von Schnellbootverbänden mit radarbestückten Führungs- und Leitzerstörern in den Jahren 1943/44 brachte den artilleristisch den deutschen Schnellbooten überlegenen MGB einen weiteren Vorteil.

Bemerkenswert ist, daß die Royal Navy bei Beginn des Zweiten Weltkrieges zwar über eine Handvoll Schnellboote verfügte, jedoch keinerlei taktische Einsatzvorstellungen hatte. Erst im Verlaufe des Krieges und nach zahlreichen, z. T. recht schmerzhaften Erfahrungen entwickelten sich aus der Praxis konkretere taktische Konzeptionen.

Nach Bryan Cooper (145) verlor die deutsche und die italienische Marine durch britische Schnellboote 70 Kriegsschiffe mit 34.554 ts (u. a. 1 Kreuzer, 5 Torpedoboote, 1 Hilfskreuzer, 1 U-Boot). An Handelsschiffen sollen versenkt worden sein

in Heimatgewässern

40 Schiffe mit 59 650 BRT

im Mittelmeer (incl. PT)

100 Schiffe mit 70 000 BRT,

darunter besonders viele kleine und sehr kleine.

Bestätigt ist der Verlust von sieben deutschen Torpedobooten („Greif", „Seeadler", „Iltis", „T 27", „TA 26", „TA 30", und „TA 45", und des deutschen Hilfskreuzers „Stier".

f) Abschließend ist festzustellen, daß die englischen Coastal Forces im Laufe des Krieges auf einen bemerkenswert hohen Stand kamen. Das gilt sowohl qualitativ als auch quantitativ. Bau, Bemannung und Einsatz von mehr als 1500 dieser kleinen Fahrzeuge müssen als beachtliche Leistung gewertet werden.

Der Fa. Vosper wurde 1948 in Anerkennung ihrer Verdienste um die Kriegsrüstung von einer Kgl. Kommission ein Preis von 35 000 £ zuerkannt (60).

5.3 Die Entwicklung der italienischen Marine

5.31 Die Boote

5.311 Die großen Boote

Am 10. 6. 1940, beim Eintritt Italiens in den Krieg, bestanden die Einsatzflottillen der italienischen Schnellbootwaffe aus den rund 50 MAS-Booten des 1936—1937 entwickelten „Typ 500", einem äußerst schnellen Zwei-Stufen-Gleitboot, und einigen Fahrzeugen älterer Bauart.

Der „Typ 500" wurde in zwei Serien zu je 25 Booten gebaut, die in den Jahren 1937 und 1939 in Fahrt kamen. Eine dritte, vierzehn Boote des gleichen, jedoch hinsichtlich kleinerer Details verbesserten Typs war kurz vor Kriegsausbruch, im Mai 1940, bestellt worden und sollte in der ersten Hälfte des Jahres 1941 in Fahrt kommen. Die etwa 15 Boote älterer Typen waren teils in Italienisch-Ostafrika, teils bei Sekundär-Verbänden der Heimat stationiert.

Offensichtlich hielt die italienische Marineleitung diese gegenüber den übrigen westeuropäischen Marinen relativ große Anzahl von Schnellbooten zunächst für ausreichend, denn im Gegensatz zu den anderen kriegsführenden Ländern wurde bei Kriegsbeginn keine Mob-Serie in Bau gegeben. Der erste Kriegsauftrag erfolgte erst im Januar 1941!

Die ersten Kriegserfahrungen mit den vorherrschend in der Straße von Sizilien und vor der nordafrikanischen Küste, d. h. einem relativ freien, ungeschützten Seegebiet, operierenden MAS waren nicht sehr befriedigend:

a) Die bewußte Betonung der Geschwindigkeitsforderung hatte — allein im Hinblick auf die relativ kleine Leistung der zur Verfügung stehenden Hochleistungsmotoren — zur Wahl der widerstandsmäßig äußerst günstigen, jedoch sehr trimm-empfindlichen und wenig seegängigen Zwei-Stufen-V-Spant-Gleitbootsform sowie zur Verwendung extrem leichter, hinsichtlich der Abmessung der Verbände knapper Bootskörper geführt. Die aus diesem konstruktiven Konzept entstandenen Boote hatten einen Fahrzeugtyp ergeben, der bei glattem Wasser mit mäßiger Antriebsleistung eine bemerkenswerte Geschwindigkeit erzielte. Doch schon bei etwas bewegter See waren höhere Fahrtstufen schnell mit strukturellen Schäden und Havarien am Bootskörper verbunden, weil das zu leicht gebaute, flachbodige Fahrzeug hart einsetzte.

Der militärische Zwang

— im freien Seeraum der Straße von Sizilien und unter häufig ungünstigen Witterungs- und Seeverhältnissen operieren zu müssen,

— Einsätze von längerer Dauer mit überladenen Booten auszuführen, führte überraschend schnell zu Verschleiß, größeren Schäden, Havarien und längeren Ausfall- und Instandsetzungszeiten.

b) Schon die ersten Gefechtsberührungen mit feindlichen See- und Luftstreitkräften zeigten die äußerste Empfindlichkeit der kleinen, leichtgebauten Benzinboote gegenüber Beschuß durch Maschinenwaffen und den unzureichenden Eigenschutz gegenüber Flugzeugen. Weder die 13,2- bzw. 20-mm-Maschinenkanone auf dem Achterdeck, noch die zugehörige Munitionsausstattung genügten dem Kriegserfordernis. Die nachträgliche Ausrüstung der Boote mit Nebelgeräten zur Abschirmung vom Gegner und die Erhöhung der Munitionsvorräte erwiesen sich als vorteilhaft, vergrößerten aber die Verdrängung. Die Anbordgabe eines 6,5-mm-Breda-MG auf einem Podest hinter der Brücke hatte wegen der begrenzten Leistung dieser Waffe (Kaliber, Reichweite) nur geringen Wert.

c) Die Notwendigkeit, die Boote schon bald aus den Hauptstützpunkten zu verlegen und sie auf größere Küstenräume zu verteilen, um sie Luftangriffen am Tage zu entziehen sowie der völlige Mangel an speziellen Begleitfahrzeugen für MAS zwangen dazu, die Boote bei jeder Neuausrüstung mit weitaus größeren Vorräten zu versehen, als wenn sie von eigenen Stützpunkten oder Mutterschiffen aus operiert hätten. Der daraus resultierende permanente Überladungszustand ergab einen größeren Verschleiß an Bootskörper und Hochleistungsmotoren und kürzere Intervalle zwischen zwei Grundinstandsetzungen.

d) Die durchschnittliche Zunahme der Verdrängung durch wachsende Bewaffnung, Besatzung, Vorräte usw. um 1,5—2,5 t, d. h. 6—10 % der Ursprungsverdrängung, führte zu stärkerer Belastung der Motoren, ungünstigerem Propellerwirkungsgrad und einem Geschwindigkeitsverlust von 2—3 kn.

e) Für die U-Jagd erwiesen sich die ihrer ganzen Eigenart nach als schnelle Torpedoträger konzipierten MAS wegen der unzureichenden U-Ortungsanlagen nur sehr bedingt geeignet.

Die recht primitiven C-Rohre ermöglichten eine Ortung nur bei gestopptem Boot und abgestellten Motoren. Sie bewährten sich jedoch zum Orten anlaufender Überwasser-Schiffsverbände vom in Lauerstellung liegenden Boot.

f) Die weit über die Augenhöhe des Brückenpersonals hinausragenden Dreibeinmasten wurden schon bald ausgebaut, da sie tagsüber zu frühzeitigem Erkennen seitens größerer Fahrzeuge führten. Sie wurden durch leichte Antennenstangen ersetzt.

Beim Bau der 3. Serie des „Typ 500" („MAS 551 bis 564") bemühte man sich, einige der aufgetretenen Mängel durch verbessernde Maßnahmen aufzufangen. Dabei stieg die Verdrängung dieser Serie durch Verstärkungen und Zusatzgewichte auf 28,3—29,4 t an, obwohl man bestrebt war, alle überflüssigen Gewichte einzusparen. Zwar gelang es, durch zweckmäßige Propellerformen usw. eine Spitzengeschwindigkeit von 45 kn zu halten, es blieb aber die Unmöglichkeit, Fahrzeuge dieses Typs unter etwas ungünstigen Seeverhältnissen einzusetzen und damit das entscheidende operative Handicap.

Obgleich diese Erfahrungen die Marineleitung zunächst veranlaßten, die schon vor dem Kriege eingeleiteten Studien für den Bau von Schnellbooten mit ausreichender Geschwindigkeit, gutem Seeverhalten und robuster Konstruktion zu intensivieren (Versuchsboote „MAS 565, 580 bis 581, 445—446", s. Abschnitt 4.3511), entschloß man sich im Januar 1941, zunächst elf weitere Fahrzeuge des „Typ 500" als 4. Serie („MAS 566—576") in Bau zu geben. Grundlagen dieser Entscheidung waren

— die Notwendigkeit, innerhalb von kürzester Frist über die Boote verfügen zu können, um
  1. die ersten Verluste ersetzen und
  2. neue Verbände aufstellen zu können,
— die Nutzung der Bauvorrichtungen und einschlägigen Erfahrungen der in der Herstellung dieser Boote bewährten Werften,
— die im Kriege durchaus erwägenswerte Auffassung, daß ein Weiterbau bereits eingeführter, ausbildungsmäßig und logistisch standar-

disierter Waffensysteme selbst gewisse Mängel aufwiegt, da alle mit der Umstellung auf ein neues System verbundenen Verzögerungen, Erprobungen, Umschulungen und Versuche entfallen.

— die Erkenntnis, daß diese relativ kleinen Fahrzeuge auf Lauerstationen im Küstenbereich und in räumlich begrenzten Seegebieten, besonders im Nachteinsatz, auch weiterhin einen realen Kampfwert besaßen.

Die Boote, die sowohl äußerlich als auch hinsichtlich Bewaffnung und technischer Daten der 3. Serie („MAS 551—564") entsprachen (s. Abschnitt 4.3511), wurden unter weitgehender Berücksichtigung aller vorliegenden Kriegserfahrungen (Ersatz des Dreibeinmastes, Vergrößerung der Vorräte usw.) gebaut. „MAS 566—570" entstanden bei Baglietto, „MAS 571—573" bei Picchiotti, „MAS 574—576" bei Celli. Trotz kriegsbedingter Schwierigkeiten mit Material und Facharbeitern konnten alle elf Boote vertragsgemäß zwischen Anfang August und Mitte Oktober 1941 abgeliefert werden. Sie erreichten mit einer Einsatzverdrängung von fast 30 t gute 41 kn. Es sei erwähnt, daß diese später fast ausschließlich im Schwarzen Meer eingesetzten Boote sich dort recht gut bewährten (s. Abschnitt 5.322).

Der entscheidende Wendepunkt der italienischen Schnellbootentwicklung wurde jedoch noch vor der Fertigstellung dieser Boote erreicht: Am 17. 4. 1941 wurden bei der Besetzung Cattoro's sechs der in den Jahren 1936—1937 bei Lürssen, Vegesack, auf der Basis des deutschen Typs „S 2—5" für Jugoslawien gebauten, mit 3 x 950/1000-PS-Daimler-Benz Bfz 12-Zyl.-V-Ottomotoren ausgerüsteten, wegen fehlender Ersatzteile nicht mehr fahrbereiten und von der Besatzung verlassenen Boote („Orjen", „Velebit", „Dinara", „Triglav", „Suvobur" und „Rudnik") vorgefunden. Die beiden fahrbereiten Boote „Durmitur" und „Kajmakcalan" hatten sich rechtzeitig nach Malta absetzen können (vgl. Abschnitt 4.3707). Wenige Tage später, am 20.—21. 4. 1941, fielen in den Häfen Sebenico und Spalato auch die beiden 1927—1928 in England gebauten Thornycroft-CMB „Uskok" und „Cetnik" in die Hand der Achsenmächte.

Obgleich die deutsche Marine bei der Teilung der jugoslawischen Beute anstrebte, die in Deutschland gebauten S-Boote zu erhalten, um sie mit eigenen Besatzungen zur Unterstützung der im Ägäisraum und in Nordafrika stehenden deutschen Heeresverbände einzusetzen, kamen alle Beutefahrzeuge in den Besitz der italienischen Marine. Die Thornycroft-CMB, die trotz ihres Alters instandgesetzt und — mit Ortungsgeräten ausgerüstet — ab Sommer 1941 für Überwachungsaufgaben im Adria-Raum verwandt wurden, erhielten die Bezeichnung „MAS 1D—2D" (das „D" charakterisierte die Herkunft Dalmatia — Dalmatien), die Lürssen-Boote wurden „MAS 3D—8D".

Die Übernahme der sechs Lürssen-Boote war für die italienische Marine, die sich nach der Misere mit dem „Typ 500" vergeblich bemüht hatte, von Deutschland Konstruktionspläne der S-Boote ererhalten, ein ganz besonderer Gewinn. Das italienische Werk I MAS e le Motosilurante Italiane (37) stellt fest „. . . sie gehörten zu jenem gelungenen deutschen Rundspant-Schnellboottyp, den die italienische Marine bis zum Beginn der militärischen Zusammenarbeit mit Deutschland vergeblich zu bauen versucht hatte. Mit einer optimalen Bootsform und anderen interessanten Lösungen betreffend Bewaffnung und Anordnung der Brücke waren die sechs Boote nur hinsichtlich der Motoren rückständig. Sie waren noch mit Explosionsmotoren eines nicht sehr gelungenen Typs ausgerüstet, während die zeitgenössischen deutschen Boote äußerst leichte Dieselmotoren besaßen.

Bei der Prüfung der ex-jugoslawischen Schnellboote des Typs ,Orjen' trat die außergewöhnliche Robustheit des Bootskörpers hervor, das sehr günstige Seeverhalten und die Möglichkeit, hohe Geschwindigkeit auch bei bewegter See durchzuhalten. Bei einer Gegenüberstellung mit den im Dienst der italienischen Marine befindlichen MAS ergaben sich beträchtlich größere operative Möglichkeiten, auch wenn die Höchstgeschwindigkeit nur wenig 30 kn überschritt, gegenüber den mehr als 40 kn, die die MAS jedoch nur bei entsprechender Zuladung und fast ruhigem Wasser erreichten.

Aus diesem Grunde entschied sich die italienische Marine für normale, rundliche Bootsformen und gab praktisch alle Studien um Knickspantformen auf, die, wie andere Nationen im Laufe des Zweiten Weltkriegs und danach immer wieder demonstrierten, den Höhepunkt der Entwicklung noch nicht erreicht hatten (S. 386)".

Fünf der Beuteboote wurden zur Grundinstandsetzung und zu Umrüstungsarbeiten zum Marinearsenal Tarent, das Typboot „Orjen" zur Cantieri Ruiniti dell'Adriatico (C.R.D.A.) in Monfalcone verlegt. Letztere erhielt gleichzeitig den Auftrag, die in Jugoslawien vorgefundenen Konstruktionspläne dieses Bootstyps an Hand des Originals zu vervollständigen und in Zusammenarbeit mit einschlägigen Spezialwerften (Baglietto usw.) eine italienische Nachbauversion zu entwickeln.

Die Instandsetzungsarbeiten an den Beutebooten waren antriebsseitig etwas problematisch: Da in Jugoslawien nur unzureichende Ersatzteile vorgefunden wurden und dieser Motorentyp in Deutschland nicht mehr gebaut wurde, mußten alle benötigten Teile in aufwendiger und zeitraubender Einzelfertigung erstellt werden. Der auch später stets chronische Ersatzteilmangel sowie eine gewisse Störanfälligkeit der in der deutschen Marine nur kurzfristig verwandten Ottomotoren führten dann zur Verwendung der Boote in der Ägäis, wo ausreichende Stützpunktkapazität zur Verfügung stand, und nicht, wie ursprünglich vorgesehen, vor der nordafrikanischen Küste. Auch die Bewaffnung wurde, soweit vorhanden, auf italienische Systeme umgestellt. Als die Boote schließlich Ende 1941 bis Anfang 1942 ihren Dienst in der italienischen Marine antraten, hatten sich ihre technischen Daten leicht verändert (s. Tabelle 11, lfd. Nr. 1—2). Abb. 103 zeigt das äußere Bild.

Über die Bewährung schreibt das Ufficio Storico (37): „Der Kriegseinsatz dieser Boote in einem besonderen Kriegsgebiet wie dem östlichen Mittelmeer rückte das optimale Seeverhalten ein-

mal mehr ins rechte Licht. Sie konnten unter Wetterbedingungen operieren, die für die MAS unerschwinglich waren. Es handelte sich im Ganzen um sehr gute Boote, deren Leistungen noch höher gewesen wären, wenn ihre Motoren, im Gegensatz zu der nachfolgenden deutschen Schnellbootsserie, die Dieselantrieb hatte, nicht aus einem Typ Ottomotor bestanden hätte, der nicht sehr gelungen war (S. 420)."

Ganz besonderes Interesse erregten bei der italienischen Marine die beiden Stauruder, die durch eine günstige Beeinflussung von Trimm, Propellerabstrahlung und Hecksee einen Geschwindigkeitsgewinn von etwa 1—1,5 kn ergaben.

Da die deutsche Marine trotz aller Bemühungen nicht bereit bzw. nicht in der Lage war, die Konstruktionsunterlagen der durch Steigerung der Bootsgröße, Verwendung umkleideter Torpedorohre und sehr funktionssicherer, leistungsstarker Schnelläufer-Diesel stark verbesserten neueren S-Boottypen („S 26—30") sowie die zugehörigen Dieselmotoren zur Verfügung zu stellen, entschloß sich die italienische Marineleitung, auf der Basis der bei der C.R.D.A. in Monfalcone erstellten Unterlagen des Typs „Orjen" eine italienische Variante zu entwickeln. Als Antrieb wurde der vorhandene und bewährte 1150-PS-Isotta-Fraschini-ASM-183-Ottomotor gewählt, der sich auf den MAS als sehr funktionssicher gezeigt hatte. Drei dieser Motoren sollten über ein Untersetzungsgetriebe mit dem Untersetzungsverhältnis 0,56 auf drei Wellen arbeiten. Das von der C.R.D.A. in Zusammenarbeit mit bewährten Schnellbootswerften (Baglietto usw.) entwickelte Projekt des Typs „C.R.D.A.-60 t" sollte speziell in der Sizilienstraße eingesetzt werden und dort die hinsichtlich Seeverhalten, Festigkeit und Fahrbereich unbefriedigenden, knapp halb so großen MAS des „Typ 500" ablösen. Das Ufficio Storico (37) stellt jedoch sachlich fest, daß der Typ „C.R.D.A.-60 t" das Problem des Ersatzes der MAS nur teilweise lösen konnte, weil die fehlende Verwendung von Dieselmotoren und -öl die wichtigsten Vorteile des deutschen S-Boots eliminierte: die größere Sicherheit gegen Beschuß, den höheren Fahrbereich und die Wirtschaftlichkeit im Betrieb.

Der im Projekt zunächst vorgesehene, auf die Mittelwelle arbeitende 95-PS-Alfa-Romeo-6 c 2500-Zusatz-Otto-Marsch- und Manövriermotor wurde später fallengelassen, da die Produktion von Motoren dieses Typs fast vollständig von den Kleinkampfmitteln der 10. MAS-Flottille in Anspruch genommen wurde. Darüber hinaus erschien es auch zweckmäßig, auf das Gesamteinbaugewicht von 1,515 t zu verzichten. Zum Manövrieren wurde der Mittelmotor mit einem Umsteuergetriebe versehen. Auch die im Projekt vorgesehene Bewaffnung von 2 x 20-mm-Breda-MK in Einzellafetten vorn und achtern, 2 — 53,3-cm-Stahl-Bug-TR mit großem Löffel für Torpedos des Typs S.I. 6,84 L, 2 Lager für Reservetorpedos, 2 Heckablaufbühnen für 8 x 100-kg-Wabos, 2 U-Ortungs-C-Rohre und 1 Nebelapparat, konnte zunächst nicht vollständig eingebaut werden, da die 20-mm-MK nicht in ausreichender Zahl zur Verfügung stand. Die Vorschiffswaffe wurde bei allen Booten durch 2 — 6,5- bzw. 8-mm-Breda-MG seitlich der Brücke ersetzt.

Bootskörper, Ruder, Stauruder, Anhänge usw. wurden fast völlig identisch mit dem „Orjen"-Typ ausgeführt, obwohl italienische Experten zu einer leichten Verbreiterung der Vorschiffsspanten geraten hatten.

Nach der Genehmigung des Projekts, dessen innere Raumaufteilung etwas vom deutschen Typ abwich, und nach Aufstellen einer Planung für die Versorgung mit Baumaterialien und Motoren wurden am 25. 6. 1941, d. h. rund zwei Monate nach der Erbeutung der jugoslawischen Boote, 18 Fahrzeuge dieses Typs bei der C.R.D.A. in Monfalcone bestellt und im Zeitraum von Ende April bis Anfang August 1942 als „MS 11—16, 21—26, 31—36" an die Marine geliefert. Mit dem Indienstkommen dieser erstmals nach Squadriglia's durchnummerierten und als „Motosilurante (MS)", d. h. Motortorpedoboote, bezeichneten Boote, ab Juni 1942, erhielten die Beuteboote des „Orjen"-Typs die gleichschaltende Bezeichnung „MS 41—46". Tabelle 11, lfd. Nr. 3 zeigt die technischen Daten, SK 91 und Abb. 104 das äußere Bild der Boote des „C.R.D.A.-60 t"-Typs. Schon die ersten See-Erprobungen sowie die Kriegserfolge der ersten Boote beim Einsatz in der Sizilienstraße im Sommer 1942 bestätigten die erhebliche Überlegenheit der MS gegenüber den MAS beim Einsatz in freien Seegebieten. Bootsform und größere Festigkeit des Bootskörper-Verbandes ermöglichten das Durchhalten höherer Fahrtstufen bis zu See 4. Die für italienische Vorstellungen zunächst gering erscheinende Höchstgeschwindigkeit von max. 32,5—33 kn erwies sich als durchaus ausreichend, um nach

SK 91 Italienische Schnellboote „MS 11—16, 21—26, 31—36"

L	28,00 m	3 x 1100-PS-Isotta-Fraschini-ASM-183	2 — 6,5-mm	
B	4,30 m	v = 32,5 kn	2 — 53,3-cm-TR	
Tg	1,67 m	1 oder 2 — 20-mm	Wabos	
D	62,6—63,4 t			

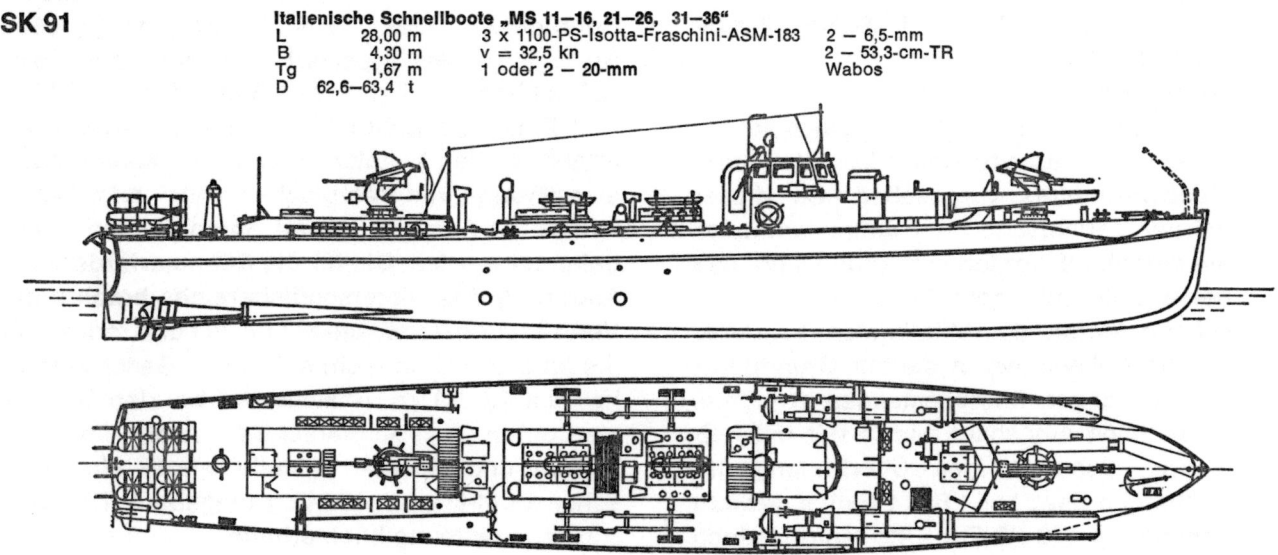

nächtlichem Torpedoeinsatz ein Ablaufen vom Gegner zu ermöglichen. Schon zweieinhalb Monate nach der Probefahrt und eineinhalb Monate nach der Indienststellung des ersten Boots, „MS 11", am 14. 6. 1942, entschloß sich die Marine, im Rahmen des Neubauprogramms 1942 achtzehn weitere Boote bei der C.R.D.A. in Bau zu geben („MS 51–56, 61–66, 71–76"). Sie wiesen gegenüber der Vorlaufserie einige Änderungen und Verbesserungen auf, um einige der im Einsatz nach und nach in Erscheinung tretenden Unzulänglichkeiten zu beseitigen und erweiterten militärischen Forderungen zu genügen:

— beim Bootskörper sollte ein erhöhtes Schanzkleid auf dem Vorschiff die bei Seegang auftretende Spritz- und Sprühwasserbelästigung des Brückenpersonals herabsetzen und eine Verstärkung der Innenverbände („MS 61–66, 71–76") eine weitere Erhöhung der Festigkeit bewirken.

— bewaffnungsmäßig wurden

   a) die Stahl-Bug-TR mit langem Löffel durch trompetenförmige Leichtmetallrohre deutscher und italienischer Konstruktion ersetzt,

   b) außer den mittschiffs befindlichen Reservetorpedos für die Bug-TR zwei 45,7-cm-Torpedos in der Seitenabwurfvorrichtung der MAS beidseitig auf dem Achterdeck angeordnet,

   c) die 6,5-mm-Breda-MG Mod. 30 durch 8-mm-Breda-MG Mod. 37 ersetzt.

— antriebsmäßig wurde

   a) ein Fundament für den Einbau eines auf die Mittelwelle arbeitenden Marsch- und Manövriermotors vorgesehen. Da dieser bei der Vorlaufserie zwar eingeplant, aber nie eingebaut worden war, ergab sich, daß der einzige mit einem Wendegetriebe versehene Motor, der Mittelmotor, schneller als die Außenmotoren die zur Grundüberholung nötigen Betriebsstunden erreichte. Tatsächlich eingebaut wurde der mit Leitungen, Schalldämpfer, Übertragungseinrichtungen usw. auf 1,615 t Einbaugewicht kommende 120-PS-Fiat-Otto-Motor jedoch nur zur Erprobung auf „MS 73". Als Alleinantrieb vermittelte er dem Boot 8 kn Fahrt und 1300 sm Fahrbereich. Da ein Serienbau des Motors bis zum Waffenstillstand nicht mehr möglich war, unterblieb die Ausrüstung der übrigen Boote und auch auf „MS 73" wurde er später wieder ausgebaut.

   b) der Brennstoffvorrat um 1170 kg, d.h. rd. 20 %, erhöht.

Da die Summe aller Zusatzgewichte die Einsatzverdrängung gegenüber der Vorlaufserie um 4,6–6,4 t vergrößerte, verloren die Boote ca. 1,5 kn Fahrt und der Fahrbereich erhöhte sich, trotz der Vergrößerung des Brennstoffvorrats, nur um rd. 50 sm.

Tabelle 11, lfd. Nr. 4 zeigt die technischen Daten, SK 92 das äußere Bild, Abb. 105 das Vorschiff mit dem erhöhten Schanzkleid. Während „MS 51–56, 61–66, 71–74" trotz zahlreicher Schwierigkeiten mit Arbeitskräften, Material und Luftangriffen zwischen Mitte Februar und Ende Juni 1943 an die Front kamen, wurden „MS 75–76" noch während des Baus aus der Serie herausgezogen und als Transportboote für Kleinkampfmittel der 10. MAS-Flottille umgebaut.

Die offiziell als „Canguri", d. h. „Känguruh", bezeichneten Boote erhielten im Achterschiff eine durch ein klappbares Tor verschließbare Transport- und Ablaufbühne, auf der alternativ 2 bemannte Torpedos des Typs S.L.C., 2 kleine Sprengboote des Typs M.T.R., ein großes Sprengboot des Typs M.T.M. oder je ein Klein-Schnellboot der Typen M.T.S.M. oder M.T.S.M.A. zum Einsatzort gebracht und dort zu Wasser gelassen werden konnten. Schließlich konnte auch eine Gruppe von Kampfschwimmern bzw. Saboteuren mit Ausrüstung und Sprengladungen angelandet werden. Die für die Bühne erforderliche Änderung des Hinterschiffsbereichs brachte die Verdrängung der Boote auf rd. 70 t und reduzierte die an sich schon nicht sehr hohe Geschwindigkeit auf 28–29 kn. Anstelle der bei den Schwesterbooten im Achterschiffsbereich üblichen Waffen und Ausrüstungsteile wurde ein deutscher 2-cm-Mauser-Vierling eingebaut. Die Vorschiffsbewaffnung blieb erhalten.

SK 92

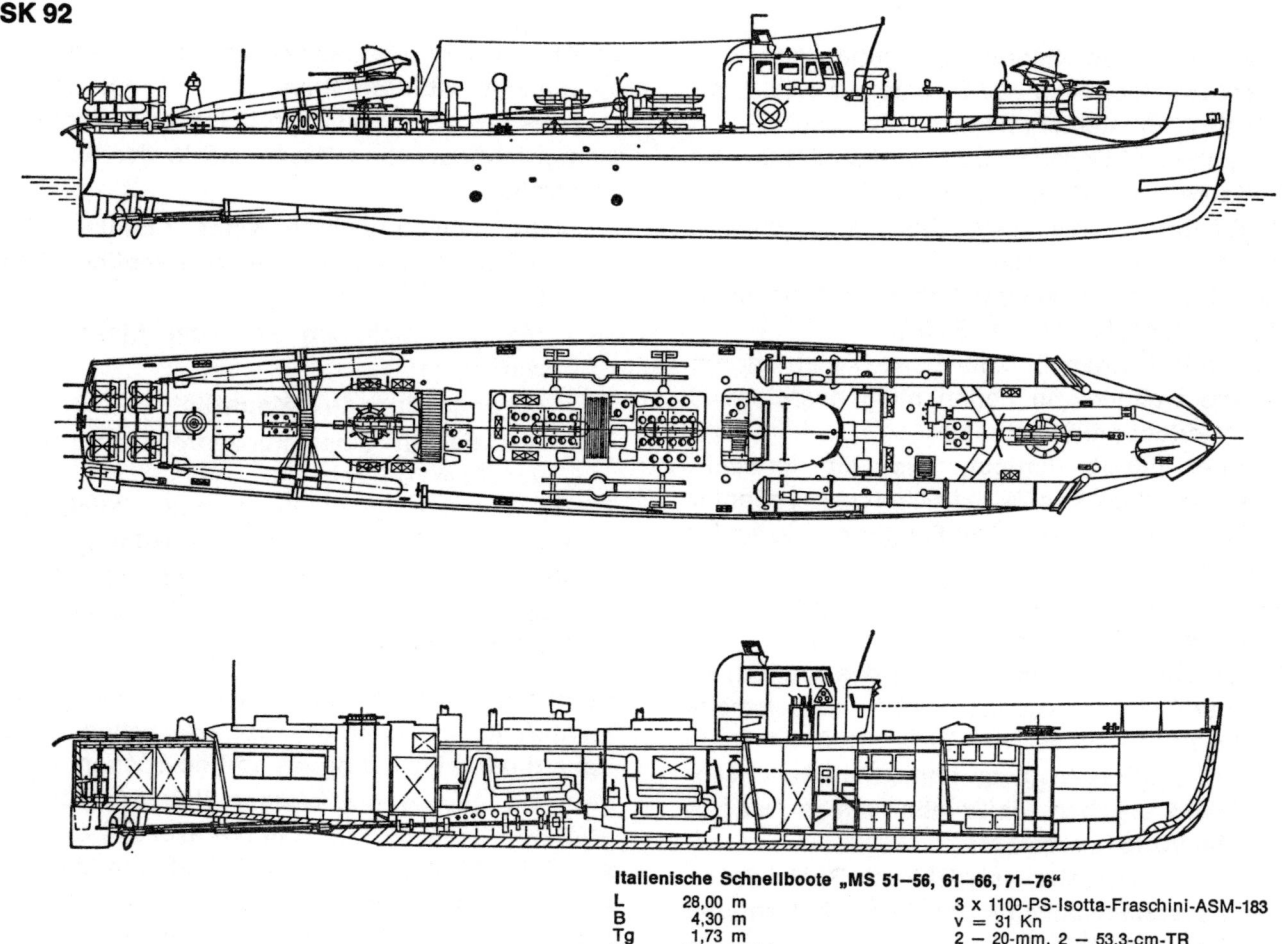

Italienische Schnellboote „MS 51—56, 61—66, 71—76"

L	28,00 m	3 x 1100-PS-Isotta-Fraschini-ASM-183
B	4,30 m	v = 31 Kn
Tg	1,73 m	2 — 20-mm, 2 — 53,3-cm-TR
D	68,0—68,8 t	2 — 45-cm-TA, Wabos

Nachteilig war, daß die Boote keine Winde hatten, um die ausgesetzten Geräte wieder an Bord nehmen zu können. Auch die Anbordgabe der Kleinkampfmittel im Hafen mußte mittels Landkran oder mit Hilfe der Hebezeuge großer Schiffe erfolgen.

Während „MS 75" noch zeitgerecht in Dienst kam, wurde die Fertigstellung von „MS 76" erheblich verzögert. Das Boot hatte anstelle des bewährten, auf allen modernen MAS- und MS-Booten verwandten 1150-PS-Isotta-Fraschini-ASM-183-Otto-Motors den daraus abgeleiteten, durch den Einsatz von Kompressoren auf 1500 PS bei 2000 Upm gebrachten Isotta-Fraschini-ASM-185-Motor erhalten. Zwar wurden bei den Probefahrten im Juni 1943 bei 67,5 t Verdrängung 35,47 kn erreicht — ein beachtlicher Fortschritt gegenüber den 32—33 kn, die die Boote mit dem

ASM-183-Motor und einer um rd. 2 t geringeren Verdrängung gelaufen hatten — doch erwies sich der neue Motor noch als recht störanfällig. „MS 76" befand sich zum Zeitpunkt des Waffenstillstands noch im Erprobungsverhältnis bei der Werft und wurde von der deutschen Marine übernommen, bevor es gelungen war, die Motoren frontreif zu bekommen und eine Serienfertigung aufzunehmen. In diesem Zusammenhang ist aber bemerkenswert, daß die schwedische Marine bereits Motoren dieses Typs bestellt hatte und auch Deutschland reges Interesse zeigte. Vier dieser Motoren wurden später im deutschen Tragflügel-Versuchs-Schnellboot „VS 10" eingebaut (s. Abschnitt 5.5142).

Obwohl die italienische Marine mit Befriedigung feststellte, daß die aus der erbeuteten „Orjen"-Klasse abgeleiteten „Motosilurante" für Opera-

tionen in freien Seeräumen gegenüber den wesentlich kleineren MAS einen erheblichen Fortschritt darstellten, bemühte man sich schon im Sommer 1942, kurz nach der Inbaugabe der MS-Boote der 2. Serie, bei der Vorbereitung des „Neubauprogramms 1943", bei der deutschen Marine um die Überlassung
- der Konstruktionspläne des modernen deutschen Schnellboottyps „S 38",
- der zugehörigen Daimler-Benz-Dieselmotoren sowie weiteren, in Italien nicht ausreichend vorhandenen Baumaterials,
- einiger bereits fertiger, über die deutsch-französischen Kanäle ins Mittelmeer verlegter und dort unter deutscher Flagge operierender Boote.

Grundlagen der italienischen Bitte waren eine Anzahl recht klarer Erkenntnisse

a) Der Übergang zum Nachbau des großen, zu jener Zeit aus deutscher Sicht aber bereits überholten deutschen Typs „S 2—5" hatte zwar ein Fahrzeug von geringerer Geschwindigkeit ergeben, dafür aber einige beachtliche Vorteile erbracht:
- einen robusten, seefähigen Bootskörper, dessen Festigkeit sich selbst bei Strandung bewährte (37),
- eine stärkere Bewaffnung, obwohl diese Möglichkeit aufgrund der unzureichenden italienischen Maschinenwaffenproduktion bis Anfang 1943 nicht immer voll ausgenutzt werden konnte,
- einen größeren Fahrbereich, obwohl italienische Otto-Motoren verwandt werden mußten.

Leider führte die permanente Zunahme der Verdrängung (Vergrößerung der Munitionsausrüstung, spätere Anbordgabe der vorderen 2-cm, Ersatz der unbefriedigenden Nebelanlage durch sehr gewichtige Nebelbojen aus französischer Kriegsbeute usw.) und die häufige Überladung der Boote für längere Einsatzfahrten zu einem beträchtlichen Geschwindigkeitsverlust und zu einer Beeinträchtigung der Betriebszeit und -sicherheit der überlasteten Motoren.

b) Ab Frühjahr 1943 stellte sich bei der zunehmenden Konfrontation der MS mit anglo-amerikanischen MGB und Flugzeugen vor der nordafrikanischen Küste und in der Sizilienstraße
- das völlige Fehlen eines Schutzes für Brücke, Waffen und die hochempfindlichen Benzintanks,
- die unzureichende Zahl der Maschinenwaffen,
- die ungenügende E-Kapazität,
- das Fehlen einer Funksprechverbindung von Boot zu Boot,
als äußerst nachteilig heraus. Auch die Spritz- und Sprühwasserbelästigung des Brückenpersonals bei Seegang war durch das höhere Schanzkleid der 2. Serie nur bedingt verbessert worden.

Bereits im Frühjahr 1943, nach den ersten Gefechten italienischer MS mit englischen MGB, hatte die Marineleitung als ad-hoc-Lösung erwogen, die gerade auf Werften liegenden Boote „MS 34, 52, 54, 55, 64" statt der Wasserbombenausrüstung mit zwei zusätzlichen 20-mm-MK auszurüsten (eine ganz achtern, eine vor der Brücke). Generell war sich die italienische Marineleitung aber bereits im Sommer 1942 klar, daß die Installation des unbedingt notwendigen Schutzes, die weitere Verbesserung der Seefähigkeit und die Verstärkung der Bewaffnung, nur bei einem Fahrzeug wesentlich größerer Abmessungen und Verdrängung und Verwendung entsprechend leistungsstarker (Diesel-)Motoren zu erreichen war. Eine Erkenntnis, zu der schließlich auch die anderen Marinen im Laufe des Krieges gekommen waren ...

Da die deutsche Marine sich jetzt bereit erklärte, den italienischen Wünschen hinsichtlich Lieferung von Konstruktionszeichnungen, Dieselmotoren, Waffen und Baumaterial zumindest für eine beschränkte Anzahl von Booten entgegenzukommen, wurden im Dezember 1942 bei der C.R.D.A. in Monfalcone im Rahmen des „Neubauprogramms 1943" sechs Schnellboote des deutschen Typs „S 38" in Auftrag gegeben.

Eigene Versuche und Projekte aufgrund der Kriegserfahrungen wurden mangels Mitteln, Material und industrieller Kapazität zurückgestellt. So u. a. ein kleines Küsten-Torpedo-Schnellboot von 21 t Verdrängung, das mit einem aufgeladenen Isotta-Fraschini-ASM-184-C-Otto-Motor von 1500 PS 37 kn und mit einem 200-PS-Alfa-Romeo-Otto-Marschmotor 10 kn laufen sollte (Tabelle 11, lfd. Nr. 11). Das Zweistufen-V-Spant-Gleitboot sollte als Holz- oder Stahlleichtbau ausgeführt werden. Alle vitalen Teile sollten einem 30-mm-Panzerschutz gegen Schnellfeuerwaffen besitzen. Die zwei Mann starke Besatzung des für Nachteinsätze vorgesehenen Kurzstreckenboots sollte das Boot von einem geschützten Leitstand aus mittels Sehrohren führen. Für die Maschinenwaffen (1 — 20-mm bzw. 2 — 12,7-mm) waren hydraulisch ferngesteuerte Flugzeugkuppeln geplant.

Die als Nachbau vorgesehenen Boote des Typs „S 38" waren im Jahre 1942 das derzeitige Endglied der deutschen Schnellboot-Entwicklung. Das Bemühen, die Höchstgeschwindigkeit auf über 40 kn zu bringen, die Seefähigkeit noch weiter zu verbessern und den Fahrbereich zu erhöhen, hatte eine Typverdrängung von rd. 105 t ergeben. Als Antrieb dienten drei 2000-PS-Daimler-Benz-Dieselmotoren des Typs MB 501 auf drei Wellen, die Bewaffnung bestand aus 2 — 53,3-cm-Bug-Torpedorohren, je einer 20-mm-MK vorn und achtern, zwei Reservetorpedos, Wasserbomben und Einrichtungen für das Legen von 6—8 Grundminen. Die Verwendung von Dieselöl als Brennstoff erhöhte die Sicherheit des Bootes unter Beschuß und vermittelte einen Fahrbereich von 700 sm bei 30 kn. Der ab 1943—1944 erfolgte Einbau einer gepanzerten Brücke (18-mm-Panzerkalotte mit 1,2 t Gewicht) zum Schutz des Brückenpersonals und die Verstärkung der Bewaffnung nach Anzahl und Kaliber (eine 37- bzw. 40-mm- und drei bis fünf 20-mm-MK) erhöhten den Kampfwert (vgl. Abschnitt 5.511).

Die Fertigung der mit deutscher Unterstützung bei der C.R.D.A. zu bauenden Boote kam zunächst nicht in Gang. Das beruhte teils auf der verzögerten Anlieferung des deutschen Materials

(hinsichtlich der Lieferung von vier Daimler-Benz MB 501 monatlich ab Oktober 1943 und der 20-mm-MK wurde erst im Juni 1943 ein endgültiges Übereinkommen erzielt!), teils auf dem Umstand, daß sich die italienische Marine über die Bewaffnung nicht ganz klarwerden konnte. Aufgrund der offensichtlichen Meinung, ein „Superboot" zu bekommen, wurden ursprünglich vier 20-mm-Breda-MK (drei achtern, eine vorn), vier 45,7-cm-Torpedorohre (zu je zwei an jeder Seite des Vorschiffs) und eine Heckablaufbühne für 104-kg-Wabos vorgesehen. Man versprach sich von einer größeren Anzahl gleichzeitig eingesetzter kleinkalibriger Torpedos mit kleiner Sprengladung eine größere Erfolgsaussicht als von einer kleineren Anzahl großkalibriger mit größerer Sprengladung. Geht man von der Überlegung aus, daß jeder Schnellbootangriff immer die Nutzung einer einmaligen Gelegenheit ist, so hat diese Idee, die ja lange nach dem Zweiten Weltkrieg von den — allerdings wesentlich größeren — modernen Booten praktiziert wird, durchaus einiges für sich. Da man s. Z. jedoch darauf angewiesen war, weitgehend auf deutsche Waffen zurückzugreifen und darüber hinaus feststellte, daß die vorgesehene Anordnung von vier Bug-Torpedorohren kleineren Kalibers einen der wesentlichen Vorteile des deutschen Bootes eliminierte, die Erhöhung der Seefähigkeit durch die in eine Back eingezogenen beiden Torpedorohre, kehrte man im Mai 1943 bewaffnungsmäßig sehr weitgehend zur deutschen Lösung zurück.

Nach Abstimmung mit der deutschen Marine und der Lürssen-Werft in Vegesack entschied man sich für eine 20-mm-MK deutscher Konstruktion versenkt in der Back, eine 20-mm-Breda-MK achtern, zwei deutsche 53,3-cm-Leichtmetall-Bug-Torpedorohre innerhalb einer Back und zwei 45-cm-Torpedos in Seitenwurfeinrichtungen auf beiden Seiten des Achterdecks, wie auf den MS des Typs „C.R.D.A.-60 t" der 2. Serie. Letztere sollten später durch 53,3-cm-Torpedos ersetzt werden, für die die Wurfeinrichtungen s. Z. in Entwicklung waren. Tabelle 11, lfd. Nr. 5 zeigt die technischen Daten der Boote, für die die Bezeichnungen „MS 81—86" vorgesehen waren. Sie sollten zwischen Januar und Juni 1944 — ein Boot monatlich — geliefert werden.

Noch vor der Kiellegung der Boote, im August 1943, entschied die Marine aufgrund der Kampferfahrungen mit englischen MGB, daß die bereits genannte Umrüstung der Boote „MS 34, 52, 54, 55, 64" zu MGB entfallen sollte, um die Boote so schnell wie möglich wieder an die Front zu bekommen. Anstelle dessen sollten vier der in Bau zu gebenden Boote „MS 81—86" statt der 45-cm-Hecktorpedoeinrichtung alternativ eine 37-mm-MK oder einen deutschen 20-mm-Mauser-Vierling erhalten und als „Motocannoniere" eingesetzt werden. Sie sollten gleichzeitig um die Brücke eine Panzerkalotte von 10 mm Dicke, nach deutschem Vorbild, erhalten.

Am 14. 6. 1943 vergab die italienische Marineleitung an die C.R.D.A. den Bau einer schon im Frühjahr 1943 im Rahmen des „Neubauprogramms 1943" beschlossenen 3. Serie von achtzehn Booten des Typs „C.R.D.A.-60 t", die zwischen November 1943 und Juli 1944 in monatlichen Raten von zwei Fahrzeugen geliefert werden sollten. Abgesehen von geringfügigen Änderungen (Ausrüstung, neue Horchanlagen, Verringerung der Zahl der Wabos, Ersatz der Nebelbojen durch Geräte deutschen Typs, Schutz der Benzintanks gegen Beschuß durch Synthetik-Gummibezüge usw.) sollten die Boote weitgehend mit denen der 2. Serie identisch sein. Nach erfolgreichem Abschluß der Erprobungen des neuen 1500-PS-Isotta-Fraschini-ASM-185-Otto-Motors auf „MS 76" sollten einige der Boote mit diesem Motorentyp ausgestattet werden, um eine entsprechend größere Geschwindigkeit zu erreichen. Voraussetzung hierfür waren jedoch die Frontreife des Motors und das zeitgerechte Anlaufen der Serienfertigung.

Mitte Juli 1943, d. h. knapp zwei Monate vor der Kapitulation, vergab die italienische Marineleitung nach eingehender Abstimmung mit dem unter dem Kommando von Admiral S.A.R. Aimone di Savoia Aosta Duca di Spoleto stehenden „Ispettorato Generale dei MAS" die Bauaufträge nach dem „Neubauprogramm 1944":

a) drei weitere MS des Lürssen-Typs „S 38" bei der C.R.D.A. in Monfalcone mit Liefertermin August/Dezember 1944 (je ein Boot monatlich).

b) sechsundzwanzig MS des Typs „C.R.D.A.-60 t" als 4. Serie dieses Typs. Von den zwischen Februar und Dezember 1944 zu liefernden, u. U. aus Materialgründen in Ganz-Holz-Konstruktion zu fertigenden Booten sollten zehn von der C.R.D.A., zwölf von Baglietto und vier von Celli gebaut werden. Noch im August 1943 wurde festgelegt, daß insgesamt sechs der vierundvierzig Boote des C.R.D.A.-60 t-Typs der 3. und 4. Serie als „Motocannoniere" fertiggestellt werden sollten. Als Bewaffnungsalternativen sollten, vor einer verbindlichen Entscheidung für alle Boote, untersucht werden

— Ausbau aller TR und zusätzlicher Einbau einer 37-mm-Breda-MK vorn sowie eines 20-mm-Mauser-Vierlings achtern,

— Ersatz der 45-cm-Torpedoeinrichtung und der 20-mm-Einzel-MK auf dem Achterschiff durch einen 20-mm-Mauser-Vierling.

c) dreißig MAS eines aufgrund aller Kriegserfahrungen und der 1941/1942 für Schweden und 1942 für Finnland ausgearbeiteten Projekte (s. Abschnitt 5.8) verbesserten „Typ 500" zum Auffüllen der Kriegsverluste. Ursprünglich hatte das „Ispettorato Generale dei MAS" im Sommer 1943 sogar den Nachbau von 43 MAS gefordert, nachdem dieser ausgesprochene Küstentorpedoträger nach dem Übergreifen des Krieges auf Sizilien und das Festland wieder größere Bedeutung zum nächtlichen Torpedoeinsatz gegen Überwasserziele bekommen hatte. Tabelle 11, lfd. Nr. 6, zeigt die technischen Daten der 5. Serie des „Typ 500". Die Hauptänderungen gegenüber der 4. Serie erstreckten sich auf die Verstärkung der Bootskörperverbände, vor allem der Innenverbände, den Verzicht auf den Marschmotor und aufwendige Inneneinrichtungen, die Anordnung einer zweiten 20-mm-MK direkt hinter der Brücke, den Verzicht auf die Wabo-Bühne am Heck und die Anordnung von je vier Wabos beidseits der Brücke. Das Zusatzgewicht der 20-mm-MK und der zugehörigen Munitionsdotierung hoffte man durch das Weglassen des Hilfsmotors sowie aufwendiger Ausrüstungs- und Einrichtungsteile kompensieren zu können.

Von den 30 Fahrzeugen sollten 12 bei Celli (Venedig), je 6 bei Costaguta (Genua-Voltri) und Picchiotti (Limite d'Arno) und je 3 bei Cinti (Venedig) und der Cantieri Navali di Chiavari gebaut werden.

d) Verhandlungen über den Bau einer weiteren Serie von 24—30 MAS eines noch nicht abschließend festgelegten Typs bei Caproni (Mailand) waren noch im Gang.

Zum Zeitpunkt des Waffenstillstands, am 8. 9. 1943, war von den zahlreichen Schnellbooten der Neubauprogramme 1943/1944 kein einziges fertig, und nur wenige waren schon in Angriff genommen:

— von den 9 Booten des deutschen Typs „S 38" befand sich noch kein Fahrzeug auf Stapel. Das größtenteils aus Deutschland stammende und z. T. schon in Bearbeitung befindliche Material wurde von der deutschen Marine übernommen. Es wurde teils nach Deutschland zurückgeschickt, teils für Instandsetzungsarbeiten an den im Adria-Raum unter deutscher Flagge operierenden Schnellbooten verwandt.

— von den 44 MS der 3. und 4. Serie hatte die C.R.D.A. in Monfalcone erst drei Boote auf Stapel gelegt. Sie wurden von der deutschen Marine abgebrochen und das bearbeitete Material der Instandsetzung von Beutebooten zugeführt.

— von den 30 MAS der 5. Serie war nur noch ein einziges Boot bei Celli auf Stapel gelegt worden. Auch dieses Boot wurde abgebrochen (37).

5.312 Die U-Jagdboote Motovedette Antisommergibili (VAS)

Die Erkenntnis, daß alle zwischen den Kriegen entwickelten MAS-Boote trotz aller vorhandenen U-Bootbekämpfungseinrichtungen letzthin von der ganzen Konzeption her nichts anderes als reinrassige Torpedoträger zum Einsatz gegen Überwasserschiffe waren und die U-Jagdfunktion, allein von der Ortungsseite her, nur einen äußerst bedingten Wert besitzen konnte, animierte die italienische Marine schon kurz nach Kriegsausbruch zu ersten Konstruktionsüberlegungen für einen schnellen Motor-U-Jäger. Diese wurden besonders dringlich durch die Tatsache, daß die in den ersten Kriegsmonaten unter dem „Ispettorato dei Mezzi Antisommergibili" geführten, im Sicherungs-, Überwachungs- und U-Jagddienst vor der italienischen und nordafrikanischen Küste verwandten requirierten Motorboote (Privatbesitz, Zoll-, Fischereifahrzeuge usw.) diesen Aufgaben — wie im Ersten Weltkrieg — nur sehr bedingt gewachsen waren: Handelte es sich um ausreichend schnelle Boote, so waren sie meist für den militärischen Einsatz zu leicht gebaut. Handelte es sich um entsprechend seefähige Fischereifahrzeuge, so war die Geschwindigkeit unzureichend.

Im November 1940 ordnete die Marineleitung, unter Rückgriff auf die Konzeption der „MAS da crociera" des Ersten Weltkriegs, die Entwicklung eines konstruktiv einfachen, schnell und in großer Zahl herstellbaren, ca. 100 t großen U-Jägers mit einer Geschwindigkeit von 18—20 kn an. Rekapituliert man, daß die letzten Fahrzeuge eines derartigen U-Jagdtyps die 1925—1927 gebauten, gut 30 t großen und 26—28 kn laufenden „MAS 427—429" waren (s. Abschnitt 4.3511), so kommt man um die Erkenntnis nicht herum, daß die U-Jagd — trotz einschlägiger Erfahrungen des Ersten Weltkriegs — in der italienischen Marine zwischen den Kriegen etwas vernachlässigt worden ist. Man verlagerte sie weitgehend auf die Torpedoträger (Zerstörer, Torpedoboote, MAS) und verkannte, daß gerade diese Fahrzeuge im Kriegsfall von einer Vielzahl anderer Aufgaben in Anspruch genommen werden. Gleichzeitig beinhaltete die Forderung nach einem 100-t-Motor-U-Bootjäger allein größenmäßig die Entwicklung eines für die italienische Marine völlig neuen Typs. Nach eingehenden

Beratungen mit der deutschen Marine kam man jedoch Anfang 1941 zu dem Entschluß, anstelle des einen U-Jägers zwei unterschiedliche Typen mit unterschiedlicher Primäraufgabe zu entwickeln:

— ein großes, rd. 600-t-Fahrzeug mit umfangreichen Ortungs- und Bekämpfungswaffen zum Tageseinsatz gegen getaucht fahrende Unterseeboote in freien Seeräumen, das schließlich die ab 1942 an die Front kommenden, sehr bemerkenswerten Korvetten der „Antilope"-Klasse ergab (670/775 ts, 17 kn mit Dieselantrieb, 6 kn Schleichfahrt mit E-Motorenantrieb, 1 — 10-cm, 2 — 4-40-mm, 2000 sm Fahrbereich bei 15 kn).

— ein kleines, an die deutschen Räumboote (Holz-Leichtmetall-Kompositbau) und die französischen „Chasseurs" (Stahlbau, 148 ts, 20—23,6 kn mit Dieselantrieb, 1 — 7,5-cm, 2 MG, Wabos) angelehntes Fahrzeug um 90—100 t Verdrängung für nächtliche Einsätze gegen aufgetaucht in Küstengewässern operierende U-Boote.

Als jedoch die bekannte Baglietto-Werft im April 1940, bei der Mithilfe zur Entwicklung der Motosilurante des Typs „C.R.D.A.-60 t", die Konstruktionsunterlagen der in Jugoslawien erbeuteten „Orjen"-Klasse in die Hand bekam, entwickelte sie auf der Grundlage des als äußerst gelungen geltenden Bootskörpers dieser Fahrzeuge das Projekt eines Küsten-U-Jägers von nur 69 t Einsatzverdrängung. Nach Prüfung des Vorschlags und Vornahme geringfügiger Änderungen entschloß sich die Marine, einige bereits vorliegende andere Projekte zurückzustellen und zunächst den Baglietto-Entwurf zu realisieren. Am 3. 9. 1941 wurde eine erste Serie von 30 „Motovedette Antisommergibili (VAS)" in Auftrag gegeben:

8 Boote („VAS 201—208") bei Baglietto, Varazze
6 Boote („VAS 209—214") bei Picchiotti, Limite d'Arno
6 Boote („VAS 215—220") bei Navalmecchanica, Castellamare
4 Boote („VAS 221—224") bei Soriente, Salerno
6 Boote („VAS 225—230") bei Celli, Venedig

Die durch elf Stahl- resp. Holzschotte in zwölf Abteilungen unterteilten Bootskörper waren bei „VAS 201—214" als Ganz-Holz-Konstruktion, bei „VAS 215—230" als Stahl-Holz-Kompositbau ausgeführt. Die Hauptantriebsanlage bestand aus zwei bei der C.A.B.I.-Cattaneo in Mailand für Bordzwecke umgebauten 750/800-PS-Fiat-A-25-M-Otto-Motoren, die, ohne Untersetzungs- und Umsteuergetriebe, auf die beiden Außenwellen arbeiteten und, bei ausgekuppelter Mittelwelle und 1800—1900 Upm., 18—18 kn ermöglichten. Der zugehörige Fahrbereich betrug 380—300 sm. Auf die Mittelwelle arbeitete ein vor den beiden Hauptmotoren angeordneter, mit einem 1 : 2,5 Untersetzungs- und Umsteuergetriebe versehener Carraro-D/300-Otto-Motor, der bei 1800—2000 Upm 300—340 PS abgab und als Marsch- und Manövriermotor verwandt wurde. Als Alleinantrieb vermittelte er dem Fahrzeug 11—12 kn Marschfahrt und 1100—1200 sm Fahrbereich. Bei gleichzeitigem Einsatz aller drei Motoren konnten zwar bis zu 20,5 kn erreicht werden, doch sank der Fahrbereich auf 250 sm ab.

Tabelle 11, lfd. Nr. 7, zeigt die technischen Daten, SK 93 und Abb. 106 das äußere Bild der zwischen März und November 1942 in Dienst gestellten Boote.

Die beiden 6,5-mm-Breda-MG wurden zunächst als Ersatz für die ursprünglich vorgesehene, aber — wie bei den MS — mangels ausreichender Fertigung zunächst nicht eingebaute 20-mm-MK auf dem Vorschiff an Bord gegeben. Ab Anfang 1943 konnte aber auch die zweite 20-mm-MK nach und nach eingebaut werden. Bemerkenswert ist auch, daß die ersten Boote zunächst mit einem Schornstein in Dienst kamen. Nach den ersten Probefahrten wurden jedoch alle Boote mit Schalldämpfern und Seitenauspuff im Bootskörper versehen und die bereits eingebauten Schornsteine entfernt.

Von der Geschwindigkeit her würden die VAS an sich nicht so recht in den Kreis der hier zu behandelnden Fahrzeuge passen. Doch die bemerkenswerte Idee, diese Fahrzeuge mit zwei 45-cm-Torpedos in der Seitenwurfeinrichtung der MAS auszurüsten, um nachts im Küstenvorfeld aufgetaucht operierende U-Boote durch Torpedoschuß zu vernichten, erhöhte ihren Einsatzwert über die reine U-Jagdcharakteristik hinaus: Unter entsprechenden Umständen konnten sie durchaus auch Torpedoträger-Aufgaben gegen Überwasserschiffe erfüllen!

Noch während des Baus der ersten Serie, am 10. 1. 1942, wurde eine zweite Serie von achtzehn, hinsichtlich Bootskörper und Gesamtkonzeption sehr ähnlichen, in der Antriebsanlage jedoch völlig unterschiedlichen Booten bestellt:

6 Boote („VAS 231–236") bei Baglietto, Varazze (Abb. 107)

2 Boote („VAS 237–238") bei Costaguta, Genua-Voltri

4 Boote („VAS 239–242") bei Navalmecchanica, Castellamare

3 Boote („VAS 243–245") bei Soliente, Salerno

3 Boote („VAS 246–248") bei Celli, Venedig

SK 93 Italienische Motor-U-Jäger „VAS 201–280"

L	28,00 m	2 x 750-PS-Fiat-A-25+1 x 300 PS-Carraro	äußerlich ähnlich „VAS 231–248"
B	4,30 m	v = 20,5 Kn	jedoch 1 x 1100-PS-Isotta-Fraschini
Tg	1,80 m	1 oder 2 – 20-mm, 2 – 5-mm	ASM 183 + 2 x 300-PS-Carraro
D	68,8–69,1 t	2 – 45-cm-TA, Wabos	v = 21,0 Kn

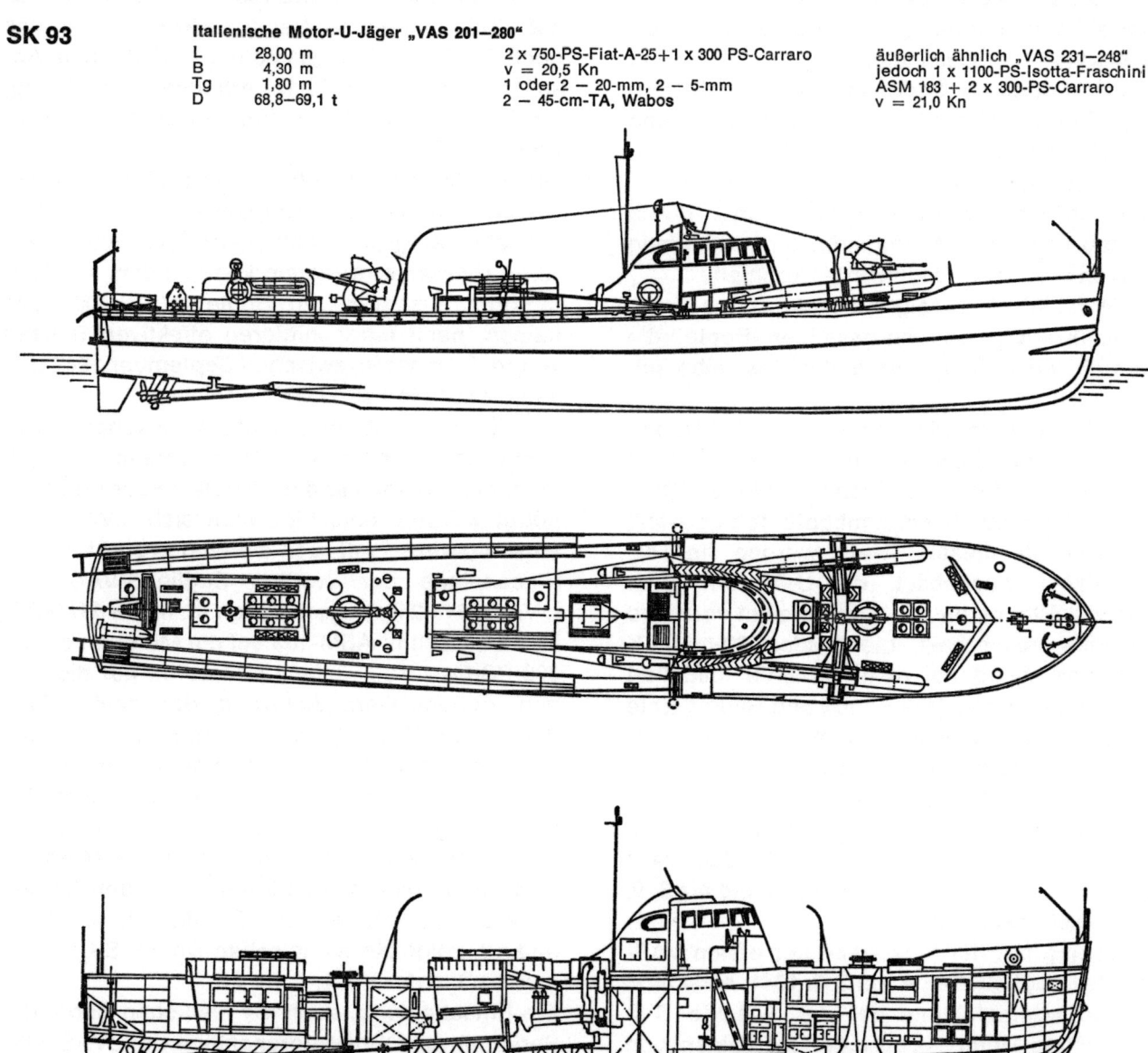

Als Hauptantrieb diente ein direkt auf die Mittelwelle arbeitender 1150-PS-Isotta-Fraschini-ASM-183-Otto-Motor, der eine Geschwindigkeit von 15,5—16 kn ermöglichte. Zwei mit Umsteuergetrieben versehene, auf die beiden Außenwellen arbeitende 300-PS-Carraro-D/300-Otto-Marsch- und Manövriermotoren ergaben, allein arbeitend, 14—14,3 kn Dauermarschfahrt und, gemeinsam mit dem Mittelmotor, 21—21,5 kn Höchstfahrt.

Hervorhebenswert ist, daß

— diese Antriebsordnung bei nur geringen Unterschieden von Gesamtleistung und -gewicht gegenüber der 1. Serie und durch Wahl entsprechender Propeller eine zwar nur kleine Geschwindigkeitserhöhung, aber einen beträchtlich vergrößerten Fahrbereich ergab,
— die Antriebsmotoren bei beiden Serien durch Abbau der Antriebsraumabdeckung kurzfristig und en bloc ausgebaut werden konnten.

Tabelle 11, lfd. Nr. 8, zeigt die technischen Daten der als Kompositbau hergestellten Boote, die äußerlich weitgehend der ersten Baureihe glichen.

„VAS 231—236" wurden aufgrund einer Anfang 1943 getroffenen Entscheidung der Marineleitung als „Motovedette per il draggio veloce (DV)", d. h. als Schnelle Minenräumboote, fertiggestellt (Abb. 108). Zu diesem Zweck wurden die Torpedoanlagen ausgebaut, die U-Abwehrwaffen auf je vier Wabos an den Schiffsseiten vorn und mittschiffs beschränkt, die beiden 20-mm-MK gegenüberliegend auf dem Vorschiff installiert und auf dem Achterdeck Winde und Räumgeräte eingebaut. Mit ausgebrachtem Gerät wurden gute 14 kn erreicht. Es ist hervorhebenswert, daß trotz wachsender Materialschwierigkeiten und zunehmender Beeinträchtigung der Bautätigkeit durch Luftangriffe bis auf „VAS 243, 244, 245" alle Boote noch vor dem Waffenstillstand am 8. 9. 1943 in Dienst kamen!

Gleichzeitig mit der Inbaugabe der ersten VAS-Serie des Baglietto-Typs, am 3. 9. 1941, entschloß sich die Marineleitung, bei der Ansaldo S.A. zwölf weitere Motor-U-Bootjäger nach einem von dieser Firma ausgearbeiteten Entwurf als „VAS 301—312" in Auftrag zu geben. Zwar handelte es sich ebenfalls um Rundspantboote mit sehr scharfem Vor- und flachem Hinterschiff, doch sollte der Bootskörper als Ganzstahlkonstruktion ausgeführt werden. Als Antrieb waren für die Boote „VAS 301—304" je drei mit Reibungskupplung und Wendegetriebe versehene 350-PS-Fiat „ex Littorina" (12/12)-Diesel vorgesehen, die ursprünglich für Lokomotiven der italienischen Staatsbahn gebaut und für Bordzwecke umgestellt worden waren. Die restlichen Boote, „VAS 305—312", sollten je drei 400/500-PS-Diesel des noch im Entwicklungsstadium befindlichen Ansaldo-Typs Q 172 (170/12) erhalten. Bewaffnung, Einrichtung und Ausrüstung entsprachen dem Baglietto-Typ.

Die auf der Ansaldo-Werft „Cerusa" in Voltri bei Genua gebauten, ursprünglich auf 75 t angesetzten, aber aufgrund zahlreicher Änderungen auf 92,5 t Einsatzverdrängung kommenden, mit Fiat-Motoren ausgerüsteten Boote „VAS 300—304" kamen, nach einer mittleren effektiven Bauzeit von rd. 5 Monaten, zwischen September 1942 und Januar 1943 in Fahrt.

Da die für die übrigen Boote vorgesehenen Ansaldo-Diesel bei den Prüfstandversuchen noch Mängel aufwiesen und die Boote an der Front benötigt wurden, entschloß man sich, „VAS 305" versuchsweise mit der bereits erprobten Antriebsanlage der zweiten Baglietto-VAS-Serie („VAS 231—248") auszurüsten, d. h. ein 1150-PS-Isotta-Fraschini-ASM-183 auf die Mittel- und zwei 300-PS-Carraro-D/300-Otto-Motoren auf die beiden Außenwellen. Aufgrund der zahlreichen, durch die Umstellung bedingten Änderungen verzögerte sich die Fertigstellung des Bootes bis zum Mai 1943, doch waren die bei den Probefahrten erzielten Ergebnisse durchaus befriedigend: 19 kn und 400 sm Fahrbereich mit 3 Motoren, 13 kn und 1000 sm Fahrbereich mit den beiden äußeren Marschmotoren. Tabelle 11, lfd. Nr. 9 und 10, zeigt die technischen Daten, SK 94 das äußere Bild der Boote.

Die Entscheidung, auch die restlichen Boote der Serie mit der Otto-Motorenanlage des „VAS 305" auszurüsten, konnte sich bis zum Waffenstill-

Abb. 106
Italienische
„VAS 201—208"

Abb. 107
Italienische
„VAS 231—236"

Abb. 108
Italienische VAS
als Minenräumboote

Abb. 109
Italienisches Klein-Schnellboot
Typ M.T.S.M.

Abb. 110
US PT-Boot des Elco 80'-Typs

Abb. 111
US PT-Boot des Higgins 78'-Typs

Abb. 112
Wenden eines Elco-PT-Boots
während des Baus. Die Boote wurden zunächst kieloben
zusammengebaut und aufgeplankt

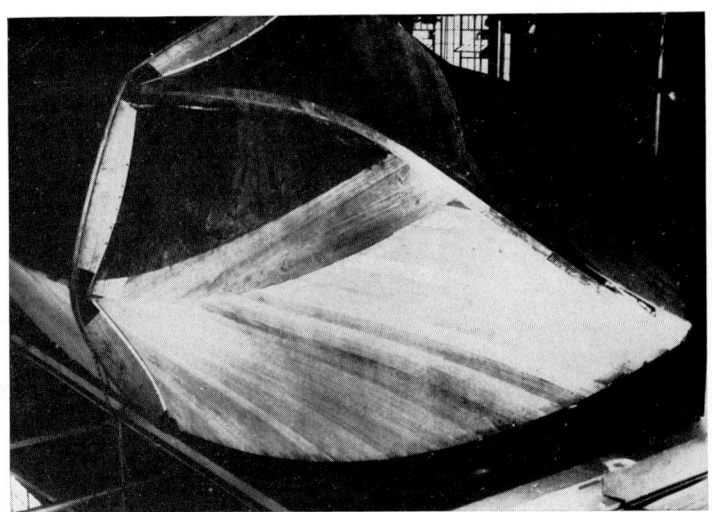

Abb. 113
Serienbau von
Higgins 78'-Booten

SK 94

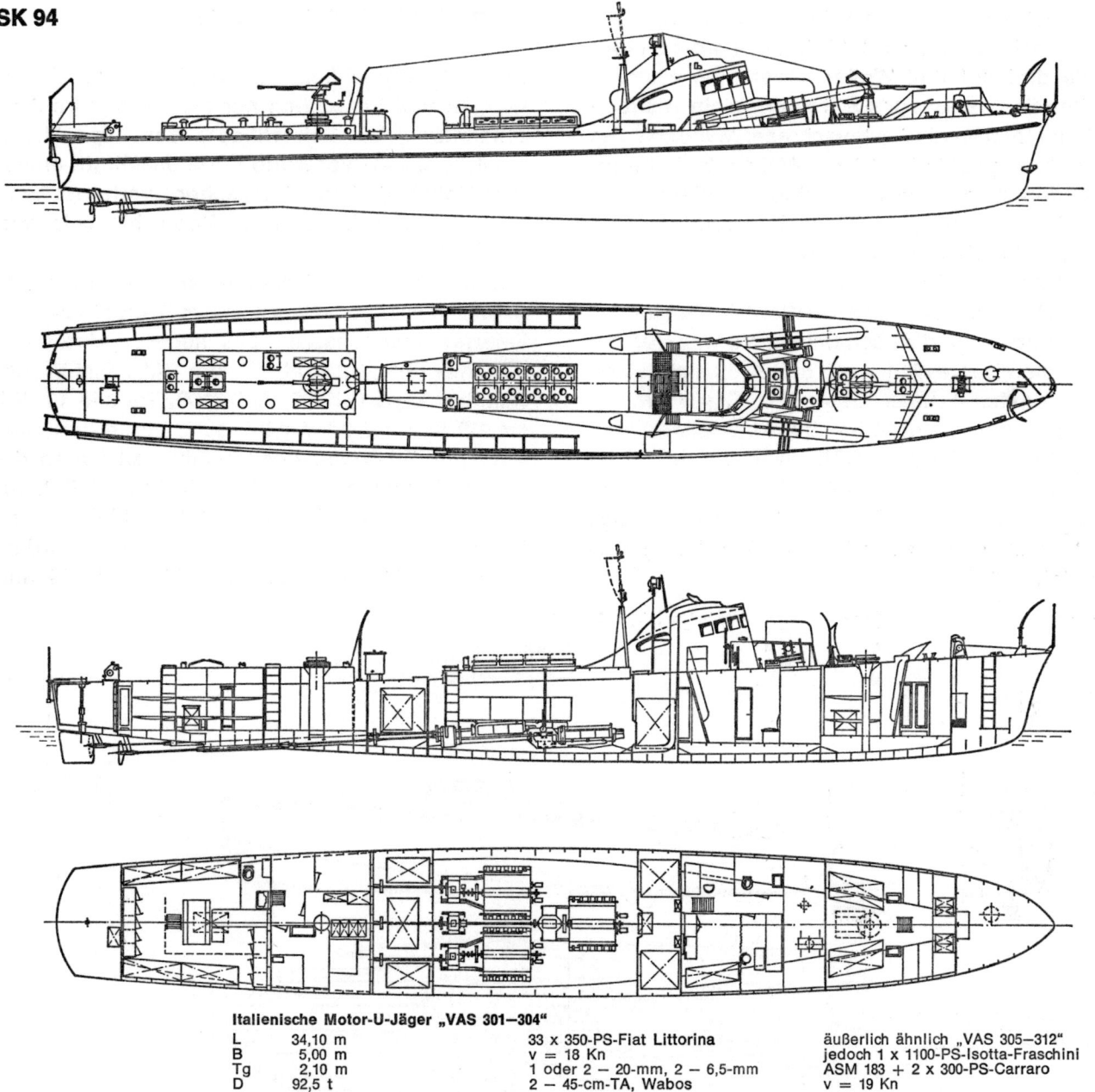

Italienische Motor-U-Jäger „VAS 301–304"

L	34,10 m	33 x 350-PS-Fiat **Littorina**	äußerlich ähnlich „VAS 305–312"
B	5,00 m	v = 18 Kn	jedoch 1 x 1100-PS-Isotta-Fraschini
Tg	2,10 m	1 oder 2 – 20-mm, 2 – 6,5-mm	ASM 183 + 2 x 300-PS-Carraro
D	92,5 t	2 – 45-cm-TA, Wabos	v = 19 Kn

stand nicht mehr voll auswirken: Nur „VAS 306"
kam noch vor dem 8. 9. 1943 in Fahrt. Die übrigen
sechs Boote wurden in unterschiedlichem Bau-
und Ausrüstungszustand von der deutschen
Marine übernommen.

Im Rahmen des „Neubauprogramms 1944"
wurde im Sommer 1943 der Bau von vierundzwanzig weiteren VAS beschlossen, Fahrzeuge

von rd. 100 t Einsatzverdrängung, die prinzipiell
auf dem 90-t-Ansaldo-Typ aufbauten, aber als
Holz-Stahl-Kompositbau hergestellt werden sollten.

Auch in der äußeren Form sollten sie weitgehend
dem Ansaldo-Typ entsprechen. Als Antrieb
waren bei der Compagnie Lilloise de Moteurs in
Lille (Frankreich) einhundert für Bordzwecke

umkonstruierte französische 500-PS-Schnellläufer-Diesel des Typs C.L.M. bestellt worden. Jeweils drei auf drei Wellen arbeitende Motoren sollten den Fahrzeugen 21 kn vermitteln, die restlichen Motoren als Austauschreserve dienen. Die Bewaffnung sollte 3 — 20-mm-MK deutscher Konstruktion (eine vorne, zwei achtern) und eine dem Ansaldo-Typ entsprechende Torpedo- und U-Abwehreinrichtung umfassen.

Zwölf dieser Fahrzeuge waren bereits als „VAS 313—324" bei der Prometeo-Werft in Genua bestellt worden, und es scheint so, als wenn einige der ersten Boote noch nach dem Waffenstillstand vorübergehend unter deutscher Regie weitergebaut worden sind. Über die Auftragserteilung für die restlichen zwölf (vermutlich „VAS 325—336") wurde zum Zeitpunkt des Waffenstillstands noch mit französischen Werften in Intibes und Cannes und einer italienischen Firma verhandelt (37).

5.313 Die Klein-Schnellboote

Der erste Kriegseinsatz der nach längeren Erprobungen und Versuchen nur als bedingt frontreif erkannten Klein-Schnellboote des Typs M.T.S. am 4./5. 4. 1941 vor Porto Edda bestätigte erneut die Notwendigkeit drastischer, vorherrschend auf eine Vergrößerung der Boote hinauslaufender Änderungen.

Ein aufgrund von Vorschlägen der Firma Baglietto in Bau gegebenes und im Herbst 1941 geliefertes Versuchsboot des neuen, „Motoscafo Turismo Silurante Modificato (M.T.S.M.)" genannten Typs (SK 95, Abb. 109, Tabelle 11, lfd. Nr. 12) war auf 3 t Verdrängung vergrößert worden. Zur Erhöhung der Seefähigkeit waren die Vorschiffsspanten stärker V-förmig gestaltet, zur Verbesserung der Kursstabilität ein kleines, fierbares Senkschwert im Kiel eingelassen worden. Durch die Verdoppelung der Motorenzahl und

SK 95

Italienisches Klein-Schnellboot Typ M.T.S.M. 1941

L	8,40 m	2 x 95-PS-Alfa-Romeo-6 c 2 500
B	2,20 m	v = 32 kn
Tg	~ 0,60 m	1 — 45,7-cm-Heck-TR
D	3,00 t	2 — 50-kg-Verfolger-Abwehrwabos

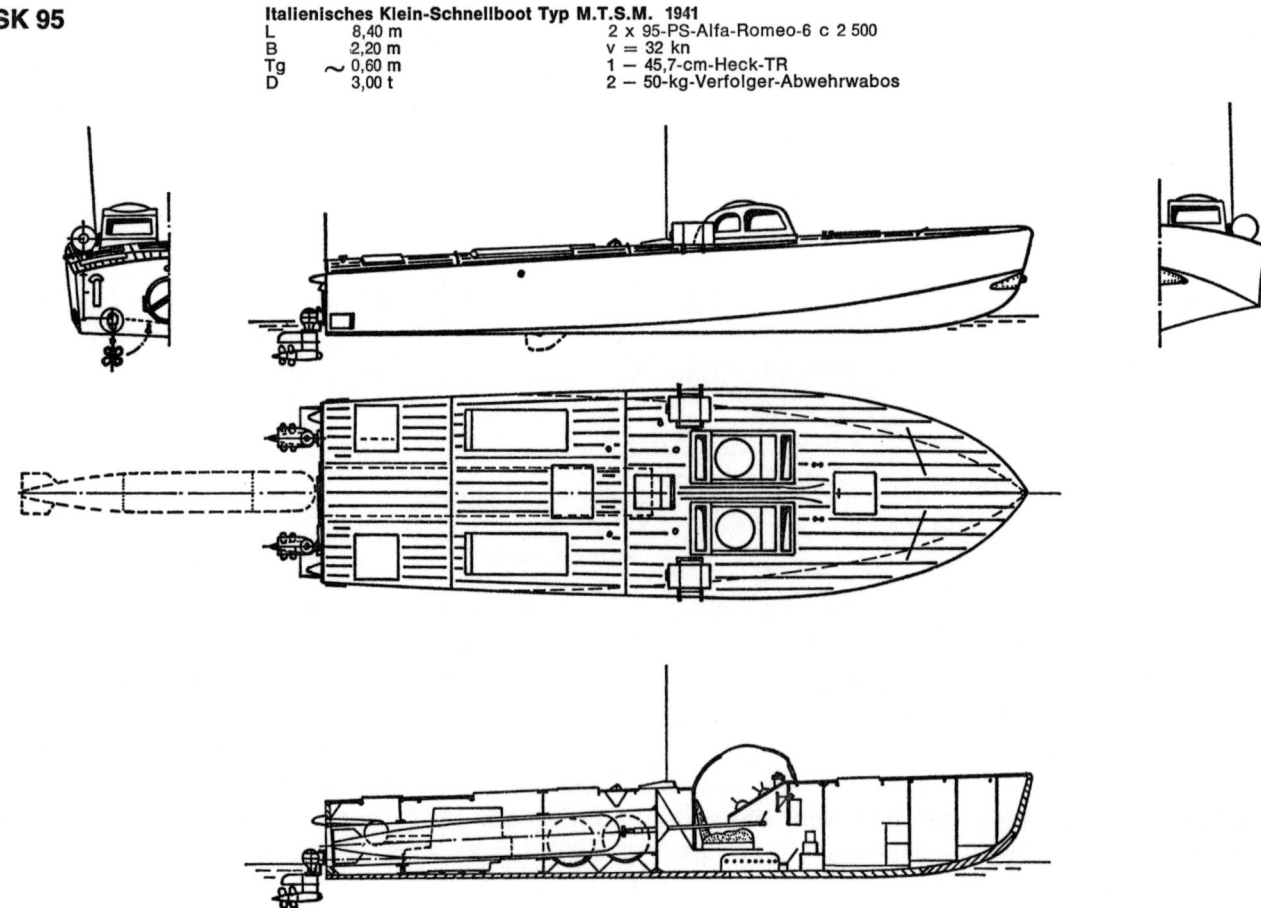

Verwendung von 2 x 95-PS-Alfa-Romeo-A.R.-6c-2500-Otto-Motoren, die Vergrößerung des Brennstoffvorrats sowie durch die Verringerung des Gesamt-Waffengewichts von 600 auf 550 kg konnten bei den Probefahrten maximal 34 kn (normal 32 kn) und 200 sm Fahrbereich erreicht werden. Als Vortrieb wurde wieder die bewährte, auch auf den Sprengbooten eingebaute, von C.A.B.I.-Cattaneo entwickelte Ruder-Propeller-Kombination verwandt.

Die Bewaffnung bestand aus einem zwischen den Motoren, innerhalb des Bootskörpers, angeordneten Heck-Torpedorohr für einen 400 kg schweren, 3,3 m langen 45,7-cm-Torpedo mit 150 kg Sprengladung, der durch Heißluftantrieb 2000 m mit 24—25 kn ablief. Zwei seitlich der Brücke auf Ablaufbahnen angeordnete Spezialwasserbomben sollten gegen verfolgende Überwasserschiffe verwandt werden. Sie detonierten auf 4—8 m Wassertiefe. Weiterhin befanden sich ein kleiner Luftkompressor für das Torpedorohr, ein Funk- und Funksprechgerät mit zugehöriger Stabantenne, ein automatisches Beretta-Gewehr und Handgranaten zum Eigenschutz für die Besatzung gegen Enterversuche oder bei Rückkehr zu den eigenen Stellungen bei Verlust des Bootes an Bord.

Bei den Erprobungen zeigte sich, daß die Verdoppelung von Bootsgröße und Antriebsleistung sowie alle übrigen verbessernden Maßnahmen ein gegenüber dem Vorgangstyp M.T.S. hinsichtlich Seeverhalten, Manövrierfähigkeit, Kursstabilität, Geschwindigkeit und Einsatzwert voll befriedigendes Fahrzeug ergeben hatten, von dem von Ende 1941 bis Anfang 1943 rd. 100 Boote gebaut und im Rahmen der alle italienischen Kleinkampfmittel umfassenden X. MAS-Flotille eingesetzt wurden (41).

Im Frühjahr 1943 entstand ein neuer, auf den Kriegserfahrungen mit den M.T.S.M. aufbauender, „Motoscafo Turismo Silurante Modificato Allargato (M.T.S.A.)" genannter, meist S.M.A. abgekürzter Typ, der bei gleicher Antriebsanlage etwas größere Hauptabmessungen und Verdrängung aufwies. Dementsprechend sank die Geschwindigkeit auf 29 kn, während der Fahrbereich auf 250 sm vergrößert werden konnte. Durch Anordnung einer Nebelanlage auf dem Achterschiff, Anbordgabe einiger kleinerer Leucht- und Rauchbomben, sowie durch Vergrößerung des Gewichts der Anti-Verfolger-Wabos von 50 auf 70 kg stieg das Gesamtgewicht der Bewaffnung von 550 auf 700 kg an. Äußerlich unterschieden sich die Typen M.T.S.M. und M.T.S.M.A. nur durch die Vereinigung der beiden Steuerstände zu einem einzigen und die Anordnung einer größeren Stabantenne vor dem Steuerstand. Tabelle 11, lfd. Nr. 13, zeigt die technischen Daten, SK 96 und Abb. 136 das äußere Bild der Boote.

SK 96

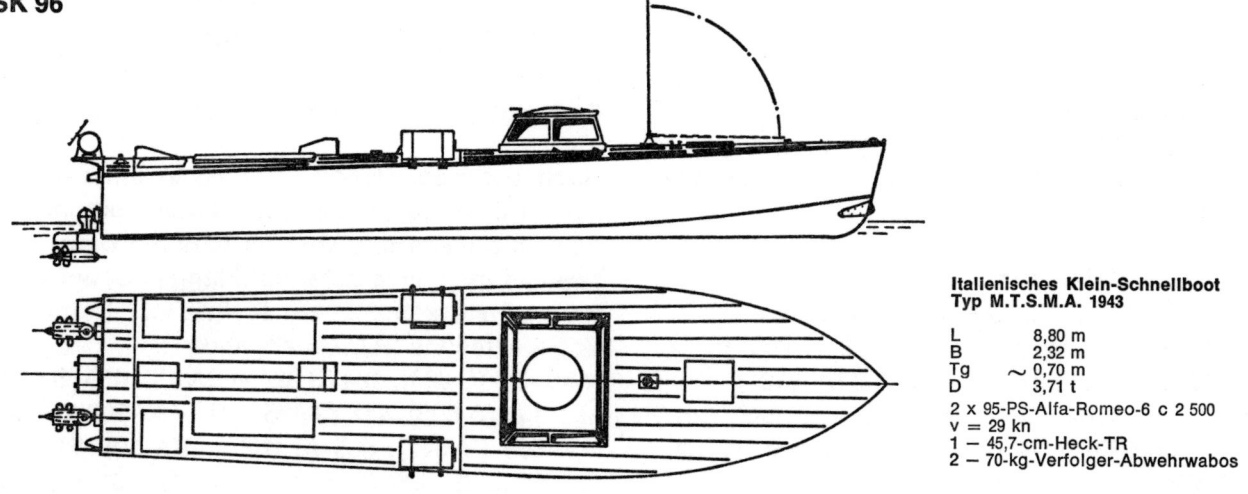

Italienisches Klein-Schnellboot
Typ M.T.S.M.A. 1943

L	8,80 m
B	2,32 m
Tg	~ 0,70 m
D	3,71 t

2 x 95-PS-Alfa-Romeo-6 c 2 500
v = 29 kn
1 — 45,7-cm-Heck-TR
2 — 70-kg-Verfolger-Abwehrwabos

Von den bis zum Waffenstillstand am 8. 9. 1943 bestellten rd. 100 Booten des Typs M.T.S.M.A. wurde kein Boot mehr an der Front eingesetzt. Da die überwiegende Masse der Boote bei norditalienischen Werften entstand, wurden mit dem Waffenstillstand fast alle in Bau befindlichen Boote von der deutschen Marine beschlagnahmt und teils von dieser, teils von der auf deutscher Seite kämpfenden Marine der Republica Sociale Italiana (R.S.I.) eingesetzt (37).

5.32 Zusammenfassung

5.321 Bauleistung und Verbleib der Boote

Aufgrund der beschränkten industriellen Kapazität Italiens war die Anzahl der im Kriege gebauten bzw. in Angriff genommenen „Coastal Forces" im Vergleich zu den anderen kriegsführenden Marinen relativ gering. Vom Zeitpunkt des Kriegsausbruchs bis zum Waffenstillstand am 8. 9. 1943

— kamen in Fahrt

27 MAS des „Typ 500" („MAS 451—452, 551 bis 564, 566—576")

2 ex-jugosl. CMB („MAS 1D—2D")

6 ex-jugosl. Typ „Orjen" („MAS 3D—8D", später „MS 41—46")

35 MS des Typs „C.R.D.A.-60 t" („MS 11—16, 21—26, 31—36, 51—56, 61—66, 71—75")

45 VAS des Baglietto-Typs („VAS 201—241, 245—248")

6 VAS des Ansaldo-Typs („VAS 301—306")

d. h. insgesamt 121 Boote, zu denen noch gut 100 Klein-Schnellboote kamen.

— blieben unfertig liegen

1 MS des Typs „C.R.D.A.-60 t" („MS 76")

3 VAS des Baglietto-Typs („VAS 242—244")

6 VAS des Ansaldo-Typs („VAS 307—312")

d. h. insgesamt 10 Boote, zu denen noch gut 100 Klein-Schnellboote des letzten Typs M.T.S.M.A. kamen.

— waren bestellt, aber, wenn überhaupt, nur noch z. T. in Arbeit genommen, die aus den Neubauprogrammen 1943—44 stammenden

9 MS des Lürssen-Typs „S 38"

44 MS des Typs „C.R.D.A.-60 t"

30 MAS des „Typ 500"

12 + (12) VAS eines neuen 100-t-Typs

Versuchs- und Erprobungsboote kamen aus Material-, Arbeitskräfte-, Zeit- und Kostengründen überhaupt nicht in Fahrt.

Vom Zeitpunkt des Kriegsausbruchs bis zum Waffenstillstand am 8. 9. 1943 gingen durch Kriegseinwirkung, Unfall usw. verloren bzw. wurden abgegeben:

1940

MAS 537	1 Boot

1941

MAS 204, 206, 210, 213, 216, 451

MAS 452 wurde schwer beschädigt von den Engländern erbeutet	7 Boote

1942

MAS 512, 513, 571, 573, 1 D

MS 14	6 Boote

1943

MAS 501, 503, 530, 532, 533, 535, 536, 539, 548, 552, 560, 563, 564, 572, 576,

MS 13, 22, 25, 62, 66

VAS 202, 212, 213, 216, 223, 229,

230, 231	28 Boote
MAS 526—529 wurden am 5. 6. 1943 als „J 1—4" an Finnland abgegeben	4 Boote
MAS 566—570, 574—575 wurden am 20. 5. 1943 als „S 501—507" an Deutschland verkauft.	7 Boote
Gesamtabgänge vor dem 8. 9. 1943	53 Boote

Nach der Kapitulation gerieten in unterschiedlichem Zustand (intakt, beschädigt, versenkt) in deutsche Hand und wurden teils mit deutschen Besatzungen, teils unter der Flagge der auf deutscher Seite kämpfenden Marine der Republica Sociale Italiana (R.S.I.) verwandt:

MAS 423 (S 604), 424 (S 624 — SA 17), 430 (S 602), 431 (S 603), 437 (S 625 — SA 18), 502 (S 626), 504 (S 627), 505 (S 628 — SA 19), 518 (?), 522 (?), 525 (S 508 — SA 11), 531 (?), 542

(S 601), 544 (?), 549 (S 509 – SA 12), 550
(S 622 – SA 21), 551 (S 510 – SA 13), 553
(S 512 – SA 14), 554 (S 623 – SA 20), 556 (?),
557 (S 511), 558 (S 629 – SA 15), 561 (S 621
SA 16), 562 (?), d. h. insgesamt 24 Boote.

MS 41 (?), 42 (S 2), 43 (S 3), 44 (S 4), 46
(S 5), 16 (SA 1), 34 (SA 2), 36 (SA 3), 51
(SA 4), 63 (SA 5), 71 (SA 6), 75 (?), 76
(SA 7), d. h. insgesamt 13 Boote

VAS 203 (?), 205 (?), 207 (?), 209 (?), 210
(?), 215 (?), 217 (?), 218 (?), 221 (?), 225 (?),
226 (?), 227 (?), 232 (?), 236 (RA 261), 238
(?), 239 (RA 262), 240 (RA 265), 241 (RA 266),
242 (RA 267), 242 (RA 267), 243 (RA 268),
301 (RA 254), 302 (RA 257), 303 (RA 256),
304 (RA 255), 305 (RA 252), 306 (RA 251),
307 (RA 253), 308 (RA 263), 309 (RA 258),
310 (RA 264), 311 (RA 259), 312 (RA 260),
d. h. insgesamt 32 Boote.

Die mit (?) versehenen Boote kamen wegen
schwerer Sabotageschäden nicht in Fahrt oder
fuhren unter dem alten Kennzeichen unter der
Flagge der R.S.I. Aber auch einige der mit deutschen Bezeichnungen versehenen Boote liefen
zeitweilig oder bis Kriegsschluß mit italienischer
Besatzung.

Alle in deutschem bzw. R.S.I.-Besitz befindlichen
Boote gingen entweder in den Kämpfen der
Jahre 1943–45 verloren (16 Boote) bzw. wurden
vor der deutschen Kapitulation im Frühjahr 1945
von den Besatzungen zerstört (Details s. [3]).

Dem deutschen Zugriff entzogen sich durch
Totalzerstörung, Kampf gegen deutsche Streitkräfte und Überlauf zu den anglo-amerikanischen Verbänden:

MAS 432, 433, 434, 507, 509, 510, 514, 515, 516,
517, 519, 520, 521, 523, 534, 538, 540, 541, 543,
545, 546, 547, 555, 559, 2 D, d. h. insgesamt 25
Boote.

Das Beuteboot 2 D wurde den auf alliierter Seite
kämpfenden jugoslawischen Streitkräften zurückgegeben.

MS 11, 12, 15, 21, 23, 24, 26, 31, 32, 33, 35, 45,
52, 53, 54, 55, 56, 61, 64, 65, 72, 73, 74, d. h.
insgesamt 23 Boote.

VAS 201, 204, 206, 208, 211, 214, 219, 220, 222,
224, 228, 233, 234, 235, 237, 244, 245, 246,
247, 248, d. h. insgesamt 20 Boote.

Von diesen Fahrzeugen gingen während der Kapitulation, der nachfolgenden Kämpfe mit deutschen Verbänden oder im Laufe der Zusammenarbeit mit den Alliierten verloren:

MAS 507, 509, 534, 541, 546, 555, 559 (7 Boote)
MS 12, 15, 21, 23, 26, 32, 33, 45 (8 Boote)
VAS 206, 208, 214, 219, 220, 228, 234, 244, 247
(9 Boote), d. h. insgesamt 24 Boote.

Den Krieg überlebten bzw. es wurden nach Verlust wiederhergestellt:

MAS 432, 433, 434, 510, 514, 515, 516, 517, 519,
520, 521, 523, 525, 538, 540, 543, 545, 547,
562 (19 Boote)
MS 11, 24, 31, 35, 52, 53, 54, 55, 56, 61, 64, 65,
72, 73, 74, 75 (16 Boote)
VAS 201, 204, 211, 218, 222, 224, 233, 235, 237,
240, 241, 245, 246, 248 (14 Boote).

Von diesen Fahrzeugen
– gingen als Kriegsbeute an die Sowjetunion
MAS 516, 519
MS 52, 61, 65, 75
VAS 245, 248
– gingen als Kriegsbeute an Frankreich
MAS 543
MS 35
(England und die USA verzichteten auf die Übernahme der ihnen zustehenden Boote.)
– wurden nach dem Kriege abgewrackt
MAS 432, 433, 434, 515, 517
MS 53, 64
**– wurden zu einem späteren Zeitpunkt von der
italienischen Marine aktiviert:**
1945 MAS 523, 540, 545 als MT 523, 540, 545
1949 MS 11, 24, 31, 54, 55, 56, 72, 73, 74 als
MV 611–619
1949 VAS 201, 204, 211, 218, 222
als VAS 711–715
VAS 224, 233, 235, 237, 240, 241
als VAS 721–726
1950 MAS 510, 514, 520, 521, 538, 545, 547, 562,
525 als MEB 1–9.
Details s. (37) und Band 3 Abschnitt 6.12.

Außer den genannten, für die italienische Marine gebauten Schnellbooten führte die italienische Industrie während des Krieges einige Arbeiten für ausländische Rechnung aus:

a) Im Jahre 1942 entwickelte und baute die Baglietto-Werft auf der Basis des für die italienische Marine vorgesehenen Projekts eines 15,5-m-Versuchsboots (s. Abschnitt 4.3511) aus dem Jahre 1939 für die finnische Marine die Boote „Hurja 1—5". Die 16,7 m langen, 4,3 m breiten und 1,4 m tiefgehenden Holzboote hatten die bekannte V-Spant-Bootsform und eine Konstruktionsverdrängung von 20,5 t. Zwei 900-PS-Isotta-Fraschini-Otto-Motoren auf zwei Wellen ermöglichten 40,5 kn, zwei 50-PS-Marsch- und Manövriermotoren 8,5 kn. Die Bewaffnung bestand aus einem 13,2-mm-MG, zwei 45,7-cm-Torpedos in Seitenwurfrichtung und Wabos (s. auch Abschnitt 5.84).

b) 1941—1942 lieferte Baglietto die Baupläne und Isotta-Fraschini die Motoren für die in Schweden gebauten Schnellboote der „T 21"-Klasse (s. Abschnitt 5.88).

5.322 Allgemeine Wertung, Einsätze und Erfahrungen

1. Die bei Kriegsausbruch vorhandenen oder in Bau befindlichen rd. 65 MAS der ersten bis vierten Serie des im Rahmen der äthiopischen Krise entwickelten und bis zum Kriegsbeginn nur in Details verbesserten „Typ 500" waren als extrem schnelle Torpedoträger zum Einsatz gegen Überwasserschiffe konzipiert worden. Hintergrund für die stark forcierte Entwicklung dieses Typs, die akzentuierte Betonung der Torpedoträger-Eigenschaft und die sehr weitgehende Vernachlässigung der den MAS ursprünglich eigenen U-Jagdcharakteristik war die anhaltende Schockwirkung der 1935—1936 im Rahmen dieser Krise erfolgenden Konzentration starker englischer und französischer Flottenverbände im Mittelmeer. Der gerade frontreif gewordene 1000/1100-PS-Isotta-Fraschini-Asso-1000-Otto-Motor, der mit 1,36 kg/PS ein ungewöhnlich günstiges spezifisches Leistungsgewicht aufwies, wurde gleichzeitig Basis und Handicap der Entwicklung: Die große Funktionssicherheit, das günstige Leistungsgewicht und die Leistungsabgabe ermöglichten überhaupt jenes in Anbetracht der bedrohlichen Situation so dringend erforderliche, optisch bemerkenswerte, schnell und in großer Stückzahl herstellbare Torpedoschnellboot. Andererseits zwangen die beschränkte industrielle Kapazität des Landes und die bei zwei Wellen und gut 1000 PS pro Motor zur Verfügung stehende relativ geringe Gesamtleistung zu einer Beschränkung von Abmessungen und Verdrängung, zur Wahl der widerstandsmäßig günstigen, aber festigkeits- und trimmempfindlichen Zwei-Stufen-V-Spant-Gleitbootsform und zu einer relativ geringen Maschinenwaffen- und Munitionsausrüstung. Besonders gegenüber Flugzeugen war eine 13,2- bzw. 20-mm-MK auf dem Achterdeck unzureichend. Die ursprünglich für das Vorschiff vorgesehene zweite MK mußte aus Gewichts- und Trimmgründen weggelassen werden. Schließlich schränkte der Zwang, einen Otto-Motor als Antrieb zu verwenden, auch Fahrbereich und Sicherheit unter Beschuß ein.

Unzureichende See- und Festigkeitseigenschaften der aufgrund der Kriegslage in freien Seegebieten (Straße von Sizilien, östliches Mittelmeer usw.) eingesetzten Boote, Geschwindigkeitsverlust und höherer Verschleiß der Motoren aufgrund militärisch notwendiger Verdrängungssteigerungen (Munition, Vorräte, permanentes Wohnen der Besatzungen an Bord usw.) und unzureichende Flugzeug-Abwehr führten schon nach wenigen Kriegsmonaten zu „enttäuschenden Ergebnissen der MAS" und „zu einer Art Untergangsstimmung (37)".

Der kühne Entschluß, eigene Neuentwicklungen aus Mangel an Zeit, Mitteln und Material völlig hintanzustellen und innerhalb kürzester Frist auf der Basis der im April 1941 erbeuteten, auf dem deutschen Typ „S 2—5" beruhenden jugoslawischen „Orjen"-Klasse zwei antriebs- und bewaffnungsmäßig „italianisierte" Zweckbauten, die MS und die VAS, zu entwickeln, ist bemerkenswert.

Obgleich beide Typen auf einem schon lange durch verbesserte Nachfolgebauten überholten deutschen Typ aufbauten, entstanden Fahrzeuge, die just die für die Italiener entscheidenden Lücken ausfüllten: Seegängigkeit, Robustheit, U-Jagdkapazität, stärkere Maschinenwaffenausrüstung. Die nach langem Bemühen letzthin dann doch erklärte Bereitschaft der deutschen Marine, Unterlagen, Motoren und Material für den Nachbau des modernen deutschen Typs „S 38" zur Verfügung zu stellen, ermöglichte es der italienischen Marine dann, den einmal eingeschlagenen Weg linear weiterzuverfolgen. Daß die Anzahl der von Deutschland zur Verfügung gestellten Motoren und Materialien in Anbetracht des permanent steigenden Eigenbedarfs und der zunehmenden Beeinträchtigung der deutschen Industrie und Verkehrswege durch alliierte Luftangriffe gering bleiben mußte, war naheliegend. Darüber hinaus war der in den italienischen Neubauprogrammen 1943—1944 vorgesehene Rückgriff auf die MAS des „Typ 500" aber auch absolut realistisch:

— das Übergreifen des Krieges in die engeren heimischen Küstengewässer erforderte eine größere Anzahl kleiner, von möglichst zahlreichen im Bau derartiger Fahrzeuge erfahrener Werften herstellbarer Torpedoträger,
— die Abwehr von Landungsflotten im engeren Küstengebiet entsprach den für kleine Stufengleitboote idealen Einsatzbedingungen.

U.U. hätte eine stärkere Forcierung der im Kriege bis zum Waffenstillstand meist etwas glücklos verwandten Klein-Schnellboote der Typen M.T.S.M. und M.T.S.M.A. und der Einsatz gemischter MS, MAS und MTS-Verbände der genannten Aufgabe am besten gerecht werden können.

Hatte sich die teils aus konstruktiven, teils aus Fertigungsgründen beschränkte Maschinenwaffenausrüstung der italienischen Boote schon nach den ersten Kriegseinsätzen, besonders gegenüber Flugzeugen, als unzureichend gezeigt, so wurde sie vollends problematisch, als, um die Jahreswende 1942/43, in zunehmendem Maße anglo-amerikanische MGB im Mittelmeer auftauchten und die Luftherrschaft an die Alliierten überging. Die ab Sommer 1943 eingeleiteten Versuche, einige der bereits vorhandenen MS durch Anbordgabe zusätzlicher 20- und 37-mm-MK in Einzel- und Mehrfachlafetten in der Abwehrkraft zu stärken sowie die Umstellung einiger in Bau befindlicher Boote als „Motocannoniere" wurden durch den Waffenstillstand überholt.

Der in allen Marinen erkennbare Trend, die durch kriegsbedingte Anbordgabe von Zusatzgewichten wachsende Verdrängung und den daraus resultierenden größeren Leistungsbedarf durch konstruktive Verbesserung der Motoren aufzufangen, war auch in Italien vorhanden: Der Standardmotor der italienischen Schnellbootwaffe, der Isotta-Fraschini-Asso-Otto-Motor, der in den Jahren 1940—1943 als ASM-183-Modell maximal 1150 PS abgab, konnte bei den aufgeladenen Modellen ASM 184 und ASM 185 auf 1500 PS gebracht werden. Für die italienische Marine konnte sich diese Entwicklung jedoch praktisch nicht mehr auswirken, da die ersten Bordversuche mit dem aufgeladenen Motor („MS 76") im September 1943 noch nicht abgeschlossen waren. Die Verwendung des aus wirtschaftlicher und militärischer Sicht interessanten Dieselmotors beschränkte sich auf wenig leistungsstarke, nur für die langsamen VAS geeignete und nicht speziell für Bordzwecke entwickelte Modelle.

Bewaffnungsmäßig konnten die 6,5-, 8- und 13,2-mm-Breda-MG hinsichtlich Reichweite und Wirkung am Ziel nicht befriedigen. Erst die 20-mm-Breda-MK entsprach den militärischen Erfordernissen. Da die Produktion dieser MK jedoch bis zum Waffenstillstand nicht die von den drei Teilstreitkräften benötigten Stückzahlen erreichte, konnten selbst die großen MAS und VAS bis Anfang 1943 nur 50% der vorgesehenen Rohre erhalten. Ab Mitte 1943 unternommene Versuche, die Kampfkraft der italienischen Boote gegenüber den anglo-amerikanischen MGB durch Einbau von 37-mm-Breda-MK und deutschen 20-mm-Mauser-Vierlingen zu stärken, blieben liegen.

Die auf den MAS, den VAS und den MS der 2. Serie verwandten 45,7-cm-Torpedos der Typen W. und S.J. waren 5,25—5,75 m lang, trugen 200-kg-Sprengladung und erreichten 2000/4000/8000 m Laufstrecke bei 47/40/30 kn. Die auf den MS verwandten 53,3-cm-Torpedos des Typs S.J. waren 6,84 m lang, trugen 270-kg-Sprengladung und erreichten 4000/8000 m bei 50/38 kn. Neben der klassischen Stoßzündung wurden Magnetzünder und, ab Sommer 1943, vereinzelt auch Kreisläufertorpedos verwandt.

Während die U-Abwehrbewaffnung der als Torpedoträger konzipierten MAS und MS qualitativ und quantitativ von Anfang an unbefriedigend war und allein die unzureichende U-Ortungseinrichtung dem U-Jagdeinsatz eine absolute Sekundärrolle zuwies, hatten die VAS aufgrund der wesentlich leichteren Antriebsanlage eine nach Anzahl und Zusammensetzung recht bemerkenswerte U-Abwehrausrüstung an Bord. Bei aller berechtigten Anerkennung der VAS schreibt aber selbst das Ufficio Storico (37):

„Tatsächlich aber waren die ASW-Waffen und -Geräte der VAS etwas rückständig im Vergleich zu den zeitgenössischen anglo-amerikanischen U-Jägern, die bereits über perfekte Unterwasser-Ortungsmittel verfügten, die auf der Reflexion von Ultraschall beruhten und über Vorschiffswaffen mit großer Reichweite wie ,Mousetrap' und ,Hedgehog' (S. 391)".

2. Der Kriegseinsatz der italienischen Schnellbootverbände zerfällt in zwei Phasen
   — die Einsätze im Rahmen der Achsenstreitkräfte vom Kriegseintritt Italiens am 10. 6. 1940 bis zur Kapitulation am 8. 9. 1943,
   — die Einsätze vom 8. 9. 1943 bis zum Frühjahr 1945
     a) der auf deutscher Seite kämpfenden Verbände der R.S.I.,
     b) der auf alliierter Seite kämpfenden Verbände.

Während der ersten Phase kämpften italienische Schnellboote im Mittelmeer, im Roten Meer, im Schwarzen Meer und auf dem Ladoga-See.

Im Mittelmeerraum zeigten sich die bei Kriegsausbruch zur Verfügung stehenden MAS des „Typ 500" den erhöhten Kriegsbeanspruchungen in freien Seegebieten nicht recht gewachsen. Die Depression der von der geringen Wirksamkeit ihrer Waffe enttäuschten Besatzungen wurde erst durch die seegängigen und leistungsstarken, ab Mitte 1942 in Dienst kommenden MS-Boote überwunden. Die Versenkung des englischen Kreuzers „Manchester" (Baujahr 1937, 9300 t, 33 kn, 12 — 15,2-cm, 8 10,2-cm, 6 TR) durch „MS 16" und „MS 22" in der Nacht vom 12./13. 8. 1942 vor der tunesischen Küste und des U-Boots „Turbulent" am 23. 3. 1943 gaben das gerade für Schnellboot-Einsätze so notwendige Selbstvertrauen zurück.

Ab Anfang 1943 führte dann die zunehmende Überlegenheit der alliierten Luftstreitkräfte zu größeren Rückschlägen und Verlusten. Während die in See- und See-Luftkämpfe verwickelten Boote vorherrschend Personalverluste erlitten, waren die in den Häfen liegenden Boote durch Luftangriffe äußerst gefährdet: Unter anderem gingen am 31. 3. 1943 „MAS 530, 532, 560, 563" und am 9. 5. 1943 „VAS 212, 213, 229, 230" auf einen Schlag durch alliierten Luftangriff verloren!

Auf See wirkten sich nachteilig gegenüber gleichartigen anglo-amerikanischen Fahrzeugen aus

— die unzureichende Maschinenwaffenausrüstung hinsichtlich Anzahl und Kaliber,
— das Fehlen jeglichen Schutzes für Brückenpersonal, Waffenbedienungen und Benzintanks,
— das völlige Fehlen von Radargeräten,
— die unzureichenden Funksprechverbindungen von Boot zu Boot.

Die ab Anfang 1943 beginnende Anbordgabe eines auf Panzerwagen des Heeres verwandten Funksprechgeräts mit relativ geringer Reichweite und der nachträgliche Einbau der aus Produktionsgründen zunächst fehlenden vorderen 20-mm-MK auf den großen Booten konnten nur bedingt Abhilfe schaffen. Weitergehende, vor allen Dingen konstruktive Maßnahmen, wie die Entwicklung der „Motocannoniere", des Synthetik-Gummi-Schutzes der Benzintanks, der Panzerkalotten für die Brükken usw. kamen nicht mehr an die Front.

Die trotz der relativ großen Anzahl der vorhandenen Fahrzeuge kaum nennenswerten Einsatzerfolge der Klein-Schnellboote (Einzelheiten s. [37, 41]) lassen sich offensichtlich aus drei Aspekten erklären

a) Zum erfolgversprechenden Erste-Stunde-Einsatz gegen die noch in den Stützpunkten liegende Gegnerflotte kam es nicht, da die ersten vier Klein-Schnellboote bei Kriegsbeginn noch im Erprobungsstadium und, darüber hinaus, auch technisch unbefriedigend waren.

b) Die ohne klares Konzept, sporadisch-verstreut und immer mit nur wenigen Booten erfolgenden Einsätze der Jahre 1941—1942 mußten letzthin mißglücken, da sowohl das Überraschungsmoment für den Gegner als auch das Gesetz der Konzentration starker Mittel auf einen Punkt vernachlässigt wurde.

c) Mit dem Übergreifen des Krieges auf Sizilien und das italienische Mutterland hätten gerade gegen die Landungsverbände gute Einsatzchancen bestehen müssen. Abgesehen von der starken Sicherung dieser Verbände durch MTB, MGB und Flugzeuge dürfte auch die nachlassende Kampfmoral der Besatzungen für die fehlenden Erfolge verantwortlich sein.

Die in Italienisch-Ostafrika (Massaua) stationierte XXI. Squadriglia MAS mit den Weltkriegsbooten „MAS 204, 206, 210, 213, 216" wurde beim Kriegseintritt Italiens durch im dortigen Raum vorhandene und behelfsmäßig bewaffnete Motorboote zur „Flottiglia MAS di Massaua" erweitert. Bei den umgerüsteten Fahrzeugen handelte es sich um

— vier Torpedofangboote. Sie erhielten einen Torpedo, der mit Hilfe einer Behelfsgleitbahn über das Heck ablaufen konnte.

— drei große, von der Seeluftwaffe zur Verfügung gestellte Motorboote, die mit zwei Torpedos und Wabos ausgerüstet wurden.

Sowohl die überalterten MAS als auch die Behelfsfahrzeuge entwickelten trotz erheblicher englischer See- und Luftüberlegenheit eine bemerkenswerte Aktivität, die in der Nacht zum 8. 4. 1941 mit der Torpedierung und schweren Beschädigung des englischen Kreuzers „Capetown" (Baujahr 1919, 1940 zum Flakkreuzer umgerüstet, 4200 t, 29 kn, 8 10,2-cm) durch „MAS 213" Kulmination und Abschluß fand. Am gleichen Tage mußten sich alle dort befindlichen italienischen Fahrzeuge wegen der bevorstehenden Aufgabe Massauas selbst versenken.

Am 14. 1. 1942 bat die deutsche Marine die italienische um das Verlegen leichter Seestreitkräfte in das Schwarzmeer, um die dort bereits operierenden deutschen, rumänischen und bulgarischen Fahrzeuge im Kampf gegen die weit überlegene sowjetische Schwarzmeer-Flotte zu unterstützen. Aufgrund dieser Vereinbarung setzte die italienische Marineleitung sehr bereitwillig eine Gruppe von Klein-U-Booten des Typs CB, eine mobile Spreng- und Klein-Schnellbootsgruppe der X. Flottiglia MAS (Details s. [37, 41]) und die XIX. Squadriglia MAS mit den Booten „MAS 570—573" in Marsch. Der Transport der MAS erfolgte von Venedig nach Wien per Straße (Spezial-Schwerlast-Tieflader), von Wien nach Galatz im Schlepp und von Galatz nach Constanza freifahrend auf der Donau. Im Mai 1942 begannen die nach Yalta (Krim) verlegten Boote ihre ersten Kriegseinsätze. Einige Erfolge (am 3. 8. 1942 torpedierten „MAS 573" und „MAS 568" den russischen Kreuzer „Molotov" im Vorschiff. Das Schiff fiel bis zum 9. 4. 1943 aus und erhielt das Vorschiff des unfertigen Kreuzers „Kujbyshev") und die bei entsprechendem Fortschritt der laufenden Landoperationen sich u. U. ab Frühjahr 1943 eröffnende Möglichkeit, leichte Seestreitkräfte auch in das Kaspische Meer zu verlegen, animierte die italienische Marineleitung im Juni 1942, „MAS 568—569", und kurz darauf „MAS 566—567", als XVIII. Squadriglia MAS in das Schwarze Meer zu verlegen.

Anfang Oktober 1942 folgten „MAS 574—575" als Ersatz für die am 9. 9. 1942 durch Luftangriff im Hafen von Yalta verlorengegangenen Boote „MAS 571" und „MAS 573". „MAS 572" ging am 12. 5. 1943 nach Kollision mit „MAS 566" verloren. Alle übrigen Boote („MAS 566—570, 574—575") wurden am 20. 5. 1943 als „S 501—507" an die deutsche Marine abgetreten. Diese übergab sie am 20. 8. 1943 an die rumänische Marine (s. Abschnitt 5.87).

An Kriegserfolgen nimmt die italienische Marine für die im Schwarzmeer eingesetzten Schnellboote in Anspruch
— versenkt:
1 Kreuzer (?), 1 U-Boot (SC 214), 2 Handelsschiffe,
1 Schnell- und 2 bewaffnete Motorboote
— beschädigt:
1 U-Boot und 2 Schnellboote (37).

Anfang 1942 stimmte die italienische Marineleitung einer deutsch-finnischen Bitte zu, ein Geschwader der relativ kleinen und daher transportfähigen MAS auf den Ladoga-See zu verlegen, um, im Verein mit finnischen und deutschen See- und Luftstreitkräften, den über den See laufenden Nachschubverkehr zum belagerten Leningrad zu unterbinden (Details s. Abschnitt 5.5135). Die bis dato in der Sizilien-Straße eingesetzte XII. Squadriglia MAS mit den Booten „MAS 526—529" wurde zu Instandsetzungsarbeiten und zur Transportvorbereitung nach La Spezia verlegt und war am 25. 5. 1942 abmarschbereit. Am 4. 6. 1942 erreichten die auf Spezial-Straßen-Tiefladern verladenen Boote Stettin, wurden auf den Dampfer „Thielbeck" gebracht und kamen am 9. 6. 1942 in Helsinki an. Nach dem Passieren

des Saima-Kanals und -Sees wurden die Fahrzeuge über eine primitive Aufschleppe auf Eisenbahnwaggons verladen, 30 km über Land nach Lahdenpohja am Ladoga-See transportiert und dort auf einer Ablaufbahn wieder zu Wasser gebracht (vgl. auch Abschnitt 5.5135). Nach dem Wiedereinbau aller zum Transport entfernten Teile und Einweisen der Besatzungen war das Geschwader am 25. 7. 1942, just zwei Monate nach dem Abmarsch in La Spezia, einsatzbereit. Obwohl
— „MAS 526" am gleichen Tage infolge einer Kollision mit dem finnischen Schnellboot „Sisu" ausfiel und sich die Instandsetzung des Bootes bis zum Oktober hinzog,
— ein Torpedoeinsatz gegen die auf sehr geringer Wassertiefe dicht unter den Ufern laufenden russischen Nachschubgeleite erschwert, ja vielfach unmöglich war,
— die eine 20-mm-MK gegenüber den meist schwer bewaffneten russischen Sicherungsbooten und der sowjetischen Luftwaffe wenig beeindruckend war,
erzielte der unter Korvettenkapitän Bianchini operierende Verband in Zusammenarbeit mit den deutschen und finnischen Seestreitkräften gute Erfolge (37). Ende Oktober 1942 wurden die Boote dann — um ein Einfrieren zu verhindern — vom Ladoga-See abgezogen und zur Instandsetzung nach Reval verlegt. Nachdem ein von deutschen und finnischen Stellen vorgesehener Einsatz im Finnischen Meerbusen nicht zustande kam, wurden die vier Boote am 5. resp. 25. 6. 1943 als „J 1—4" an Finnland abgegeben (s. Abschnitt 5.84).

Die Kapitulation Italiens am 8. 9. 1943 wurde für die italienische Schnellbootwaffe — wie für alle italienischen Streitkräfte — ein Tag tragischer Zersplitterung: Eine Anzahl von Booten setzte sich, entsprechend der Anweisung der Badoglio-Regierung, zum bisherigen Gegner in den süditalienischen Raum ab und wurde z. T. zunächst nach Malta verlegt, andere fielen in deutsche Hand. Einige Boote versuchten sich einem deutschen Zugriff durch Selbstversenkung zu entziehen. Sie konnten fast alle geborgen und wieder instandgesetzt werden. Abschnitt 5.321 gibt die Verteilung und das Schicksal der Boote nach dem 8. 9. 1943 an.

Die in deutsche Hand gefallenen Boote wurden teils mit deutschen Besatzungen unter deutscher Flagge eingesetzt, teils der auf deutscher Seite weiterkämpfenden Marine der R.S.I. übergeben. Alle diese Fahrzeuge wurden — soweit sie nicht in den Jahren 1943/45 im Kampf verloren gingen — kurz vor Kriegsschluß, im April 1945, von den eigenen Besatzungen zerstört.

Die in den anglo-amerikanischen Machtbereich gelangten MS, MAS und VAS wurden schon bald gegen den ehemaligen Verbündeten eingesetzt (der erste derartige Einsatz fand bereits am 14. 9. 1943 statt [37]). Standard-Einsätze in der Adria und im Tyrrhenischen Meer wurden Minenlegen, Ausschiffen und Anbordnehmen von Spionen und Saboteuren, Geleit von Kleinkampfmitteln (41) usw. Nach dem Ufficio Storico (37) wurden von MAS, MS und VAS insgesamt 267 Einsätze gegen deutsche Verbände, Stützpunkte usw. gefahren, davon 206 in der Adria und 61 im Tyrrhenischen Meer. Verantwortlich für Instandhaltung, Verwaltung, Schulung und Einsatz der auf alliierter Seite kämpfenden italienischen Schnellbootverbände wurde das im Frühjahr 1944 in Tarent aufgestellte „Ispettorato dei MAS (Generalmas)".

Die Eigenart der für die Alliierten zu erfüllenden Aufgaben und das Fehlen größerer deutscher Überwasser-Schiffsziele führte zu einigen Änderungen an den vorhandenen Booten:
— im Oktober 1944 gaben die MS der 2. Serie die 45-cm-Torpedo-Einrichtungen ab,
— ab Frühjahr 1944 wurden die 6,5- bzw. 8-mm-MG in den Brückennocken der MS durch amerikanische 12,7-mm-MG ersetzt,
— wurden die 20-mm-MK mit Schutzschilden versehen usw.

Den Krieg überlebte schließlich nur eine relativ geringe Anzahl von Booten. Sie wurden nach Artikel 57 des Pariser Friedensvertrages vom 10. 2. 1947 den Alliierten als Reparation zugesprochen. Gleichzeitig untersagte dieser Vertrag Italien den Besitz von Torpedo-Schnellbooten. Die Praxis sah für Italien jedoch etwas günstiger aus:
— tatsächlich wurden nur die der Sowjet-Union und Teile der Frankreich zugesprochenen Boote ausgeliefert (s. Abschnitt 5.321), während die USA und England auf den ihnen zustehenden Anteil verzichteten und einer Abrüstung in Italien zustimmten.
— durch die vorübergehende Vonbordgabe der Torpedorohre, Ersatz derselben durch 2 20-mm-MK und Änderung der Typenbezeichnung in „Motovedette" gelang es der italienischen Marine, einen Teil der moderneren Boote zu erhalten und die vorgesehene Zerstörung auf die älteren bzw. auf die im Kriege stark abgenutzten Boote zu beschränken (s. Abschnitt 5.321).

3. Eine Analyse der vom Ufficio Storico (37) dargestellten italienischen Schnellbootentwicklung und der Einsätze im Zweiten Weltkrieg läßt außer den genannten noch einige weitere interessante Faktoren hervortreten:
a) Obwohl die Boote schon bald nach Kriegsausbruch wegen der Luftbedrohung im Hafen tagsüber weitgehend auf eine Vielzahl von Küstenstationen disloziert und mittels Tarnnetzen, -dächern usw. der Lufteinsicht so weit als möglich entzogen wurden, wurde der überwiegende Anteil der Kriegsverluste durch Luftangriffe auf Häfen und Stützpunkte hervorgerufen.
b) Der Mangel an entsprechend ausgerüsteten Mutterschiffen als mobile und zentrale Allround-Versorgungs- und Instandhaltungsstützpunkte machte sich — gerade im Hinblick auf die Dislozierung der Boote — von Anfang an störend bemerkbar. Ab Frühjahr 1943, als die zunächst von nordafrikanischen und später von sizilianischen Plätzen operierenden anglo-amerikanischen Flugzeuge zumindest tagsüber den gesamten landgebundenen Nachschubverkehr lahmlegten, wurde der Einsatz der logistisch aufwendigen italienischen Schnellbootverbände nachhaltig beeinträchtigt.

c) Die Marineleitung bemühte sich während des ganzen Krieges, einmal bei der zentralen Ausbildungssätte der MAS in Pola ausgebildete Besatzungen soweit irgend möglich als geschlossene Einheit zusammenzuhalten. So wurden neue Boote üblicherweise mit den Besatzungen verlorengegangener und zu längerer Instandsetzung außer Dienst gestellter Boote besetzt.

5.4 Die Entwicklung der amerikanischen Marine

5.41 Die Boote

Bis zum 7. 12. 1941, dem Tag von Pearl Harbor, waren insgesamt 71 Schnellboote („PT 1—70" und „PT 6 II") im Auftrag der US Navy gebaut, in Bau bzw. zu Erprobungen angekauft worden. Fertiggestellt waren zu diesem Zeitpunkt 51 Boote: „PT 1—6", „PT 6 II", „PT 7—48", „PT 69—70". Die Fertigstellung der restlichen zwanzig Boote, „PT 49—68", war bis zum Frühjahr 1942 zu erwarten. Zweiunddreißig weitere Boote, „PT 71—102", waren im Oktober 1941 bei den Firmen Higgins und Huckins bestellt worden. Ihre Fertigstellung war für den Zeitraum von Mitte 1942 bis Anfang 1943 vorgesehen.

Von den fertigen 51 Booten waren siebzehn („PT 3—5", „PT 6 II", „PT 7—19") im Zeitraum Frühjahr bis Herbst 1941 im Rahmen des Pacht- und Leihgesetzes an England abgegeben bzw. zur Abgabe vorbereitet worden (s. Abschnitte 4.341, 5.2113 und 5.42). Der 1940 vorgesehene Verkauf von „PT 6" nach Finnland wurde nicht realisiert, auch dieses Boot ging an England.

Zwei weitere Boote, „PT 1—2", wurden wegen verzögerter Anlieferung der Motoren erst im Winter 1941 fertiggestellt und aufgrund unbefriedigender Eigenschaften als „small boats" umklassifiziert. Damit verblieben der US Navy Ende 1941 außer den beiden als Spekulationsbauten entwickelten Versuchsbooten „PT 69—70", die später als „YP 106—107" umklassifiziert wurden, nur

die in den Monaten Juni bis September 1941 in Dienst gestellten Boote „PT 20—48" des nach amerikanischen Vorstellungen verbesserten Elco-77'-Typs (23,46 x 6,09 x 1,7 m, 3 x 1200-PS-Packard-Motoren, 40 kn, 4 — 12,7-mm-MG, 4 53,3-cm-Torpedorohre), der aus dem in England angekauften Scott-Paine-Entwurf der British Power Boat weiterentwickelt worden war und sich beim „Plywood-Derby" auch recht gut bewährt hatte (vgl. Abschnitt 4.341).

Die zwanzig noch in Bau befindlichen, in den ersten Monaten des Jahres 1942 zu liefernden Fahrzeuge gleichen Typs, „PT 49—68", waren für die Weiterleitung an England vorgesehen und in „BPT 1—20" umbenannt. Tatsächlich erhielten die Engländer dann aber nur „BPT 1—10" als „MTB 307—316". Die als „MTB 317—326" vorgesehenen Boote „BPT 11—20" verblieben aufgrund einer im Dezember 1941 erfolgten Absprache unter der ursprünglichen Bezeichnung „PT 59—68" in der US Navy, um als Trainingsboote für die nach Kriegsbeginn in Auftrag gegebenen PT-Boote zu dienen.

Von den im Oktober 1941 in Bau gegebenen Higgins-78'-Booten, die nach den Erfahrungen des „Plywood-Derby" entstanden („PT 71—94), wurden die letzten zehn Boote, „PT 85—94", deren Fertigstellung für Anfang 1943 vorgesehen war, als „RPT 1—10" für die Weiterleitung an Rußland bestimmt. Tatsächlich gingen dann jedoch im Februar 1943 nur „ex PT 85, 86, 87, 89" nach Rußland, während die Boote „ex PT 88, 90—94" als „MTB 419—423" an England abgegeben wurden (vgl. Abschnitt 5.2113).

Schließlich erhielt die Royal Navy im Zeitraum von April bis Juli 1941 auch die U-Jäger „PTC 1—12", die sich für diesen Einsatz nicht sonderlich bewährt hatten, und zwölf bei Higgins als „R.B. 1—12" für Finnland in Bau befindliche Boote.

Die der US Navy verbliebenen Elco-77'-Boote waren am 7. 12. 1941 auf drei Flottillen verteilt: MTB Squadron ONE mit den Booten „PT 20—30" lag in Pearl Harbor, MTB Squadron TWO mit den Booten „PT 36—40, 42—48" im Bereich der Panama Sea Frontier und MTB Squadron THREE mit den Booten „PT 31–35, 41" auf den Philippinen. Letztere konnten bald die ersten Fronterfahrungen sammeln.

Sofort nach Kriegsausbruch erteilte das Navy Department der Electric Boat Co. den Auftrag zum Bau von vierundneunzig Booten, „PT 103 bis 196". Dabei handelte es sich um einen aufgrund der BuShip-Spezifikation vom Oktober 1941 ausgearbeiteten, auf 80' Länge vergrößerten, baulich robusten Typ, der hinsichtlich Bewaffnung und Ausrüstung dem vorangegangenen Elco-77'-Typ entsprach. Die ersten Boote kamen bereits Mitte Juni 1942 in Dienst, d. h. rund einen Monat vor dem ersten der im Oktober 1941 bestellten Higgins-78'-Boote „PT 71–95".

Ein erneuter Beweis der Leistungsfähigkeit der Electric Boat Co., die bereits im Ersten Weltkrieg den Elco-U-Jäger in Groß-Serie hergestellt hatte (550 80'-ML in 448 Tagen!).

Die Erwartung der schnell anlaufenden Serienproduktion von PT-Booten und die nachdrückliche Bestätigung des Einsatzwertes dieser Fahrzeuge bei den Kämpfen um die Philippinen veranlaßten den Marineminister, die Aufstellung eines „PT Shakedown Centers" für Erprobungs- und Abnahmefahrten und eines „Motor Torpedo Boat Squadrons Training Centers" für die technische und taktische Ausbildung der Besatzungen anzuordnen. Im Shakedown Center wurde jedes Boot zunächst zwei Wochen, später, ab August 1943, da diese Zeit nicht ausreichte, drei Wochen nach einem festen und präzise detaillierten Programm auf Herz und Nieren überprüft. Dem Training Center, das seinen Dienst am 16. 3. 1942 in Melville, Rhode Island, aufnahm, wurde die MTB Squadron FOUR zugewiesen, die zunächst die ersten nach Kriegsbeginn — von Ende Januar bis Anfang März 1942 — in Dienst kommenden, aus dem Lend-Lease-Abkommen zurückerhaltenen Boote, die letzten des Elco-77'-Typs, „PT 59–68", zugeteilt bekam.

Darüber hinaus erklärte der General Board am 31. 1. 1942 den nach Kriegsausbruch bestellten, mit Packard-Motoren ausgerüsteten Elco-80'-Typ im Hinblick auf die Vereinheitlichung von Bau, Ausrüstung, Ersatzteilen, Unterhalt und Ausbildung als Standardtyp für den Groß-Serienbau. Ein Blick auf die im Laufe des Krieges von der US Navy bestellten, angekauften bzw. übernommenen Boote zeigt allerdings, daß diese Entscheidung einen recht deklamatorischen Charakter hatte. Für eigene und fremde Rechnung wurden nach Kriegsausbruch bestellt: 358 Elco-80', 197 Higgins-78', 184 Vosper-70', 10 Huckins-78', 4 Canadian Power Boat-70' und 1 Higgins Hellcat-70'.

Die von der US Navy auf allen europäischen und pazifischen Kriegsschauplätzen fast ausschließlich verwandten Typen Elco-80' (Abb. 110) und Higgins-78' (Abb. 111) entstanden im Groß-Serienbau (Abb. 112, 113) und waren durch eine sehr weitgehende Standardisierung von Antrieb, Waffen, Einrichtung und Ausrüstung gekennzeichnet. Beide Bootskörper waren stufenlose V-Spantboote (Abb. 114), deren generelle Linienführung sich mehr oder minder stark an den englischen 70'-Typ von Scott-Paine anlehnte. Allgemein wird jedoch den direkten Nachfolgern des englischen Bootes, den Elco-Booten, höhere Geschwindigkeit und bessere Seefähigkeit, den Higgins-Booten dagegen größere Robustheit und bessere Manövrierfähigkeit nachgesagt.

Als Antrieb wurden zunächst auf beiden Typen 3 x 1200-PS-Packard-4M-W14-Otto-Motoren verwandt, die den Elco-Booten 42 kn bei 45 t Verdrängung, den Higgins-Booten 40 kn bei 46 t vermittelten. Der mit einem 100-Oktan-Benzin betriebene Packard-Motor erwies sich von Anfang an als äußerst robust. Obwohl planmäßige Überholungen nach 600 Betriebsstunden vorgeschrieben waren, wurden im Einsatz Betriebszeiten von 1200 und mehr Stunden erreicht. Bei einigen Booten arbeiteten die Motoren noch einwandfrei, obwohl der Antriebsraum durch Trefferwirkung mehrere Fuß unter Wasser stand!

Um die im Laufe des Krieges aufgrund permanenter Erhöhung der Verdrängung auftretenden Geschwindigkeitsverluste abzufangen, wurde die Leistung der Packard-Motoren durch Aufladung zunächst auf 1350 PS, gegen Kriegsende sogar auf 1500 PS erhöht. Trotzdem variierte die Geschwindigkeit beträchtlich, da die Boote durch immer zahlreichere und stärkere Waffen auf eine Einsatzverdrängung von bis zu 55 t kamen. Einige der 1943—1944 im Mittelmeer als MGB eingesetzten Boote erreichten letztlich nur noch 28 kn!

Die ersten Bauserien erhielten 2 — 12,7-mm-Doppel-MG und 4 — 53,3-cm-Torpedorohre. Wabos waren zwar an Bord, doch war die Aussicht auf Einsatzerfolg relativ gering, da kein U-Ortungsgerät vorhanden war. Nichtsdestoweniger wurden U-Bootsangriffe — z. T. mit Erfolg! — gefahren. Darüber hinaus wurden die Wabos aber auch nach einem von englischen MTB im Kanal entwickelten Vorbild verwandt, um bewegungsunfähige gegnerische Überwasserschiffe endgültig zu versenken, indem man die Wabos mit geringer Tiefeneinstellung dicht neben die Bordwand warf. Ein besonders beim Kampf gegen japanische Nachschubfahrzeuge zwischen den Inseln häufig praktiziertes Verfahren.

Im Laufe des Krieges traten in der Bewaffnung einige Veränderungen ein:

a) Der bei Kriegsausbruch auf den Schnellbooten verwandte Mark-VIII-Torpedo, ein für Zerstörer entwickelter Torpedo des Ersten Weltkriegs mit einem 135-kg-Gefechtskopf und 10 000 Yard Laufstrecke bei 27 kn, hatte ein zu hohes Gewicht und eine zu geringe Geschwindigkeit. Umgekehrt war die große Laufstrecke für S-Boote nicht erforderlich, da Schußunterlagen für einen Weitschuß mangels einer Torpedorechenanlage nicht erstellt werden konnten. Schließlich waren für diesen Torpedotyp gewichtsmäßig aufwendige Torpedorohre erforderlich, da der Ausstoß der Torpedos horizontal erfolgen mußte, um den Kreisel des Steuerapparats nicht ausfallen zu lassen. Der bei den ersten Elco-Booten übliche, besonders bei Nacht verräterische Torpedoausstoß mittels Pulverpatrone wurde später durch einen von Higgins entwickelten Preßluft-Ausstoß ersetzt. Im Laufe des Krieges wurde der unbefriedigende Mark-VIII durch den aus einem Lufttorpedo entstandenen, kurzen und leichteren Mark-XIII ersetzt, der

— einen 270-kg-Gefechtskopf aufwies,
— 45 kn entwickelte,
— aufgrund seines stabilisierten Kreisels von gewichtsmäßig leichten Seitenwurfgeräten abgerollt werden konnte. Die Gewichtsersparnis durch Wegfall der Torpedorohre und die leichteren Torpedos ermöglichte ab Herbst 1943 die immer notwendiger werdende Verstärkung der Maschinenwaffenausrüstung (Abb. 115).

b) Nachdem Gefechte mit japanischen Flugzeugen und Landungsbooten bei den Salomonen und Neu-Guinea die unzureichende Maschinenwaffenausrüstung der PT's erwiesen hatten, wurde zunächst eine zusätzliche 20-mm-MK auf dem Achterdeck installiert. Anfang 1943 erhielten einige Boote eine 37-mm-Pak auf dem Vorschiff zum Einsatz gegen Seeziele, die später durch eine automatische 37-mm-MK der Heeresluftwaffe ersetzt wurde. Ab Herbst 1943 — nach dem Ersatz der Mark-VIII durch die Mark-XIII-Torpedos — wurde bei den meisten Booten die 20-mm- auf dem Achterdeck durch eine 40-mm-MK ersetzt und die 20-mm auf das Vorschiff verlegt. Bei den Kämpfen um die Salomonen wurden erstmals auf 3 PT-Booten alle TR ausgebaut und dafür je eine 40-mm-MK auf dem Vor- und Achterschiff sowie zwei weitere 12,7-mm-Doppel-MG eingebaut. Es entstanden recht bemerkenswerte MGB, die sich besonders gegen japanische Landungs- und Nachschubboote bewährten. Bei Neu-Guinea durchgeführte Versuche, die 40-mm-MK durch eine halbautomatische 76-mm-Kanone zu ersetzen, wurden aufgegeben, da die Ergebnisse nicht befriedigten: Wegen der geringeren Feuergeschwindigkeit und der fehlenden Leuchtspur wurde die in der Wirkung am Ziel überlegene 76-mm-Kanone von den Frontverbänden abgelehnt.

c) Erfolgreicher waren die 1944—1945 auf einigen der im Mittelmeer und bei den Philippinen eingesetzten Boote eingebauten 20-mm-Thunderbolt-Vierlinge, eine mechanisch angetriebe Waffe, die 1942 von der Elco entwickelt und zunächst zu Versuchen auf „PT 138" eingebaut worden war. Da die mehrfach verbesserten Serien-Waffen jedoch erst sehr spät an die Front kamen, wurden nur noch geringe Einsatzerfahrungen mit der Endausführung gewonnen.

d) Anfang 1944 wurden einige der im Mittelmeer und vor Neu-Guinea eingesetzten Boote mit zwei vor den vorderen Torpedos angeordneten 114-mm-Zwölffach-Raketenwerfern ausgerüstet (SK 97), die vorherrschend für einen flächenabdeckenden Küstenbeschuß bei Landungsoperationen gedacht waren. Alle 24 je 12,2 kg wiegenden Geschosse konnten innerhalb von 4 Sekunden abgefeuert werden. Gegen Seeziele kamen sie wegen zu großer Streuung weniger in Frage.

e) Im Jahre 1945 wurden noch einige der bei den Philippinen eingesetzten Boote mit einem Werfer für drallstabilisierte 127-mm-Raketen

ausgerüstet, die außerordentlich genau schossen und praktisch einem Zerstörergeschütz gleichkamen. Da die Entwicklung jedoch erst sehr spät an die Front kam, konnte sie sich in praxi nicht mehr auswirken.

Die 1942—1943 fertiggestellten, teils vor, teils nach Kriegsausbruch bestellten achtzehn Huckins-78'-Boote (Abb. 116) fanden ausschließlich als Schulboote Verwendung.

Die 184 in den USA in Lizenz gebauten Boote des 1937 in England entwickelten und dort während des Krieges in größeren Stückzahlen gebauten Vosper-70'-Typs (Abb. 117), hölzerne V-Spantboote mit Metall-Innenverbänden, erhielten zwar z. T. US-Bezeichnungen („PT 384—449, 661 bis 730"), waren aber ausschließlich für die im Rahmen des Leih- und Pachtgesezes erfolgende Abgabe an England und Rußland vorgesehen. Auch diese Boote erhielten als Antrieb drei ohne Untersetzungsgetriebe direkt auf die Propeller

SK 97

US-PT-Boot des Elco-80'-Typs 1944/45

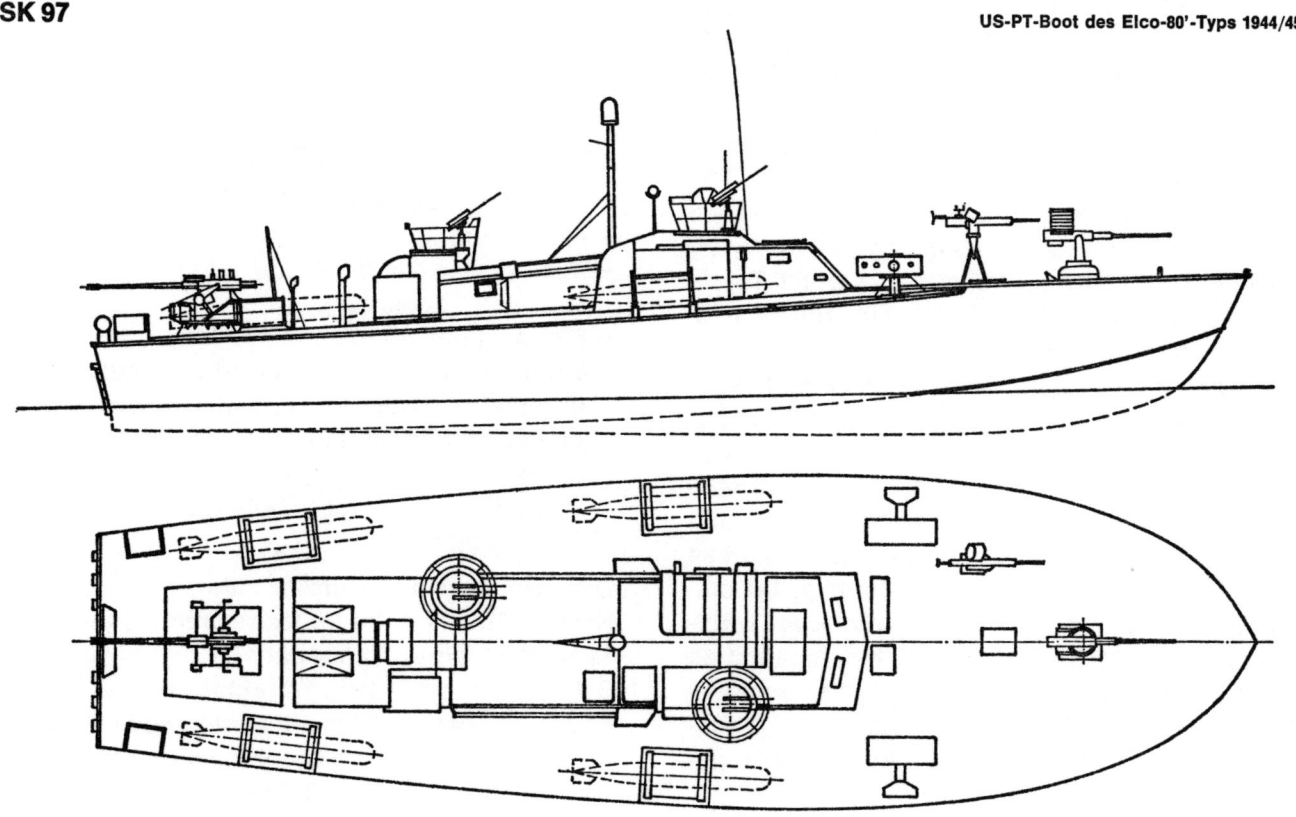

arbeitende 1200- bzw. 1350-PS-Packard-4M-Otto-Motoren. Aus Platzgründen war die Achse des hinter den Seitenmotoren liegenden Mittelmotors nach vorn gerichtet. Die Anordnung eines entsprechenden Zahnradgetriebes für die Kraftübertragung dieses Motors brachte zwar eine gewisse Gewichtsvermehrung, doch wurde diese durch den Raumgewinn und die propulsionsmäßig günstige gleiche Längsneigung aller drei Wellen wieder aufgefangen.

Bei rd. 40 t Verdrängung betrug die max. Geschwindigkeit 40 kn, der Fahrbereich bei Höchstfahrt und rd. 8000 kg Benzin 240 sm. Die im Heckspiegel angeordneten Auspüffe der Motoren waren so ausgelegt, daß die Abgase alternativ ins Wasser oder in die Luft geleitet werden konnten.

Die vor dem Kriege für 2 — 12,7-mm-MG in Einzelaufstellung auf Mitte Schiff, 4 — 7,62-mm-MG beidseits der Brücke und 2 — 45,7-cm- bzw. 53,3-cm-Torpedorohre ausgelegten Boote erhielten in den USA zunächst 1 — 20-mm-MK vorn, zwei 12,7-mm-MG in einer Doppellafette achtern und 2 — 53,3-cm-TR. Gegen Ende des Krieges wurde die 12,7-mm-Doppellafette durch eine 20-mm-Doppellafette ersetzt.

Im Herbst 1942, ein knappes Dreivierteljahr nach dem Festlegen der Serientypen, wurden die PT-Verbände aufgefordert, aufgrund der praktischen Bord- und Fronterfahrung Stellung zu nehmen zu den vier im Einsatz befindlichen Haupt-PT-Typen Elco-80' (PT 103), Elco-77' (PT 59), Huckins-78' (PT 95) und Higgins-78' (PT 71).

Die eingehenden Berichte sprachen sich besonders lobend über die Elco-80' aus und bestätigten sowohl aus der Einsatzerfahrung wie auch im Hinblick auf die Vereinheitlichung der Ausbildung, des Unterhalts, der Ersatzteilhaltung und der Austauschbarkeit aller Teile die Richtigkeit der Wahl dieses Typs als Standardtyp. Im einzelnen wurden die Elco-80' als schweres, kräftiges Boot bezeichnet, das auch bei rauher See hohe Fahrt laufen konnte und weiche, trockene Bewegungen ausführte. Als vorteilhaft gegenüber den anderen Typen wurden weiterhin genannt

— das uneingeschränkte Recht-Vorausfeuer,
— der kleine Drehkreisdurchmesser,
— der gepanzerte Steuerstand,
— die geräumigen und bequemen Besatzungs-, FT-, Navigations- und Antriebsräume,
— die gute Zugänglichkeit aller Unterdecksräume und Bilgen. Alle Unterdecksräume waren durch wasserdichte Öffnungen in den Querschotten untereinander verbunden!
— die gute Arbeitsausführung, die einerseits große Sorgfalt, andererseits aber auch das Bemühen auswies, überflüssiges Gewicht zu sparen.
— Alle E-Kabel waren in gasdichten Leitungen verlegt.
— Der gegenüber den Huckins-78' um 75 sm, gegenüber den Higgins-78' um 150 sm größere Fahrbereich.

Dem kleineren Elco-77' wurde bestätigt, daß es gegenüber dem Elco-80' leichter und kleiner und daher besser zu transportieren sei. Das Boot wäre 3—5 kn schneller, hätte einen größeren Fahrbereich und eine kleinere, flachere Silhouette. Schließlich eröffnete der geringere Tiefgang auch Einsätze in Flachwassergebieten.

Als Verbesserungsmöglichkeiten des Standardtyps Elco-80' nannte der Bericht

— eine Verkürzung auf 70', um die Silhouette zu verringern,
— Zusatztanks für 3850 Liter Brennstoff im Besatzungs-Tagesraum,
— Einbau einer leichten 20-mm-MK,
— Ersatz des vorhandenen Steuerhauspanzers durch einen leichteren und wirkungsvolleren,
— Einbau von Radar und Mark-XIII-Torpedos,
— Einbau eines zufriedenstellenden Kompasses,
— Modifizierung einiger Teile der Antriebsausrüstung (95).

Die Huckins-78' wurden als 1—3 kn, die Higgins-78' als 8—10 kn langsamer als der Elco-Typ beschrieben. Beide hätten weiterhin größere Silhouetten und kein direktes Recht-Voraus-Feuer. Auf den Higgins-78' konnte das MK-Feuer im Bereich von bis zu 30° voraus an jeder Seite nur bei sehr großer Rohrerhöhung eingesetzt

Abb. 114 (oben)
US PT-Boot auf Slip

Abb. 115 (Mitte)
US Higginsboot
mit verstärkter
MK-Bewaffnung 1943

Abb. 116 (unten)
US PT-Boot
des Huckins 78'-Typs

Abb. 117
In den USA gebautes
Vosper 70'-Boot

Abb. 118
US „PT 564"
Typ Higgins-Hellcat

Abb. 119
„Elco-planes" auf „PT 487"

werden, beim Huckins-78' waren es 20° nach jeder Seite. Bei beiden Typen war es erforderlich, über Deck zu klettern, wenn man von einer Unterdecks-Abteilung in die andere wollte. Die Higgins-78' wiesen zwar den kleinsten Drehkreisdurchmesser aller Typen auf, wurden aber wegen ihrer geringeren Spitzengeschwindigkeit als weniger manövrierfähig angesehen. Die Huckins-78' hatten zwar fast den gleichen Drehkreisdurchmesser wie die Elco-80', doch gab die dem Huckins-Boot eigentümliche, für ein Gleitboot ungewöhnliche Außenneigung beim Drehkreisfahren mit hoher Fahrt der Besatzung das Gefühl von Topplastigkeit und mangelnder Stabilität.

Für die Huckins-78' wurden als Verbesserungsvorschläge genannt

— Verstärkung von Bootskörper, Deck und Stabilität,
— Veringerung der Silhouette durch Verkleinern des übergroßen kastenförmigen Aufbaus,
— Einbau von Mark-XIII-Torpedos, Radar und 20-mm-MK,
— Ausbau unnötiger Einrichtungen wie Brausen und elektrische Frischwasserpumpen für die Waschräume.

Hinsichtlich des Higgins-78'-Typs stellte der Commanding Officer MTBSTC fest „the best thing to do was to forget it. He felt, that a redesign of the hull was required since too much of the weight was concentrated in the hull structure (95, S. 103)". Schließlich schlug er sogar die Verwendung der bestehenden Boote als "PC vessels for inshore and offshore patrol (95, S. 104)" vor!!!

Wörtlich heißt es in dem Bericht des MTBSTC weiter: "In commenting on the suitability of the Motor Torpedo Boat types and changes in design to improve their military characteristics, it is considered appropriate to point out that the increase in their size and length from the original 70' to the present 80' has gained little and lost much in their capabilities. The real reason for the increased size, length and displacement is not known. It is believed that one dominating factor was because our Navy has no satisfactory lightweight 18 inch torpedoes, for which the original 70' boats were designed to carry four, and it was felt a larger boat was necessary to carry the larger, heavier 21 inch torpedoes. This apparently led to the construction of the 77' boats, and later to the 80' boats, all of which now carry four Mark 8—3 e&d torpedoes. These torpedoes are very slow, extremely heavy except in explosive content, and of quite long range. This development adversely effected the capabilities of our Motor Torpedo Boats in reducing those vital qualities which insures effectiveness, namely speed, acceleration, maneuverability and cruising radius. It is believed that a 70' boat constructed along the same lines as the "PT 103" and carrying four Mark 13 torpedoes, together with the present gun armament would be a more effective weapon than anything developed to date. The need for extremely long range torpedoes on Motor Torpedo Boats cannot be visualized. In order to deliver an effective attack, these boats must drive in to short decisive ranges, wether it be under conditions of high or low visibility. They will be most effective during darkness and low visibility, where it has been proven possible for them to get into decisive ranges, in view of their high speed and small silhouette. The Mark 13 torpedo is relatively fast and light, carries a high explosive charge and requires but a small portion of deck space. It seems to be the ideal torpedo for these boats. Four of these torpedoes carried on board would result in saving of approximately 5000 lbs in weight from torpedoes alone, and considerable more from the shorter torpedo tubes that would be required (95, S. 104—105)".

Die äußerst krasse Ablehnung des von den technischen und Verwaltungsstellen der Marineleitung wesentlich günstiger beurteilten Higgins-Typs veranlaßte das Bureau of Inspection and Survey, erneute Vergleichserprobungen zwischen Elco-80'- und Higgins-78'-Booten anzuordnen. Sie sollten in Anwesenheit von Vertretern der Firmen Elco, Higgins und Packard unter Leitung des Bureau of Ships vom 4.—6. 11. 1943 vor der Küste von Miami, Florida, stattfinden und

Meilenfahrten, Drehkreisversuche, Beschleunigungs- und Rückzugsmanöver sowie einen Verbrauchstest über 77,6 sm umfassen.

Die teilnehmenden Boote, „PT 552–553" von Elco und „PT 295–296" von Higgins, wurden der derzeit laufenden Produktion entnommen und mit vollständiger Bewaffnung, Munition und 9500 Litern Benzin ausgestattet. Je ein Boot war mit Packard W-8- (1200 PS) und Packard W-14- (1350 PS) Motoren ausgerüstet worden.

Das mit W-8-Motoren ausgerüstete Higgins-Boot „PT 296" verdrängte 48 t, das entsprechend ausgerüstete Elco-Boot „PT 553" 47,7 t. Die mit W-14-Motoren ausgerüsteten Boote sollten sowohl im genannten Beladungszustand als auch mit geringerer Zuladung, d. h. ohne Torpedos, erprobt werden, um ihr Verhalten beim Ablaufen nach erfolgtem Angriff festzustellen. Das Higgins-Boot „PT 295" verdrängte voll 47,4 t und leicht 42,4 t, das Elco-Boot kam auf 47,8 resp. 42,5 t. Alle Boote waren vor den Versuchen gedockt und mit einem neuen Bodenanstrich versehen worden. Sie wurden darüber hinaus täglich auf ihre Zuladung überprüft. Beim Beschleunigungs- und Rückzugsmanöver, beim Umsteuern aus der Full-Speed-Fahrt und bei den Drehkreisfahrten mit 600, 2000 und Full-Speed-Umdrehungen waren die Higgins-Boote eindeutig überlegen. Bei den Drehkreismanövern war dies u. a. auf die gegenüber den Elco-Booten größere Ruderfläche zurückzuführen, bei den Beschleunigungstests auf die unterschiedliche Propellerausrüstung: Während die Elcos 28 x 29 bzw. 28 x 29,1 inch-Propeller auf den Seiten- und 28 x 28-Propeller auf der Mittelwelle hatten, waren die Higgins-Boote ausschließlich mit 29 x 26-Propellern ausgestattet. Bei den Meilenfahrten erreichte das Elco-Boot mit W-8-Motoren 40,99 kn bei 2272 Upm, das entsprechende Higgins-Boot 41,49 kn bei 2355 Upm. Von den mit W-14-Motoren ausgerüsteten Booten kam das Elco-Boot auf 45,14 kn bei 2658 Upm, während das Higgins-Boot 43,9 kn bei 2615 Upm schaffte. Im Leichtladezustand erreichte das Elco-Boot 45,83 kn bei 2679 Upm, das Higgins-Boot 44,91 kn bei 2626 Upm.

Bei den Verbrauchstests kam das Higgins-Boot „PT 295" mit 22,2 Liter pro Meile günstiger weg als das Elco-Boot mit 24 Litern. Daraus ergab sich für „PT 552" ein rechnerischer Fahrbereich von 480 sm bei 27,71 kn. „PT 295" erreichte bei gleicher Geschwindigkeit einen Fahrbereich von 491 sm. Die mit W-8-Motoren ausgerüsteten Boote „PT 296" und „PT 553" lagen mit einem Verbrauch von 22,7 bzw. 23,6 Litern pro Meile und dementsprechenden Fahrbereichen von 485 bzw. 481 sm gleichwertig.

Im offiziellen Versuchsbericht hieß es "In the speed tests ... no significant difference between hull designs could be detected ... the hull making the higher speed showed higher average engine rpm and higher manifold pressures, indicating that engine performance was the controlling factor in this test.

In the fuel economy run ... the Higgins boats showed somewhat lower fuel consumption per mile ... However, the validity of these figures may be open to question since the calibration of tanks and measuring sticks was not checked and levelometers were demonstrated to be unreliable ...

In the acceleration test ... the Higgins boat indicated that engine revolutions increased faster than in the Elco boats. This might have been expected in view of the lower pitch of the propellers on the Higgins boats. However, this test was not considered conclusive, and the boats with W-14-engines were therfore run over a measured course. The time to pass fixed marks indicated no significant difference in **boat** acceleration, and confirmed the previous observations that **engine** acceleration in the Higgins boats is greater then in the Elco boats, though in the second test the difference was not as marked as in the first.

In all tests involving turns the Higgins boats demonstrated an ability to turn more quickly then the Elco boats (95, S. 108–109)''.

Da das Board die Ergebnisse dieser primär technischen Untersuchungen noch nicht für ausreichend erachtete, um eine abschließende Stellungnahme abzugeben, wurden aus dem

Training Center und den Frontverbänden erfahrene PT-Boots-Offiziere herangezogen und um ihre persönlichen Eindrücke gebeten. Diese wiesen zunächst darauf hin, daß

— die Sicht von der Brücke bei beiden Booten unbefriedigend, beim Elco-Typ aber doch etwas besser sei,
— das Higgins-Boot ein etwas rauheres Verhalten in der See zeigte und bei geringen Fahrtstufen in kabbeliger See nasser fuhr,
— bei Schnellbooten zwischen Test- und tatsächlicher Einsatzgeschwindigkeit im Frontgebiet ein Unterschied von 8—10 kn besteht.

Darüber hinaus nannten die Praktiker aufgrund der bisherigen Kriegserfahrungen folgende für ein gutes Frontschnellboot wichtigen Punkte:

— Möglichkeit der Schleichfahrt,
— die Fähigkeit, nach dem Angriff schnell ablaufen zu können, d. h. eine tatsächliche Einsatzgeschwindigkeit von 40 kn bzw. eine Probefahrtgeschwindigkeit um 50 kn,
— ein möglichst großer Fahrbereich. Man stellte sich etwa 1000 sm bei 20—22 kn vor!
— eine Maschinenwaffenausrüstung von mindestens 1 — 20-mm-MK und zwei 12,7-mm-MG
— eine ungehinderte Sicht von der Brücke von Recht-Voraus bis mindestens 30° von achtern,
— ausreichende Seefähigkeit,
— eine Beschränkung auf Not-Wohnräume und -einrichtungen.

In seinem abschließenden Bericht drückte das Board die Überzeugung aus, daß die vier untersuchten Boote als Repräsentanten des Elco- und Higgins-Typs die z. Z. gültigen vertraglichen Forderungen voll erfüllten und bestätigte ausdrücklich den Wert des von der Front heftig kritisierten Higgins-Typs. Es wurde festgestellt, daß der Hauptunterschied beider Typen in der kürzeren Drehzeit des Higgins-Boots liege. Man schlug vor, das Elco-Boot durch eine Verbesserung der Ruderanlage diesen Werten anzugleichen.

Nach diesem Bericht blieb der Higgins-Typ, wenngleich auch nicht mit der hohen Stückzahl des Elco-80'-Typs, in der Fertigung. Abschließend stellte der Bericht dann noch fest, daß keines der untersuchten Boote den Leistungen des kurz zuvor von Higgins entwickelten Versuchsboots „Higgins-Hellcat" gleichkam: "That wessel much more nearly approximates those characteristics, and appears to embody substantial improvements over current models. It is recommended that both builders be invited to develop designs to meet the essential characteristics set forth above, and that the improved designs replace current construction at the earliest possible date (95, S. 110)".

Das Entstehen des „Higgins-Hellcat" basierte auf der immer wieder geäußerten Meinung der PT-Boots-Offiziere, daß die Boote wesentlich kleiner werden könnten, ohne die ihnen übertragenen Aufgaben weniger gut zu erfüllen. Daraufhin übermittelte die Firma Higgins dem Bureau of Ships Pläne für einen aus dem Higgins-78'-Typ abgeleitetes 70'-Boot und baute gleichzeitig den Prototyp auf eigene Rechnung.

Das mit 3 x 1350-PS-Packard-4M-Motoren ausgerüstete, 21,49 m lange, 5,44 m breite und 1,75 m tiefgehende Boot (Abb. 118) hatte den bekannten Higgins-V-Spantbootskörper und trug als Bewaffnung 4 — 12,7-mm-MG und 4 — 53,3-cm-Mark-XIII-Torpedos in Seitenwurfeinrichtung. Als das im März 1943 von Stapel gelaufene Boot am 30. 6. 1943 in Gegenwart von Offizieren der Navy die erste Probefahrt absolvierte, 46 kn erreichte und beim Wenden mit Full Speed innerhalb von 9 sec um 180° auf Gegenkurs ging, war die Marine begeistert: Gerade für die Abwehr von Luftangriffen erschien eine derartige Manövrierfähigkeit und Geschwindigkeit besonders erstrebenswert. Immerhin benötigte der Higgins-78'-Standardtyp, der bekanntlich besser als der Elco-80'-Typ manövrierte, für das gleiche Wendemanöver bei Full Speed 22 sec!! Verständlich, daß einer der an der Probefahrt teilnehmenden Offiziere berichtete:

"The three vital characteristics of a PT boat are (a) SNEAK ABILITY, the ability to reach attack position undetected, (b) TORPEDO PUNCH, four fast torpedoes with large warheads, and (c) SPEED, giving the boat the ability to get away. The HELLCAT has all three of these vital requisites. First, the boat has SNEAK ABILITY, extremely low silhouette, good idling speed (abt. 12 knots) with very little wake, effective mufflers at idling speed, and clear vision almost 360 degrees.

Second the boat equipped with four side launching Mark 13 torpedoes will have TORPEDO PUNCH.

Third the boat has speed, this together with the FM smoke she carries enables her to outrun and elude **any** enemy vessel encountered. The present PT-Boats now being built with their doubtful 33 knots have **none** of the above three requisites. They could have TORPEDO PUNCH if equipped with proper torpedoes (95, S. 111—112)".

Ein anderer Bericht schlug vor, die laufende Produktion der Higgins-78' sofort auf das neue 70'-Boot umzustellen und formulierte in diesem Zusammenhang „The increase in size of PT's from 70 to 80 feet has resulted in adding more equipment and armament to a point where present boats are actually a combination Motor Torpedo and Gun Boat. This increase in size and load has been effected without an incresase in engine power, resulting a larger silhouette, sluggishness, loss of speed and maneuverability (95, S. 112)".

Tatsächlich erscheint jedoch gerade diese Stellungnahme stark emotionell beeinflußt, denn

— die Leistung der Packard-Motoren war tatsächlich von 1250 auf 1350 und später — kurz vor Kriegsende — auf 1500 PS gebracht worden,

— die im Laufe des Krieges immer stärker zunehmende Wandlung der großen Boote in Richtung auf das MGB war ja ausschließlich aufgrund der praktischen Fronterfahrungen vollzogen worden. Das neue Boot stellte dagegen die eindeutige Rückkehr zum MTB mit geringer Maschinenwaffen-Ausrüstung dar.

Trotzdem kaufte die Marine das Boot am 26. 8. 1943 als „PT 564" und ordnete gleichzeitig Vergleichserprobungen mit einem Higgins-78'-Boot an. Die Mitte September 1943 mit dem Versuchsboot „PT 564" und dem Higgins-78'-Boot „PT 282" ausgeführten Meilenfahrten ergaben

bei relativ glatter See 47,82 kn für „PT 564" und 40,12 kn für „PT 282". Ferner bewies das kleinere Boot eine bessere Manövrierfähigkeit, eine kleinere Silhouette — besonders von Recht-Voraus und Recht-Achteraus — und einen größeren Fahrbereich, da die Bunkerkapazität um 3800 Liter größer war.

Die Überlegung, daß das 70'-Boot weniger Material erforderte und billiger und schneller herstellbar war, ließ auch den Verzicht auf Küche, Kühlschrank und andere komfortable Ausrüstungen des 78'-Typs vertretbar erscheinen, zumal man bei längeren Einsätzen Notrationen ausgeben konnte.

Trotz dieser bemerkenswerten Fakten waren die Meinungen der beteiligten Instanzen geteilt:

Der MTBSTC stellte fest "The trials of PT 564 were observed by the undersigned... In the opinion of this command, it is far superior to any PT boats in service (95, S. 114)".

Das Board empfahl, zunächst noch Vergleichserprobungen in rauher See auszuführen und — wenn diese ebenfalls erfolgreich verlaufen sollten — das 70'-Boot sofort anstelle des 78'-Boots in Serienproduktion zu nehmen.

Wesentlich kühler urteilte BuShips am 15. 11. 1943: "If the operating forces are assured that a smaller, faster boat is required and are satisfied to accept the lesser armament and accommodations which can be built into a smaller boat, the Bureau is assured that Higgins and the other PT boat builders could build such a boat (95, S. 114)."

Tatsächlich wurde dann der Typ „Higgins-Hellcat" nicht in Serie gebaut: Eine Konferenz aller sachlich beteiligten Instanzen beim Navy Department entschied am 23. 11. 1943, keine Umstellung der Produktion vorzunehmen "as it was considered undesirable to proceed with the design of an entirely new type PT (95, S. 115)". Neben dem Bestreben, die sehr drastische Standardisierung dieses Bootstyps während des Krieges beizubehalten, wurde diese Entscheidung auch beeinflußt durch die Erkenntnis, daß die reduzierten Abmessungen des Bootes keine ausreichende Armierung ermöglichten und die

Unterbringung der Besatzung für einen längeren Aufenthalt im Operationsgebiet unzureichend war. Gerade die praktischen Fronterfahrungen bewiesen immer wieder neu, daß die PT-Boote in zunehmendem Maße als MGB eingesetzt werden mußten und die operativen Einsätze es notwendig machten, daß die Besatzungen z. T. längere Zeit an Bord der Boote leben mußten.

Ein weiterer Prototyp mit noch höheren Leistungsdaten wurde Ende 1943 von der Electric Boat Co. auf der Basis eines Patents entwickelt, das dem Chefkonstrukteur der Elco bereits am 13. 1. 1913 erteilt worden war: das mit drei Packard-W-14-Motoren ausgerüstete „Elco-plane-boat PT 487", das am 16. 12. 1943 vor Vertretern des Board of Inspection and Survey 55,95 kn im Leichtladezustand mit 40,6 t Verdrängung und 53,62 kn bei 49 t Einsatzverdrängung lief.

Innerhalb von 6 sec drehte das Boot mit Full Speed um 180°. Dabei ist zu beachten, daß „PT 487" ein Standardboot des Elco-80'-Typs war. Das Geheimnis der spektakulären Leistung war die Anordnung von sechs Spezialstufen („Elco-planes") am Boden (Abb. 119), unter deren Einfluß sich das Boot bei hoher Geschwindigkeit außergewöhnlich weit aus dem Wasser heraushob.

Es ist verständlich, daß das Board sehr angetan war " ... the 'Elcoplanes' confer such benefits on the model to which they have been applied that effort should be made to incorporate them as early as possible in the regular production of this company (95, S. 117)".

Die Empfehlungen des Board gingen sogar so weit, Überlegungen anzustellen, ob man nicht die bereits in Dienst befindlichen Elco-Boote sowie die anderer Hersteller noch nachträglich mit „Elcoplanes" versehen sollte. Das Bureau of Ships schloß sich diesen Vorstellungen voll an und erkärte sich bereit, entsprechendes Material an die Front zu schicken, um die in Dienst befindlichen Boote in den Stützpunkten umzurüsten, wenn weitere Untersuchungen tatsächlich die Zweckmäßigkeit des Umbaus älterer Boote bestätigen sollten. Letzthin mußte BuShips aber schon zu diesem Zeitpunkt vom Wert der Elco-

planes überzeugt sein, denn parallel zum Umbau von vier weiteren Versuchsbooten („PT 560 bis 563") wurde am 29. 1. 1944 die Bauaufsicht bei der Elco in Bayonne angewiesen, die Beschaffung der für den Umbau an der Front benötigten Teile zu beschleunigen. Gleichzeitig wurde eine Änderung des Liefervertrages mit der Elco vorbereitet, um alle Neubauten von vornherein mit „Elcoplanes" ausstatten zu lassen. Als letzter Vorbehalt blieb der Bericht des Chefs der MTB Squadron TWENTY-NINE, der mit den vier Versuchsbooten auf einer Verlegungsfahrt von New York nach Miami eine Dauererprobung unter Einsatzbedingungen ausführen sollte. Der Bericht wirkte wie ein Schock: Es stellte sich heraus, daß die Elcoplanes hervorragende Wirkung bei Spitzengeschwindigkeiten zeigten. Bei der langen, mit relativ niedrigen Marschfahrtstufen durchgeführten Verlegungsfahrt trat bei optimalen Marschfahrtstufen ein Mehrverbrauch von 25 % Brennstoff und 75 % Schmieröl auf: Mit dem Einbau der „planes" war es erforderlich gewesen, die Kühlwassereintritte zu verändern, um der veränderten Schwimmlage des Bootes gerecht zu werden. Da die neuen Kühlwassereintritte keine ausreichende Kapazität besaßen, überhitzten die Motoren. Darüber hinaus wurde über weitere Mängel berichtet: Die Boote waren empfindlicher gegen Gewichts- und Trimmlagenänderungen, Steuerfähigkeit und Beschleunigung hatten nachgelassen, und bei rauher See begannen die Fahrzeuge hart zu arbeiten und Wasser zu übernehmen. Aufgrund dieser Ergebnisse erhielten „PT 560—563" die Genehmigung, die „Elcoplanes" vor dem Weitermarsch in den Einsatzraum ausbauen zu lassen und MTBSTC veranlaßte, daß mit dem Versuchsboot „PT 487" Probefahrten unter ungünstigen Seeverhältnissen vorgenommen wurden. Diese Tests zeigten, daß das klassische Elco-Boot dem „Elcoplane" bei Drehzahlen unter 2200 Upm hinsichtlich der Manövrier- und Steuerfähigkeit überlegen war. Bei 2200 Upm war das Standardboot auf geradem Kurs schneller.

Am 4. 3. 1944 entschloß sich das Bureau of Ships, alle Planungen mit den „Elcoplanes" aufzugeben "in view of the experience with Motor Torpedo Boat PT 487 together with that gathered during the shakedown of PT 560—563, the Bureau is of the opinion that multi-steps as installed in these five ships have not been developed to a sufficient degree of effectiviness to warrant further experimentation by the Contractor at Governments expense. An experimental installation of Elcoplanes on a Higgins PT, PT 485, also proved unsuccessful (95, S. 119)".

Rein theoretisch waren die „Elcoplanes" zweifelsfrei ideal. Da ihre optimale Wirkung jedoch erst bei Höchstfahrt auftrat, Schnellboote aber im Einsatz vorherrschend langsame, mittlere oder höhere Marschfahrtstufen laufen, war ihr praktischer Wert gering.

Die bei Kriegsende auf fast allen Frontbooten eingebauten Radaranlagen wurden erstmals Ende 1942 eingebaut. Sie erhöhten nicht nur den militärischen Wert der Boote, sondern machten die US-PT-Boote allen entsprechenden Fahrzeugen der Gegnermarinen, die nicht mit derartigen Geräten ausgerüstet waren, überlegen.

Die ersten Geräte waren noch für Bordzwecke umgebaute Luftwaffengeräte, doch schon 1943 entstand das „SO-13"-Gerät, das schließlich Standardgerät aller PT-Boote wurde. Weitere Fortschritte des operativen Einsatzwertes der Fahrzeuge wurden mit dem Einbau sehr leistungsfähiger KW- und UKW-Fernmeldeanlagen erzielt, die der Übermittlung taktischer Informationen von Boot zu Boot bzw. zwischen PT-Booten und Flugzeugen dienten.

Neben der personellen und materiellen Qualifikation der Besatzungen und der Boote war in Anbetracht der weiträumigen Operationsgebiete im Pazifik und in Europa eine außerordentlich umfangreiche Organisation für die Instandhaltung und die logistische Unterstützung der naturgemäß starkem Verschleiß unterliegenden Boote erforderlich.

Die noch kurz vor bzw. nach Kriegsausbruch nach ersten friedensmäßigen Vorstellungen zu PT-Tendern (AGP) umgebauten ehemaligen Yachten und älteren Handelsschiffe (s. Abschnitt 4.341) waren für die militärische Verwendung zu leicht gebaut und von Anfang an unbefriedigend. Trotzdem fanden diese Fahrzeuge Verwendung auf dem pazifischen Kriegsschauplatz.

AGP 1 „Niagara" diente noch 1943 als PT-Tender einer Frontflottille im Pazifik und wurde erst am 24. 5. 1943, nach schweren Schäden durch Angriffe japanischer Flugzeuge, von dem begleitenden „PT 147" durch Torpedoschuß selbst versenkt.

Wegen der unbefriedigenden Eigenschaften der vorhandenen AGP, der wachsenden Zahl der in Dienst befindlichen PT-Boote und der zunehmenden Ausdehnung des Operationsgebiets beschäftigte sich die Marineleitung schon bald mit geeigneteren Fahrzeugen. Dabei konzentrierten sich die Vorstellungen bald auf die für amphibische Operationen entwickelten, im Groß-Serienbau befindlichen Tanklandungsschiffe (LST) und einige kleine Seeflugzeug-Tender (AVP), die wegen ihrer Topplastigkeit für den ursprünglich vorgesehenen Verwendungszweck ungeeignet und zum Umbau als Flaggschiffe und MTB-Tender freigegeben worden waren.

Ende Dezember 1942 forderte der Commander in Chief (COMINCH), daß zwei LST in AGP umgebaut werden sollten. Da zum gleichen Zeitpunkt bereits drei LST zum Umbau zu Battle Damage Repair Ships (ARB) vorgesehen waren, spezifizierte COMINCH seine Forderung dahingehend, daß eines dieser Fahrzeuge bis zum 1. 2. 1943 als AGP fertiggestellt werden sollte. Die Umbauforderung umfaßte

(A) "Provide berthing, messing and sanitary facilities for a total of forty-one (41) officers, twenty-one (21) CPO's and two hundred and twenty-five (225) enlisted men.

(B) Armament —
one (1) 5"/50 cal. double purpose gun
eight (8) 40 mm guns in two quadruple mounts
eight (8) 20 mm guns with necessary magazines and ready service stowage

(C) Stowing and handling facilities for two (2) 36' ML's

(D)   Radio and Radar Equipment for type
(E)   Life rafts and floater nets for abandoning ship
(F)   Four (4) boat booms
(G)   Two (2) 5-ton booms
(H)   Shop and equipment for maintenance of one 12-boat squadron of PT's to include carpenter, shipfitter, engine overhaul and torpedo overhaul shops
(I)   Laundry facilities
(J)   One (1) heavy lifting boom of about 50-ton capacity
(K)   Two (2) 4000 gal capacity evaporators
(L)   Stowage for fresh and dry provisions and general stores (including shop supplies) for 45 days
(M)   Stowage facilities for 48 torpedoes
(N)   Stowage space for 6 spare PT engines
(O)   Magazine stowage facilities for standard allowances of ammunition for one 12-Boat PT squadron less ammunition normally carried aboard boats of a quadron
(P)   Gasoline stowage of approximately 60 000 gal. capacity with facilities for fueling PT's underway
(Q)   Two torpedo air compressors of 20 cubic foot capacity each
(R)   Sickbay and facilities for medical officer (95)".

Das erste nach dieser Spezifikation umgebaute Fahrzeug, AGP 3 „Portunus", befriedigte bei den Abnahmefahrten noch nicht recht. Daraufhin wurden, bevor das Fahrzeug in den Einsatzraum von Neu-Guinea verlegt wurde, erste Änderungsarbeiten durchgeführt und die Spezifikation für die Folgebauten entsprechend erweitert. U. a. wurde auch die Beölung der PT-Boote in See und in Fahrt gefordert (Abb. 120).

In der Front wurden die aus LST hervorgegangenen Tender, AGP 4–5, 10–11 („Varuna", „Orestes", „Acontios", „Silenus"), sehr geschätzt, vor allem weil sie
— mit Hilfe des an einer Schiffsseite stehenden 50-t-Derrick-Krans PT-Boote aus dem Wasser heben und Unterwasser-Reparaturen, Propellerwechsel usw. ohne Dock ausführen,

— aufgrund ihrer Formgebung mit dem Vorschiff auf Strand laufen und mit einem an Land befindlichen Stützpunkt zusammenarbeiten konnten.

Als nachteilig erwies sich bald die bei der Planung weit übersetzte Ausrüstung mit Werkzeugmaschinen und allgemeiner Instandsetzungskapazität. Ab AGP 14 wurde diese Erfahrung ausgewertet und die Folgebauten erhielten weniger Werkstätten und Werkstättenausrüstung und mehr Ersatzteile.

Gerade die für die US-PT-Boote charakteristische strenge Standardisierung von Typen, Anlagen und Geräten mußte es nahelegen, in Frontnähe das Auswechseln von Teilen der Instandsetzung vorzuziehen.

Vier der wegen Topplastigkeit für den vorgesehenen Verwendungszweck als kleine Seeflugzeugtender (AVP) wenig geeigneten und nach Entfernen hochliegender Gewichte zum Umbau als PT-Tender vorgesehene Fahrzeuge (1766/ 2800 t, 18,2 kn) wurden nach der genannten, der Eigenart dieses Typs angepaßten Spezifikation umgebaut.

Größe und Ausstattung der Wohn- und Schlafräume waren bequem, die für Werkstätten und Ersatzteillagerung verfügbaren Räumlichkeiten jedoch unbefriedigend. Andererseits konnten die mit einer zentralen Feuerleitanlage, 2 — 12,7-cm-, 8 — 40-mm-, 8 — 20-mm- und 14 — 135-kg-Wabos ausgerüsteten und damit recht schlagkräftigen Fahrzeuge u. U. ihren Booten weit hinein in das Kampfgebiet folgen.

Der kardinale, aufgrund der konstruktiven Eigenart jedoch nicht zu beseitigende Nachteil der AVP war jedoch die mangelnde Hebezeugkapazität, vor allen Dingen der fehlende 50-t-Baum. Die AVP-Tender benötigten immer ein Dock zu Hilfe, wenn es um Unterwasserschäden und Propellerwechsel ging. Eine vom Commander South West Pacific Forces vorgeschlagene und als Minimalforderung an einen PT-Tender bezeichnete Möglichkeit, zumindest das Heck eines PT-Boots aus dem Wasser heben zu können, um Propeller, Ruder usw. auszuwechseln, war bei diesen Fahrzeugen nicht realisierbar.

Das erste Fahrzeug dieser Reihe, AGP 6 „Oyster Bay" (Abb. 121) kam am 17. 11. 1943 in Dienst. Kurz darauf folgten auch die drei Schwesterschiffe AGP 7—9, „Mobjack", „Wachapreague" und „Willoughey".

Als sich die Operationen der PT-Verbände im pazifischen und europäischen Raum immer weiter ausdehnten, wurden zwei ursprünglich von der Maritime Commission auf Stapel gelegte 10000-t-Schiffe von handelsschiffsmäßiger Bauart und 14,5 kn Geschwindigkeit abgezweigt und als PT-Tender AGP 12—13 fertiggestellt. Sie verfügten über gut ausreichenden Raum für die Unterbringung von Besatzungen, Werkstätten, Ersatzteilen usw. und über einen 50-t-Baum, um PT-Boote an Deck zu nehmen (Abb. 122). Nachteilig war jedoch die ungewöhnliche Größe der Fahrzeuge, der hohe Freibord mit der dadurch bedingten Problematik, die PT-Boote längsseits festzumachen und die Tatsache, daß trotz des großen Schiffes immer jeweils nur ein Boot an Deck genommen werden konnte. Da AGP 12 und AGP 13 erst im Winter 1944 zu den Philippinen verlegten, konnten sich die aus der Frontbewährung abgeleiteten Verbesserungsvorschläge für diesen Typ, u. a. auch die Möglichkeit, gleichzeitig zwei Boote an Bord zu nehmen, nur noch bedingt niederschlagen.

Besonders vorteilhaft für die Instandhaltung vorgeschobener PT-Verbände erwies sich die Entwicklung einer speziellen „Advanced Base"-Ausrüstung, die aus

— einem kleinen Schwimmdock,
— einem Prahm mit zwei 1000-Barrel-Tanks für Gasolin, den sogenannten „double bubbles",
— einem Schwimmkran
— einem Radarwerkstattprahm

bestand. Die Verteilung der Gesamtkapazität auf vier Fahrzeuge ermöglichte auch eine gute Dislozierbarkeit gegenüber Luftangriffen. Es ist eindeutig zu belegen, daß die mit dem Erhalten der Einsatzbereitschaft von einer oder mehreren Front-Squadrons bzw. der Betreuung der PT-Boote eines bestimmten Frontabschnitts beauftragten AGP und Advanced Bases entscheiden-

den Anteil an den Erfolgen der amerikanischen Schnellbootwaffe hatten.

Ein besonders Problem stellte auch hier der hohe Ersatzteilbedarf der einem starken Verschleiß unterliegenden Fahrzeuge dar. Bulkley (78) charakterisiert dies mit der Feststellung "Theoretically it was the job of the Service Force to see that the squadrons got what they needed where and when they needed it, but PT's needed so many special spares that were not common to the rest of the Navy, and so frequently were operating in advance of the places ordinarily reached by Navy supply, that it turned out to be simpler and more satisfactory for all concerned to have the Task Group run its own cargo carriers between bases (S. 211—212)".

Deutlich werden auch hier wieder die analogen Erfahrungen anderer Marinen bestätigt, daß der Einsatz von Schnellbooten im Kriege außergewöhnliche Anforderungen an den Nachschub stellt (78, 95, 96, 97, 98, 99).

5.42 Zusammenfassung

5.421 Bauleistung und Verbleib der Boote

5.4211 Bauleistung

Im Zeitraum vom 7. 12. 1941 bis zum Kriegsende im Herbst 1945 gab die US Navy für eigene und fremde Rechnung über die bereits vor dem Kriege bestellten, ab „PT 49" aber erst nach Kriegsausbruch gelieferten 102 PT-Boote hinaus weitere 754 Boote in Auftrag.

358 Boote des 80'-Elco-Typs als „PT 103—196, 314—367, 372—383, 486—563, 565—624, 731 bis 790"

197 Boote des 78'-Higgins-Typs als „PT 197 bis 254, 265—313, 450—485, 625—660, 791—808"

184 Boote des 70'-Vosper-Typs als „PT 384 bis 449, 661—730" und „BPT 21—68 („BPT 1 bis 20" waren „ex PT 49—68")

10 Boote des 78'-Huckins-Typs als „PT 255 bis 264"

4 Boote des 70'-Canadian-Power-Boat-Typs
als „PT 368—371"

Die Boote waren ursprünglich für die holländische Marine bestellt worden (s. Abschnitt
4.3808 und 5.2154).

1 Boot des „Higgins-Hellcat"-Typs als PT 564"
Von diesen Fahrzeugen wurden gebaut und ausgeliefert:

Nummer		Bauwerft	Indienststellung
PT	103—196	Elco	6. 42 — 5. 43
PT	197—254	Higgins	1. 43 — 6. 43
PT	255—264	Huckins	2. 43 — 9. 43
PT	265—313	Higgins	7. 43 — 1. 44
PT	314—361	Elco	3. 43 — 7. 43
PT	362—367	Harbor Boat Build.	8. 43
PT	368—371	Fyffs Shipyard	3. 43 — 4. 43
PT	372—383	Elco	8. 43 — 9. 43
PT	384—399	Jacobs, City Isl.	5. 44 — 10. 44
PT	400—429	Annapolis Yacht Y.	1. 44 — 10. 44
PT	430—449	Herreshoff, Bristol	2. 44 — 10. 44
PT	450—485	Higgins	2. 44 — 8. 44
PT	486—563	Elco	9. 43 — 7. 44
PT	564	Higgins	11. 44
PT	565—622	Elco	12. 44 — 10. 45
PT	623—624	Elco	1. 10. 45
			Baustopp
PT	625—660	Higgins	12. 44 —
			Ende 1945
PT	661—730	Annapolis Yacht Y.	
			11. 44 —
			Ende 1945
PT	731—760	Elco	8. 44 — 2. 45
PT	761—790	Elco	Vertrag 28. 8.
			45 annulliert
PT	791—796	Higgins	1945
PT	797—808	Higgins	Vertrag 27. 8.
			bzw. 1. 10. 45 annulliert
BPT	21—28	Annapolis Yacht Y.	11. 42 — 3. 43
BPT	29—36	Herreshoff, Bristol	3. 43 — 6. 43
BPT	37—42	Jacobs, City Isl.	2. 43 — 4. 43
BPT	43—48	Harbor Boat Build.	2. 43 — 3. 43
BPT	49—52	Annapolis Yacht Y.	4. 43
BPT	53—60	Annapolis Yacht Y.	4. 44
BPT	61—68	Annapolis Yacht Y.	10. 43 — 12. 43

SK 98 zeigt die monatlichen Ausstoßquoten.

Im August 1945 befanden sich in der US Navy
mehr als 400 PT-Boote in Dienst, die sich auf ca.
40 MTB Squadrons im Pazifik und in Europa verteilten.

5.4212 Abgabe von Schnellbooten an fremde Marinen

Im Rahmen des Leih- und Pachtgesetzes wurden
insgesamt 386 in den USA hergestellte Schnellboote für die Weitergabe an verbündete Marinen
vorgesehen und in der überwiegenden Masse
auch ausgeliefert.

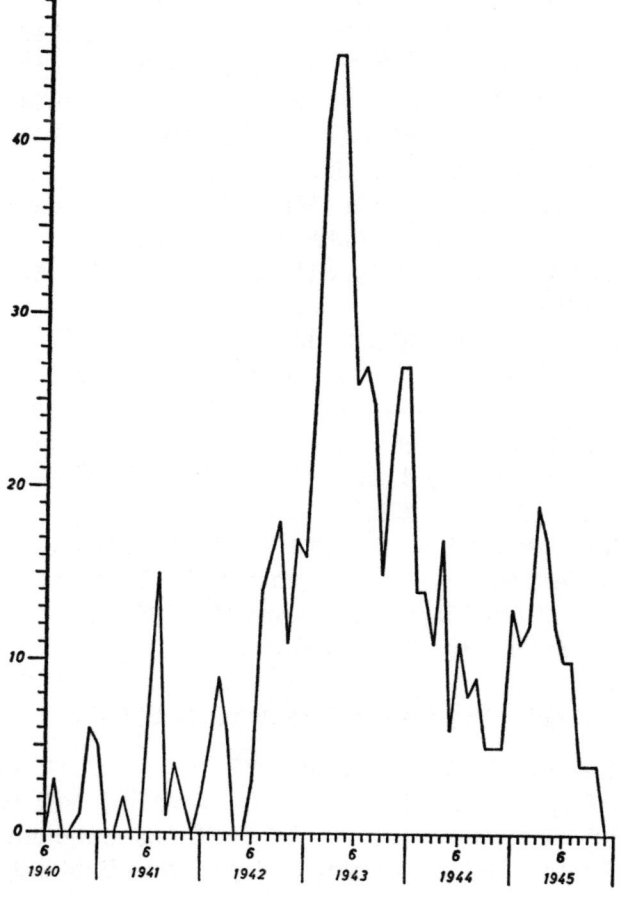

SK 98 Monatliche Auslieferungen amerikanischer PT-Boote
(incl. Lieferungen an die englische u. sowjetische Marine)

5.42121 Abgaben an die englische Marine

Die englische Marine erhielt
PT 3—4 als „MTB 273—274" (19. 4. 1941)
PT 5—6 II als „MTB 269—270" (19. 4. u. 29. 7. 41)
PT 6 als „MGB 68"
PT 7—8 als „MTB 271—272" („PT 8" ging später als „YP 110" an die USA zurück) (19. 7. u. 14. 10. 1941)
PT 9—19 als „MTB 258—268" (11. 4. u. 11. 7. 1941)
BPT 1—10 (ex PT 49—58) als „MTB 307—316" (Die ursprünglich beabsichtigte Abgabe von BPT 11—20 (ex PT 59—68) als „MTB 317—326" unterblieb!) (2.—3. 1942)
PT 88, 90—94 als „MTB 419—423" (die Boote waren ursprünglich als RPT 4, 6—10 für Rußland bestimmt) (4. 1943)
PT 198, 201, 203—217 als „MTB ?, 181, 189, 182, 190, 177, 183—185, 191, 186, 192, 187, 178—180, 188" (17. 10. 1944)
PT 384—399 als „MTB 396—411" (5. 10. 1944)
BPT 21—28 als „MTB 275—282" (11. 42 – 3. 1943)
BPT 29—36 als „MTB 287—294" (3. 1943 – 6. 1943)
BPT 37—42 als „MTB 295—300" (2. 1943 – 4. 1943)
BPT 43—48 als „MTB 301—306" (2. 1943 – 3. 1943)
BPT 49—52 als „MTB 283—286" (4. 1943)
BPT 53—60 waren als „MTB 363—370" vorgesehen, wurden aber direkt an Rußland geliefert
BPT 61—68 als „MTB 371—378" (10. 1943 – 12. 1943)
PTC 1—12 als „MGB 82—93".

Die bei Higgins für finnische Rechnung in Bau befindlichen Boote „R.B. 1—12" wurden — wie das 1940 an Finnland verkaufte „PT 6" — beschlagnahmt und als „MGB 69—73, 100—106" an England abgegeben.

Insgesamt erhielt England 137 Boote sehr unterschiedlicher Typen, vorherrschend jedoch den in den USA in Lizenz gebauten Vosper-70'-Typ (vgl. Abschnitte 5.2113 und 5.2131).

5.42122 Abgaben an die sowjetische Marine

Die sowjetische Marine erhielt
PT 85—87, 89 unter der Bezeichnung RPT 1—3, 5 am 15. 2. 1943. Die als RPT 4, 6—10 vorgesehenen Boote PT 88, 90—94 gingen dagegen an England.

PT 197 als RPT 11 am 15. 2. 1943.
PT 265—276 im November 1943.
PT 289—294 im Dezember 1943.
PT 400—449 von Januar bis Oktober 1944.
PT 499, 500, 503, 504, 510, 511, 512, 513 am 30. 12. 1944.
PT 501, 502, 506, 508 am 31. 1. 1945.
PT 498, 507, 514, 515 am 4. 3. 1945.
PT 516, 517, 518, 519, 520, 521, 552, 562 am 7. 4. 1945.
PT 553, 556, 561, 563 am 12. 4. 1945.
PT 554, 560 am 8. 5. 1945.
PT 625—628 am 22. 5. 1945.
PT 629—633 am 8. 6. 1945.
PT 634—656 von Juni bis August 1945.
PT 661—692 von November 1944 bis Mai 1945.
ex BPT 53—60 im April 1944.

Außer diesen 175 Booten wurden dreißig weitere Boote, „PT 731—760" des Elco-80'-Typs, im Zeitraum von August 1944 bis Mai 1945 in — mit Ausnahme von „PT 731" als „Musterboot" — „knocked down"-Zustand, d. h. im zerlegten Zustand, in die Sowjet-Union geliefert, um dort zusammengebaut zu werden.

Für die Lieferung an Rußland vorgesehen, aber nicht mehr ausgeliefert, wurden die Boote „PT 657—660, 693—730".

Der Transport der Boote in die Einsatzgebiete bzw. zu den Empfängerländern erfolgte teils an Deck von Frachtschiffen (Abb. 123), teils in Landungsdockschiffen (Abb. 124), teils mit Hilfe von LST. Pro LST konnten vier Boote geladen werden. In jedem Falle waren die PTs so gezurrt, daß die Boote bei einem Untergang des Trägerschiffes aufschwimmen und bis zur Wiederaufnahme durch ein anderes Fahrzeug von der Besatzung übernommen werden konnten. Das Office of Naval History (95) schreibt jedoch recht überzeugend "This theory is ideal, but practice ist questionable"! So wurde z. B. am 24. 5. 1943 der Tanker „Stanvac-Manila" mit den „PT 165, 167, 171, 172, 173, 174" an Bord torpediert. Durch das Schlagen, Scheuern und Stoßen der Boote bei der Detonation des Torpedos und beim Sinken des Schiffes schlugen bei „PT 165" und „PT 173" große Löcher in die Bootskörper, worauf die Boote beim Wegsacken des Tankers ebenfalls volliefen und sanken.

Auch die restlichen Boote erlitten mehr oder minder große Schäden, konnten aber schwimmfähig gehalten werden.

Ende Februar 1945 hatte die US Navy in New Orleans ein spezielles PT Ferrying Command gebildet, daß die für die Abgabe an Rußland vorgesehene MTB Squadron Forty-Three sowie weitere 36 z. T. noch in Bau befindliche Boote (insgesamt 48 Boote) für die Abgabe an Rußland ausrüsten und nach Seattle, Wash., überführen sollte, wo die Übernahme durch die Russen erfolgte. Auch diese Boote wurden mit LST zum Übergabehafen Seattle transportiert.

5.4213 Kriegsverluste

Während des Krieges verlor die US Navy insgesamt 69 PT-Boote aus unterschiedlichen Gründen:
– durch Wetter usw. PT 22, 28, 219, d. h. 3 Boote,
– durch Selbstversenken zur Verhinderung der Kaperung nach Auflaufen usw. PT 31, 32, 33, 35, 41, 68, 73, 113, 118, 135, 136, 145, 147, 153, 158, 172, 193, 321, 322, 338, 339, 368, 371, d. h. 23 Boote.

Die auffallend hohe Anzahl nach Strandung aufgegebener Boote ergibt sich aus der Tatsache, daß besonders die Operationen im Pazifikraum vorherrschend im engsten Küstenbereich der Inseln erfolgten, um die dicht unter Land laufenden japanischen Nachschubboote abzufangen.
– durch Kollision PT 110, 200, 279 d. h. 3 Boote,
– bei Überführungsfahrten durch Verlust des Trägerschiffes PT 165, 173, d. h. 2 Boote,
– durch Unfall (Explosion bei Brennstoff-Übernahme) PT 63, 67, 107, 119, 239, 301, d. h. 6 Boote,
– durch eigene Schiffe PT 77, 79, 283, d. h. 3 Boote,
– durch eigene Flugzeuge PT 121, 166, 346, 347, 353, d. h. 5 Boote,

– durch Minen PT 202, 218, 311, 555, d. h. 4 Boote,
– durch feindliche Küstenbatterien PT 133, 247, 251, 337, 363, d. h. 5 Boote,
– durch feindliche Schiffe PT 37, 43, 44, 109, 111, 112, 493, 509, d. h. 8 Boote,
– durch feindliche Flugzeuge PT 34, 117, 123, 164, 300, 320, 323, d. h. 7 Boote,
Darüber hinaus wurden während des Krieges ausgemustert:
1943 PT 21, 189; 1944 PT 20, 29, 30, 42, 60 und 1945 PT 62, 64, 65.
Umklassifiziert und anderen Zwecken dienstbar gemacht wurden 1943 PT 23, 25, 26, 1944 PT 24, 27, 36, 38, 39, 40, 45, 46, 47, 48, 59, 61 und 1945 PT 66.
Die Versuchsboote „PT 69–70" waren im Herbst 1942 in „YP 106–107", das von England zurückerhaltene Versuchsboot „PT 8" in „YP 110" umgenannt worden.

5.422 Allgemeine Wertung

Die aufgrund des „Plywood-Derbys" im Jahre 1941 als Serientypen ausgewählten Boote des Elco-, Higgins- und Huckins-Typs waren hinsichtlich Form und Bauweise unterschiedlich, da jede Werft ihre einschlägigen Erfahrungen verwertet hatte. Einheitlich war die aus zwei Diagonallagen bestehende Mahagoni-Außenhaut mit dazwischenliegenden, gluegetränktem Flugzeugtuch, die z. T. aus Metall hergestellten Innenverbände und die aus 3 x 1200-PS-Packard-Otto-Motoren bestehende Antriebsanlage. Aufgrund der eingehenden Erprobung sehr unterschiedlicher Typen und nach der aus Bewaffnungsgründen vorgenommenen Größensteigerung auf 77 bis 80 Fuß Länge glaubte man bei den technischen und administrativen Instanzen der US Navy, Prototypen für die Massenproduktion zu besitzen, die einem Allround-Kriegseinsatz gewachsen waren.
Daher konnte man sich schon kurz nach Kriegsausbruch entscheiden, die Serienproduktion auf den Elco-80'- und den Higgins-78'-Typ zu be-

schränken und auf längere Sicht keine Veränderungen an Größe, Bootsform und Antriebsanlage vorzunehmen, um Unterbrechungen der Massenfertigung zu vermeiden. Die Aufnahme des Vosper-70'-Typs in das Bauprogramm kleinerer amerikanischer Werftbetriebe geschah von Anfang an — obwohl zahlreiche Fahrzeuge aus administrativen Gründen US-PT-Nummern erhielten — im Hinblick auf die im Rahmen des Leih- und Pachtgesetzes vorgesehene Unterstützung der europäischen Verbündeten, die gerade an Fahrzeugen dieses Typs erheblichen Bedarf hatten.

Die amerikanischen PT-Boote standen im Pazifik vom ersten Augenblick an, bei der Verteidigung der Philippinen, im Einsatz. So war es ein Elco-77'-Boot der MTB Squadron ONE, das in der Nacht des 20. 1. 1942 in der Mündung der Binanga-Bucht (Bataan) trotz heftigen Feuers einen japanischen 5000-t-Frachter torpedierte und damit den ersten Versenkungserfolg eines amerikanischen Überwasserschiffs im Zweiten Weltkrieg erzielte. Mit wachsender Anzahl der Boote und der MTB Squadrons stiegen auch die Einsätze der PT-Boote: Sie hatten teil an den Schlachten bei den Salomonen, bei Neu-Guinea, Guadalcanal und den Aleuten, der Rückeroberung der Philippinen und — ab 1943 — auch zunehmend an den Kämpfen auf dem europäischen Kriegsschauplatz (zunächst im Mittelmeerraum, später, ab Frühjahr 1944, auch im Gebiet des Englischen Kanals).

Haupterfolge gegen japanische Überwasserschiffe waren die Versenkung, Beschädigung und Strandung einer Unzahl von Nachschub- und Landungsbooten, die Versenkung der Zerstörer „Uzuki" und „Terutsuki", die schwere Beschädigung der Zerstörer „Hatsukaze" und „Asagumo" und die Beteiligung an der Versenkung des Kreuzers „Abukuma" und der Zerstörer „Kiyoshimo" und „Makigumo". Schließlich fielen auch die U-Boote „I3", „I4" und „Ro 102" amerikanischen PT-Booten zum Opfer.

Schon bald ergab sich aus den praktischen Einsatzerfahrungen, daß die Notwendigkeit einer besseren und stärkeren Ausrüstung, umfangreicherer Bewaffnung und zusätzlicher elektronischer Ausrüstung größere Ansprüche an Schiffskörper, Haupt- und Hilfsmaschinen stellten, die sich in größerem Gewicht, und damit höherer Verdrängung, niederschlugen. Der Ersatz der Leichtmetall-Benzintanks durch selbstdichtende Tanks, der Einbau eines Panzerschutzes um das Steuerhaus, das Vorsehen zusätzlicher, abwerfbarer Gummitanks als Decksladung für weiträumige Unternehmen, das Anwachsen der Maschinenwaffenausrüstung hinsichtlich Rohrzahl und Kaliber usw. konnten gewichtsmäßig nicht durch den Ersatz der Torpedorohre durch die leichteren Seitenwurfeinrichtungen für den kürzeren Lufttorpedo aufgefangen werden. Schon nach dem ersten Kriegsjahr wurden die im Pazifik verwandten PT-Boote zunehmend als MGB zum Kampf gegen den japanischen Insel-Insel-Versorgungs- und Nachschubverkehr eingesetzt, der in starkem Maße von kleineren Fahrzeugen bewältigt wurde. Bei den auf dem europäischen Kriegsschauplatz eingesetzten und den an England abgegebenen Booten wurden die Torpedorohre teils völlig ausgebaut, teils auf zwei reduziert, um zusätzliche Maschinenwaffen unterbringen zu können. Die achtern starker Spritzwasserbelästigung ausgesetzte 40-mm-MK wurde vielfach auf das Vorschiff versetzt.

Die Standardbewaffnung der US-PT-Boote bestand gegen Ende des Krieges aus 1 — 40-mm-, 1 37-mm-, 1 — 20-mm-MK, 2 x 2 — 12,7-mm-MG, 2 127-mm-Raketenwerfern mit je 8 Raketen und 4 53,3-cm-Lufttorpedos in Seitenwurfeinrichtung (siehe SK 97). Sie variierte jedoch beträchtlich entsprechend den speziellen Forderungen des Operationsgebiets. Die Einsatzverdrängung war dabei auf rd. 55 ts angewachsen, von denen rd. 13,5 ts, d. h. 24,5 % des Deplacements, auf Waffen und Munition entfielen. Anteil an dieser Verdrängungssteigerung hatten schließlich auch der Radareinbau, die notwendigen Verstärkungen des Bootskörpers zur Aufnahme der höheren Zuladungsgewichte, die Verstärkung der E-Kapazität von ursprünglich 5-KW- auf zwei 5,5-KW-28-V-Gleichstromgeneratoren usw.

Obwohl die Packard Company zum Erhalten der Geschwindigkeit die Leistung der von ihr hergestellten Antriebsmotoren ohne Erhöhung des Gewichts durch Aufladung auf zunächst 1350 PS (W 14-Motor) und später auf 1500 PS gesteigert hatte, sank die Geschwindigkeit der überladenen Boote im Laufe des Krieges immer mehr ab. Bei 11500 Litern Benzin wurden Fahrbereiche von 300 sm bei Höchstfahrt, 600 sm bei 30 kn Marschfahrt und 1600 sm bei 6 kn Schleichfahrt mit einem Motor erreicht. Die Vorräte für die Besatzung (3 Offiziere und 14 Mann) waren üblicherweise für 5 Tage bemessen. Ihnen standen Wohneinrichtungen mit Küche, Kühlschrank usw. zur Verfügung.

Es scheint bemerkenswert, daß sowohl Elco als auch Higgins sich aus eigenem Antrieb mit der Modifikation ihres Serientyps befaßten (Elcoplane und Higgins-Hellcat), obwohl ihre Kapazität mit den laufenden Serien voll ausgelastet war. Unabhängig von den Bemühungen dieser beiden Werften, durch besondere konstruktive Details Boote hoher Geschwindigkeit zu entwickeln, erkannte das Bureau of Ships bereits 1944, daß die bis dato bewährten, im Serienbau befindlichen PT-Typen aufgrund der permanent wachsenden Verdrängung und des daraus resultierenden Geschwindigkeitsverlustes zunehmend an realem Kampfwert verloren und die vorausschauende Entwicklung völlig neuer Typen eingeleitet werden mußte. Vier im August 1945 bewilligte Versuchsboote zweier unterschiedlicher Typen, „PT 809—812", wurden jedoch durch das siegreiche Kriegsende beträchtlich verzögert und kamen erst 1951 in Fahrt (s. Abschnitt 6.13).

Einzelgänger in den US-PT-Verbänden blieben die vier Boote „PT 368—371" (ex holländisch „TM 32, 35, 36, 37"), 70'-Boote des British Power Boat-Typs, die bei der Fyffs Shipyard, New York, für Holland in Bau waren und von der US Navy übernommen wurden.

Analysiert man die von Bulkley (78) eingehend beschriebenen Kriegseinsätze der US-PT-Boote, so lassen sich folgende Fakten herausstellen:

a) Die US-PT-Boote wurden zunächst als Torpedoträger konstruiert und auch als solche eingesetzt. Im weiteren Kriegsverlauf trat der Torpedoeinsatz immer mehr zurück und die Boote wurden vorherrschend als Artillerieträger gegen japanische Nachschub- und Landungsboote eingesetzt, die dicht unter Land, im Schutz eigener Küstenbatterien, marschierten, z. T. artilleristisch überlegen waren und bei Angriffen auf Strand liefen.

Durch Verstärkung der Maschinenwaffen-Ausrüstung der PT-Boote nach Anzahl und Kaliber konnten die US-Boote den im Pazifik anfallenden Aufgaben gerecht werden und später auch in Europa dem wesentlich größeren und stark bewaffneten deutschen S-Boot mit Aussicht auf Erfolg gegenübertreten.

b) PT-Boote wurden weiterhin verwandt für
   — kleinere Landungsunternehmen (70 Mann pro Elco-80'-Boot),
   — An- und Ablanden von Aufklärern vor Landungsunternehmen,
   — Aufgreifen von Eingeborenen-Führern,
   — Rettung abgeschossener Flugzeug-Besatzungen,
   — Raid-Unternehmen gegen kleinere japanische Stützpunkte usw.

c) Erhebliche Probleme mußten in der Führungsorganisation gemeistert werden, ehe die PT-Boote operativ und logistisch befriedigend geführt wurden:
   — bei den Salomonen waren die PT operativ und logistisch den lokalen Küstenbefehlshabern unterstellt. Erfolg:
     Vielfach unzureichende Informationen über eigene und Feindlage, Fehldispositionen bei den Einsätzen, unzureichende Versorgung.
   — die vor Neu-Guinea operierenden PT waren den Küstenbefehlshabern nur operativ unterstellt, die logistische Versorgung war dagegen zentralisiert.
   — Ab Frühsommer 1944 waren die regionalen Commander PT Boat Squadrons sowohl operativ als auch logistisch verantwortlich.

d) Obwohl sich PT mehrfach erfolgreich gegenüber Flugzeugangriffen durchsetzen konnten, stellt Bulkley (78) klar fest "Planes were such a dangerous adversary that it was tactically unsound to attempt to operate boats in daylight where the enemy controlled the air (S. 40)". Abb. 125 zeigt das durch Kamikaze-Flugzeug vernichtete „PT 323".

e) Besonders beim Einsatz der PT-Boote gegen japanische Nachschub- und Landungsboote zeigte sich selbst die verstärkte Maschinenwaffenausrüstung gelegentlich als unzureichend. Versuche, mit großkalibrigen Maschinenwaffen ausgerüstete PC- und kleinere Landungsboote mit den PT-Booten zusammen operieren zu lassen, verliefen wegen der geringen Geschwindigkeit dieser Fahrzeuge meist unbefriedigend.

5.5   Die Entwicklung der deutschen Marine

5.51   Die Boote

5.511   Die großen Boote

Bei Kriegsausbruch 1939 standen — wie in Abschnitt 4.3612 und Tabelle 12 dargestellt — als Produkte einer mit außergewöhnlicher Kontinuität durchgeführten Entwicklungsarbeit 20 Schnellboote zur Verfügung, die zwar etwas unterschiedlichen, jedoch systematisch aufeinander aufbauenden Typen angehörten:

„S 6—9" mit 3 x 960/1320-PS-MAN L 7 Zu 19/30-7-zyl.-Viertakt-Dieseln (Indienststellung 1933 bis 1935)

„S 10—13" mit 3 x 1200/1320-PS-Daimler-Benz MB 502 16-zyl.-V-Viertakt-Dieseln (Indienststellung 1935)

„S 14—17" mit 3 x 1500/2050-PS-MAN L 11 Zu 11 24-zyl.-Viertakt-Dieseln (Indienststellung 1936—1938)

„S 18—25" (Abb. 126) mit 3 x 1500/2000-PS-Daimler-Benz MB 501 20-zyl.-V-Viertakt-Dieseln (Indienststellung 1938—1939)

Ferner ein Anfang 1939 in Dienst gestellter, dem Typ „S 14—17" entsprechender, unbewaffneter, mit einer großen Schleppseiltrommel hinter dem Motorenaufbau versehener Schnellscheibenschlepper, „Ludwig Preusser", Fünf weitere derartige Schnellscheibenschlepper waren vorgesehen, wurden aber nicht mehr fertiggestellt.

Alle diese Boote waren von der Lürssen-Werft in Vegesack gebaut und von dieser und dem Konstruktionsamt (K-Amt) im Oberkommando der Kriegsmarine (OKM) in engem Zusammenwirken mit der Truppe und den Motorenherstellern entwickelt worden.

Die letzte Bauserie, der Schlußpunkt der gesamten Friedensentwicklung, schloß alle jene Erfahrungen ein, die, im Ersten Weltkrieg beginnend, und dann, von den mittzwanziger Jahren an, unter systematischer Auswertung mit den jeweils vorangegangenen Fahrzeugen gesammelt worden waren:

a) den 1500/2000-PS-20-Zyl.-V-Viertakt-Diesel MB 501, der nach vorzüglicher Bewährung auf „S 18—25" als Standard-Motor **aller** zukünftigen Neubauten ausgewählt worden war, nachdem sich herausgestellt hatte, daß der auf 11 Zylinder verlängerte MAN-Reihenmotor in sich nicht genügend verwindungssteif war und die Motorenfundamente der leichtgebauten Fahrzeuge durch seine geringe Fundamentbreite und die große Bauhöhe zu stark beanspruchte. Die Motoren waren direkt umsteuerbar und hatten ein Untersetzungsverhältnis Motor : Welle = 1.72 : 1.

b) Eine durch langjährige Modell- und Großversuche widerstandsmäßig und im Hinblick auf optimales Seeverhalten sehr ausgefeilte Rundspant-Verdrängungsbootsform mit flachen, rechteckigen Hinterschiffspanten (SK 99 siehe Tafel 1), die eine Vielzahl für derartige Fahrzeuge z. T. neuartiger Details aufwies:

— das Überwasserknickspant im Vorschiff (siehe SK 75 in Band 1), um ein Wegsacken des Vorschiffs beim Laufen vor achterlicher See zu verhindern, und die gerade bei hohe Fahrt laufenden Schnellbooten meist störende Wasserübernahme herabzusetzen.

— die Stauruder (SK 100), die hinter den Seitenpropellern querab vom Hauptruder

SK 100

Anordnung von Hauptruder und Staurudern auf deutschen S-Booten

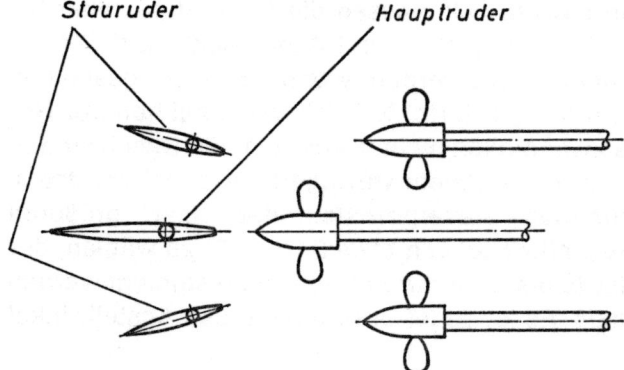

Stauruder   *Hauptruder*

angeordnet und über Pinnen mit diesem verbunden waren. Sie bewirkten den sogenannten „Lürssen-Effekt". Hinsichtlich Eigenart und Wirkung dieser Stauruder schreibt Docter (86) unter Rückgriff auf eine 1951 in „Ship and Boat Builder" erfolgte Veröffentlichung: „Jedes der Stauruder besitzt zwei übereinanderliegende Ruderpinnen, von denen die obere mit dem Ruderschaft fest verbunden ist. Die untere dagegen ist im Ruderschaft drehbar gelagert. Die untere Pinne ist mit dem Ruderquadrant durch eine Stange verbunden. Die feste Pinne besitzt ein Zahnsegment und kann bis zu einem Winkel von 30° mittels eines Schraubentriebes aus mittschiffs herausgedreht werden, der zwischen fester und loser Pinne angeordnet ist. Das Schraubengetriebe für jedes Stauruder wird durch ein Handrad mit Verbindungsgestänge vom Mannschaftsraum aus bestätigt. Auf diese Weise ist es möglich, während der Fahrt die Seitenruder als „Stauruder" anzustellen. Der „Lürssen-Effekt" ist nur bei hoher Geschwindigkeit zu erreichen. Er basiert auf einer Änderung der Strömungsstruktur bei und hinter den Propellern. Beim Herausdrehen der stromlinienförmig ausgebildeten Stauruder bis auf ca. 30° aus der Mittschiffsebene findet plötzlich eine Unterbrechung der Strömung

innerhalb des Kielwassers statt. Es entsteht ein luftgefüllter Hohlraum hinter den Staurudern, so daß die Richtung und Beschleunigung des Kielwassers als auch die Heckeintauchung bemerkenswert beeinflußt werden. Beim Eintreten des „Lürssen-Effekts" entstehen folgende drei Wirkungen

1. Die Umdrehungen der Propeller werden etwas geringer oder der Propellerschub erhöht sich bei gleicher Drehzahl aufgrund des abgebremsten Kielwassers. Der Wirkungsgrad der Propeller wird verbessert und die Geschwindigkeit nimmt um über 1 kn zu.

2. Die hohe Heckwelle, die sich etwa 27 m hinter dem Schiff erhebt, ist abgeflacht und die sonstige Wellenbildung bemerkenswert schwacher.

3. Die Tiefertauchung des Hecks von ungefähr 75 cm wird verringert, so daß das Boot nur noch wenig vertrimmt.

Das Anstellen der Stauruder ist bei Geschwindigkeiten unter 25 kn nicht zu empfehlen, da das Abreißen der Strömung sonst nicht erfolgt. Bei Höchstgeschwindigkeit jedoch ist mehr Kraftaufwand erforderlich wegen der erhöhten Reibung im Gestänge und den Lagern. Zum Erreichen des „Lürssen-Effekts" ist demnach ein wirksames Abreißen der Strömung hinter den Staurudern und die Bildung eines Hohlraumes im Wasser erforderlich. Dieses Abreißen der Strömung tritt ganz plötzlich ein und man kann es auch leicht am Anstell-Handrad fühlen, das sich danach sehr leicht bewegen läßt.

Da die Strömung an den beiden Staurudern verschieden ist wegen der unsymmetrischen Strömung hinter dem Mittelpropeller, ist das Anstellen der Stauruder mit verschiedenem Kraftaufwand verbunden. Das Backbordstauruder läßt sich leichter anstellen als das Steuerbordruder. Es ist jedoch notwendig, zunächst beide Ruder im gleichen Winkel anzustellen. Der am Manövrierstand angezeigte größte Anstellwinkel muß beachtet werden. Wenn der „Lürssen-Effekt" eingetreten ist, sind beide Stauruder von

30° auf etwa 17° zurückzudrehen, wobei jedoch keine Änderung der Geschwindigkeit eintritt. Bei dem Anstellwinkel von 17° sind die besten Ergebnisse, sowohl bei Modellversuchen wie bei Meilenfahrten mit verschiedenen Geschwindigkeiten, erzielt worden.

Bei der Verringerung der Geschwindigkeit auf etwa 20 kn hört der Effekt der Stauruder auf. Er kann dabei ganz oder nur für die Steuerbordschraube verschwinden. In diesem letzteren Fall zeigt sich bei einem bis auf einige Grad veränderten Stauruderwinkel an Backbord eine Krängung des Bootes nach Steuerbord, da an

dieser Seite die Trimmwirkung des Stauruders fortgefallen ist. Hierbei wird auch das Kielwasser unsymmetrisch.

In diesem Fall müssen die Stauruder wieder bis auf 30° angestellt und dann wieder auf 17° zurückgedreht werden. Wenn dies nicht geschieht, tritt der gewünschte Effekt auch bei höherer Geschwindigkeit nicht wieder ein, die Geschwindigkeit wird vielmehr verringert. Es ist daher ratsam, für das Steuerbordstauruder einen größeren Anstellwinkel von etwa 20 bis 22° zu wählen, der für jedes Boot durch Versuche festgelegt werden muß. Es ist daher erforderlich, den Anstellwinkel

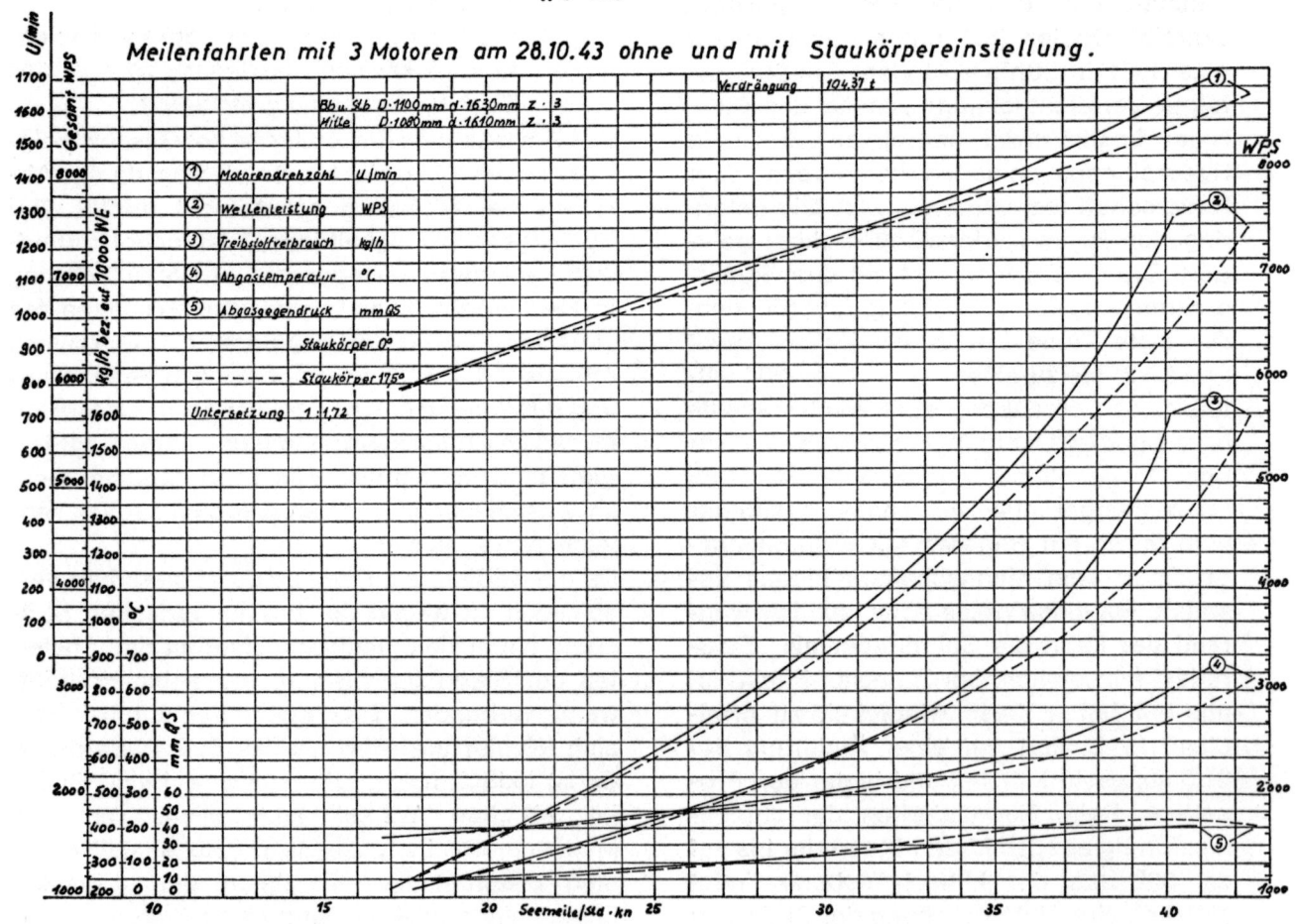

„S 130"

Meilenfahrten mit 3 Motoren am 28.10.43 ohne und mit Staukörpereinstellung.

Abb. 120
Seebeölung von PT-Booten
durch einen Tender

Abb. 121
US PT-Tender (AGP)
des AVP-Typs

Abb. 122
Anheben eines PT-Boots
durch ein AGP des C1-Typs

Abb. 123
MTB Squadron ONE
beim Überseetransport
auf einem Tanker

Abb. 124
US PT-Boote beim Einschiffen
auf dem Docklandungsschiff
LSD 7 „Oak Hill" zum Transport
nach Okinawa (Juli 1945)

Abb. 125
Durch japanische Kamikaze-Flugzeuge
zerstörtes „PT 323"

Abb. 126
Deutsches „S 22"
(mit offener Brücke)

Abb. 127
Schnellbootbau
bei der Lürssen-Werft

Abb. 128
Deutsches Schnellboot
Typ „S 26/S 38"

Abb. 129
Deutsches „S 67" mit Testbrücke

Abb. 13
Deutsches Schnellboo
mit Panzerkalottenbrück

der Stauruder zu beobachten, ähnlich wie die Motorenumdrehungen während der Fahrt beobachtet werden (S. 419)".

Ergänzend seien die Ergebnisse der Meilenfahrten erwähnt, die am 28. 10. 1943 vom Erprobungskommando der Kriegsmarine mit dem Schnellboot „S 130" durchgeführt wurden (SK 101). In diesem Boot waren drei 20-Zyl.-Daimler-Benz MB 511 eingebaut, die mit 25 % Aufladung 2500 PS leisteten. Bei den Meilenfahrten betrug die Höchstgeschwindigkeit mit 7500 PS bei 104,37 t Wasserverdrängung ohne Staururderanstellung 40,2 kn. Mit 17,5° Staururderanstellung wurden 42,4 kn erreicht. Der „Lürssen-Effekt" ergab also ohne Mehraufwand an Antriebsleistung einen Geschwindigkeitsgewinn von 2,2 kn bei Vollast. Bei Teillasten ergeben sich folgende Werte

Leistung	ohne	mit	Gewinn durch Stauruder
		Stauruder	
7000 PS	39,35 kn	41,35 kn	2,00 kn
6500 PS	38,50 kn	40,20 kn	1,70 kn
6000 PS	37,50 kn	38,90 kn	1,40 kn
5000 PS	35,05 kn	35,90 kn	0,85 kn
4000 PS	31,90 kn	32,55 kn	0,65 kn

— die Anordnung eines Staukeils (SK 102) unter dem Boden des flachen Hinterschiffs, der den Fahrtstrom nach unten ablenkt und dadurch
1. die widerstandsvermindernde Muldenbildung hinter dem Spiegelheck verlängert (größere virtuelle Länge des Bootskörpers!),

SK 102

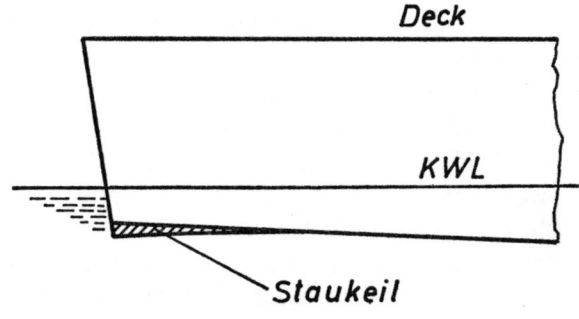

Staukeil

2. den widerstandsgünstigen hecklastigen Trimm des Bootes verringert.

Insgesamt ergaben die Staukeile, deren Form und Größe zunächst durch Modell- und später durch Großversuche bestimmt worden war, je nach Trimm- und Beladungszustand einen Geschwindigkeitsgewinn von 0,25—0,5 kn.

— Nachdem Modellversuche mit den LS-Booten (s. Abschnitt 4.3512 und 5.5131) gezeigt hatten, daß die Lagerung der Mittelwelle in einem festen Ruderleitbock direkt hinter dem Propeller (SK 103) durch teilweises Eliminieren der Drallwirkung des vom Propeller abströmenden Wassers zu einer Geschwindigkeitssteigerung führte, wurden entsprechende Versuche auch mit den großen Booten ausgeführt. Die Ergebnisse ermutigten zur Übernahme dieser Anordnung auch für diese Fahrzeuge, obwohl dadurch der Propellerwechsel erschwert wurde.

SK 103

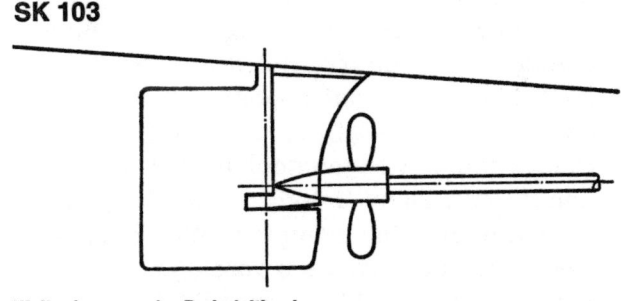

Wellenlagerung im Ruderleitbock

SK 104

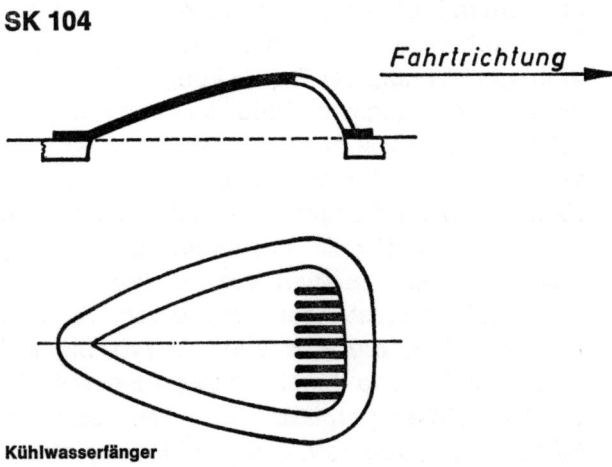

Kühlwasserfänger

SK 105

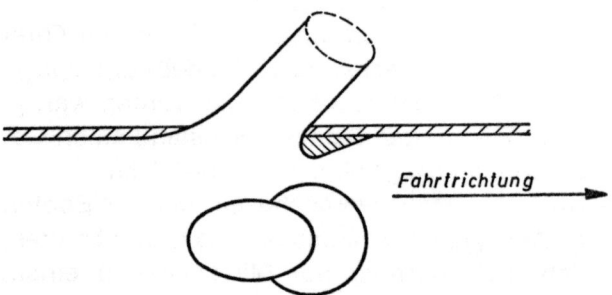

Fahrtrichtung →

Unterwasserauspuff

— Weitere Wirkungsgrad- und Widerstandsverbesserungen wurden durch zweckmäßige Gestaltung stromlinienförmiger Kühlwasserfänger (SK 104) und gegendruckregulierender Unterwasserauspüffe (SK 105) erreicht. Da der mit zunehmender Antriebsleistung wachsende Gegendruck des Wassers gegen die Auspuffgase die Motorenleistung beeinträchtigte, wurden zahlreiche alternative Lösungen für Unterwasserauspüffe untersucht. Als günstigste Lösung erwies sich ein vor der Austrittsöffnung angeordneter, von vorn flach ansteigender und nach hinten steil abfallender halbmondförmiger Wulst, der in Verbindung mit dem an der Hinterkante gut abgerundeten Auspuffrohr bei hoher Fahrt einen Unterdruck im Auspuffrohr hervorrief und damit den leistungsmindernden Gegendruck des Wassers beseitigte.

— Eine Holz-Stahl-Leichtmetall-Kompositkonstruktion für den Bootskörper (Abb. 127) mit stählernen Motorenfundamenten, Leichtmetall-Innenverbänden und einer Doppel-Karweel-Mahagoni-Weißzeder-Beplankung. Ab „S 18" waren die Längsverbände im Vorschiffsbereich noch einmal erheblich verstärkt worden, um den hohen Beanspruchungen bei großen Fahrtstufen im Seegang gewachsen zu sein. Eine außergewöhnlich leichte und gleichzeitig feste Deckskonstruktion aus Leichtmetallrahmen und -längsstringern mit einem dünnen Plankenbelag, die von Typ zu Typ bis auf 2,90 m gesteigerte Seitenhöhe sowie geschickte Gewichtsersparnisse (hölzerne Schotte, Möbel, Fußböden usw. aus Leichtsperrplatten)

hatten die aus Festigkeitsgründen erwünschten Verstärkungen gewichtsmäßig weitgehend aufgefangen.

Die Kurzhöchst-Geschwindigkeit des Typs „S 18" lag bei 92,5 t Konstruktionsverdrängung und 6000 PS Leistungsabgabe zwischen 37,7- und 39,8 kn. Aus dem Bestreben, weitere Geschwindigkeitssteigerungen zu erzielen, wurden erneut ausgedehnte Modellversuche ausgeführt. Sie wurden jedoch eingestellt, als sich ergab, daß die mit „S 14" eingeführten Linien ohne Inkaufnahme von Nachteilen auf anderen Gebieten nicht mehr übertroffen werden konnten. Die 1939 vorhandene Bootsform wurde daher — von einigen wenigen Sonderfällen abgesehen — bei allen während des Krieges gebauten großen Booten beibehalten. Daß die von ausländischen Gleitschnellbooten erzielten spektakulären Geschwindigkeiten mit diesen außergewöhnlich großen, auf optimale See-Eigenschaften ausgerichteten Booten bei glatter See weder theoretisch noch praktisch erreichbar waren, lag auf der Hand. Dafür konnten sie aber die vorhandene Spitze auch noch bei ungünstiger Witterungslage durchhalten!

Die Bewaffnung von zwei 53,3-cm-Bug-Torpedorohren mit zwei Torpedos (G7a) im Rohr und zwei Reservetorpedos auf den Seitendecks, einer 20-mm-MK mit 3000 Schuß Munition, einem MG sowie Wabos zur U-Jagd war allen ausländischen Booten hinsichtlich Anzahl und Kaliber überlegen. Da kein Horchgerät an Bord war (keine Wirkung bei starken Motoren- und Propellereigengeräuschen in Fahrt), war der Wert der Boote als U-Jäger jedoch gering. Alle Boote waren für die Verwendung als schneller Minenleger eingerichtet (Minenschienen). Statt der beiden Reservetorpedos konnten sechs Minen gefahren werden.

Die Navigationsmittel beschränkten sich auf Magnetkompaß, Karte und Stoppuhr, die Führungsmittel auf optische Signalmittel, einen HF-Sender und ein UKW-Telephoniegerät.

Nach einem sehr treffenden englischen Urteil hatten „die gründlichen Überlegungen der deutschen Marine zu sehr guten Entwürfen von kleinen Torpedobooten geführt ([86], S. 419)", die auch unter weniger günstigen Witterungsbedingungen im gesamten Nord- und Ostseeraum einsetzbar waren.

Vier weitere, bei Kriegsausbruch in Bau befindliche und zwischen Mai und November 1940 in Dienst gestellte Boote des Typs „S 18", die Boote „S 26—29", erhielten auf Vorschlag des K-Amtes, und gegen den anfänglichen Widerstand der Frontkommandos, anstelle der frei auf dem Vordeck liegenden Torpedorohre eine feste Back, die die mit Öffnungsklappen versehenen Torpedorohre umschloß (SK 77 in Band 1 und Abb. 128).

Da der Freibord im Vorschiffsbereich durch diese Maßnahme um mehr als einen halben Meter vergrößert wurde, fuhren diese Boote auch bei starkem Seegang und hohen Fahrtstufen außergewöhnlich trocken. Darüber hinaus ließ der Einbau der Back auch eine günstige Veränderung des Schiffsführungsbereichs zu: Standen bei den bisherigen Booten Kommandant und Wachoffizier relativ ungeschützt vor dem Steuerhaus hinter einem gleichzeitig als Spritzwasserschutz dienenden Brückenschanzkleid und gaben ihre Befehle durch ein geöffnetes Frontfenster des dahinter befindlichen Steuerhauses an den Rudergänger, so wurde die Back bei den neuen Booten direkt an das Steuerhaus herangeführt. Durch eine Verkürzung des Ruderstandes und eine geringe Verlängerung des Steuerhauses konnte hinter dem Ruderstand eine erhöhte, offene, mit heruntergeklappten Windschutzscheiben versehene „Brücke" für die Schiffsführung eingebaut werden (SK 106). Daraus resultierte

a) eine wesentliche Verbesserung der Sicht (ungehinderte Rundumsicht aus einem 0,75 m höheren Stand),

b) besserer Schutz des Brückenpersonals gegenüber Spritz- und Sprühwasser,

c) die Möglichkeit der Anordnung je eines leichten MG auf ausziehbaren und schwenkbaren Gabelstützen in den Brückennocken (Bedienung durch freies Signal- und Brückenpersonal).

Die Verständigung von der offenen Brücke zum Ruderstand und zum Navigationsraum erfolgte durch Klappen im Deck bzw. durch Sprachrohr. In der Mitte der offenen Brücke war die Torpedozielsäule aufgestellt. Der Friedensschiffbauplan von 1938 sah eine kontinuierliche Fortsetzung des Schnellbootbaues vor. Bis 1945 sollten die Boote „S 1—64" zur Verfügung stehen.

Im Hinblick auf den raschen Bedarf und die Schwierigkeiten bei der Kurbelwellenherstellung für den 20-Zyl.-MB-501-Motor waren „S 30—37" sowie „S 54—61" als Nachbauten des kleineren

SK 106

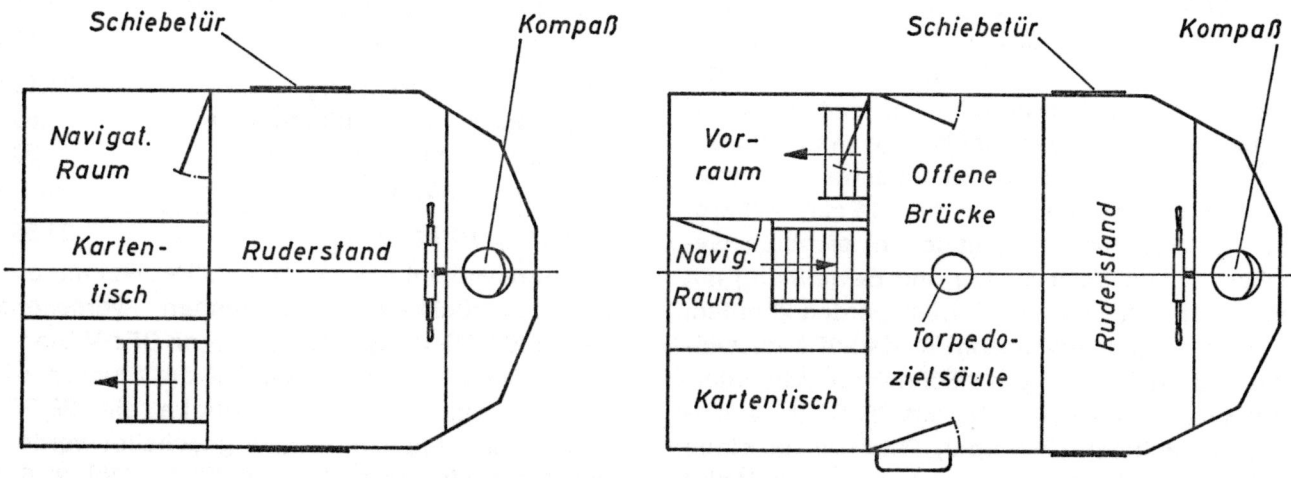

Alte Ausführung   Ruderhausanordnung auf deutschen S-Booten   Neue Ausführung

Typs „S 10—13" mit 3 x 1200/1320-PS-16-Zyl.-MB-502-Motoren, „S 38—53" sowie „S 62—64" und weiter folgende als Nachbauten des großen Typs „S 26—29" mit 3 x 1800/2000-PS-MB-501-Motoren bestellt worden. Da die kleineren Fahrzeuge an sich gar nicht mehr so gefragt waren, hatte sich die Marine 1939 bereit erklärt, „S 30—36" nach Fertigstellung als „C 4—10" an China abzugeben. Nach Kriegsausbruch wurden die China-Boote unter der alten Numerierung und ein als „F 5" für Bulgarien in Bau befindliches Boot als „S 1" von der Kriegsmarine übernommen.

„S 1" entsprach mit 28,00 x 4,46 x 1,51 m max. Abmessungen und 49/59 t Verdrängung den 1936/37 für Jugoslawien gebauten Booten des Typs „Orjen" (s. Abschnitte 4.3707 und 5.311), hatte jedoch anstelle der s. Z. verwandten Otto-Motoren 3 x 700/950-PS-Daimler-Benz-MB-500-12-Zyl.-V-Viertakt-Diesel für 37,1 kn erhalten. Es wurde am 29. 9. 1939 von der Kriegsmarine in Dienst gestellt.

„S 30—37" kamen zwischen Ende November 1939 und Juni 1940 in Dienst.

Schon bei der Planung der ersten Kriegs-Aufträge war sich das K-Amt darüber klar, daß durch den Fortfall der MAN als Motorenlieferant bei der Herstellung von Schnellbootmotoren ein Engpaß zu erwarten war. Speziell im Hinblick auf Schwierigkeiten bei der Kurbelwellenfertigung für die 2000-PS-Motoren stand fest, daß die alleinige Lieferfirma, Daimler-Benz, dem möglichen Bautempo der Werften bei einer Konzentration auf den großen Typ „S 26" nicht folgen konnte. Eine Studie, der Schwierigkeit durch den Entwurf eines kleineren Mob-Schnellboottyps mit nur 2 x 2000 PS zu begegnen, mußte fallengelassen werden, als sich herausstellte, daß die sehr konkreten militärischen Forderungen hinsichtlich Geschwindigkeit, Fahrbereich und Bewaffnung mit einem kleinen Boot nicht erfüllt werden konnten. In diesem Zusammenhang ist darauf hinzuweisen, daß die im deutschen Schnellbootbau federführende Lürssen-Werft bereits 1938 für ausländische Rechnung (Portugal) Entwürfe für einen kleinen Knickspant-Schnellboottyp angefertigt

hatte, der alternativ als Zwei- und Dreiwellenboot geliefert werden konnte.

Die nach dem Vorbild der bewährten Lürssen-Bauten in Kompositbauweise (stählerne Motorenfundamente, Innenverbände Holz-Leichtmetall, Außenhaut Doppel-Karweelbeplankung aus Zeder und Mahagoni) konzipierten Boote sollten 21,00 m lang und 4,5 m breit werden. Die Seitenhöhe betrug 2,28 m, der max. Tiefgang 1,3 m. Als Bewaffnung waren 2 — 45-cm-Torpedorohre für etwa 5,0 m lange Torpedos, 1 — 20-mm-MK mit 300 Schuß, 2 Wabobühnen für je vier 50-kg-Wabos und zwei 45-Liter-Nebelsäurebehälter vorgesehen. Das Dreiwellenboot (SK 107 siehe Tafel 1) sollte drei 900/1100-PS-12-Zyl.-Daimler-Benz-BFz-V-Viertakt-Otto-Motoren erhalten und bei 24,45 t Probefahrtsverdrängung 41,5 kn Dauer- bzw. 45,5 kn Kurzhöchstfahrt, bei 28,55 t Einsatzverdrängung 38,5 kn Dauer- und 42,5 kn Kurzhöchstfahrt laufen. Der Mittelmotor sollte ein Wendegetriebe erhalten, die Seitenmotoren während der Fahrt ein- und ausrückbare Kupplungen. Die Gewichtsverteilung für diesen Typ lautete

Leeres Boot mit Ausrüstung	20,00 t
0,5 Brennstoffvorrat	1,50 t
0,5 Schmieröl	0,10 t
0,5 Frischwasser	0,15 t
7 Mann Besatzung	0,55 t
0,5 Proviant und pers. Ausrüstung	0,15 t
FT-Anlage	0,10 t
2 Torpedorohre	1,20 t
2 cm MK incl. Unterbau u. Podest	0,60 t
Nebelgeräte mit Zubehör	0,10 t
Probefahrt-Verdrängung	24,45 t
2 Torpedos, 300 Schuß Munition	1,80 t
restliche 0,5 Vorräte	1,90 t
8 Wasserbomben	0,40 t
Einsatz-Verdrängung	28,55 t

Das Zweiwellenboot (SK 108) sollte zwei mit ein- und ausrückbaren Kupplungen versehene 900/1100-PS-12-Zyl.-Daimler-Benz-BFz-V-Viertakt-Otto-Motoren erhalten. Auf die Steuerbord-Welle konnte über ein Getriebe ein 28-PS-Marsch- und Manövriermotor geschaltet werden, der 6 kn Marschfahrt ermöglichte. Bei 23,5 t

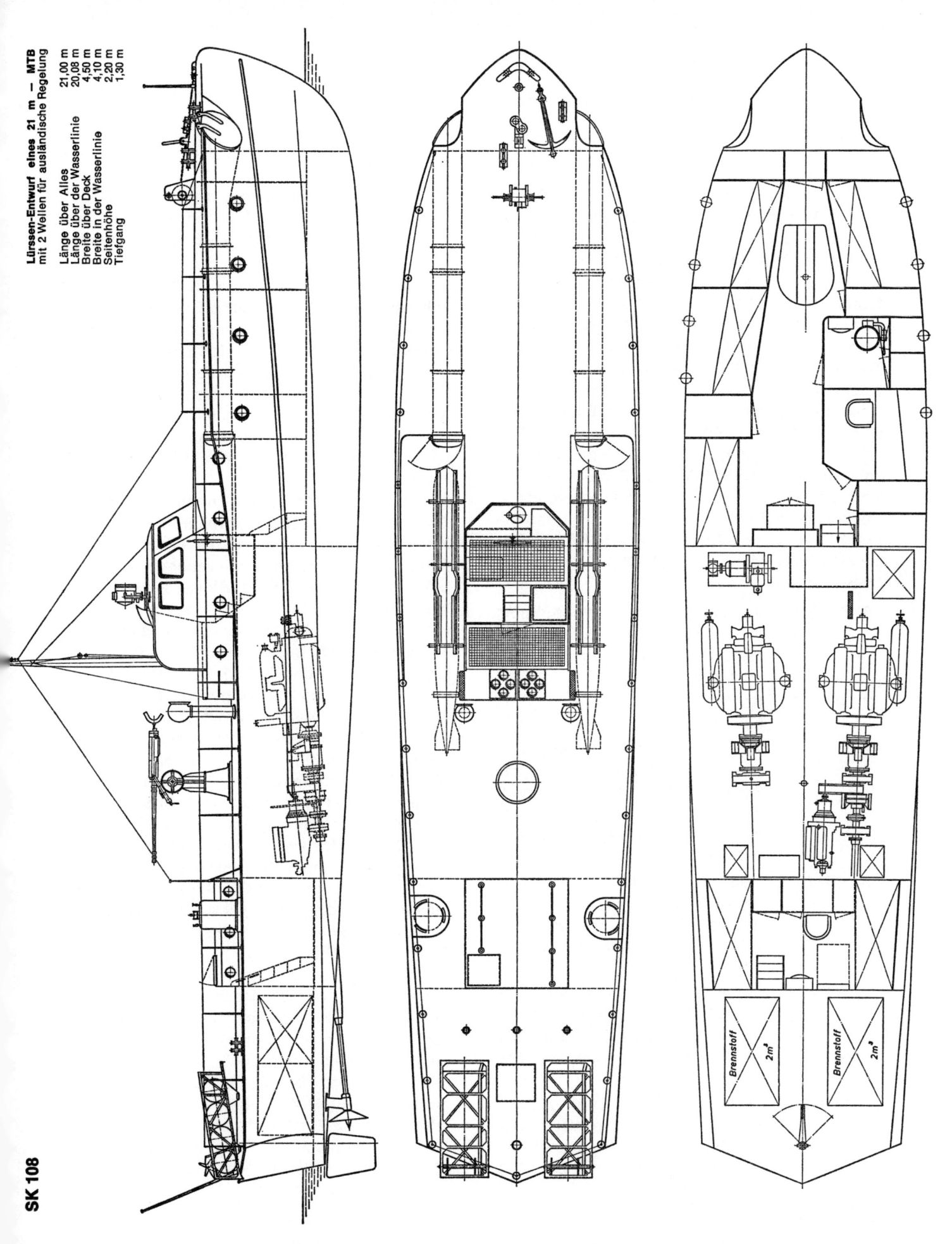

SK 108

Lürssen-Entwurf eines 21 m – MTB
mit 2 Wellen für ausländische Regelung

Länge über Alles	21,00 m
Länge über der Wasserlinie	20,08 m
Breite über Deck	4,50 m
Breite in der Wasserlinie	4,10 m
Seitenhöhe	2,20 m
Tiefgang	1,30 m

Brennstoff 2 m³

Brennstoff 2 m³

Probefahrtsverdrängung sollten 36,0 kn Dauer- und 39,0 kn Kurzhöchstfahrt, bei 27,5 t Einsatzverdrängung 34,0 kn Dauer- und 37,0 kn Kurzhöchstfahrt gelaufen werden.

Beide Typen sollten einen von einem 12-PS-Otto-Motor angetriebenen 2-KW-24/37-V-Generator und eine 150-Ah-Stahlbatterie erhalten. Bei 20 kn Marschfahrt und 4000 Liter Brennstoff in zwei Tanks wurde ein Fahrbereich von 350 sm angesetzt (132).

Nach der Ablehnung der kleinen Boote ergab sich, angeregt durch die Möglichkeit einer schnellen Fertigung einer entsprechenden Anzahl von 1200/1350-PS-MB-502-Dieseln und das Vorhandensein einer Anzahl für ausländische Rechnung in Bau befindlicher, bei Kriegsausbruch beschlagnahmter 700/950-PS-MB-500-Diesel (Verwendung s. Abschnitt 5.512) folgende Mob-Planung:

„S 26—29" in Bau befindliche große Boote mit 3 x 1800/2000-PS MB 501-Dieseln, Friedensplanung, Bauwerft Lürssen,

„S 30—37" Bootskörper entsprechend „S 10 bis 13" mit 3 x 1200/1320 PS MB 502-Dieseln, Bauwerft Lürssen,

„S 38—53" große Boote des Typs „S 26" mit 3 x 1800/2000-PS MB 501-Dieseln, Bauwerft Lürssen, in Dienst zwischen November 1940 und September 1941,

„S 54—61" kleine Boote des Typs „S 30" mit 3 x 1200/1320-PS MB 502-Dieseln, Bauwerft Lürssen, in Dienst zwischen August 1940 und Februar 1941,

„S 62—100" große Boote des Typs „S 38" mit 3 x 1800/2000-PS MB 501-Dieseln, Bauwerft Lürssen, in Dienst zwischen September 1941 und Mai 1943,

„S 101—133" große Boote des Typs „S 38", Bauwerft Schlichting-Werft, Travemünde, in Dienst zwischen November 1940 und Dezember 1940,

„S 134—150" große Boote des Typs „S 38", Bauwerft Lürssen, in Dienst zwischen Mai 1943 und Dezember 1943.

Zum Bau der kleinen Boote „S 30—37, 54—61" schreibt Docter (86): „... Die Boote mußten auf Wunsch militärischer Stellen noch mit dem alten Führerstand vor dem Ruderhaus ausgerüstet werden. Durch die Back wurde der Führerstand noch nasser als bei den früheren Booten, da das an Deck gekommene Wasser nun nicht mehr durch ein hohes Brückenschanzkleid abgewiesen und gehindert wurde, direkt in den Führerstand zu laufen ...

... Der Bau dieser beiden Serien des kleineren Bootstyps erwies sich im weiteren Verlauf des Krieges als sehr vorteilhaft, da diese Boote infolge ihrer kleineren Abmessungen noch die Möglichkeit hatten, über Rhein, Rhein-Rhonekanal und Rhone in das Mittelmeer zu gelangen. Hier bewährten sie sich beim Kriegseinsatz von Sizilien aus aufs beste, obwohl ihre Geschwindigkeit infolge der hohen Lufttemperatur im Mittelmeer auf etwa 30 kn gesunken war. Durch den nachträglichen Einbau von Ladern wurde die Geschwindigkeit der Boote wieder auf etwa 33 kn gebracht. Zur Verstärkung der Bewaffnung dieser Boote wurde nachträglich in einem Mittelmeerstützpunkt in die Back noch eine 2-cm-Flak in Drehkranzlafette eingebaut (S. 415)", die auf dem Backdeck gelagert war, um die Sicht des Rudergängers möglichst wenig zu beeinträchtigen. Die Bedienung des Geschützes erfolgte von einem wasserdicht im Deck eingebauten selbstlenzenden Leichtmetallbrunnen aus. Da sich Lafette und Geschütz niederklappen ließen, konnte die Brunnenöffnung durch einen Schieber bzw. abnehmbaren Deckel geschlossen werden, so daß bei schwerer See kein Wasser in den Brunnen kam. Aufgrund der Kriegserfahrung erhielten auch die großen Boote, zusätzlich zu der achtern stehenden 2-cm-Flak-38 in Sockellafette, eine zweite 2-cm-Flak-38 in versenkbarer Drehkranzlafette 41 in der Back und 2 MG 34 auf der Brücke (SK 109). Für die 2-cm-Waffen wurden insgesamt 6000 Schuß Munition an Bord gegeben.

SK 109

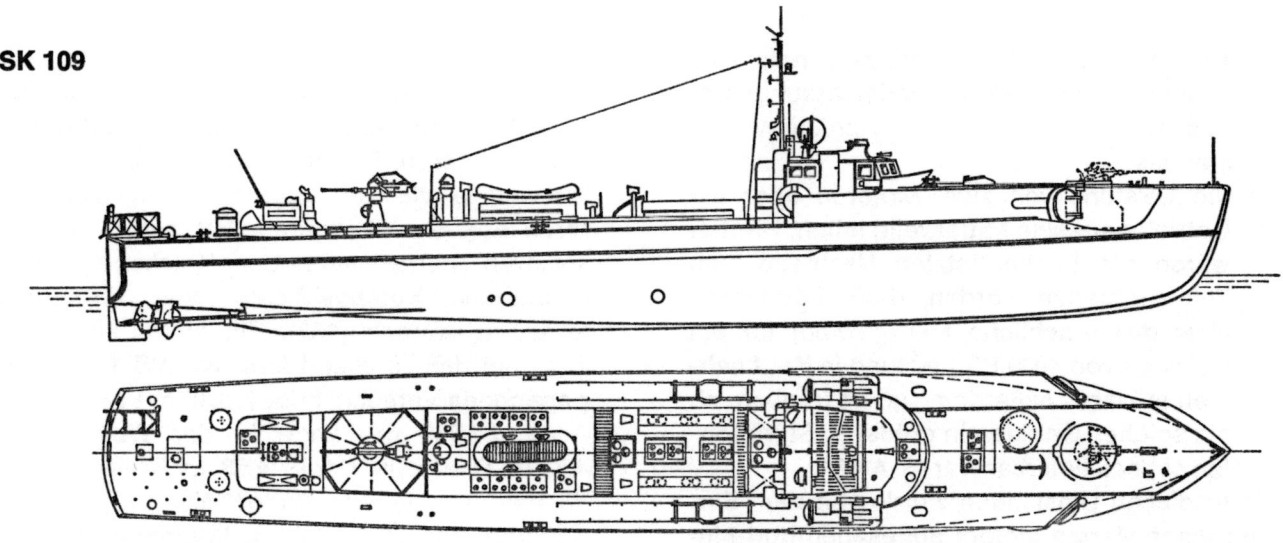

Deutscher Schnellboot-Typ „S 38" 1941
mit konventioneller Brücke und 2 — 20-mm-MK

Auf Anregung der Front wurden „S 67" und einige weitere Versuchsboote vorübergehend mit einer „Plexiglasbrücke" versehen, um die Silhouette niedriger und die Brücke zugfreier zu gestalten, ohne jedoch die notwendige Rundumsicht zu beeinträchtigen (Abb. 129). Ab „S 68" entschied man sich dann für eine Leichtmetallbrücke in Kalottenform.

Die im Laufe des Jahres 1942 immer mehr zunehmenden Personalverluste beim Kampf mit feindlichen Zerstörern, MTB, MGB und Flugzeugen ließen energische Maßnahmen erforderlich werden. Eine Vielzahl von Wegen wurde erörtert, untersucht, verworfen und für gut befunden:

Der Führer der Torpedoboote (FdT), dem die Schnellboote bis zum 20. 4. 1942 unterstanden, hatte die Entwicklung reiner Artillerieboote (MGB) gefordert, oder zumindest die Ausrüstung von drei Booten pro Flottille mit verstärkter Artillerie.

Als artilleristische Verstärkung wurde zunächst auf den Booten „S 29, 39, 42, 44—46, 81—83, 98—99, 117" anstelle der achteren 2-cm- eine vollautomatische 4-cm-Bofors-Flak-28 mit 2000 Schuß Munition eingebaut. Ferner entschloß man sich, die Geschütze zukünftig mit Panzerschilden zu versehen und ab „S 100" das Ruderhaus sowie Seiten- und Rückwände der Brücke mit 10—12-mm-Wotan-hart-Panzermaterial zu schüt-

zen. Um fertigungstechnisch schwierige, der Kalottenform entsprechende, doppelt gekrümmte Panzerbleche zu vermeiden, wurden die Panzerkalotten aus mehrfach geknickten Platten zusammengeschweißt (Abb. 130).

Es ist verständlich, daß diese ab „S 100" serienmäßig und bei der Masse der in Dienst befindlichen älteren Boote nach und nach ausgeführten Verbesserungen der Schlag- und Standkraft mit erheblichen Mehrgewichten verbunden waren und die Höchstgeschwindigkeit auf etwa 37 kn zurückging.

Da die Front jedoch nicht nur die Wiederherstellung der alten Kurzhöchstfahrt, sondern eine Erhöhung auf über 40 kn forderte, waren Maßnahmen, wie eine Leistungssteigerung der Motoren durch Aufladung u. ä., dringend notwendig. Parallel zu den diesbezüglichen Arbeiten der Firma Daimler-Benz beschäftigte sich das K-Amt auch mit alternativen Lösungen:

— Es wurde die Frage des Einbaus eines vierten Motors untersucht. Docter (86) schreibt hierzu: „Beim Einbau eines vierten Motors boten sich zwei Möglichkeiten an:

a) vier Motoren mit Vierschraubenantrieb. Als Nachteile ergaben sich: Mehrgewichte durch vierten Motor, viertes Motorenfundament, vierte Wellen- und Auspuffanlage,

Vermehrung des Maschinenpersonals, Verschlechterung des Propellerwirkungsgrades sowie Erhöhung des Anhängewiderstandes.

b) Die Leistung von zwei Motoren über ein Getriebe auf eine Mittelwelle leiten. Hierbei wären die beiden letzten Nachteile zum Teil vermieden worden, dafür hätte man aber das erhebliche Mehrgewicht für ein Getriebe von 4000 PS Leistung in Kauf nehmen müssen. Außerdem war es fraglich, ob ein solches Getriebe in größeren Stückzahlen schnell lieferbar war (S. 416)."

Unter diesen Umständen wurde von dem Einbau eines vierten Motors abgesehen und hinsichtlich der großen Boote auf die Leistungssteigerung der Motoren durch den Einbau einer Aufladung gewartet.

— Im Jahre 1937 hatte das K-Amt im Anschluß an Schleppversuche zur Formverbesserung der großen S-Boote Modellversuche mit verschiedenen Wellenbinder-Gleitbootformen durchgeführt. Es ergab sich erneut eine Bestätigung der bekannten Tatsache, daß aus der Sicht des Schiffswiderstandes die Rundspantform der Wellenbinderform bis etwa 39 kn etwas überlegen ist, von 39 bis 40 kn sind beide Formen etwa gleich und bei Geschwindigkeiten über 40 kn wird die Wellenbinderform mit zunehmender Geschwindigkeit widerstandsmäßig immer stärker überlegen. Allerdings muß diese Überlegenheit üblicherweise mit einer beträchtlichen Verschlechterung der Seefähigkeit erkauft werden. Dieses Ergebnis zeigte sich auch bei Versuchen, die die Kriegsmarine mit in Holland erbeuteten Wellenbinder-Gleitschnellbooten („S 201—202") ausführte (s. Abschnitte 4.3708 und 5.512).

Trotzdem beschäftigte man sich aufgrund der Kriegssituation erneut mit der Entwicklung eines relativ großen Wellenbinder-Schnellboots (69 t, 1 — 20-mm-, 1 — 13-mm-, 2 — 53,3-cm-TR), das günstige Widerstands- und gute See-Eigenschaften miteinander verbinden sollte. Als man jedoch feststellte, daß die zur Verfügung stehenden 2000-PS-Motoren nicht ausreichten, um mit zwei Motoren die für Geschwindigkeiten von mehr als 40 kn erforderliche Wellenleistung aufzubringen, mußte vor einer weiteren Betrachtung der Schiffsform-Alternative die Leistungssteigerung der Motoren abgewartet werden. Mit zwei 2500-PS-Motoren hoffte man die Knickspant-Holz-Leichtmetall-Kompositboote auf zumindest 38 kn zu bringen (133). Ein etwas kleineres, 1943 bei der Lürssen-Werft als „VS 1" in Bau gegebenes Versuchsboot (23,10 m Länge über Alles, 22,045 m Länge in der Wasserlinie, 4,73 m Breite im Deck, 4,53 m Breite in der Wasserlinie, 2,65 m Seitenhöhe und 1,00 m mittlerer Tiefgang auf 0,5 L, Wellenbinderform, Holz-Leichtmetall-Kompositbau, ca. 50 t Verdrängung, 4 x 1500-PS-Isotta-Fraschini-ASM-185-Otto-Motoren für ca. 46 kn, 6 — 20-mm-MK und 2 — 53,3-cm-TR) wurde später storniert (133). Ein Spantenriß befindet sich im Bundesarchiv-Militärarchiv zu Freiburg.

Als die Firma Daimler-Benz dann 1943 den aufgeladenen 2500-PS-MB-511-Diesel fertigstellte, dessen Lader so eingerichtet waren, daß sie auch bei den schon in Dienst befindlichen Booten nachträglich eingebaut werden konnten, war die Lage geklärt: Mit einer Gesamtleistung von 7500 PS kamen die Boote des Typs „S 38"/„S 100" auf 43,5 kn Kurzhöchstfahrt.

Nach einer zeitgenössischen Handakte (133) lauteten die technischen Daten eines deutschen Schnellboots Typ „S 38"/„S 100" Anfang 1943:

— L x B x H = 34,94 x 5,1 x 2,9 m
— Tg 1,45 x 1,55 mm
— Konstruktionsverdrängung

ohne Aufladung	98,91 t
mit Aufladung	99,81 t
mit 4-cm-Flak-28	101,00 t

— Einsatzverdrängung

ohne Aufladung	108,65 t
mit Aufladung	109,55 t
mit 4-cm-Flak-28	110,74 t

— Motorenleistung
ohne Aufladung   6000 PS
mit Aufladung   7500 PS

— Geschwindigkeit bei 75 % Zuladung
ohne Aufladung   39,00 kn
mit Aufladung   43,5 kn

— Fahrbereich
ohne Aufladung   750 sm bei   35 kn
mit Aufladung   700 sm bei   35 kn

— Artilleriebewaffnung:
1 — 20-mm-Flak-38 in Sockellafette, dreiachsig,
1 — 20-mm-Flak-38 in Drehkranz 41, versenkbar, zwei- und dreiachsig
2 MG 34
oder statt 2 cm in Sockellafette
1 — 40-mm-Bofors-Flak-28

— Torpedobewaffnung:
2 — 53,3-cm-Torpedorohre mit 2 Torpedos (und 2 Reservetorpedos)

Die Forderung des FdT nach regelrechten Artillerieschnellbooten führte zu einigen Vorentwürfen:
— ein als „Entwurf I" bezeichnetes, in Abmessungen, Antrieb und Formgebung dem Typ „S 38"/„S 100" sehr ähnliches Boot, das vorn eine vollautomatische 37-mm-Doppelflak-L/42, auf der Brücke eine teilweise gepanzerte, dreiachsige 20-mm-Flak-38 in Drehkranzlafette 42 mit Plexiglaskuppel und achtern einen zweiachsigen 20-mm-Vierling-38 tragen sollte (SK 110 siehe Tafel 2).
— ein stählernes, mit Seitenpanzer versehenes Boot von 120 t, das mit drei 2500-PS-MB-511-Diesel 40 kn laufen und mit 2 vollautomatischen 37-mm-Doppelflak-L/42, 1 — 20-mm-Flak-38 in Drehkanzellafette 42 mit Plexiglaskuppel und 2 MG 34 (auf der Brücke) bewaffnet werden sollte (133).

Tatsächlich wurden diese auf Forderung des FdT entstandenen Fahrzeuge jedoch nicht realisiert, da sowohl die Flotte als auch der ab 20. 4. 1942 ernannte Führer der Schnellboote (FdS) sich gegen ein reines Artillerieboot aussprachen.

Ziel des FdS war es
— **alle** Boote vom Typ „S 38" mit einem etwa 8—12 mm starken Panzerschutz für Brücke und Waffen zu versehen,
— **einige** Boote mit Panzerschutz **und** verstärkter Artillerie auszurüsten. Für diese Fahrzeuge sollten als Gewichtsausgleich die beiden Reservetorpedos mit 3 t Brennstoff (zusammen rd. 6 t) abgegeben werden, zumal ein Fahrbereich von 500 sm im Kanalgebiet als ausreichend erachtet wurde.

Der FdS wies darauf hin, daß
— die Hauptforderung in Richtung einer höheren Kadenz ginge: „Es kommt bei S-Bootsgefechten darauf an, in kürzester Zeit möglichst viel Eisen auf den Feind zu schleudern."
— S-Boote wie Flugzeuge äußerst leichte, mit wenig Personal bedienbare Waffen benötigten. Die 40-mm- wurde als wenig geeignet bezeichnet und ihr baldiger Ersatz durch 37-mm-Flak-36 gefordert.

Schließlich wies der FdS darauf hin, daß die Luftwaffe die 30-mm-MK-103 entwickelt hätte, die nur wenig schwerer als die 20-mm- war, jedoch hinsichtlich Geschoßgewicht und Gurtführung Vorteile bot. Es wurde vorgeschlagen, eine Drehkranzlafette und einen gepanzerten Brunnen für diese Waffe zu entwickeln und sie als Standardwaffe für Schnellboote einzuführen (133).

Das K-Amt griff diese Forderung umgehend auf:
Hauptamt Kriegsschiffbau
K I Ks Nr. 23.511/42 geh.   Berlin, den 6. 1. 1943
Betrifft: R- und S-Boote
        Bewaffnung

An A Wa
Aufgrund der Lage im Kanal hat es sich als notwendig erwiesen, die kleinen Fahrzeuge, im besonderen die S- und R-Boote, gegen Angriffe feindlicher Streitkräfte widerstandsfähiger zu machen. Zu diesem Zweck wird augenblicklich mit größter Beschleunigung Panzerung für die genannten Boote beschafft.

Die englischen Motor Gun Boats sind mit 4-cm-, z. T. sogar mit 5-cm-Geschützen ausgerüstet. Gegen diese Kaliber ganze Räume, wie beispielsweise Brückenhäuser, Motorenräume oder auch

Brennstofftanks wirkungsvoll zu panzern, ist gewichtlich unmöglich. Schon jetzt steht man daher vor der Frage, entweder bei der Verwendung von sehr hartem Material die Panzerung darauf abzustellen, daß sie mit Sicherheit wenigstens SK-Geschosse abweist — dann besteht die Gefahr, daß schon beim Auftreten von 2-cm-Vollgeschossen Stücke aus der Panzerung herausspringen — oder aber durch Verwendung eines zäheren Materials zwar diese Gefahr zu vermeiden, dafür aber in Kauf zu nehmen, daß bei ungünstigem Auftreffwinkel schon SK-Geschosse, und erst recht natürlich 2-cm-Geschosse, den Panzer durchschlagen. Man ist also schon beim Schutz gegen 2 cm, worauf die jetzigen Versuche abgestellt sind, an der Grenze des gewichtlich möglichen. Jedem schwereren Kaliber gegenüber versagt dieser Panzer und bedeutet unter Umständen sogar eine Erhöhung der Gefahr.

Nach Ansicht von K ist es richtiger, das ganze Gewicht, das für die Verstärkung der Abwehr zur Verfügung gestellt werden kann, in Abwehrwaffen anzulegen und die Panzerung auf ganz kleine, aber wirksame, formgünstige, drehbare Panzerstände für jeweils eine einzelne Person zu beschränken.

Parallel zu dem Bemühen, den Booten durch Panzerung einen gewissen Schutz zu geben, geht auch jetzt schon das Bestreben, die Abwehrwaffen zu vermehren und zu verbessern. Hierbei besteht über die Wahl der Waffen offenbar noch Unklarheit. Auf der einen Seite werden Waffen verlangt, die lediglich eine hohe Schußfolge ermöglichen, ohne dabei große Wirkung am Ziel zu gewährleisten, wie beispielsweise der 2-cm-Vierling, auf der anderen Seite geht das Bestreben dahin, das Kaliber immer mehr zu erhöhen. So sind bereits jetzt auf S-Booten die 4-cm-Bofors eingebaut und es war sogar erwogen, zu einem 5-cm-Kaliber überzugehen.

Ausschlaggebend bei der Wahl der Waffe ist es, daß sie sowohl zur Bekämpfung von Luft- als auch von Seezielen geeignet sein muß. Dieses führt zu folgender Überlegung:

Die bisherige Bewaffnung der S-Boote mit einem 2-cm-MG-C/30 bzw. MG-C/38 hat sich als unzu-reichend erwiesen. Sie ist daher durch eine zusätzliche 2-cm auf der Back verstärkt worden. Offenbar hat aber auch diese Bewaffnung eine zu geringe Wirkung gegen Seeziele. Dabei ist der Personalbedarf unverhältnismäßig hoch, beispielsweise für das MG-C/30 allein 5 Mann. Noch ungünstiger werden die Verhältnisse, wenn man dazu übergeht, zur Erhöhung der Waffenwirkung die 2-cm in Doppel- oder Vierlingslafetten zu verwenden. So erfordert ein dreiachsiger 2-cm-Vierling 10 Mann Bedienungspersonal. Für die Bedienung einer 3,7-cm sind 3 Mann, einer 4-cm-Bofors 7 Mann erforderlich. Zu den Mehrfach-Lafetten ist man übergegangen um eine höhere Schußfolge zu erzielen. Dieser Weg ist bei den vorhandenen stärkeren Kalibern nicht möglich. Mit der 3,7-cm ist bei gut eingespieltem Bedienungspersonal eine Schußfolge von etwa 125—150 Schuß in der Minute und bei der 4-cm-Bofors eine von 120 Schuß in der Minute zu erreichen. Daher scheiden diese Waffen als Abwehrwaffen gegen Luftziele, vor allem gegen Jäger, von vornherein aus. Mit den genannten Kalibern ist die Grenze dessen erreicht, was Fahrzeuge in der Größe von S- und R-Booten gewichts- und stabilitätsmäßig zur Not noch tragen können.

Nach dem Gesagten ergibt sich als wünschenswert eine Waffe, die einmal bezüglich ihrer ballistischen Eigenschaften befriedigt, die dabei gewichts- und raummäßig günstig liegt und die eine genügend schnelle Schußfolge bei geringem Bedienungspersonal ermöglicht. Bei der Luftwaffe ist das 3-cm-MG-138 entwickelt worden, welches bezüglich der ballistischen Eigenschaften und bezüglich des Gewichtes den gestellten Forderungen entspricht. Die Durchschlagskraft genügt gegenüber der Panzerung solcher Fahrzeuge, gegen die ein Kampf für S- und R-Boote überhaupt in Frage kommt. Diese 3-cm-Waffe könnte gegebenenfalls geeignet sein, alle anderen in Frage kommenden Kaliber, also sowohl die 2-cm als auch die stärkeren, 4- und 5-cm, zu ersetzen, vorausgesetzt, daß sie so lafettiert wird, daß sie bezüglich des Raum- und des Personalbedarfs den Anforderungen entspricht, wie sie bei den kleinen Fahrzeugen vorliegen. Die MG 138 ist bei Flugzeugen, woher sie übernommen ist, im Motorblock gelagert. Soweit bekannt, ist bei A Wa beabsichtigt, für diese 3-cm eine Lafette für den Gebrauch der Waffe in der Kriegsmarine zu entwickeln.

Vor Einführung dieser neuen Waffe muß diesseitigen Erachtens geklärt werden, ob die neue Waffe tatsächlich geeignet ist, für die Zukunft als die Standardwaffe der kleinen Fahrzeuge zu gelten. Hierüber müßte nach Anhören der Front eine eindeutige Entscheidung herbeigeführt werden, damit nicht lediglich zu den vielen bisher schon bestehenden Waffen noch eine weitere hinzukommt.

Sollte dann die Einführung der 3-cm-MG-138 entschieden werden, so wird vorgeschlagen, hierfür eine Lafettierung zu entwickeln, die wirklich ein Optimum bezüglich Gewicht, Platzbedarf, Schußfolge, sicherer und schneller Bedienbarkeit und geringen Personalbedarfs darstellt.

Die von der Luftwaffe übernommene hydraulische Drehringlafette 151 mit dem MG 151 kann hierbei als Vorbild dienen. Eine HD 151 ist auf einem KM-Boot eingebaut worden, eine weitere ist zur Erprobung an das AVK Land in Misdroy gegeben worden (das Ergebnis der Untersuchungen steht noch aus und wird für Mitte Januar erwartet), eine weitere HD 151 wird z. Z. auf einem Boot der S-Boots-Schulflottille in Swinemünde in den vorhandenen Kessel der Back-Flak provisorisch eingebaut.

Die Vorzüge der Aufstellung in hydraulischer Drehringlafette sieht K in folgendem:

1. sehr geringes Gewicht. Die komplette Waffe mit Lafette und 500 Schuß wiegt 360 kg.
2. Der Platzbedarf ist denkbar gering; es genügt ein Kesseldurchmesser von 1080 mm.
   Das geringe Gewicht und der geringe Raumbedarf ermöglichen es, die Waffe überhöht an Stellen einzubauen, wo der Einbau bei anderer Lafettierung nicht in Frage kommen würde.
3. Die Schußfolge ist 650 Schuß in der Minute.
4. Für die Bedienung ist nur ein Mann erforderlich.

5. Der Schütze sitzt in bequemer, fester Stellung, so daß ein sicheres Abkommen möglich ist. Er wird durch die Erschütterung beim Abschuß nicht gestört. Er braucht nicht durch das Feuer zu sehen, er ist durch die Plexiglaskuppel gegen Wind und Spritzwasser geschützt.
6. Der Schütze ist bei der serienmäßigen Ausführung der Lafette an ein Fernsprechnetz angeschlossen, so daß eine gewisse Feuerleitung möglich ist.

Aufgrund des vorstehend Gesagten wird vorgeschlagen, für das 3-cm-MG-138 eine hydraulische Drehringlafette zu entwickeln. Da beim MG 138 die Munitionszuführung durch Zerfallgurt erfolgt, ist dieses grundsätzlich möglich.

Gelegentlich einer Besprechung über andere Dinge wurde im RLM festgestellt, daß Vorarbeiten für die Entwicklung einer 3-cm-HD-Lafette von der Luftwaffe bereits eingeleitet sind, jedoch wird die Entwicklung, sofern sie von der Luftwaffe allein betrieben wird, verhältnismäßig lange dauern, da für die Verwendung im Flugzeug seitens des RLM nicht das große Interesse an dem stärkeren Kaliber beseht wie bei der Marine. Das Tempo der Entwicklung läßt sich nach Angabe des RLM jedoch wesentlich beschleunigen, wenn sich das OKM der Entwicklung anschließen würde und in der Lage wäre, eine gewisse Konstruktionskapazität zur Verfügung zu stellen. Die Konstruktion erfolgt bei der Firma Borsig in Tegel und ist bereits so weit fortgeschritten, daß ein Holzmodell noch in dieser Woche vorgeführt werden kann. Nach Angabe der Firma Borsig ist mit äußerst günstigen Gewichts- und Raumverhältnissen zu rechnen.

Falls sich das OKM an der Entwicklung der Waffe beteiligen sollte, wird vorgeschlagen, für die besonderen Zwecke der Kriegsmarine folgende zusätzliche Forderungen zu stellen:

1. einen gegenüber der HD 151 verbesserten Schutz der Elektrik,
2. Kühlung des Laufs durch Luft oder Wasser, um eine längere Feuerdauer beim Einsatz gegen Seeziele zu ermöglichen,
3. eine formgünstige Panzerung, nur in der Schußrichtung, für den Körper des Schützen,

4. eine RW-Geber-Anlage, die, wie festgestellt wurde, mit wenig Aufwand an Kapazität bei ganz geringem Gewicht von den Askania-Werken geliefert werden kann.

A Wa wird um möglichst baldige grundsätzliche Stellungnahme zu der vorstehenden Anregung gebeten, damit, falls beabsichtigt sein sollte, die Entwicklung durchzuführen, von K schon vorsorglich Untersuchungen angestellt werden können, welche neuen Möglichkeiten durch das Vorhandensein einer derartigen Waffe für die konstruktive Ausgestaltung der kleinen Fahrzeuge, insbesonders der S-Boote, sich ergeben.

gez. Fuchs."

Die im Laufe des Jahres 1943 immer härter werdenden Begegnungen mit feindlichen leichten Seestreitkräften, vor allem im Kanalgebiet, zwangen jedoch noch vor dem Frontreifwerden der erwünschten 30-mm für den Bordeinsatz zur weiteren Verstärkung der Bewaffnung der Einsatzboote.

Durch die zusätzliche Anbordgabe einer 20-mm-Doppel-MK in Sockellafette im Mittschiffsbereich und einer Variation der auf dem Achterdeck aufgestellten Waffe nach Maßgabe des Verfügbaren entstanden für den Standard-Typ „S 38"/„S 100" folgende Bewaffnungsalternativen (von achtern nach vorn):

a) 1 — 40-mm / 1 — 20-mm-Doppel / 1 — 20-mm (SK 111 siehe Tafel 2).

b) 1 — 37-mm / 1 — 20-mm-Doppel / 1 — 20-mm, später, im Jahre 1944, auch

c) 1 — 20-mm-Vierling / 1 — 20-mm-Doppel / 1 30-mm (SK 112).

Die Anordnung der beiden fest eingebauten 53,3-cm-TR in der Back und die Möglichkeit der Lagerung von 2 Reservetorpedos blieben unverändert. Eine Übersicht über den noch unbefriedigenden Bewaffnungsstand am 24. 9. 1943 gibt Tabelle 13.

Doch nun zeigte sich, daß die permanent an Bord gegebenen Zusatzgewichte (aufgeladene Motoren, Panzerung für Brücke und Waffen, stärkere Bewaffnung und Besatzung usw.) die Gesamtfestigkeit des Bootskörperverbandes trotz laufender baulicher Verbesserungen immer mehr beanspruchten und die Bootskörper nicht mehr allen im harten Fronteinsatz vorkommenden Beanspruchungen gewachsen waren. Besonders im Achterschiffsbereich traten Seeschäden durch Verbeulen der Diagonalbänder auf, denen man zunächst durch eine allgemeine Verbesserung der Längsfestigkeit (Vermehrung der Diagonalbänder, örtliche Verstärkungen usw.) zu begegnen suchte.

Darüber hinaus aber veranlaßte das OKM die Lürssen-Werft, Versuche auszuführen, wie die aufgetretenen Scherkräfte wirksamer durch die Außenhaut abgefangen und die Diagonalbänder entlastet werden könnten. Aufgrund dieser Versuche entschloß man sich im Herbst 1943, die bisherige Doppel-Karweel-Beplankung von 21 + 12 = 33 mm Dicke durch eine Doppel-Diagonal-Karweel-Außenhaut von 37 mm Dicke (20 mm außen, 10 mm innen, 7 mm innere Diagonalhaut mit dazwischenliegenden, farbgetränkten Krepp-Papier-Lagen) zu ersetzen. Die daraus resultierende Gewichtsvermehrung von 810 kg (292 m² Außenhaut, Mehrgewicht 2,8 kg/m²) wurde weitgehend durch die Mehrverdrängung der dickeren Außenhaut (0,68 m²) kompensiert. Der durch die Mehrverdrängung zu erwartende Geschwindigkeitsverlust von etwa 0,2 kn konnte im Interesse einer größeren Festigkeit und einer längeren Lebensdauer der Boote durchaus in Kauf genommen werden.

In einer beschreibenden Studie zum Typ „S 38" stellte Docter (133) am 3. 9. 1943 sachlich fest: „Die Boote vom Typ ‚S 38' erfüllen bis auf die verstärkte Artilleriebewaffnung und den Panzerschutz die Forderungen der Front."

Aber gerade diese Fragen begannen zunehmend an Bedeutung zu gewinnen. 1943 im K-Amt durchgeführte Studien für Wachboote, eine Art Kopie der englischen Motor Launches vom Fairmile-A-Typ, jedoch mit Knickspant-Stahlbootskörper

— 30 t, 2 x 400-PS-Saurer-Diesel mit Aufladung, 17 kn, 1 — 20-mm, 6 Wabos,

— 53 t, 2 x 440 PS, 19 kn, 2 — 20-mm, 2 Heck-TR,

konnten bei den Frontverbänden kein Interesse finden.

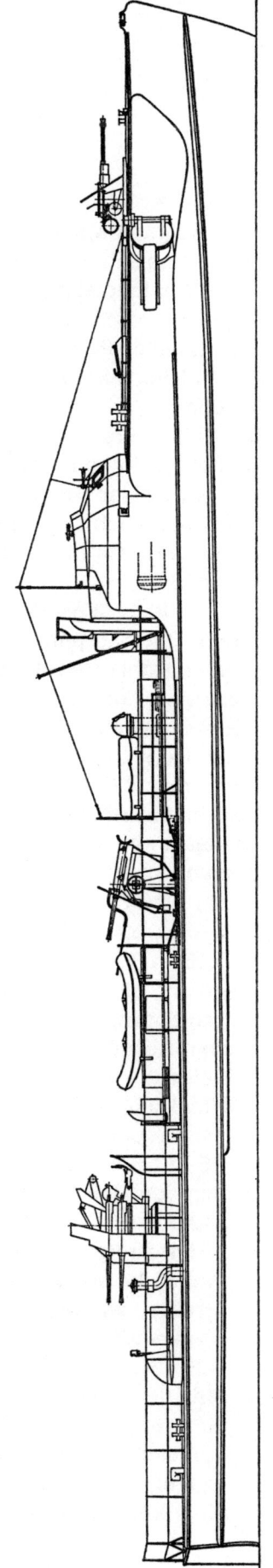
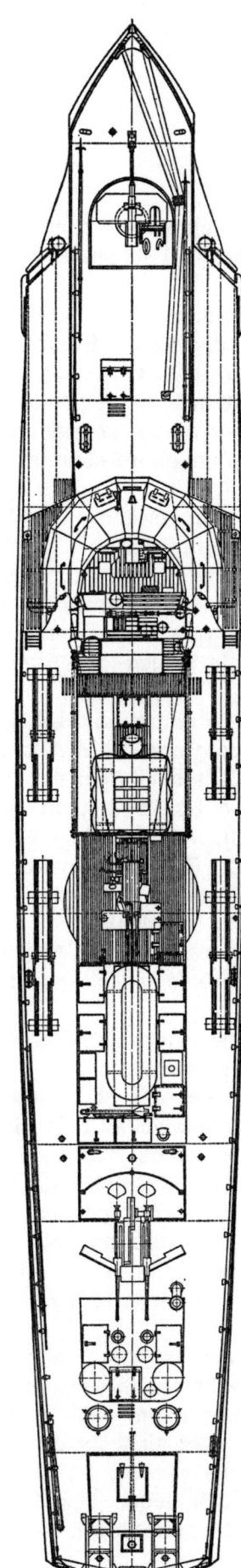

SK 112

Deutsches Schnellboot Typ „S 38/S 100" 1944
mit Kalotten-Panzerbrücke und 6–20 mm MK
1 – 30-mm-MK

Die Forderungen des Führers der Schnellboote waren im Laufe des Jahres 1943 eindeutig präzisiert worden

1. Geschwindigkeit möglichst 45 kn,
2. 2 — 30-mm-MK in gepanzerten Brunnen bzw. Kesseln auf dem Vor- und Achterdeck, 1 — 20-mm- bzw. besser 30-mm-MK in gepanzertem Kessel über dem Motorenraum, ferner mehrere MG bzw. MG 151 im engeren Brückenbereich, 2 TR in der Back.
3. Panzerschutz für Motorenräume, Funkraum und Teile der Brennstofftanks.

Das Ziel war, auf einen kurzen Nenner gebracht, die nicht zu beseitigende zahlenmäßige Überlegenheit des Gegners durch die Überlegenheit des einzelnen Bootes in Schlag- und Standkraft auszugleichen.

Die aus den erhöhten Forderungen resultierende Mehrbelastung der Boote und der Wunsch, weitere Teile des Bootskörpers mit Panzerschutz zu versehen, ließ es den Konstrukteuren des K-Amtes zweckmäßig erscheinen, die Frage der Vor- und Nachteile von Rundspant- und Knickspantformen sowie hölzerner und geschweißter Stahlbootskörper neu zu überdenken.

Beim Rundspant-Holzboot mußte die Anordnung eines Seitenpanzers problematisch werden. Es ergaben sich

— relativ viele arbeitsaufwendige Platten mit doppelt gekrümmten Flächen,
— die Gefahr der Korrosion des Panzermaterials bzw. der Verrottung des Holzes beim dichten Aufliegen des Panzers auf der Außenhaut,
— ein relativ großer Gewichtsaufwand, da der Panzer beim Holzboot nicht organisch in den Bootskörperverband einbezogen und zur Erhöhung der Festigkeit herangezogen werden kann, sondern praktisch als totes Gewicht mitgeführt wird.

Beim V-Boden-Holzboot ergaben sich zwar etwas günstigere Verhältnisse im Hinblick auf die Verformung der Panzerplatten, doch auch hier kann ein partieller Panzer nicht für die Längsfestigkeit herangezogen werden. Am entscheidendsten sprach jedoch gegen eine hölzerne V-Boden- oder Wellenbinderform die Erkenntnis,

daß die Knicklinie bei einem durch hohe Geschwindigkeit stark beanspruchten Bootskörper immer eine schwache Stelle ist.

Beim Stahlbootskörper ist die Formgebung dagegen unwesentlich. In jedem Falle kann auch ein partieller Panzer voll für die Festigkeit des Gesamt-Bootskörperverbandes herangezogen werden.

Die Firma Lürssen, die auf Wunsch des K-Amtes alternative Konstruktionsunterlagen erstellt hatte, kam zu der Erkenntnis, daß das gepanzerte Stahlboot leichter werden mußte als das gepanzerte Holzboot. Darüber hinaus war man sich klar, daß

— sich die Festigkeitsverhältnisse eines hölzernen Bootskörpers immer nur ungenau, die eines stählernen Bootskörpers dagegen exakt erfassen lassen,
— ein Stahlbau — speziell nach dem Anlaufen des Serienbaus — einen geringeren Aufwand verursacht (86, 133).

Man entschloß sich, zur Erhärtung der Überlegungen zwei alternative Prototypen zu entwickeln und zu erproben:

a) ein 97/117 t Knickspantboot von 34,84 m Länge, 5,4 m Breite, 3,00 m Seitenhöhe und 2,16 m Tiefgang, dessen Form nach außerordentlich umfangreichen, neuen Modellschleppversuchen bei der HSVA entstanden war. Ausgedehnte Seegangsversuche im Modelltank hatten eine stark hochgezogene Knicklinie im Vorschiff und sehr scharfe Vorschiffsspanten ergeben (SK 113). Mit 3 x 2500-PS-MB-511-Dieseln waren 43,5—44 kn, mit den von Daimler-Benz für später in Aussicht gestellten aufgeladenen 3000-PS-Dieseln 47 kn zu erwarten. Bei 16,75 m³ Brennstoff und 35 kn sollte ein Fahrbereich von 690 sm erreicht werden. Als Bewaffnung waren 2 30-mm-MK in gepanzerten Brunnen bzw. Kesseln auf dem Vor- und Achterdeck, 1 — 30-mm-MK in gepanzertem Kessel über dem Motorenraum und 2-MG-34 auf der Brücke vorgesehen, ferner 2 — 53,3-cm-Bug- und 2 53,3-cm-Heck-TR (108, 133, 134). Der Einbau einer MES-Anlage war vorgesehen.

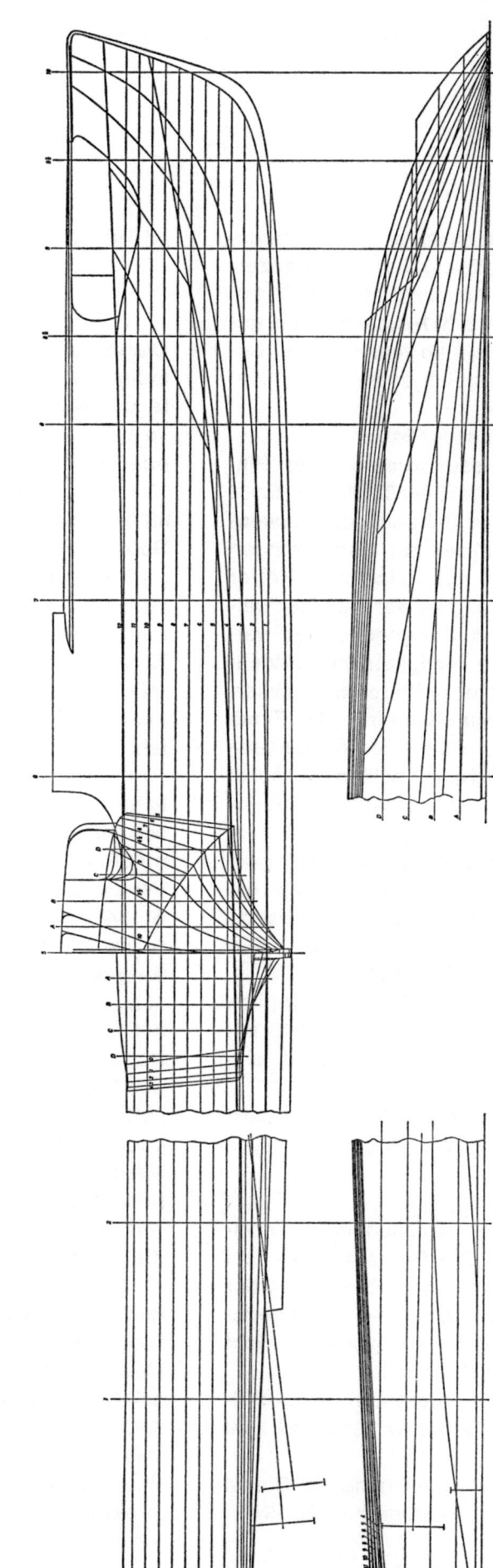

SK 113

Planung eines Knickspant-Stahl-Panzerschnellboots 1943

L. ü. A.	34,84 m	B	5,04 m
L	34,05 m	H	3,00 m
B max.	5,40 m	Tg mittl.	2,16 m

b) ein 92,5/124,3-t-Randspant-Verdrängungs-boot von 34,95 x 5,28 x 1,7 m, ein Panzer-schnellboot in Schweißkonstruktion (SK 114), das mit 3 x 2500-PS-MB-511-Dieseln 37 kn, mit 3 x 3000-PS-Dieseln 44 kn laufen sollte. Be-waffnung und Fahrbereich entsprachen dem Knickspantboot (108).

Docter (86) schreibt zu diesen Planungen:

„Mitbestimmend für diese vorsorglichen Pla-nungsmaßnahmen war die Gewißheit, daß Ende 1943 die für den Bau der Schnellboote verwen-deten ausländischen Hölzer zur Neige gingen und dann die Fertigung auf inländische Hölzer umgestellt werden mußte. Dies war mit einer wei-teren Vergrößerung des Rumpfgewichtes ver-bunden, da die geringere Festigkeit und schlech-tere Qualität dieser Hölzer größere Materialstär-ken erforderlich machten. Nachdem die Firma Lürssen die vollständigen Pläne für diesen neuen Bootstyp ausgearbeitet hatte, sollten zunächst zwei Boote dieses Typs gebaut werden. Als je-doch der Leiter des Hauptausschusses Kriegs-schiffbau im Rüstungsministerium, General-direktor Maerker, entschieden hatte, daß die Schnellboote grundsätzlich aus Holz zu bauen seien, mußte der erfolgversprechende Bau dieser Boote unterbleiben (S. 417)."

Die Bezeichnungen „S 151—158" (ursprünglich offensichtlich bis „S 166") gingen an 1940 bei Gusto N. V. in Schiedam erbeutete holländische Boote (s. Abschnitt 5.512).

Anfang 1943 wurden weitere mit MB-501- bzw. MB-511-Dieseln ausgerüstete Boote des Typs „S 100" in Bau gegeben:

„S 159—166" Bauwerft Schlichting, Trave-münde. Die Boote wurden erst sehr spät — nach Stornieren der Holland-Planung — in Bau gege-ben und bis Kriegsschluß nicht mehr fertiggestellt.

„S 167—186" Bauwerft Lürssen. In Dienst zwi-schen Dezember 1943 und Juni 1944,

„S 187—194" Bauwerft Schlichting. In Dienst zwischen Februar und Juli 1944,

„S 195—218" Bauwerft Lürssen, Indienststel-lung bzw. Abnahme zwischen Juni 1944 und Januar 1945.

Die in Form und Aussehen gegenüber den Vor-läufern kaum veränderten Boote trugen ab An-fang 1944 z. T. stark variierende Bewaffnungen, so u. a. 1 — 40-mm-Bofors und 3 — 20-mm-MK oder 1 — 37-mm- und 3 — 20-mm-MK usf. Ab „S 170" sollten 2 — 30-mm-MK mit 6000 Schuß Mu-nition und 2 — 20-mm-MK eingebaut werden. Zwei Boote, „S 170" (Lürssen-Bau-Nr. 12924) und „S 208", erhielten erstmals drei hochaufgeladene 3000-PS-Daimler-Benz-MB-518-Diesel, die den er-neut schwerer gewordenen Booten bis zu 43,6 kn Kurzhöchst- und 36 kn Dauerhöchstfahrt er-möglichten, aber noch erhebliche Kinderkrank-heiten aufwiesen. „S 170" erreichte bei Probe-fahrten mit 2 — 20-mm-MK und 4 Torpedos 45 kn. Bemerkenswert ist, daß diese beträcht-liche Leistungssteigerung der Daimler-Benz-Die-sel mit einer nur relativ geringen Gewichts-erhöhung der Motoren verbunden war. So wog der 2000-PS-MB-501 4220 kg, der 2500-PS-MB-511 4720 kg und der 3000-PS-MB-518 4810 kg (s. Tabelle 14).

Aufgrund der zunehmenden MK-Bewaffnung stieg die Besatzungsstärke nach und nach von 24 auf 30 Mann an.

Bis zum Jahre 1943 hatte das OKM hinsichtlich der Marinerüstung eine sehr weitgehende Frei-heit, da Schiffbau und Werften als ausgespro-chene Sonderfertigungsstätten fast nur von der Marine und der ihr zugeordneten Handelsmarine beansprucht wurden. Der im September 1939 vom K-Amt aufgestellte „Kriegsbauplan" lastete die vorhandene industrielle und materielle Kapa-zität sehr weitgehend und ohne größeren Leer-lauf aus und wurde, mit Ausnahme einiger Ergän-zungen durch neue Forderungen der Front (z. B. MFP, KFK usw.), bis zur Übernahme des Kriegs-schiffbaus durch das Rüstungsministerium im Jahre 1943 unverändert durchgehalten.

Das im Herbst 1943 vom Rüstungsministerium, Hauptausschuß Kriegsschiffbau unter General-direktor Maerker, aufgestellte Schnellboot-Pro-

Abb. 131
Deutscher Geleit-Räumbootstyp
„GR 301"

Abb. 132
Deutsches Beuteschnellboot „S 621"
(ex ital. „MAS 561")

Abb. 133
Deutsches Klein-Schnellboot „LS 2"

Abb. 134
Deutsches Klein-Schnellboot „LS 4"

Abb. 135
Deutsche Klein-Schnellboote „LS 5—6"

Abb. 13
Deutsches Klein-Schnellboo
des italienischen Typs M.T.S.M.

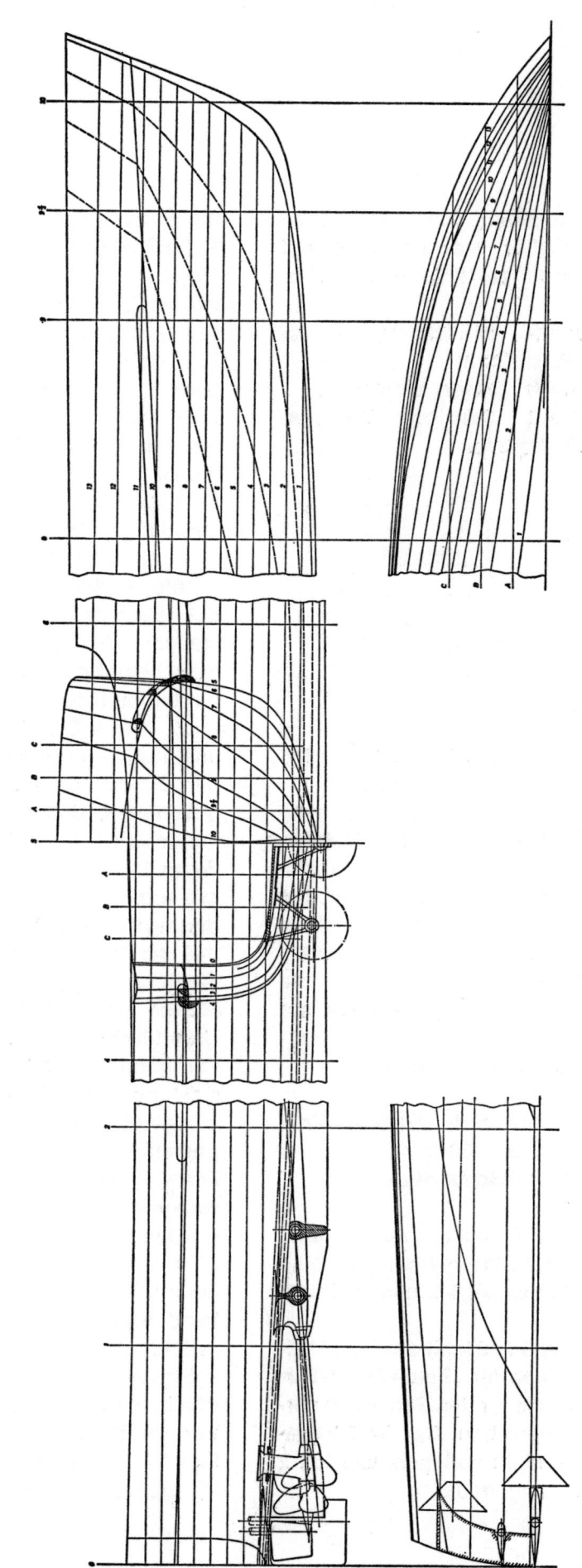

SK 114

Planung eines Rundspant-Stahl-Panzerschnellboots 1943

L. ü. A.	36,37 m	B α	5,02 m
L. w. l.	35,28 m	H	3,00 m
B max.	5,30 m	Tg	1,34 m

gramm sah eine Steigerung der monatlichen Ausstoßquote von bisher maximal 3—4 auf 25 Boote monatlich im Jahre 1944 vor. Das Programm umfaßte

„S 219—300" Bauwerft Schlichting, Trave-
            münde (SK 115),
„S 301—500" Bauwerft Lürssen, Vegesack,
„S 701—800" Bauwerft Danziger Waggon-
            fabrik, Danzig.

SK 115

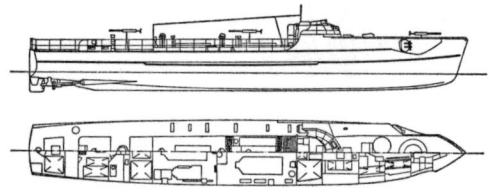

Deutscher Schnellboot-Typ „S 219"

Die fehlenden Nummern „S 501—699" wurden Beutebooten vorbehalten (s. Abschnitt 5.512).
Konstruktiv und hinsichtlich der Hauptabmessungen 34,94 (34,05) x 5,28 (5,10) x 1,67 (1,43) m entsprachen die vorgesehenen Neubauten den bewährten Vorlauftypen „S 38" bzw. „S 100". Sie sollten zunächst 3 x 2500-PS-MB-511-Diesel für 42 kn, später 3 x 3000-PS-MB-518 für 43,6 kn erhalten. Tatsächlich eingebaut wurden die leistungsstarken MB-518-Diesel jedoch nur auf „S 301—305".
Als Endbewaffnung waren vorgesehen:
für „S 219—500"
2 — 53,3-cm-Torpedorohre in der Back mit insgesamt 4 Torpedos und 6 — 30-mm-MK in drei Zwillingslafetten mit 18 000 Schuß Munition,
für „S 701—800"
zusätzlich 2 — 53,3-cm-Torpedorohre auf dem Achterschiff, um **alle** Torpedos im Rohr und damit sofort einsatzbereit fahren zu können (SK 116, s. Tafel 3).
Als erstes Boot wurde „S 226" mit zwei zusätzlichen Heck-Torpedorohren für „Zaunkönig"-Torpedos ausgerüstet, um die für den Serienbau vorgesehene Anlage zu erproben. Da die 30-mm-Zwillingslafetten noch nicht vorlagen, wurden 2 30-mm und 2 — 20-mm eingebaut.

Die Erhöhung des Brennstoffvorrats von 16,7 auf 17,0 m³ vergrößerte den Fahrbereich von 700 auf 750 sm bei 35 kn. Gleichzeitig stieg aber auch die Konstruktionsverdrängung auf 99 t und die Einsatzverdrängung auf 121—124 t.
Zum Schnellbootbau der Kriegsjahre, insbesondere zur Planung des Rüstungsministeriums 1943, machte der Chef des K-Amtes im OKM, Admiral Fuchs, im Jahre 1959 in einer Arbeit „Der deutsche Kriegsschiffbau von 1939—1945" interessante Ausführungen: „Von dem Bau der Seestreitkräfte für das Küstenvorfeld hatte der Bau von Schnellbooten für die Seekriegsführung die größte Bedeutung. Die Zahl der erstellbaren Schnellboote hing ausschließlich von der Bereitstellung der erforderlichen Motore ab. Entsprechend der Motorenlieferung sind an Schnellbooten im Kriege gebaut worden: 1939 — 4, 1940 — 20, 1941 — 31, 1942 — 41, 1943 — 41, 1944 — 62 und 1945 — 11, zusammen 210. Die Entwicklung der Schnellboote war bei Kriegsbeginn soweit gekommen, daß mit dem Daimler-Benz-Dieselmotor von 2000 und später 2500 PS die notwendigen Leistungen der Boote erzielt wurden. Da alle anderen erprobten Motore nicht den Anforderungen genügt hatten, ergab sich die Lage, daß die Motoren für alle Schnellboote von einer Firma geliefert werden mußten. Daher hatte die Marine vorsorglich den Ausbau des Werkes Untertürkheim der Firma Daimler-Benz für eine Fertigung von 12 Motoren monatlich und die Errichtung eines Zweigwerks in Marienfelde für monatlich 10 Motore in Angriff genommen. Diese geplante Höchstleistung von 22 Motoren monatlich war bedingt durch den Engpaß der Kurbelwellenfertigung. Zum Schlagen dieser Wellen wurden Dampfhämmer mit einer Schlagkraft von 40 000 mkg gebraucht, von denen zunächst nur einer bei der Firma Alfingen in Württemberg vorhanden war. Ein zweiter war bei der Firma Krupp in Bau, und von einem geplanten ditten war bei Kriegsbeginn gerade das Fundament fertig. Mit den beiden Dampfhämmern, mit denen zunächst nur gerechnet werden konnte, war es nur möglich, 22 Motoren monatlich herzustellen. Als 1943 die Lieferung des Stammwerks Untertürkheim auf

10 und die Lieferung des Zweigwerks Marienfelde auf 5 gestiegen war, wurde im April das Zweigwerk vom Rüstungsministerium aus der Marinefertigung herausgenommen und auf die Fertigung von Panzermotoren umgestellt. Die Schnellbootmotorenfertigung mußte in Untertürkheim konzentriert werden. Abgesehen von dem dadurch bedingten Fertigungsausfall im Jahre 1943 war die Folge, daß im März 1944 die Fertigung infolge eines schweren Luftangriffs auf Untertürkheim zunächst völlig zusammenbrach, allerdings in der erstaunlich kurzen Zeit von einem Monat wiederhergestellt wurde. Von dem Rüstungsministerium war dem Ob. d. M., ohne Rücksicht auf die technischen Möglichkeiten, im Jahre 1944 eine Steigerung der Motorenfertigung auf 80 bis 100 Motoren monatlich versprochen worden. Schließlich führte das Rüstungsministerium gegen den Rat des Hauptamts Kriegsschiffbau im Jahre 1945 einen neuen, stärkeren, aber noch nicht an der Front erprobten Motor ein und stellte die ganze Fertigung auf diesen Motor um. Da der Motor an der Front versagte, brach die ganze Schnellbootmotorenfertigung endgültig zusammen. Auf die Kriegsführung hat das keinen Einfluß mehr gehabt (100, S. 69)."

Tatsächlich kamen aus dem vom Rüstungsministerium aufgestellten Bauplan im Zeitraum von Juli 1944 bis Kriegsschluß noch in Dienst „S 219–228, 301–307, 701–709". Die restlichen Boote waren am 8. 5. 1945 unfertig bzw. noch gar nicht in Angriff genommen.

Hinsichtlich der konstruktiven Details des großen Schnellboottyps mit der gepanzerten Kalottenbrücke (SK 111) bringt Docter (86) eine exakte Beschreibung an Hand eines 1951 in „Ship and Boat Builder" veröffentlichten Berichts: „Die Boote werden durch sieben wasserdichte Schotte in acht wasserdichte Räume unterteilt:

Raum 1 Spant 0–6
    Achterpiek und hintere Brennstofftanks,
Raum 2 Spant 6–15
    Mannschaftsraum, WC und Kombüse,
Raum 3 Spant 15–18
    mittlerer Tankraum,
Raum 4 Spant 18–27
    hinterer Maschinenraum,
    ein Hauptmotor
Raum 5 Spant 27–38
    vorderer Motorenraum,
    zwei Hauptmotoren
Raum 6 Spant 38–47
    vorderer Tankraum, FT-Raum und
    Kommandantenkajüte,
Raum 7 Spant 47–57
    Unteroffiziersraum, Stauraum,
Raum 8 Spant 57
    vorn Vorpiek

Die doppelt karweel beplankte Außenhaut besteht aus einer inneren Lage aus weißer Zeder von 12 mm Dicke, während die äußere Lage aus Mahagoni von 21 mm Dicke besteht. Eine Zwischenlage von Nessel ist zwischen beiden Plankenlagen angeordnet. Der Schergang und die scharfe Kante im Vorschiff sind aus Eichenholz mit Falzen für die Außenhaut von 60 mm Breite versehen. Die Kielgänge bestehen aus einer Lage Mahagoni mit den gleichen Falzen.

Die inneren Leichtmetallspanten stehen im Abstand von ca. 585 mm und bestehen aus Winkelprofilen 50 x 50 x 5 mm. Sie sind durch Längsspanten aus Oregon mit verschiedenen Querschnitten miteinander verbunden. Auf diese Längsspanten sind eingebogene Eichenholzspanten genagelt, die im Abstand von 145 mm angeordnet sind. Außerdem sind an verschiedenen Stellen Rahmenspanten angeordnet.

Die wasserdichten Querschotte reichen bis zum Oberdeck und bei Spant 47 und 57 bis zum Backdeck. Die unteren Teile der wasserdichten Schotten bei Spant 18,27 und 38 bestehen aus Stahl von 3 mm Dicke und reichen bis 300 mm über KWL. Darüber bestehen sie aus 4 mm Leichtmetall. Die Schotte Spant 6, 15 und 47 bestehen ganz aus 4 mm Leichtmetall. Das Kollisionsschott Spant 57 besteht aus 3 mm verzinktem Stahl. Die Schottversteifungen bestehen aus Leichtmetallwinkeln. Haupt- und Backdeck bestehen aus Oregon- oder Weißtannenplanken von 90 mm Breite und 23 mm Dicke. Das Deck ist mit Segeltuch bezogen, das auf dem Holzbelag mit Spezialkleber aufgeklebt ist. Poller und Laufrollen sowie andere Decksbeschläge sind auf hölzernen Verstärkungen befestigt. Die Decksbalken bestehen aus Eiche 40 x 35 mm in 200 mm Abstand. Diese Balken sind mit U-förmigen Längsträgern 110 x 40 x 3 mm, die von Spant zu Spant laufen, verbolzt. Im Abstand von 1270 mm aus der Mittschiffsebene sind zwei Leichtmetallunterzüge angeordnet von 200 x 4 mm mit Leichtmetallwinkeln 40 x 40 x 4 mm. Diese Unterzüge sind in die Maschinenraumaufbauten hineingeführt und bilden den oberen Hauptlängsverband. Zwischen den seitlichen Decksstringern von 100 x 4 mm Leichtmetall und den Seitentringern neben dem Motorenraumaufbau sind Leichtmetall-Diagonalbänder 125 x 4 mm angeordnet.

Die aus Leichtmetall bestehenden Aufbauten sind so niedrig wie möglich gehalten. Über den Maschinenräumen sind Montageluken vorhanden. Das in Kalottenform hergestellte Ruderhaus und die Brücke sind mit Panzerschutz versehen. Die Seitenwände sind 12 mm und die Frontwände vorn und achtern 10 mm dick. Außerdem sind die hochgelegenen Lader der Hauptmotoren mit 12 mm Panzerschutz versehen. Die erhöhte Brücke ist hinter dem Ruderhaus angeordnet. Auf gleicher Höhe mit dem Hauptdeck liegt das von der Brücke aus zugängliche Kartenhaus.

Die Munition ist in den verschiedenen Wohnräumen untergebracht und wird in kleinen Behältern zu den Geschützen gemannt. Die zwei Reservetorpedos können von ihren Lagerungen direkt in die Rohre gezogen werden. Das Deck hinter Spant 8 ist ausreichend stark, um auf beiden Seiten die Lagerungen für die Wasserbomben zu tragen. Weiter sind die Boote für besondere Zwecke auch zum Minenlegen eingerichtet.

Für Feuerlöschzwecke ist eine Leitung mit vier Schlauchanschlüssen eingebaut. Zwei dieser Anschlüsse befinden sich in den Motorenräumen, während die beiden anderen vorn und hinten auf Deck angeordnet sind. Die Feuerlöschleitung kann durch jede der beiden Lenzpumpen oder von beiden zugleich gespeist werden. Neun Ardexin-Gas-Handfeuerlöscher sind über das ganze Schiff verteilt.

Trink- und Waschwasser sind in einem Tank bei Spant 39 untergebracht. Die Rohrleitungen hierfür bestehen aus Kunststoffmaterial mit Gummimuffen. Das Wasser für die Zapfstellen in Kombüse und Waschgelegenheiten wird durch Handpumpen gefördert.

Die Unterwasseranhänge sind aus Stahl hergestellt, desgleichen die geschweißten Motorenfundamente. Die Fußböden, Wände, Türen und Möbel bestehen aus wasserfest verleimten Leichtsperrplatten.

Die Ruderanlage besteht aus einem Halbbalance-Hauptruder und zwei kleineren Seitenrudern (sogenannte Stauruder), die untereinander über Ruderpinnen und Stangen verbunden sind (S. 418—419)."

Ende 1944 / Anfang 1945 wurde erneut der Gedanke eines Panzerschnellboots aufgegriffen. Eine noch vorliegende Bauvorschrift (Schiffbau-Teil) des Schnellboots Typ „P" (135) weist einen Holzbootskörper der bekannten Bauausführung und Abmessungen mit 3 x 2500-PS-Dieseln aus, dessen Hauptdeck im mittleren Teil im Bereich der Antriebsräume (Spt. 15—38) aus Panzerstahl, vom Spiegel bis Spt. 15 und von Spt. 38—43 aus Stahlblech und von Spt. 43—61 aus Leichtmetall gefertigt werden sollte. Der Panzer erstreckte sich also nur auf den baulich einfachen und festigkeitsmäßig interessanten Decksbereich, und bot somit nur Schutz gegen Bordwaffenangriffe von Flugzeugen. Auf den aufwendigen Seitenpanzer wurde verzichtet. Wände und Rückwand von Ruderhaus und Brücke sollten 12 mm, die Frontwand 8-mm-Panzer erhalten.

Für die Artillerie-Bewaffnung wurden — nach Maßgabe der tatsächlich zur Verfügung stehenden Waffen — drei Varianten vorgesehen:

Typ A
1 — 37-mm-Flak LM 42 bzw. 43 auf Spt. 14
1 — 20-mm-Doppelflak M 44 auf Spt. 38
1 — 30-mm-Flak M 44 auf Spt. 54

Typ B
1 — 30-mm-Flak M 44 auf Spt. 14
1 — 20-mm-Doppelflak 38 in Doppellafette 44 auf Spt. 38
1 — 30-mm-Flak 44 auf Spt. 54

Typ C

1 — 20-mm-Flakvierling 38 auf Spt. 14
1 — 20-mm-Doppelflak 38 in Doppellafette 44 auf Spt. 38
1 — 30-mm-Flak 44 auf Spt. 54.

Alle drei Typen sollten einheitlich zwei MG 34 beidseits der Brücke am Brückenschanzkleid, zwei 100 Liter Nebelsäurebehälter auf Spt. 8 und 2 — 53,3-cm-TR auf Spt. 40—53 (fest eingebaut in der Back) erhalten.

Außer dem mit bemerkenswerter Kontinuität und gleichzeitiger Anpassung an die Kriegserfahrungen gebauten großen S-Boot entwickelte die deutsche Kriegsmarine im Verlaufe des Krieges zwei weitere Fahrzeugtypen, die Produkte spezieller Kriegserfahrungen waren und aufgrund ihrer besonderen Eigenschaften, vor allem als Torpedoträger, hier behandelt werden sollen:

Das in den Jahren 1927—1930 in Zusammenarbeit von Abeking & Rasmussen, Lemwerder (Weser), und K-Amt entwickelte, zunächst 60/63 t große und 17 kn laufende, ab 1933 auf 115/120 t und 21 kn gebrachte deutsche R-Boot erwies sich während des Krieges als außergewöhnlich glückliche Konstruktion mit sehr guten See-Eigenschaften, die nicht nur für Minensuch- und Räumzwecke, sondern auch für Sicherungs- und Geleitaufgaben, als Minenleger (12 Minen), ja mit verstärkter MK-Bewaffnung auch als eine Art MGB verwandt werden konnte. Durch eine Vergrößerung der Hauptabmessungen und der Verdrängung (rd. 155 t) konnten die stetig wachsenden militärischen Forderungen aufgefangen und einzelne Serien auf mehr als 23,5 kn Geschwindigkeit und bis zu 6 — 20-mm-MK gebracht werden.

Um die Jahreswende 1941—1942 wurde seitens der Seekriegsleitung die Forderung erhoben, für die Sicherung der von englischen Über- und Unterwasserstreitkräften bedrohten Norwegengeleite auf der Basis des vorhandenen R-Boots ein spezielles „Geleit-Räumboot" zu entwickeln, das neben einer verstärkten Flak-Bewaffnung 2 53,3-cm-Torpedorohre tragen und mindestens 25 kn laufen sollte.

Das K-Amt lehnte diese Forderung unter Hinweis auf technische Probleme ab. Als jedoch der im K-Amt tätige Ober-Ingenieur Docter an Hand eines aus eigener Initiative in Zusammenarbeit mit der Werft Abeking & Rasmussen angefertigten Vorentwurfs nachwies, daß die gewünschten Eigenschaften mit einem 170/180-t-Boot und bei Verwendung von drei (statt zwei) der auf R-Booten üblichen aufgeladenen 1275-PS-MWM-8-Zyl.-Viertakt-Diesel-RS-143-Su sehr weitgehend realisierbar waren, wurde der Bauauftrag für zwanzig Boote, „GR 301—320" (auch nur „R 301—320" genannt), an Abeking & Rasmussen vergeben. Die Bauunterlagen entstanden als Amtsentwurf.

Die gemäß Vorgang R - und S-Boot als Quer- und Längsspant-Stahl-Leichtmetall-Mahagoni-Doppeldiagonal-Karweel-Kompositbau ausgeführten Boote (Abb. 131 u. SK 117, s. Tafel 3) waren 41,04 (38,60) m lang, 6,00 (5,85) m breit und gingen 1,8 m tief. Die Konstruktionsverdrängung betrug 160,9 t, die Einsatzverdrängung zunächst 177 t, später um 184 t. Drei auf drei Propeller von 0,95 m Drm. arbeitende, wie bei den S-Booten in zwei Abteilungen aufgestellte MWM-Diesel mit 3825-PS-Gesamtleistung ermöglichten 24 kn. Bei 16,5 m³ Brennstoff und 20 kn Geschwindigkeit konnten 716 sm abgelaufen werden. Zur Energieversorgung diente ein 15-KW-110-V-Dieselgenerator. Die Bewaffnung umfaßte zunächst 1 — 37-mm-MK mit 2000 und 3 bis 6 — 20-mm-MK als Einzel- resp. Doppellafetten mit 4500 Schuß. Später kamen 2 — 53,3-cm-Torpedorohre und Wabos, ferner Einrichtungen, statt der Torpedorohre 16 Minen zu fahren, hinzu. Die Besatzung bestand aus 38 Mann.

Bei den Erprobungen zeigten die Boote bessere See-Eigenschaften als die etwas kleineren R-Boote, doch drehten sie mit dem ursprünglichen Doppelruder schlecht. Erst nach dem Einbau von drei direkt im Schraubenstrom liegenden Rudern wurden die Steuer- und Dreheigenschaften gut.

„R 301—312" wurden zwischen Juni 1943 und August 1944 in Dienst gestellt. Der Bau der restlichen Boote, „R 313—320", sowie weiterer geplanter Boote (bis „R 400"??) wurde nicht mehr begonnen.

Betrachtet man die Entwicklung der Geleit-Räumboote nüchtern, so ist das Bestreben erkennbar, durch den Bau eines „Super-Räumboots" eine aus Produktions- und operativen Gründen interessante Kombination von MTB, MGB und Motor-Minensuchboot zu erhalten und — entsprechend der taktischen Situation — im Einsatz jeweils die eine oder andere Eigenschaft hervorzukehren. Gleichzeitig beginnt sich aber auch der Nachteil einer derartigen Mehrzweck-Konstruktion abzuzeichnen: Für Minensuchzwecke ist das Fahrzeug viel zu aufwendig, als MTB zu langsam, als MGB für seine Größe mit einer 37-mm-MK als schwerster Waffe zu schwach armiert und als reines Geleitfahrzeug für 10—12-kn-Schiffe zu schnell.

Im Laufe des Jahres 1942 spitzte sich die Bedrohung der im Kanal, in der Deutschen Bucht und vor der norwegischen Küste laufenden deutschen Nachschubgeleite weiterhin zu. Daher wandten sich die Überlegungen der SKL, die zunächst zur Forderung eines speziellen „Geleit-Räumboots" geführt hatten, einem Fahrzeugtyp zu, der bei wesentlich geringerem Aufwand in großer Stückzahl herstellbar wäre und möglichst universell **alle** im erweiterten Küstenvorfeld anfallenden Aufgaben erfüllen konnte, primär also Minenräumen, Geleitsicherung und U-Jagd.

Das mit dem Entwurf beauftragte K-Amt ging bei den konstruktiven Überlegungen von der Feststellung aus, daß
— die Fertigungslage im Jahre 1943 bei einem vorzunehmenden Groß-Serienbau generell eine außerordentlich einfache Bauweise erforderte. Hinzu kam, daß man weitgehend schiffbaufremde Betriebe in die Herstellung von Sektionen einbeziehen und die Tätigkeit der bereits stark ausgelasteten Werften auf den Zusammenbau und die Ausrüstung beschränken wollte. Praktisch also ein ähnlicher Sektionsbau, wie er auch mit den M-Booten 43 und den U-Booten der Typen XXI und XXIII praktiziert wurde.

Das bedeutete
a) Stahlbau,
b) Knickspantbauweise mit weitgehend geraden oder zumindest nur einfach gekrümmten Außenhautplatten, um aufwendiges Preßverformen zu vermeiden,
c) die Wahl des bei Marinebauten sonst unüblichen Einwellenantriebs,
d) daß die Bewaffnung den englischen MGB und kleineren Flugzeugpulks eindeutig überlegen sein mußte. Gleichzeitig mußten — speziell im Hinblick auf die Sicherung des Be- und Entladens von Geleiten — auch hochfliegende Bomberverbände erreichbar sein. Die gute Bewährung der M-Boote 35 und 40 sowie einiger größerer Beutefahrzeuge, die mit 8,8- und 10,5-cm-Geschützen ausgestattet waren, beim Geleit- und Sicherungsdienst im Kanal und vor der holländisch-deutschen Küste legten den Einbau je einer 8,8-cm vorn und achtern nahe. Die beiden schnellfeuernden, großkalibrigen Geschütze sowie eine 37-mm-MK, ein 20-mm-Vierling und zwei 20-mm-Doppellafetten würden gegenüber den beim Sicherungs- und Geleitdienst in Frage kommenden Gegnern eine deutliche Feuerüberlegenheit gewährleisten. Die aus der Bewaffnung resultierenden Abmessungen und Gewichte ergaben eine Konstruktionsverdrängung um 275 t, d. h. 100 t mehr als die Geleiträumboote, aber 50 % der Verdrängung der M-Boote 40. Eine beschränkte U-Jagd-, Wabo- und Minensuchausrüstung sollte sicherstellen, daß das Boot im Rahmen seiner Hauptaufgabe, Geleit- und Sicherungsdienst, beschränkte Räum- und U-Jagdaufgaben wahrnehmen könnte. Zwei Dieselgeneratoren von je 15 kW für 110 V Spannung waren zur Erzeugung der elektrischen Energie erforderlich.

Die bis dahin hinsichtlich Konstruktion, Antrieb, Bewaffnung und Geschwindigkeit sehr durchdachten, der Aufgabe und der für diesen Zweck zur Verfügung stehenden Fertigungskapazität durchaus angemessenen, unter der Bezeichnung „Mehrzweck-Boote" laufenden Fahrzeuge wurden aber letzthin dann doch noch Opfer der **Mehrzweck**-Idee:

Sie erhielten zusätzlich zwei durch Klappen verschließbare 53,3-cm-Torpedorohre nach Art der großen S-Boote starr im Rumpf eingebaut für den Recht-Voraus-Schuß. Man nahm also eine nicht unbeträchtliche Gewichtsvermehrung in Kauf für die Anbordgabe einer Torpedo-Einrichtung, die für ein Fahrzeug dieser Größe und Geschwindigkeit, bei der vorgesehenen Primär-Aufgabe und in den in Frage kommenden Einsatzgebieten nur bei Zusammentreffen außerordentlich glücklicher Umstände zum Einsatz kommen konnte. Ganz offensichtlich übersah man 1943 unter dem Eindruck der Kriegslage und dem ständig zunehmenden Mangel an geeigneten Überwasserschiffen die alte, für jedes Kriegsschiff — aber auch für Menschen! — gültige Regel "Good for everything = good for nothing ..."

Insgesamt wurden 1943 bei der Stülcken-Werft in Hamburg zwölf Boote dieses Typs, „MZ 1—12", bestellt, die bei 51,75 m Länge über alles, 49,0 m Länge in der KWL, 7,2 m Breite über Scheuerleisten und 2,25 m max. Tiefgang eine Konstruktionsverdrängung von 295 t und eine Einsatzverdrängung von 315 t erreichten (SK 118). Die Geschwindigkeit betrug 14 kn, der Fahrbereich bei 17,5 m³ Brennstoff und 14 kn 1000 sm. Brücke, Steuerstand und Wallgang im Bereich der Antriebs- und Munitionsräume waren leicht gepanzert. Die Besatzung umfaßte 52 Mann. Aus konstruktiver Sicht ist die Konzentration aller genutzten Räume in dem rd. 37 m langen und eben über 4 m breiten, kastenförmigen Mittelteil zwischen den beiden Wallgängen, der von Abteilung II bis Abteilung VI reichte, zu bemerken. Die Wallgänge selbst waren — bis auf zwei Frischwasserzellen in Abteilung III — leer und boten einen guten Schutz gegen mit Aufschlagzündern versehene Geschosse leichter MK!

Von den bestellten zwölf Fahrzeugen kam nur das am 12. 1. 1944 auf Kiel gelegte „MZ 1" am 29. 8. 1944 in Dienst. Endgültig abgeliefert wurde es erst am 24. 9. 1944. Es wurde dem Schiffserprobungskommando unterstellt und verblieb dort bis Kriegsende. Die Ende November/Anfang Dezember 1944 auf Stapel gelegten Boote „MZ 2—4" wurden — offensichtlich aufgrund noch unbefriedigender Erprobungsergebnisse mit „MZ 1" — beim Bau sehr dilatorisch behandelt und lagen bei Kriegsschluß noch unfertig auf den Helgen. Die restlichen Boote sind überhaupt nicht mehr in Angriff genommen worden.

Planungen, weitere Schiffe dieses Typs um 5 m zu verlängern, auf 365 t Typ-, 405 t Konstruktions- und 465 t Einsatzverdrängung zu bringen und den Dieselantrieb durch eine Lenz-Einheits-Dampf-Expansionsmaschine (ähnlich M-Boot-Typ 35) von 1040 PS zu ersetzen, blieben liegen. Sie hätten den Wert der Fahrzeuge keineswegs angehoben! (3, 29, 32, 51, 86, 100, 101, 108).

5.512 Übernommene und Beuteboote

Mit Kriegsbeginn übernahm die Kriegsmarine acht für ausländische Rechnung in Bau befindliche Lürssen-Boote, die sehr weitgehend früheren deutschen Konstruktionen entsprachen und daher gut in den vorhandenen Bestand eingereiht werden konnten:

- als „S 1" das letzte von fünf für Bulgarien gebauten Booten. Es entsprach bootsbaulich dem 1936—1937 für Jugoslawien gebauten Typ „Orjen", besaß jedoch anstelle der Otto-Motoren 3 — 700/900-PS-Daimler-Benz-MB-500-Diesel. „S 1" kam am 29. 9. 1939 in Dienst (s. auch Abschnitte 4.3612, 4.3700 und 5.511).
- als „S 30—36" sieben für China in Bau befindliche Boote, die hinsichtlich Bootsform und Antrieb dem deutschen Typ „S 10—13" entsprachen. Sie kamen zwischen November 1939 und Juni 1940 in Dienst (s. auch Abschnitte 4.3612, 4.3701 und 5.511).

Bei der relativ geringen Anzahl der bei Kriegsbeginn vorhandenen deutschen Schnellboote stellten diese acht schnell an die Front kommenden Boote einen wertvollen Zuwachs dar.

Im Jahre 1940 fielen der deutschen Wehrmacht bei der Besetzung Hollands in die Hand
- mehrere in verschiedenen Baustadien befindliche Nachbauten des von der British Power

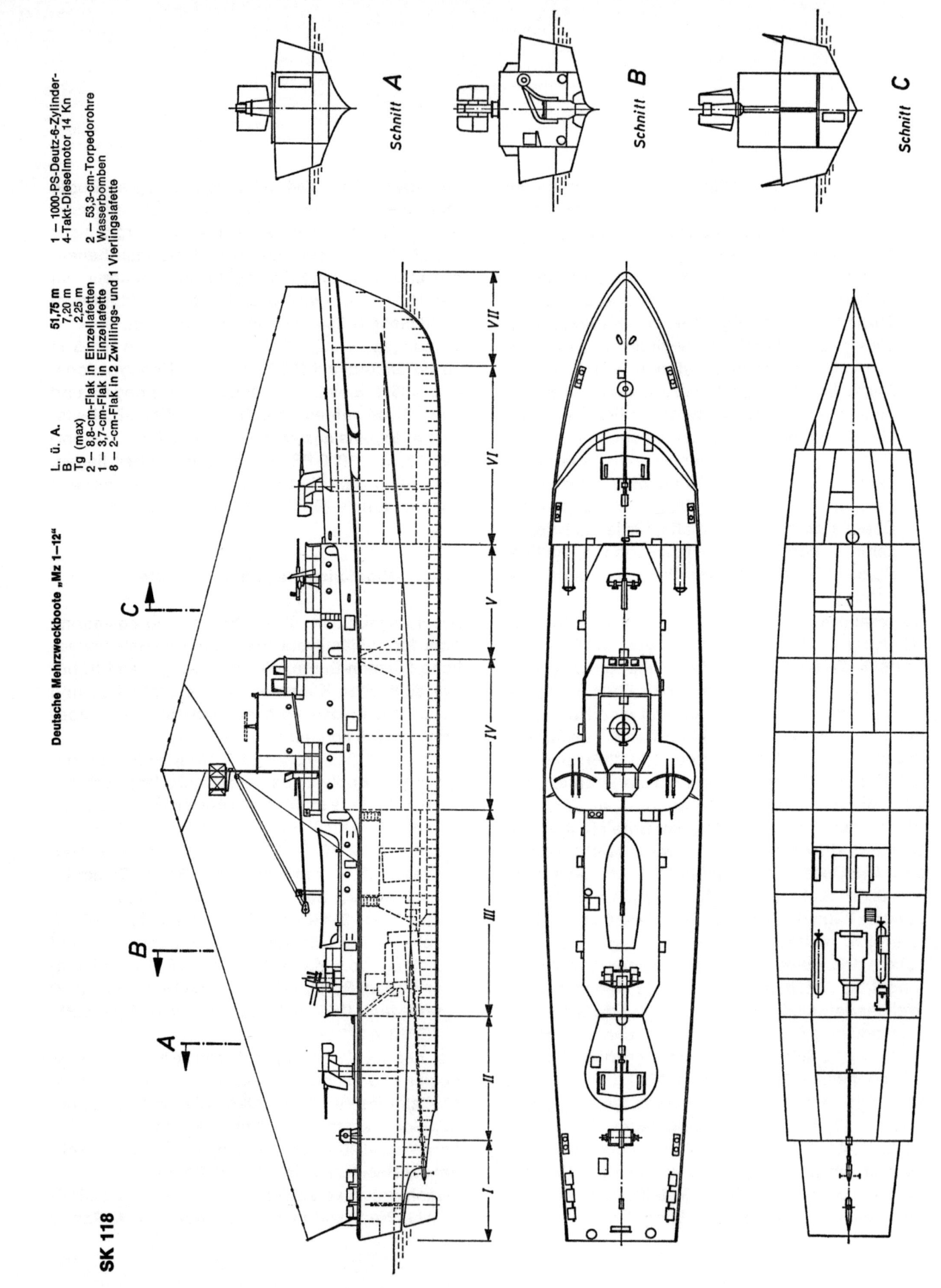

SK 118

Deutsche Mehrzweckboote „Mz 1–12"

L. ü. A.	**51,75 m**
B	7,20 m
Tg (max)	2,25 m
2 – 8,8-cm-Flak in Einzellafetten	
1 – 3,7-cm-Flak in Einzellafette	
8 – 2-cm-Flak in 2 Zwillings- und 1 Vierlingslafette	

1 – 1000-PS-Deutz-6-Zylinder-
4-Takt-Dieselmotor 14 Kn

2 – 53,3-cm-Torpedorohre
Wasserbomben

Schnitt **A**

Schnitt **B**

Schnitt **C**

Boat entwickelten, von Gusto N.V., Schiedam, in Lizenz gebauten P.V.-Boat-Typs (vgl. Abschnitte 4.311 und 4.3708) sowie zahlreiches noch unverarbeitetes Baumaterial für weitere Boote. Insgesamt sollte Gusto neunzehn derartige Boote bauen („TM 52" usf.), die bei 21,40 (19,68) x 6,05 (5,95) x 1,14 m 30,8/38,3 t verdrängten und mit 3 x 1000-PS-Rolls-Royce-Merlin-Otto-Motoren gute 40 kn erreichten. Zwei der im Gegensatz zum englischen Prototyp in Stahl ausgeführten V-Spant-Wellenbinder-Einstufengleitboote („TM 52, 53") wurden nach Konsolidierung der Lage unter deutscher Regie fertiggestellt und zwischen August und September als „S 201—202" zu ersten Abnahmefahrten in Dienst gestellt. Die nach deutschen Vorstellungen abgeänderte Bewaffnung umfaßte 1 — 37-mm- und 2 — 20-mm-MK mit 2000 bzw. 4000 Schuß und 2 — 53,3-cm-Decks-Torpedorohre. Bei den mit beiden Booten in den Jahren 1940/41 durchgeführten Versuchen wurden jedoch keine recht befriedigenden Ergebnisse erzielt. Durch die Stahlbauweise und die stärkere deutsche Bewaffnung offensichtlich schwerer geworden als der englische Prototyp, erreichten sie nur 37—38 kn. Darüber hinaus wurde diese Geschwindigkeit auch nur bei glatter See ausgefahren, da die relativ flachbodigen Boote (SK 119) bei Seegang so hart einsetzten, daß die Fahrt herabgesetzt werden mußte. „S 201—202" wurden im Jahre 1942 an Bulgarien abgegeben. Soweit feststellbar, müssen aus dem vorhandenen Material noch fünf weitere Boote fertiggestellt worden sein, um direkt an Bulgarien (1) und Rumänien (4) geliefert zu werden. Nach Lenton (108) sollen die Motoren für diese Boote über Europa abgeschossenen englischen Bombenflugzeugen entnommen worden sein.
— acht als Lizenzbauten der Lürssen-Werft bei Gusto N.V. Schiedam in Bau befindliche Boote („TM 54—61"), die sich konstruktiv an das bulgarische Beuteboot „S 1" und die an Jugoslawien gelieferten Boote des Typs „Orjen" anlehnten (28,30 [27,70] x 4,46 [4,30] x 1,59 [1,32] m, 54/68 t Verdrängung), jedoch aus

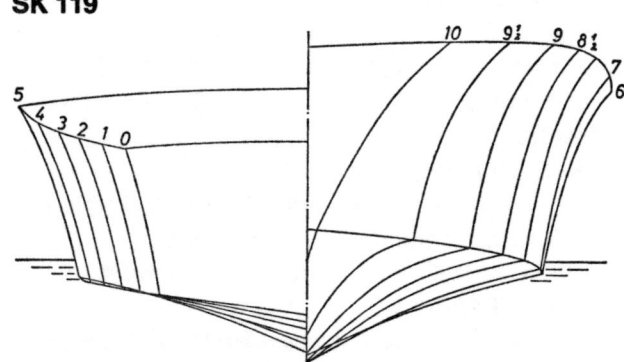

Spantenriß der Beuteboote „S 201—202"
British Power Boat (Typ „PV-Boat")

Standardisierungsgründen wie die Nachbauten des englischen Typs 3 — 1000 PS-Rolls-Royce-Merlin-Otto-Motoren erhalten sollten (s. Abschnitt 4.3708). Da Daimler-Benz s. Z. eine ausreichende Anzahl 700/950-PS-MB-500-Diesel für ausländische Rechnung in der Fertigung hatte, die von der Kriegsmarine übernommen worden waren, wurden die Boote umkonstruiert und als „S 151—158" weitergebaut. Sie erhielten die ab 1939 bei den deutschen Booten übliche geschlossene Back und wurden mit je drei Dieseln für 32—35 kn ausgerüstet. Außer den beiden 53,3-cm-Torpedorohren und der 20-mm-MK erhielten diese Boote 1 15-mm-Luftwaffen-MK mit 3000 Schuß. Der Brennstoffvorrat betrug 9,2 m³, der Fahrbereich bei 30 kn 350 sm. Die an der Front als „Mäxchen"-Boote bezeichneten Fahrzeuge bewährten sich gut und wurden später aufgrund ihrer geringen Abmessungen über Rhein, Rhein-Rhonekanal und Rhone in das Mittelmeer verlegt.
Im Jahre 1942 fielen der deutschen Marine zwei englische Boote in die Hand, die wiederhergestellt und in den Dienst der Kriegsmarine genommen wurden:
— am 28. 3. 1942 bei St. Nazaire das zum Fairmile-B-Typ gehörende „ML 306" (techn. Daten usw. s. Abschnitt 5.2143), das unter deutscher Flagge mit 1 — 37-mm- und 3 — 20-mm-MK bewaffnet wurde und unter der Bezeichnung „RA 9" lief,

— am 14. 9. 1942 bei Tobruk das beschädigte englische „MTB 314", ein in den USA gebautes und im Rahmen des Leih- und Pachtgesetzes an England abgegebenes Elco-77'-Boot (technische Daten s. Abschnitt 5.2113 und 5.41), das die Bezeichnung „RA 10" erhielt.

Ferner fielen der deutschen Marine drei sowjetische Torpdoschnellboote in die Hand

— am 27. 6. 1941 brachte die 2. S-Flottille in der Ostsee TKA-47 auf

— am 6. 1. 1942 strandete ein Boot bei Eupatoria (Schwarzes Meer)

— am 7. 5. 1945 kaperte die 5. S-Flotille ein im Gefecht beschädigtes TKA.

Sie wurden technisch ausgewertet, kamen aber nicht unter deutscher Flagge in Dienst.

Am 20. 5. 1943 erwarb die deutsche Kriegsmarine die im Schwarzmeer stationierten italienischen Schnellboote „MAS 566—570, 574—575" (technische Daten s. Abschnitt 5.311), die die Bezeichnungen „S 501—507" erhielten.

Im Zusammenhang mit der Kapitulation Italiens, am 9. 9. 1943, geriet eine größere Anzahl italienischer Boote in sehr unterschiedlichem Zustand (intakt, beschädigt, versenkt) in deutsche Hand. Sie wurden teils mit deutschen Bezeichnungen unter deutscher Flagge und Besatzung, teils unter der Flagge der auf deutscher Seite kämpfenden Marine der Repubblica Sociale Italiana (R.S.I.) mit der alten italienischen Bezeichnung verwandt. Es handelte sich im einzelnen um

— fünf ältere Boote, „MAS 423, 424, 430, 431, 437" (technische Daten s. Abschnitt 4.3511), die die Bezeichnungen „S 604, 624 (SA 17), 602, 603, 625 (SA 18)" erhielten,

— neunzehn moderne Boote des „Typ 500", „MAS 502, 504, 505, 518, 522, 525, 531, 542, 544, 549, 550, 551, 553, 554, 556, 557, 558, 561, 562" (technische Daten s. Abschnitte 4.3511 und 5.311), die die Bezeichnungen „S 626, 627, 628 (SA 19), (?), (?), 508 (SA 11), (?), 601, (?), 509 (SA 12), 622 (SA 21), 510 (SA 13), 512 (SA 14), 623 (SA 20), (?), 511, 629 (SA 15), 621 (SA 16) (Abb. 132), (?), erhielten. Die mit (?) versehenen Boote wurden entweder nicht wiederher-

gestellt bzw. liefen unter alter Bezeichnung bei der Marine der R.S.I.

— fünf Boote der jugoslawischen „Orjen"-Klasse („Velebit", „Dinara", „Triglav", „Rudnik", technische Daten usw. s. Abschnitte 4.3612 und 5.311), die als italienische Kriegsbeute aus dem Jahre 1941 zunächst als „MAS 4D, 5D, 6D, 8D", später als „MS 42, 43, 44, 46" gefahren hatten. Sie erhielten die deutschen Bezeichnungen „S 2—5".

— sieben Boote der während des Krieges von der italienischen Marine als „C.R.D.A. 60 t-Typ" nachgebauten „Orjen"-Klasse, „MS 16, 34, 36, 51, 63, 71, 76" (technische Daten s. Abschnitt 5.311). Sie erhielten die Bezeichnungen „SA 1—7",

— zweiunddreißig Geleiträumboote, „VAS 203, 205, 207, 209, 210, 215, 217, 218, 221, 225, 226, 227, 232, 236, 238, 239, 240, 241, 242, 243, 301, 302, 303, 304, 305, 306, 307, 308, 309, 310, 311, 312" (technische Daten s. Abschnitt 5.312). Deutsche Bezeichnungen erhielten nur „VAS 236, 239—243, 301—312". Sie wurden „RA 261, 262, 265, 266, 267, 268, 254, 257, 256, 255, 252, 251, 253, 263, 258, 264, 259, 260".

Die bei Kriegsausbruch beschlagnahmten Boote „S 1, 30—36" und die auf deutschen Plänen beruhenden, nach der Inbesitznahme umkonstruierten ex-holländischen Boote „S 151—158" entsprachen technisch und logistisch dem deutschen Standard und bewährten sich im Kriege als vollwertige Fahrzeuge. Die 1943 als „S 2—5" übernommenen ex-jugoslawischen Boote entsprachen zwar konstruktiv älteren deutschen Booten, doch fielen sie logistisch mit den nicht mehr in der Fertigung befindlichen Daimler-Benz-Bfz-Otto-Motoren völlig aus dem Rahmen. Schon die Jugoslawen und die Italiener hatten mit erheblichen Ersatzteilschwierigkeiten zu kämpfen (s. Abschnitt 5.311).

Die beiden englischen Boote, „RA 9—10", blieben Fremdkörper und wurden praktisch nur aufgebraucht.

Die im Mai 1943 als „S 501—507" erworbenen modernen italienischen Boote des „Typ 500" wurden bereits am 20. 8. 1943 an die rumänische Marine weitergegeben.

Die im Zusammenhang mit der Kapitulation Italiens in deutsche Hand geratenen Boote kamen, je nach Zustand bei der Übernahme und Ersatzteillage, teils in gutem Zustand, teils mit stark eingeschränktem Kampfwert, teils gar nicht in Fahrt. Viele am 9. 9. 1943 von den italienischen Besatzungen versenkte und beschädigte Boote wurden zum Gewinn von Ersatzteilen kannibalisiert. Allein aus logistischer Sicht war der Wert der italienischen Beute gering.

5.513 Die Klein-Schnellboote

5.5131 Die LS-Boote

Anfang 1940 wurde das Interesse an den mit Kriegsausbruch stillgelegten Klein-Schnellbooten „LS 1" und „LS 2" (s. Abschnitt 4.3613) wieder wach. Der Kompositbau „LS 1" wurde, da der Bootskörper zu schwer geworden war, für anderweitige Verwendung freigegeben. Das bei der Dornier-Werft in Bau befindliche Ganz-Leichtmetallboot „LS 2" sollte dagegen beschleunigt fertiggestellt und als „METEORIT" an Bord des Hilfskreuzers H.S.K. 7 „Komet" gegeben werden.

Da die für die Torpedo- und Torpedorohrfertigung verantwortlichen Instanzen sich jedoch außerstande erklärten, die konstruktiv vorgesehene, vom Standard-Kaliber 53,3 cm abweichende 45-cm-Torpedoarmierung termingerecht fertigzustellen, wurde angeordnet, das Boot zur Aufnahme von drei Magnet-TMB-Minen, und damit als schneller Minenleger zur Sperrung von Hafeneinfahrten, herzurichten. Nach Vorerprobungen mit einem 1 : 1 − Holzmodell wurden drei nebeneinander liegende, nach achtern durch Klappen verschließbare Rohre im Heckraum eingebaut (SK 120 und Abb. 133), deren Gefälle die auf Rollen gelagerten Minen nach dem Slippen der Halterungen achteraus fallen ließ. Zwei 20-mm-MK in Luftwaffendrehkränzen und Plexiglaskuppeln dienten dem Eigenschutz. Am 14. 6.

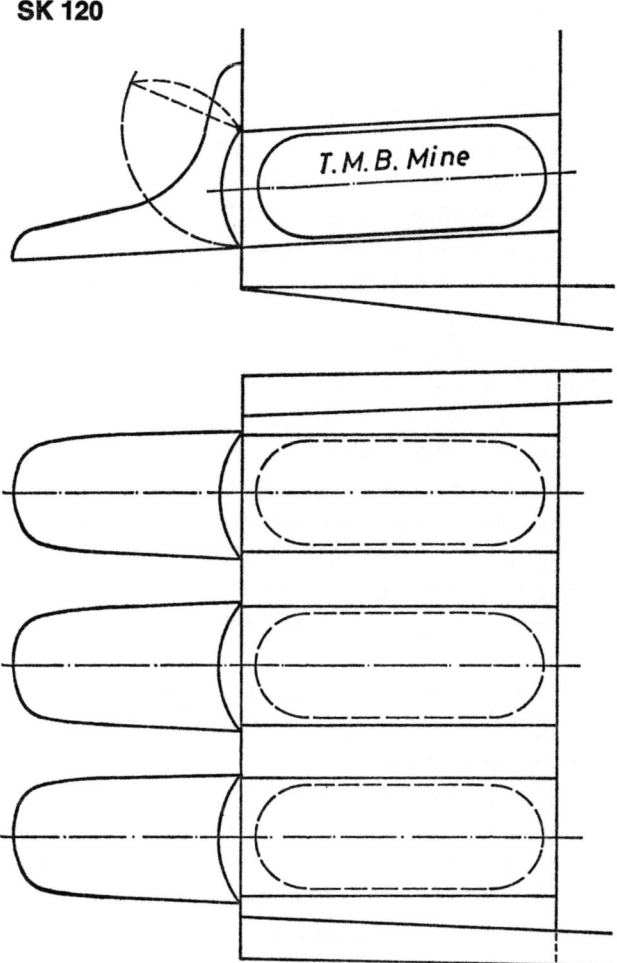

SK 120

T.M.B. Mine

Minenlegeeinrichtung auf deutschem Klein-Schnellboot „LS 2"

1940 wurde das Boot abgenommen, doch zeigte sich bereits bei den Probefahrten, daß die schmalen, hohen Junkers-Flugzeugmotoren Schwierigkeiten bereiteten. Obwohl die von Junkers geforderte elastische Aufhängung der Motoren und ihre Verbindung untereinander sich an Bord als nicht realisierbar erwiesen hatte und die Motoren starr mit den Fundamenten verbunden werden mußten, gelang es dann scheinbar, die Antriebsprobleme zu beheben. Sie traten jedoch später an Bord des Hilfskreuzers erneut auf, konnten mit Bordmitteln nicht behoben werden und führten zum Totalausfall des Bootes (123).

Im Frühjahr 1940 wurden vier weitere Boote, „LS 3−6", als Minenleger bei der Dornier-Werft in

Auftrag gegeben. Für zwei Boote, „LS 3" und „LS 4", standen bereits die ursprünglich für „LS 1–2" vorgesehenen, für diesen Bootstyp neuentwickelten Daimler-Benz-Leichtdiesel-Motoren des Typs MB 507 zur Verfügung, 12-Zylinder-V-Viertakt-Motoren von 850 PS bei 2200 Upm, die, einschließlich des Stöckicht-Wende- und Übersetzungsgetriebes nur 1100 kg, d. h. 1,3 kg/PS wogen. Neben dem geringen Gewicht waren geringe Baulänge, tiefe Schwerpunktlage und relativ geräuscharmer Lauf besonders vorteilhaft. Zur weiteren Gewichtsersparnis wurden die Motoren durch Pulverladung angeschossen. Schließlich war bei jedem Boot nur ein Getriebe mit einer Umkehreinrichtung vorgesehen. Die Übersetzung der 2200 Motor- auf 3300 Propellerumdrehungen wählte der Konstrukteur, Ober-Ingenieur Docter, gegen die Bedenken Außenstehender hinsichtlich des Propellergütegrades, da

a) im Rennbootsbau selbst bei noch höheren Propellerumdrehungen befriedigende Gütegrade erreicht werden,

b) hohe Propellerdrehzahlen kleinere und damit leichtere Propeller, dünnere Wellen sowie kleinere Wellenböcke und Lager ermöglichen, die sowohl widerstands- als auch gewichtsmäßig vorteilhaft sind.

„LS 3" erhielt eine in Zusammenarbeit mit Baurat Nebesky vom Sperrwaffenversuchskommando entwickelte neue Mineneinrichtung, um vier (statt drei bei „LS 2") Minen unterzubringen:

Je zwei Minen wurden in zwei nebeneinander liegenden, weiter vorn im Boot angeordneten Schächten horizontal übereinander in Gurten gelagert (SK 121). Das Beladen erfolgte über zwei Decksklappen, das Werfen der Minen nach Öffnen der Bodenklappen durch Slippen der Gurte vom Antriebsraum aus. Der Zeitpunkt zum Slippen wurde von der Brücke aus durch Lichtsignal angegeben. Um ein Arbeiten der im Schacht liegenden Minen durch Seegang zu vermeiden, wurden diese bis kurz vor dem Wurf durch Spindeln vom Antriebsraum aus festgesetzt. Obgleich die geöffneten Bodenklappen festigkeitsmäßig für 20 kn Fahrt ausgelegt waren,

SK 121

Minenlegeeinrichtung auf deutschem Klein-Schnellboot „LS 3"

mußte das Minenlegen selbst auf 14 kn beschränkt werden, um Ruder und Propeller nicht durch die fallenden Minen zu beschädigen.

„LS 3" wurde am 14. 10. 1940 abgeliefert. Es erhielt, wie alle Folgeboote, nur eine 20-mm-MK in Luftwaffendrehkranz und Plexiglaskuppel über der Brücke. Während die Erprobung der Mineneinrichtung in allen Teilen voll befriedigte, lief das Boot aufgrund ungeeigneter Propeller statt der erwarteten 42 nur 38 kn. Da die Steigung der Propeller zu gering ausgefallen war, sprachen die Schnellschußregler der Motoren zu früh an. Da geeignetere Propeller nicht mehr rechtzeitig beschafft und die erzielte Geschwindigkeit für einen Mineneinsatz ausreichend erschien, wurde „LS 3" planmäßig an Bord des Hilfskreuzers HKS 8 „Kormoran" gegeben (125).

Das am 5. 7. 1941 abgelieferte „LS 4" erhielt erstmals die beiden 45-cm-Heck-Torpedorohre (Abb. 134) und damit die in der militärischen Konzeption und im Entwurf eigentlich vorgesehene Form (SK 122). Nach längeren Erprobungen mit unterschiedlichen Propellern von 0,48 m ⌀ erreichte „LS 4" im Januar 1942 auf der Neukruger Meile vor Pillau 42,5 kn und damit die Konstruktionsgeschwindigkeit. Das mit Funkanlage, Funkpeiler und – für den Notfall!! – mit zusammenlegbarer Hilfsbesegelung ausgerüstete Boot soll noch bei Wind 4 mit Höchstfahrt gelaufen haben. Es wurde als „Esau" an Bord des Hilfskreuzers HKS 9 „Michel" gegeben (124).

Da über die vier bestellten Testmotoren hinaus Daimler-Benz-Motoren zunächst nicht mehr zur Verfügung standen, mußten die folgenden Boote, „LS 5–6", wieder mit den Junkers-Flugzeugmo-

toren ausgerüstet werden, an denen jedoch aufgrund der vorliegenden Erfahrungen einige Verbeserungen vorgenommen worden waren. Auf Weisung des OKM mußten beide Fahrzeuge – da ohne größeren Aufwand zum Bahntransport geeignet – erneut umkonstruiert werden, um als U-Bootjäger im Ägäis-Mittelmeerraum eingesetzt zu werden. Da aufgrund der geringen Bootsgröße der Einbau eines U-Boot-Ortungsgeräts nicht möglich war, wurden die beiden LS-Boote als reine Wasserbomben-Träger vorgesehen. Als Ortungsträger wurde das mittelgroße Räumboot „MR 7" (23 t, 12 kn) bestimmt. Alle drei Fahrzeuge mußten also für die U-Jagd gemeinsam operieren.

SK 122

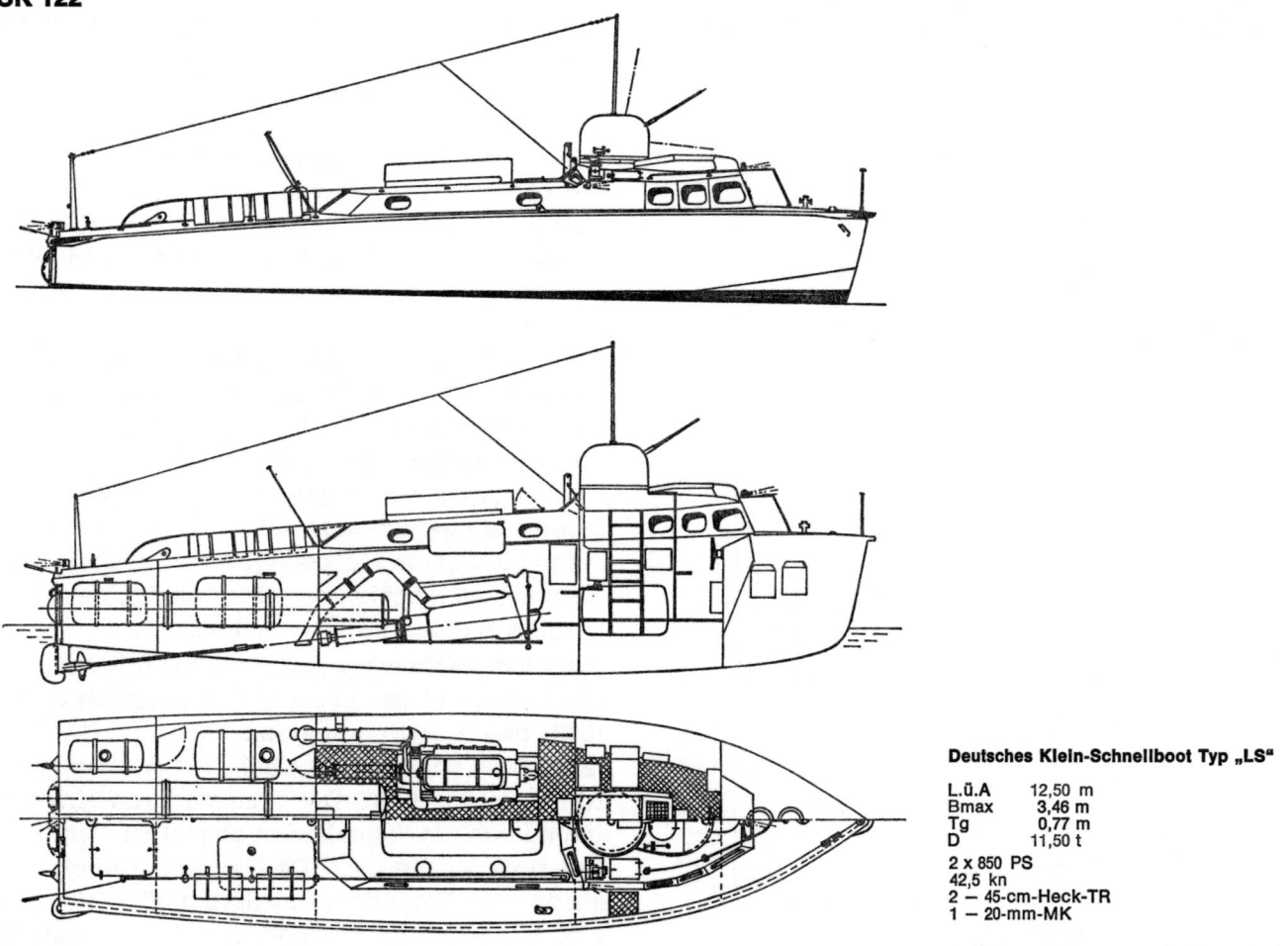

Deutsches Klein-Schnellboot Typ „LS"

L.ü.A	12,50 m
Bmax	3,46 m
Tg	0,77 m
D	11,50 t

2 x 850 PS
42,5 kn
2 – 45-cm-Heck-TR
1 – 20-mm-MK

Die beiden LS-Boote (Abb. 135) erhielten im Heckraum eine durch eine Klappe im Spiegel verschließbare Ablaufbahn für drei durch Drahtstopper gehaltene, von Deck aus slippbare Wabos (SK 123). In zwei davor liegenden Schächten wurden acht Reservewasserbomben auf Querbalken liegend gestaut. Sie konnten mittels eines Hebezeugs herausgeholt und in die durch eine Decksklappe zugängliche Ablaufbahn nachgeladen werden. Erprobungen ergaben eine Mindest-Wabo-Wurffahrt von 23 kn. Da jedoch das für die U-Jagd entscheidende Ortungsfahrzeug „MR 7" statt zum Mittel- zum Schwarzmeer verlegt wurde, entfiel der geplante U-Jagdeinsatz völlig, und die am 15. 10. 1941 gelieferten LS-Boote wurden als schnelle Verkehrs- und Kurierboote zwischen dem griechischen Festland, Kreta und der Inselwelt der Ägäis verwandt. Als die für den Borddienst wenig geeigneten Jun-

kers-Diesel nach etwa halbjähriger Laufzeit erneut Schwierigkeiten bereiteten, wurden die Boote zur Grundüberholung zur Bauwerft verlegt. Bei dieser Gelegenheit wurde auch die hinfällig gewordene Wabo-Ausrüstung ausgebaut und durch Torpedorohre ersetzt. Der Plan, beide Boote als Schulboote für die Besatzungen geplanter LS-Boote in Deutschland zu behalten, scheiterte am Einspruch des Kommandierenden Admirals Ägäis, der die Boote aufgrund seines völlig unzureichenden, nur aus Beutefahrzeugen bestehenden Schiffsbestandes dringend benötigte.

Im Frühjahr 1942 wurden „LS 7—14" bei der Dornier-Werft in Auftrag gegeben. Sie erhielten die bewährten Daimler-Benz-MB-507-Motoren und Heck-Torpedorohre. Gegenüber den Vorgängern wurde verändert:

— Ersatz des hinter der Brücke befindlichen Klappmastes durch einen auf der MG-Kuppel angebrachten Antennenhalter (siehe SK 122), um auch während eines Gefechts bzw. bei Gefechtsbereitschaft funken zu können.
— Belassen der beiden an Steuerbordseite vom Achterdeck abwerfbaren Nebelbojen, aber Ersatz der beiden Backbord-Bojen durch eine festeingebaute Nebelkanne mit Sprührohr am Heck,
— Ersatz der 20-mm-MK durch das neue 15-mm-Fla-MG der Luftwaffe mit elektrischem Schwenkwerk für die Kuppel und elektrischem Höhenrichten des Rohres. Die höhere Anfangsgeschwindigkeit (V$_o$), die größere Kadenz, die gegurtete Munition und die aufgrund des geringeren Geschoßgewichts größere Geschoßzahl mochten den Nachteil des kleineren Kalibers durchaus wettmachen.

Aufgrund zahlreicher Bauverzögerungen wurde das erste Boot der Serie, „LS 7", erst am 8. 10. 1943, das zuletzt fertiggewordene „LS 12" am 12. 7. 1944 abgeliefert. „LS 7—11" wurden noch zur Ägäis überführt. Der Transport von „LS 12" konnte noch in Jugoslawien abgestoppt werden. Das Boot kehrte nach Deutschland zurück und wurde der Torpedo-Versuchsanstalt (TVA) als Versuchsboot für Torpedoschießen zugeteilt.

SK 123

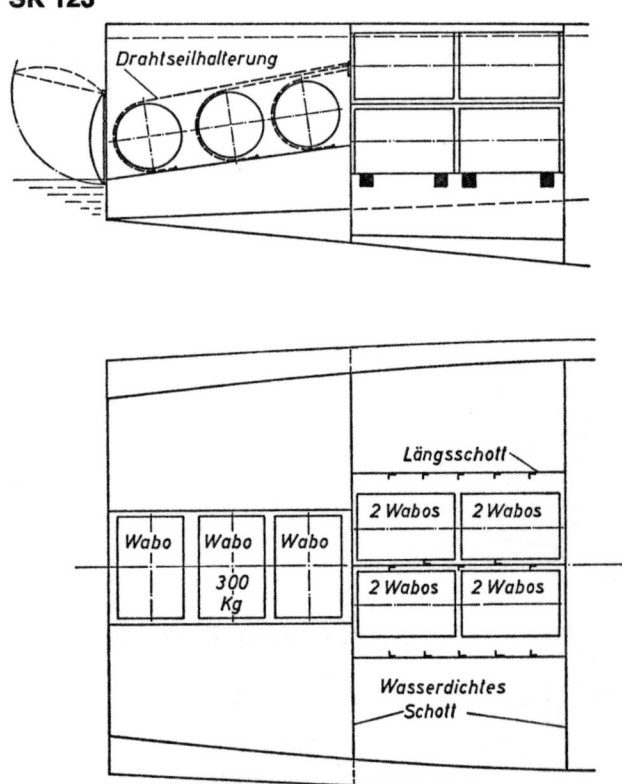

Einrichtung für Wasserbombenabwurf
auf den deutschen Klein-Schnellbooten „LS 5" u. „LS 6"

Nach dem Kriege geriet es als Kriegsbeute in russischen Besitz.

Ein im Frühjahr 1943 erteilter Auftrag über weitere 20 Boote, „LS 13–34", und ein Auftrag über insgesamt 100 Motoren an Daimler-Benz kam nicht mehr zum Zuge. Die 1945 als Kriegsbeute in französische Hand gefallenen Rümpfe von „LS 13–18" wurden für Frankreich fertiggestellt, der Auftrag für die restlichen Boote annulliert.

Insgesamt erscheinen die LS- (Leicht-) Schnellboote als technisch bemerkenswerte und interessante Lösung. Nicht minder bemerkenswert ist die ursprüngliche Einsatzidee, der Rückgriff auf die nichtautonomen Torpedoboote der Jahrhundertwende, die allerdings durch den Einsatz von einem bis zum Schluß getarnt operierenden Hilfskreuzer einen neuartigen, durchaus überzeugenden Aspekt erhält. Als jedoch die Masse der Boote für den ursprünglich vorgesehenen Einsatz nicht rechtzeitig bzw. zweckmäßig fertig wurde, wies man ihnen Aufgaben zu, die ihrer Eigenart nur wenig entsprachen.

5.5132 Typ „Hydra"

Im Jahre 1944 regte die zu erwartende Invasion die Entwicklung von Klein-Schnellbooten an, die, klein, von einfacher Bauart und daher schnell und in großer Stückzahl herstellbar, besonders in engeren Küstenräumen eine vorzügliche Abwehrwaffe von offensivem Charakter darstellen mußten. Dem Nachteil eines jeden Überwasserfahrzeugs, die Luftbedrohung, die in Anbetracht der absoluten Luftüberlegenheit der Alliierten generell, ganz besonders aber in entsprechend geschützten Landungsräumen vorlag, konnte gerade bei diesen Fahrzeugen durch extrem hohe Geschwindigkeit, große Wendigkeit, große Stückzahl und Kleinheit des Ziels begegnet werden. Darüber hinaus ließen Geschwindigkeit und Beweglichkeit das Klein-Schnellboot als eine ideale Ergänzung der Unterwasser-Torpedoträger (bemannte Torpedos und Kleinst-U-Boote) erscheinen.

Wie bei allen Kleinkampfmitteln wurde auch für diese Fahrzeuge die uneingeschränkte Eignung zum gefechtsklaren Überlandtransport und zum Zuwasserbringen an freier Küste gefordert. Im Hinblick auf den Landtransport wünschte das Kommando der Kleinkampfmittel, der K-Verband, daß eine Bootslänge von 10 m möglichst nicht überschritten werden sollte. Der bereits vorliegende LS-Typ genügte dieser Forderung nicht, da er unter völlig anderen Voraussetzungen entstanden war. Schließlich hatte er sich auch als recht aufwendig und, von der Antriebsseite her, als störanfällig erwiesen. Aus dem Zwang, möglichst schnell und in großer Stückzahl an geeignete Fahrzeuge heranzukommen, wurde in Deutschland auf vier Wegen parallel gearbeitet:

a) ab Mai 1944 wurde der italienische Typ SMA (s. Abschnitt 5.313) aus Italien bezogen bzw. in Deutschland nachgebaut,

b) Entwürfe des Konstruktionsamts im OKM,

c) die Ausschreibung eines Klein-Schnellboots bei hierfür in Frage kommenden Konstrukteuren des zivilen Bereichs,

d) Eigenentwicklungen des K-Verbandes.

Vom italienischen Typ SMA wurden von Mai 1944 bis Januar 1945 78 Boote gebaut. Die Form ihrer Aufbauten wich teilweise vom italienischen Vorbild ab (Abb. 136).

Über eventuelle Vorprojekte des K-Amts liegen keine Unterlagen vor. Bekannt ist nur das Endprodukt, der aus dem zurückgestellten Entwurf eines für die Luftwaffe vorgesehenen, zum Transport durch Lastensegler des Typs Go 242 geeigneten Kleinst-Schnellboots hervorgegangene Typ „Hydra" (SK 124), der in Zusammenarbeit mit der Krögerwerft in Warnemünde entstanden war. Zwei am 25. 8. 1944 in Auftrag gegebene Prototyp-Boote verdrängten bei 13,21 m Länge, 3,1 m Breite, 1,88 m Seitenhöhe und 1,05 m Tiefgang am Propeller 7,45 t. Die in der Form etwas völlig gehaltenen V-Spant-Boote (Abb. 137) liefen mit einem Avia-Hispano-Suiza-Otto-Motor des Typs 12 y 31, der auf 650 PS gedrosselt worden war, mit 1 Propeller von 0,69 m Drm rd. 36 kn. Bei 1100 Liter Tankinhalt erreichten die Erprobungsboote „H 1–2" 290 sm bei 25 kn resp. 152 sm bei 36 kn.

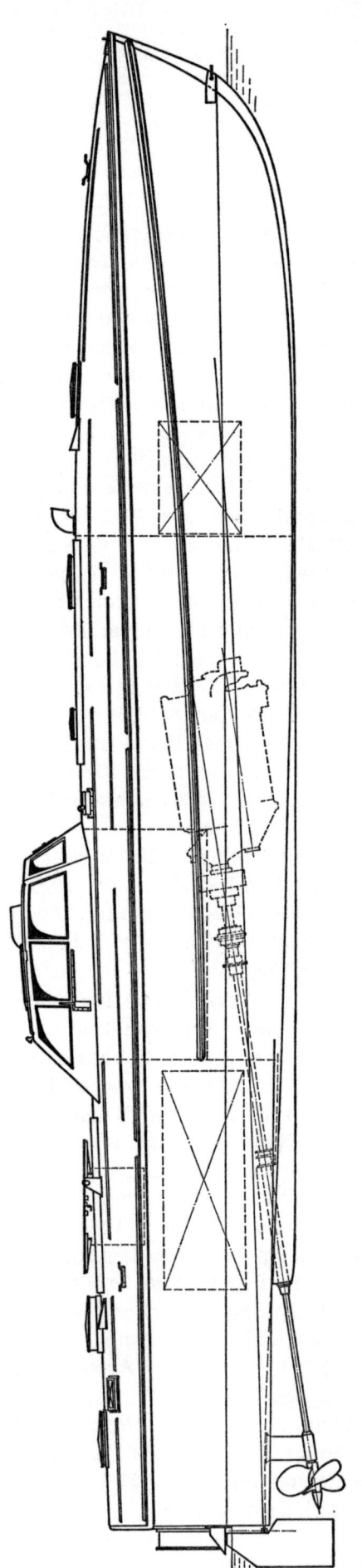

SK 124 a

Deutsches Klein-Schnellboot Typ „Hydra"
7. 3. 1945

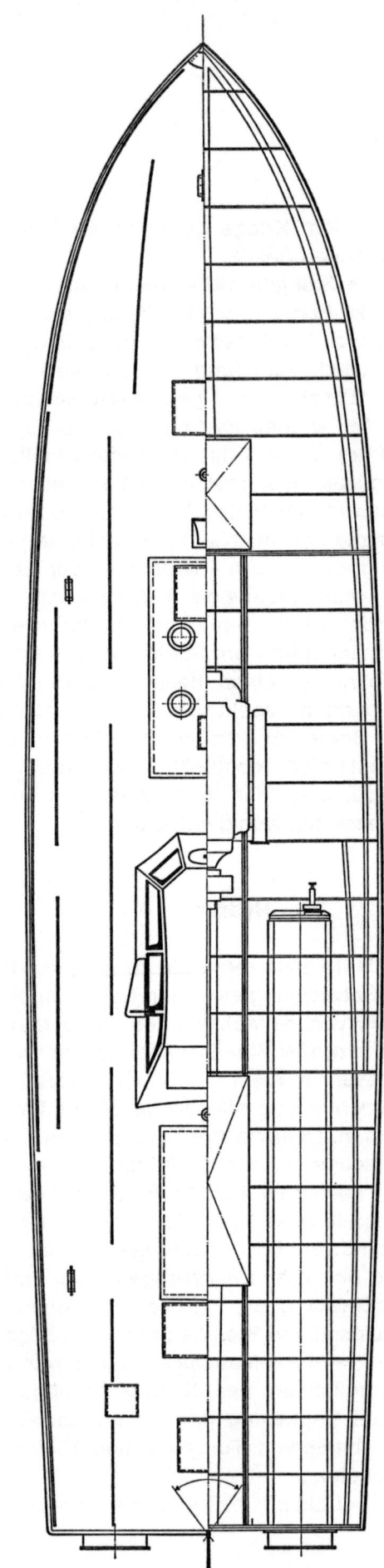

SK 124 b

„Hydra" (Entwurf)
29. 8. 44

Länge ü. Deck	12,89 m
Länge i. CWL	12,37 m
Breite, größte	3,095 m
Breite, in CWL	2,63 m
Tiefgang, größter	1,03m

M 1:20

Abb. 137
Deutsches Klein-Schnellboot
Typ „Hydra"

Abb. 138
Deutsches Klein-Schnell-
boot Typ „Hydra" bei
Seegangserprobungen

Abb. 139
Deutsches Klein-Schnellboot
Typ „Hydra" bei Seegangs-
erprobungen

Abb. 140
Deutsches Klein-Schnellboot
Typ „Kobra"

Abb. 141
Modell eines stufenlosen Klein-Schnellboots mit korrespondierenden 42 kn in glatter See

Abb. 142
Modell eines Stufen-Klein-Schnellboots mit korrespondierenden 42 kn in glatter See

Abb. 143
Modell eines Katamaran-Gleitboots beim Schleppversuch

Abb. 144
Schleppfahrt eines Gleitflächen-Klein-Schnellboots

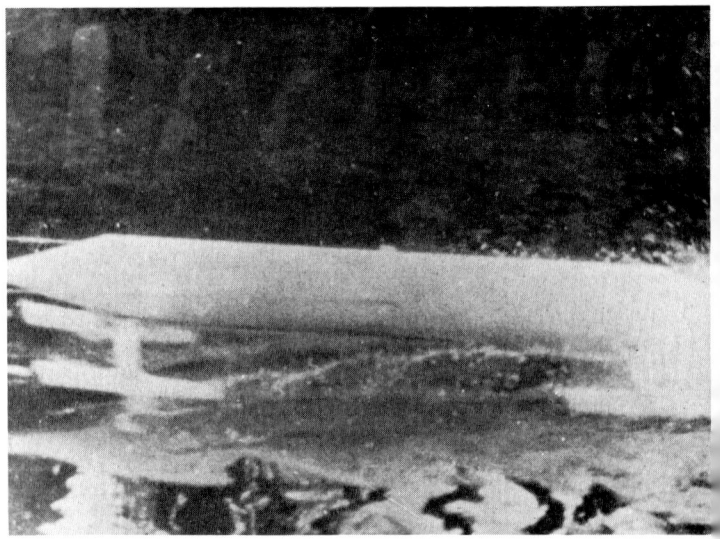

Abb. 145
Modell des Klein-Schnellboots
Typ „Schlitten I" in voller Fahrt im Seegang

Abb. 146
Deutsches Klein-Schnellboot Typ „Schlitten I"

Abb. 147
Deutsches Klein-Schnellboot Typ „Schlitten I"

Abb. 148
Deutsches Klein-Schnellboot
Typ „Schlitten I" in voller Fahrt

Abb. 149
Motoranordnung im Klein-Schnellboot Typ „Schlitten II"

Abb. 150
Klein-Schnellboot Typ „Schlitten II" in Bau

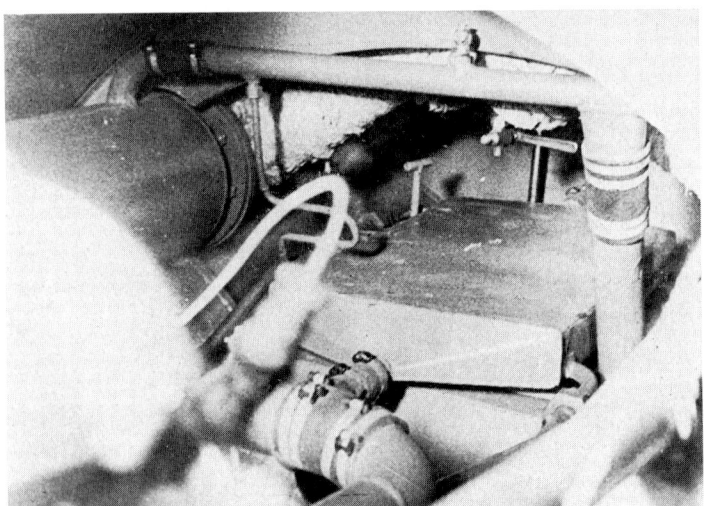

Abb. 151
Rückkühleinrichtung im Klein-Schnellboot Typ „Schlitten II"

Abb. 152
Kupplung, Schwungrad und Kühlpumpen im Klein-Schnellboot
Typ „Schlitten II"

Abb. 153
Deutsches Klein-Schnellboot Typ „Schlitten II"
auf dem Transportwagen

Die Bewaffnung bestand aus zwei 45-cm-Heck-Torpedorohren für den Flugzeugtorpedo F 5 b. Der Motor besaß kein Wendegetriebe, sondern nur eine Kupplung für Leerlauf und Vorwärtsfahrt. Bei einem Boot („H 53") ausgeführte Versuche mit einem Jumo-Otto-Motor geringerer Leistung ergaben nur 34 kn und wurden daher aufgegeben. Drei später, während des Serienbaus, eintreffende Waggons mit 1000-PS-Rolls-Royce-Merlin-Motoren kamen zum Einbau zu spät.

Zu Beginn des Winters 1944—1945 durchgeführte Vergleichserprobungen der Typen „Hydra", „Kobra" (s. Abschnitt 5.5133) „Wal" und „Schlitten" (s. Abschnitte 5.51341—5.51342) sollen dann erwiesen haben, daß der OKM-Typ „Hydra" hinsichtlich Seeverhalten (Abb. 138, 139) und Schalldämpfung am vorteilhaftesten war. Er wurde daher als einziger Klein-Schnellboot-Typ zur Groß-Serienfertigung bestimmt und rangierte bei Kriegsschluß in der Priorität noch vor dem Jäger-Programm. Rückblickend mag die Richtigkeit diese Entscheidung etwas zweifelhaft erscheinen, da der OKM-Typ „Hydra" als einzigster die sachlich berechtigte K-Verbands-Forderung einer maximalen Länge von 10 m um rd. 30 % überschritt und damit

a) seinen Konkurrenten im Seeverhalten zwangsläufig überlegen sein mußte,
b) die so dringend benötigte Transportfähigkeit nur noch sehr bedingt erfüllte.

Bei der am 4. 12. 1944 in Auftrag gegebenen 2. Serie von 50 Booten wurde der Brennstoff-Vorrat auf 1400 Liter und damit der Fahrbereich auf 180 sm bei 36 kn resp. 370 sm bei 25 kn erhöht. Außerdem erhielten die Boote von dieser Serie an ein Fla-MG als Eigenschutz. Am 8. 2. 1945 wurde eine dritte Serie von 115 Booten in Auftrag gegeben. Als Bauwerften fungierten die Kröger-werften in Warnemünde und Stralsund, die Schlichting-Werft, die Lürssen-Werft, die Danziger Waggonfabrik, die Hamburger Werft und die Bootswerften Gebrüder Engelbrecht, Karl Mathan, Robert Franz, Karl Vertens, H. Heidtmann, Hinrich von Cölln. Bis zum Kriegsschluß wurden jedoch nur 39 Boote fertiggestellt (3, 41).

Eine auf dem Typ „Hydra" aufbauende Idee des Ingenieurs Driesen, das Klein-Schnellboot Typ „Seedrache", blieb in der Planung liegen: Es waren zwei durch Streben miteinander verbundene „Hydra"-Rümpfe (Gesamtbreite ca. 9 m) mit vier 45-cm-Heck-Torpedorohren vorgesehen, die durch das Strahltriebwerk eines Turbinenjägers auf 60 kn gebracht werden sollten. Praktische Fahrversuche hätten jedoch mutmaßlich unbefriedigende Fahreigenschaften eines derart schnellen Katamaran-Gerätes ergeben, wie sich bei Fahrversuchen eines ähnlichen Geräts, des aus zwei Ju-52-Schwimmern hergestellten Sprengboots vom Typ „Tornado" gezeigt hatte (3, 41, 146).

5.5133 Typ „Kobra" usw.

Von den im Rahmen der Ausschreibung eingereichten Klein-Schnellbootentwürfen liegen noch Unterlagen über zwei Boote vor:

— Der im Sommer 1944 unter widrigen Umständen von Ober-Ingenieur H. Docter, dem alten Schnellbootfachmann, entwickelte Typ „Kobra" (SK 125, Abb. 140) war sowohl als autonom operierendes Klein-S-Boot wie auch als einsetzbares Fahrzeug gedacht, das von größeren Fahrzeugen in die Nähe des Operationsgebiets gebracht werden konnte. Die technischen Daten: Länge 8,72 m, Decksbreite 2,5 m, WL-Breite 2,25 m, Tiefgang mit Propeller 0,56 m, Verdrängung 3,46 m³. Zwei 90-PS-Ford-8-Zyl.-Otto-Motoren auf zwei vierflüglige Propeller von 0,33 m Drm. ergaben rd. 29 kn. Die Bewaffnung bestand aus einem zwischen den Motoren liegenden 45-cm-Heck-Torpedorohr für den Flugzeugtorpedo F 5 b. Zwei der auf einfachste Bauweise abgestellten Knickspantboote wurden als Erprobungsboote auf der Vertens-Werft gebaut. Nach Abschluß von Vergleichserprobungen wurde der Typ „Kobra" nicht weiter verfolgt (3, 102, 103, 104).

— Ein nicht abschließend durchgearbeiteter Entwurf eines Klein-Schnellboots (SK 126) von 10,6 m Länge, 3,2 m Breite im Deck, 1,3 m

SK 125

Deutsches Kleinst-S-Boot Typ „KOBRA"

L	8,72 m
B	2,50 m
Tg	0,56 m
D	3,46 m³

2 — 90-PS-Motoren
29 kn
1 — 45-cm-Heck-TR

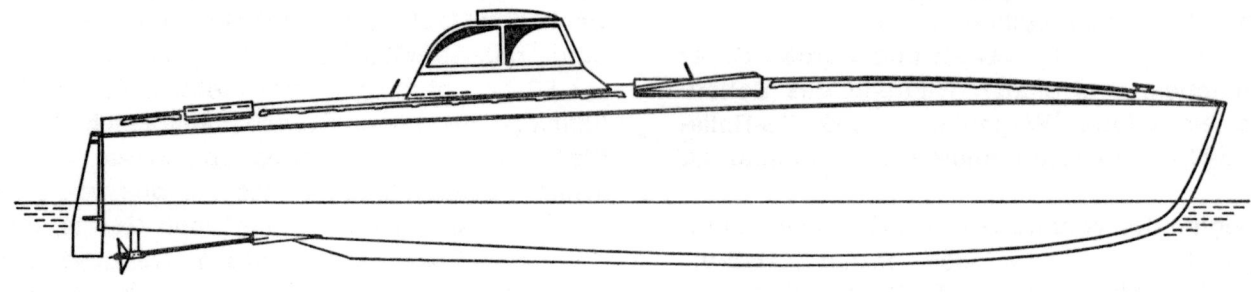

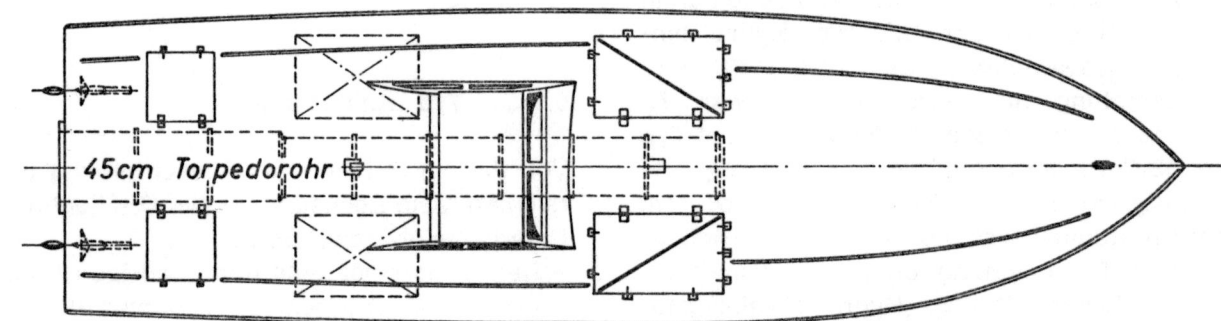

45cm Torpedorohr

SK 126

Deutsches Klein-Schnellboot-Projekt 1944

Länge	10,60 m
Breite	3,20 m
Seitenhöhe	1,30 m
Tiefgang (Konstr.)	0,55 m
Verdrängung	**7,65 t**

Geschwindigkeit (geschätzt) 37 Kn
2 Hispano-Suiza-Motoren 12 y 31 herabgesetzt
auf je 650 PS
2 Flugzeugtorpedos F 5, Kaliber 45 cm

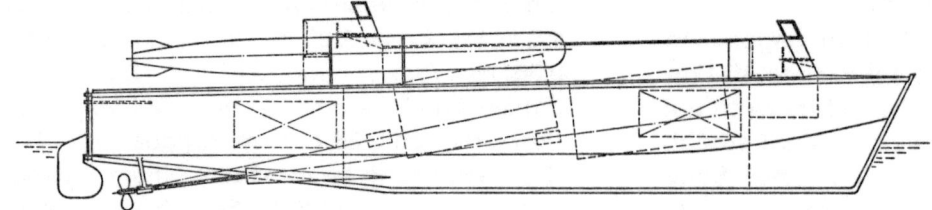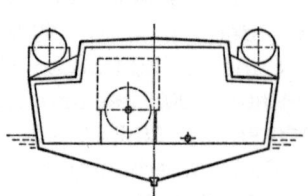

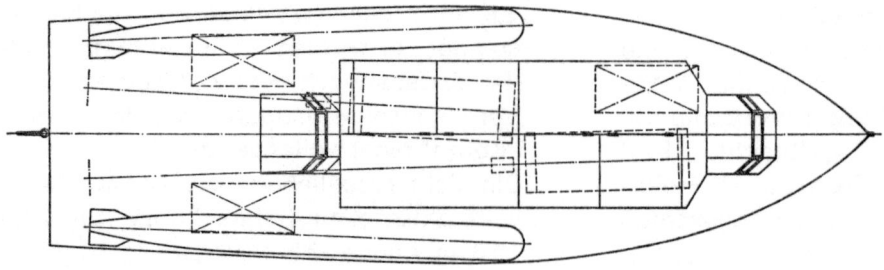

Seitenhöhe, 0,55 m Konstruktionstiefgang, 7,65 t Verdrängung, das mit zwei auf je 650 PS gedrosselten Hispano-Suiza-Otto-Motoren des Typs 12 y 31 rd. 37 kn erreichen sollte. Als Bewaffnung waren zwei in seitlichen Abwurfrahmen an Deck liegende, nach dem Prinzip der italienischen MAS-Boote angeordnete 45-cm-Flugzeugtorpedos des Typs F 5 b vorgesehen.

5.5134 Vom K-Verband entwickelte Klein-S-Boote

Die mit weitem Abstand bemerkenswertesten Arbeiten auf dem Gebiet der Klein-S-Boote entstanden jedoch innerhalb des Kleinkampfmittel-Verbandes, der sich unter der klaren und kompromißlosen Führung Admiral Heyes zu einer weitgehend autarken Organisation innerhalb der Kriegsmarine entwickelt hatte. Da mit den gewünschten kleinen Fahrzeugen und den zu fordernden Geschwindigkeiten zu jener Zeit im Bootsbau noch wenig Erfahrungsmaterial vorlag, bemühte sich der außerordentlich wendige und ideenreiche Leiter der Konstruktions- und Erprobungsabteilung des K-Verbandes, der Schiffbau-Ingenieur und Oberleutnant zur See der Reserve Fr. H. Wendel, auf einer behelfsmäßigen Modellversuchsanlage bei Boizenburg (Elbe), zunächst das grundsätzliche Verhalten in Frage kommender konventioneller und völlig neuartiger Formen am Modell festzustellen. Wegen der aus Zeit- und Kostengründen bedingten Primitivität der Anlage konnten sich diese Versuche zwangsläufig nur auf eine **vergleichende** Wertung der unterschiedlichen Testmodelle beschränken. Exakte Wider-

standsmessungen usw., wie bei großen, voll ausgestatteten Schiffbau-Versuchsanstalten üblich, waren hier nicht möglich. Abb. 141 zeigt das Modell eines stufenlosen Gleitboots, Abb. 142 ein Stufenboot mit korrespondierenden 42 kn in Glattwasserfahrt, Abb. 143 einen Katamaran-Gleiter, dessen Gleitrümpfe eine flexible Verbindung mit der Gondel besaßen, Abb. 144 ein auf vier Gleitflächen laufendes Boot nach einer Idee von Prof. Wankel, Abb. 145 das Modell des später gebauten „Schlitten I". Eine einfache Seegangsanlage erlaubte auch gewisse Seeverhaltenserprobungen (105).

5.51341 Typ „Schlitten"

Noch vor der Invasion der Alliierten an der nordfranzösischen Küste entstand bei den Bremer Borgward-Werken der spantenlose, in Stahlblech-Schalenbauweise konstruierte Typ „Schlitten I" (SK 127), ein extrem kleines, mit Hilfe von Kfz-Karosseriepressen schnell und in großen Stückzahlen herstellbares Ein-Mann-Gerät von 7,5 m Länge, das als Bewaffnung zwei übliche 53,3-cm-Torpedos G 7 a resp. e und ein 13-mm-MG trug. Die Torpedos wurden in entsprechenden Ausnehmungen beiseits des Bootskörpers außenbords gefahren. Sie waren so ausgelegt, daß ihr Antrieb — falls erforderlich — in der letzten Phase der Angriffsfahrt mitlaufen und damit die Bootsgeschwindigkeit erhöhen konnte. In entsprechendem Abstand vom Ziel wurden die bereits laufenden Torpedos in dem Moment geslipt, wenn der Gegner in Schußrichtung stand. Die Rückfahrt erfolgte mit dem auf einen Propeller arbeitenden 90-PS-Otto-Motor. Mit dem fertig-

SK 127

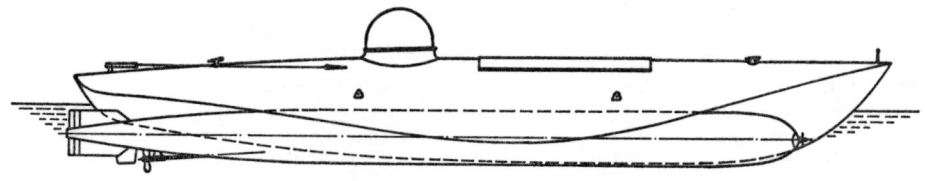

Deutsches Klein-Schnellboot Typ „Schlitten I"

L.ü.A   7,50 m
1 — 90-PS-Benzinmotor
v mit Torpedos ohne dieselben mitlaufen zu lassen 12 kn
v mit Torpedoantrieb und Motor 25 kn
v ohne Torpedos 18 kn
2 Torpedos G 7 A
1 — 13-mm-MG
Besatzung
1 Mann
Fahrbereich
300 sm

gestellten Prototyp wurden bei den Erprobungen folgende Geschwindigkeiten erzielt: Boot mit Torpedos, aber ohne diese als Zusatzantrieb zu nutzen, 12 kn; Boot mit Torpedos und laufendem Torpedoantrieb (Angriffsfahrt letzte Phase) 25 kn; Boot ohne Torpedos auf dem Rückmarsch 18 kn. Der Fahrbereich betrug bei Marschfahrt 300 sm. Die Abb. 146, 147, 148 zeigen das Boot während der Erprobungen.

Die generelle Bewährung des Typs „Schlitten I" legte es nahe, die aufgrund der sehr geringen Abmessungen und Antriebsleistung nur zu verständliche unzureichende Seegängigkeit und Geschwindigkeit durch Vergrößerung von Hauptabmessungen und Leistung zu verbessern, gleichzeitig aber die für die Groß-Serienfertigung sehr geeignete spantenlose Stahlblech-Schalenbauweise beizubehalten.

Der 8,5 m lange, 1,7 m breite und 0,55 m tiefgehende Typ „Schlitten II" (SK 128) erhielt einen 600-PS-BMW-Otto-Flugzeugmotor (Abb. 149) und erreichte mit zwei normalen, ebenfalls unter dem Rumpf aufgehängten 53,3-cm-Torpedos Typ G 7 a resp. e 20 kn Dauer- resp. 30 kn Höchstgeschwindigkeit. Nach dem Schuß, d. h. ohne Torpedos, konnte mit 48 kn vom Gegner abgelaufen werden. Ein MG 34 resp. 44 sowie zwei Raketenwerfer dienten dem Eigenschutz. Der Fahrbereich betrug 300 sm, die Besatzung 2 Mann, 1 Steurer und 1 Motorwärter. SK 129 und Abb. 150 zeigen die einfachen, nur aus geraden Flächen und Kreisradien bestehenden und damit für die Groß-Serie idealen Seiten- und Bodenflächen des Bootskörpers, Abb. 151 die Rückkühleinrichtung des Leichtmetall-Flugzeugmotors (für den aus Korrosionsgründen eine Seewasserkühlung nicht in Frage kam!), Abb. 152 Kupplung, Schwungrad und Kühlpumpen. Erwähnenswert scheint auch, daß die Marine nur den Bootssteuerer stellte. Die Motoren mußten von Luftwaffenpersonal gefahren werden, da das auf derartige Anlagen nicht geschulte Marinepersonal mit diesen Otto-Hochleistungsmotoren nicht recht fertig wurde.

SK 128

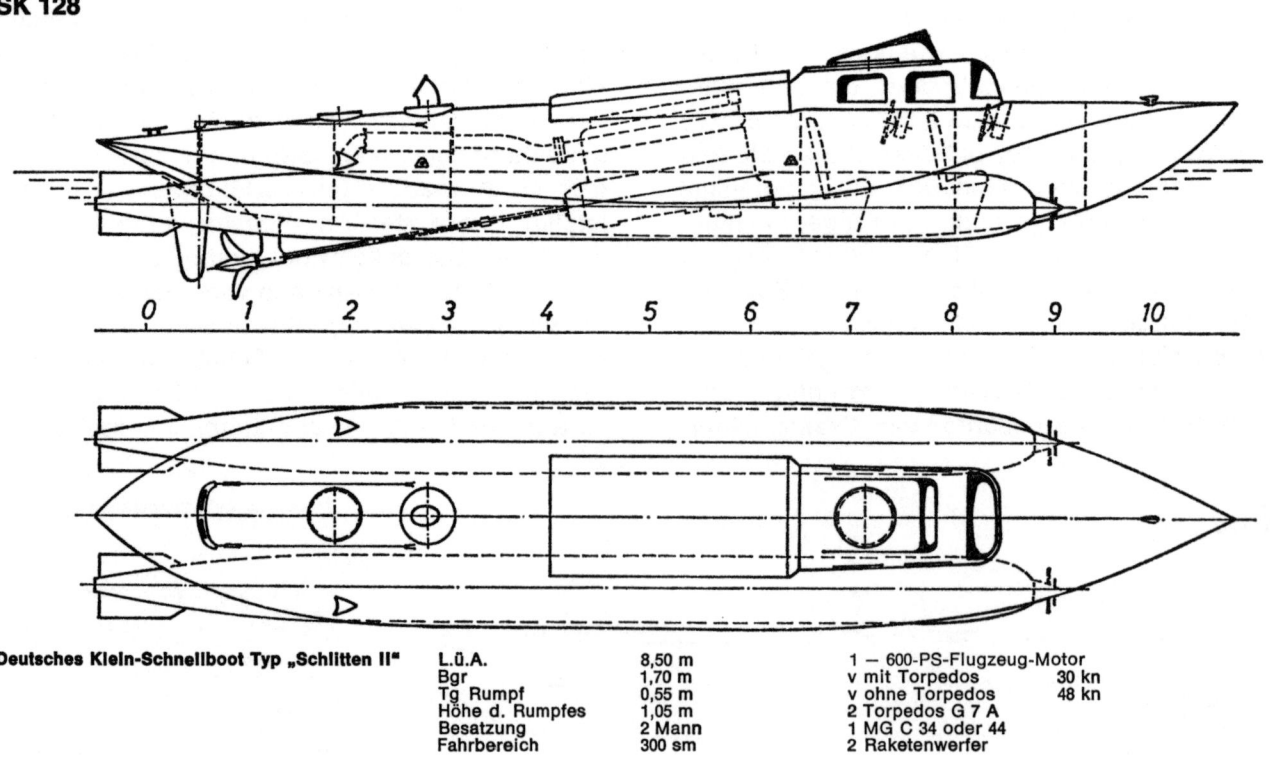

Deutsches Klein-Schnellboot Typ „Schlitten II"	L.ü.A.	8,50 m	1 — 600-PS-Flugzeug-Motor	
	Bgr	1,70 m	v mit Torpedos	30 kn
	Tg Rumpf	0,55 m	v ohne Torpedos	48 kn
	Höhe d. Rumpfes	1,05 m	2 Torpedos G 7 A	
	Besatzung	2 Mann	1 MG C 34 oder 44	
	Fahrbereich	300 sm	2 Raketenwerfer	

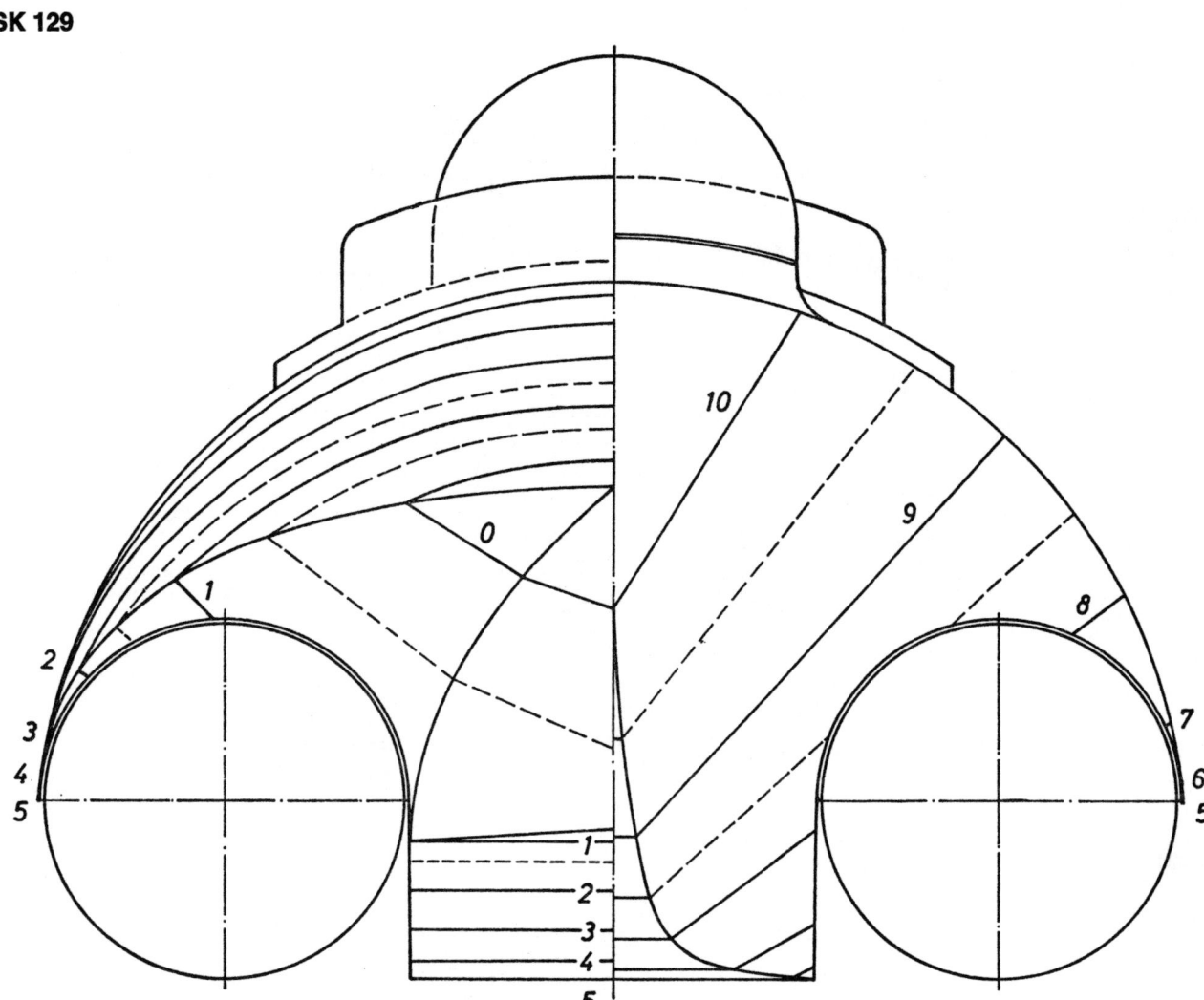

Spantenriß des deutschen Klein-Schnellboots Typ „Schlitten II"

Schließlich stellte sich bei den Probefahrten noch heraus, daß der sehr hochtourige Propeller das kleine, schmale Boot bei geringen Fahrstufen durch seine Drallwirkung merklich krängte! Erst bei höheren Fahrtstufen wurde diese Krängung durch die strömungsstabilisierende Wirkung der Bodenflächen beseitigt. Abb. 153 und 154 zeigen den in Boizenburg gebauten Prototyp mit dem zugehörigen Spezialtransportwagen, der für alle Klein-S-Boote des K-Verbandes gleich mitentwickelt wurde (105).

5.51342 Typ „Wal"

Kurz nach der Invasion, Anfang August 1944, entwickelte Wendel auf der Basis der Modellversuche ein 9-m-Stufenboot, den „Wal I" (SK 130 u. 131), ein vollgeschweißtes Stahlboot, das bei L = 9 m, B = 2,3 m, 1,3 m Seitenhöhe und 0,40 m mittlerem Tiefgang (ohne Propeller) eine Konstruktionsverdrängung von 4,2 t besaß. Als Bewaffnung waren zwei 45-cm-Luftwaffentorpedos (Flugzeugtorpedos) des Typs F 5 b in Heck-

SK 130

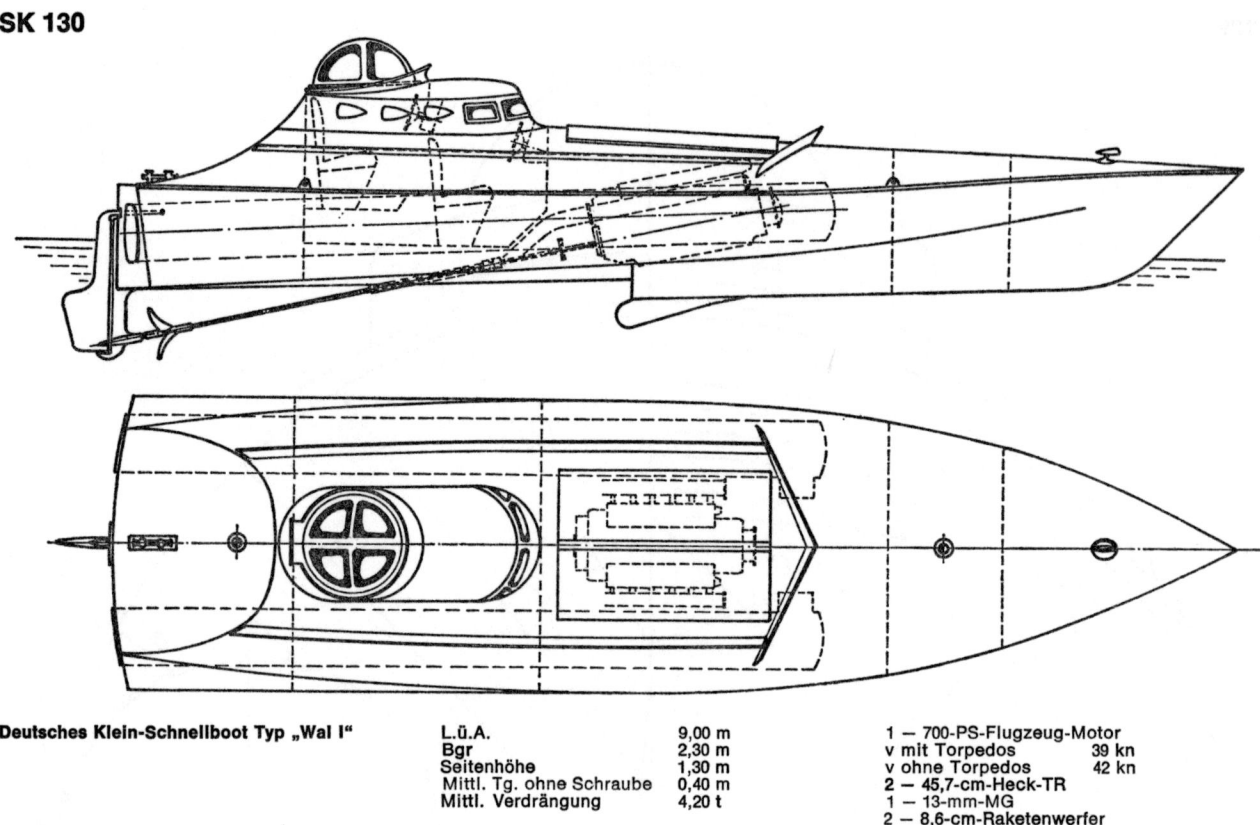

Deutsches Klein-Schnellboot Typ „Wal I"

L.ü.A.	9,00 m	
Bgr	2,30 m	
Seitenhöhe	1,30 m	
Mittl. Tg. ohne Schraube	0,40 m	
Mittl. Verdrängung	4,20 t	

1 — 700-PS-Flugzeug-Motor
v mit Torpedos   39 kn
v ohne Torpedos   42 kn
2 — 45,7-cm-Heck-TR
1 — 13-mm-MG
2 — 8,6-cm-Raketenwerfer

SK 131

Spantenriß des deutschen Klein-Schnellboots Typ „Wal I"

torpedorohren vorgesehen, die beidseits des Motors angeordnet waren. Da das 45-cm-Standard-Torpedorohr für dieses Fahrzeug viel zu schwer war, wurde eine nur 320 kg wiegende Eigenkonstruktion mit Pulverkartusche und mechanisch vom Steuerstand auslösbarem Schlagbolzen (Abb. 155) entwickelt, die bei rd. 150 Probeschüssen nur einen Versager aufwies. Als Eigenschutz wurden zwei 86-mm-Raketenwerfer vorgesehen, für die Spreng-, Splitter-, Fallschirm- und Nebelmunition bereits vorlag, ferner ein 13-mm-MG. Es scheint bemerkenswert, daß die Schießerprobungen mit den Raketenwerfern (Abb. 156) höchst befriedigende Ergebnisse gezeigt haben. Als Antrieb diente ein 700-PS-Otto-Flugzeugmotor, der dem Boot 39 kn mit und 42 kn ohne Torpedos vermittelte. Die Besatzung betrug 2 Mann, der Fahrbereich bei Marschfahrt 300 sm. Abb. 157, 158, 159 zeigen den Prototyp in Bau, Abb. 160 den Steuerstand, Abb. 161, 162, 163 das fertige Boot, Abb. 164 den zugehörigen Transportwagen, Abb. 165 den Übergang von langsamer Fahrt auf AK auf flachem Wasser als „Sprintstart" gefahren, Abb. 166 die AK-Probefahrt. Es ist erwähnenswert, daß bei den ersten AK-Läufen mit 2400 Propeller-Umdrehungen zunächst mehrfach Lagerfresser an den Wellenlagern auftraten. Erst als die Lager auf 3 mm Luft aufgebohrt waren, hörte diese Störung auf. Ein bei dieser Lose auftre-

tendes Klappern der Welle bei niedrigen Fahrtstufen verschwand bei hohen Drehzahlen. Dieser bei schnellen Motorbooten häufig auftretende Effekt läßt sich auch durch flexible Gummilagerung abfangen.

Da „Wal I" vom OKM wegen seiner Konstruktion als Stufenboot abgelehnt wurde (begrenzte Seefähigkeit von Stufenbooten, Sorgen über mögliche Festigkeits- und Dichtigkeitsprobleme im Stufenbereich) entstand der stufenlose 10 m lange „Wal II" (SK 132). Das zeitlich mit dem Typ „Hydra" parallel laufende Fahrzeug wurde wiederum auf der Boizenburger Werft gebaut. Ein 700-PS-Otto-Flugzeugmotor verlieh dem Boot 38 kn mit, und 42 kn ohne Torpedos. Bewaffnung (zwei 45-cm-Heck-Torpedorohre für Flugzeugtorpedo F 5 b, ein 13-mm-MG, zwei 86-mm-Rakentenwerfer), Besatzung und Fahrbereich entsprachen ebenso dem Vorlauftyp „Wal I", wie die Ausführung des Bootskörpers als geschweißte Stahlblechkonstruktion. Die See-Erprobungen zeigten, daß das Boot bis Seegang 3 voll ausgefahren werden konnte. Abb. 167 zeigt das Boot bei den Probefahrten, Abb. 168 den zugehörigen Spezialtransportwagen mit einer Vorrichtung, das Boot innerhalb weniger Minuten zu Wasser und wieder heraus zu bringen: Der Wagen mit dem Boot wurde rückwärts ins Wasser gefahren, bis das Boot aufschwamm. Beim Wiederaufnehmen mußte das Vorschiff nur

SK 132

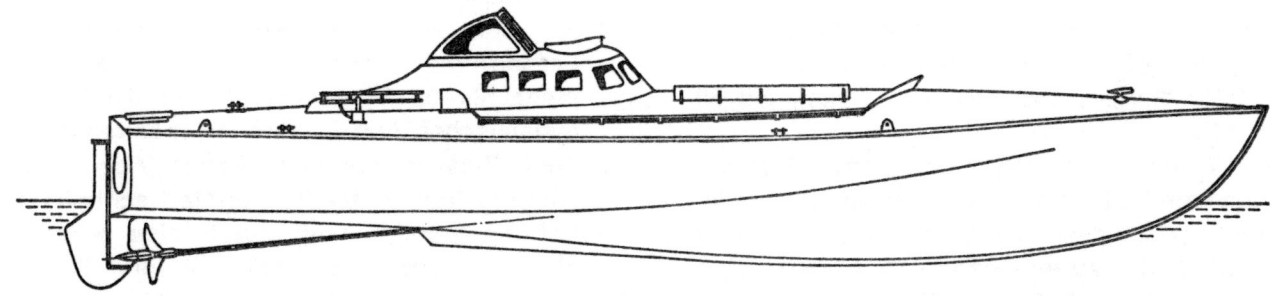

Deutsches Klein-Schnellboot Typ „Wal II"	L.ü.A.	10,0 m	2 Torpedos F 5 b	
	1 — 700-PS-Flugzeug-Motor		2 — 8,6-cm-Raketenwerfer	
	v mit Torpedos	38 kn	1 — 13-mm-MG	
	v ohne Torpedos	42 kn	Besatzung	2 Mann
	Fahrbereich	300 sm		

SK 133

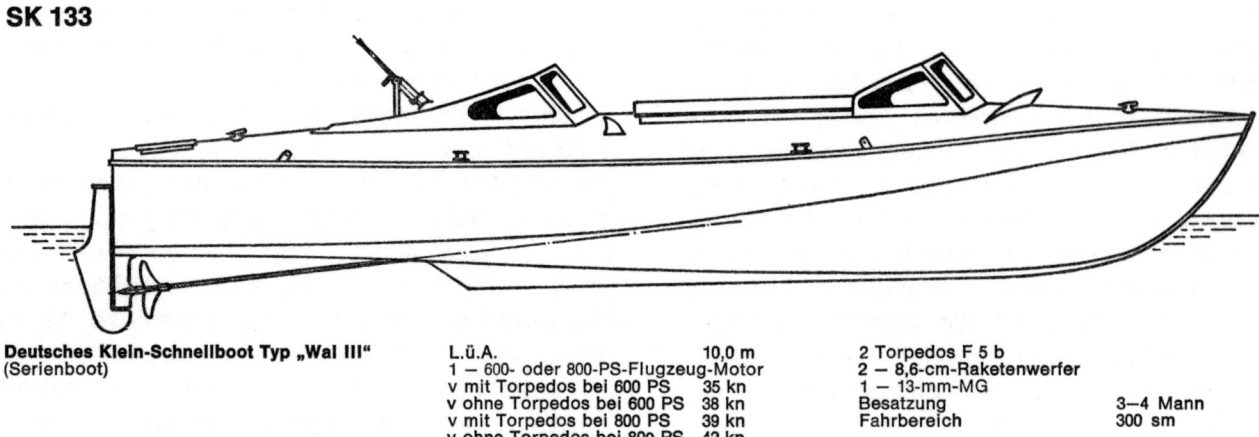

Deutsches Klein-Schnellboot Typ „Wal III" (Serienboot)			
L.ü.A.	10,0 m	2 Torpedos F 5 b	
1 — 600- oder 800-PS-Flugzeug-Motor		2 — 8,6-cm-Raketenwerfer	
v mit Torpedos bei 600 PS	35 kn	1 — 13-mm-MG	
v ohne Torpedos bei 600 PS	38 kn	Besatzung	3—4 Mann
v mit Torpedos bei 800 PS	39 kn	Fahrbereich	300 sm
v ohne Torpedos bei 800 PS	42 kn		

in den aus dem Wasser ragenden Bügelrahmen hineinmanövriert werden, um richtig auf dem Wagen aufzuliegen.

Mit Rücksicht auf den für den Bau des Bootskörpers benötigten Stahl, dessen Beschaffung bei der äußerst strengen Materialbewirtschaftung des 5.—6. Kriegsjahrs Schwierigkeiten bereitete, mußte sich Wendel entschließen, den Typ „Wal" erneut umzukonstruieren. Es entstand der in konventioneller Holzbauweise (Abb. 169, 170) gebaute Typ „Wal III" (SK 133), der gleichzeitig die mit den Vorlauftypen gemachten Erfahrungen berücksichtigte: Die Besatzung wurde auf 3—4 Mann verstärkt, um bei An- und Rückmarsch eine Ablösung zu ermöglichen, ferner wurde achtern ein spritzwasserfreier und den Bootssteurer nicht behindernder Waffenstand eingebaut. Die Bewaffnung blieb gleich. Als Antrieb wurden alternativ ein 600- resp. 800-PS-Otto-Flugzeugmotor vorgesehen. Der 600-PS-Motor vermittelte dem Boot 35 kn mit und 38 kn ohne Torpedos, der 800-PS-Motor steigerte die Geschwindigkeit auf 39 resp. 42 kn.

Der K-Verband erprobte seine eigenen Entwicklungen vom Luftwaffendepot Travemünde aus im freien Seeraum der Travemünder Bucht, ein Seegebiet, das den zu erwartenden Einsatzgebieten recht gut entsprach. Sowohl die Stufen- als auch die stufenlosen Boote zeigten selbst bei See 3 durchaus befriedigende See-Eigenschaften (Abb. 171, 172, 173): da die Boote der „Wal"-Reihe aufgrund ihrer Formgebung die See schnitten, blieben das für kleine, schnelle Boote typische „Springen" im Seegang und die harten Stöße beim Einsetzen erträglich und die Kursstabilität gut. Die geschickte Führung der Knicklinie im Vorschiff verlegte die Schleierwelle relativ weit nach hinten.

Ein besonderes Problem stellte der für den Einsatz im engeren Küstenbereich zu fordernde Torpedoausstoß in flachem Wasser dar. Grundsätzlich pflegen Torpedos nach dem Ausstoß aus dem Rohr zunächst auf Tiefe (bis zu 9 m) zu gehen, ehe sie mit Fahrtaufnahme die eingestellte Tiefe einsteuern. Die praktischen Torpedoschießen mit der „Wal"-Reihe (Abb. 174) ergaben bald, daß

a) der in Deutschland bis dato wenig praktizierte Heckausstoß sehr schnell beherrscht wurde,

b) ein aus einem Heckrohr ausgestoßener Torpedo bei einer Bootsgeschwindigkeit von mehr als 35 kn aufgrund von Gleit- und dynamischen Auftriebskräften regelrecht aus dem Wasser springen kann (Abb. 175). Längere Versuchsreihen zeigten schließlich, daß es möglich war, durch eine entsprechende Bootsgeschwindigkeit die Tiefensteuerung des Torpedos nach dem Ausstoß genau zu regulieren, ja es gelangen sogar erfolgreiche Torpedoschüsse auf 1 m Wassertiefe!

Im Laufe der Erprobungen erhielt Wendel Kenntnis von der Existenz einer von Professor Walter für den Start schwerer Bombenflugzeuge auf kleinen Plätzen entwickelten Starthilfsrakete, die, 300 kg schwer, elektrisch gezündet und nach der Zündung nicht wieder abstellbar, kurzfristig 1000 kp Schub entwickelte. Aufgrund der bekannten Kriegserfahrungen lag der Gedanke nahe, eine derartige Rakete auf dem Heck eines Klein-Schnellboots zu montieren, um beim Ablauf vom Gegner so schnell wie möglich aus der Artillerie-Reichweite zu gelangen. Da diese Startraketen darüber hinaus beim Abbrennen große Mengen rot-braunen Qualms entwickelten, wurde das Boot gleichzeitig der optischen Sicht, und damit vor allen Dingen den leichten Maschinenwaffen, entzogen. Es gelang, bei der Luftwaffe zwei derartige Geräte zu beschaffen, um die Idee praktisch zu erproben. Vor dem Zünden der Rakete wurde der Motor gedrosselt, um diesen beim Einsetzen des Raketen-Zusatzvortriebs nicht zu überdrehen. Der unter umfangreichen Sicherungsmaßnahmen für den das Boot selbst fahrenden Oberleutnant Wendel ausgeführten Versuch zeigte, daß das Boot durch die Rakete bis auf 58 kn kam. In dem Augenblick jedoch, wo der Motor zum Sekundär- und die Rakete zum Primärantrieb wurde, ließ sich das Boot nur noch äußerst schwer auf Kurs halten. Da ein starkes Aus-dem-Ruder-Laufen letzthin Kentern und damit das Ende von Boot und Besatzung bedeutet hätte, wurden diese Versuche eingestellt. Ein Serienbau des Typs „Wal" erfolgte nicht mehr, nachdem bei den bereits erwähnten Vergleichserprobungen seitens des OKM zugunsten des vom K-Amt entwickelten Typs „Hydra" entschieden wurde (3, 105).

5.51343 Projekte des K-Verbandes

Eine große Anzahl weiterer Planungen Wendels, die sich teilweise von der 10-m-Grenze lösten und schließlich beim Tragflächenboot gipfelten (s. Abschnitt 5.514), blieb im Projektstadium liegen. Sie sollen in der nach dem Kriege über-arbeiteten Form mit den s. Z. von Wendel benutzten Typbezeichnungen vorgestellt werden:

– **das Typboot Nr. 1** (SK 134), ein Drei-Mann-Klein-Schnellboot von 10,9 m Länge, 2,5 m Breite, 1,3 m Seitenhöhe und 1,1 m Tiefgang am Propeller, das mit einem 800-PS-Otto-Motor 38 kn mit und 42 kn ohne Torpedos laufen sollte. Als Fahrbereich werden 350 sm bei 18 kn angegeben. Die Bewaffnung: zwei 45-cm-Heck-Torpedorohre für Flugzeugtorpedotyp F 5 b, zehn Wabos, die sowohl zur U-Jagd als auch zur Abwehr nachlaufender Gegner verwandt werden konnten, zwei 13-mm-MG und zwei 86-mm-Raketenwerfer.

– **das Typboot Nr. 2** (SK 135), ein als Gruppenführerboot vorgesehenes 5–6-Mann-Klein-Schnellboot von 13,5 m Länge, 3,0 m Breite, 1,6 m Seitenhöhe und 1,2 m Tiefgang am Propeller, das durch einen 200-PS-Marsch- und Manövriermotor einen Fahrbereich von 500 sm bei 18 kn erreichen sollte. Nach dem Zuschalten des auf die gleiche Welle arbeitenden 800-PS-Hauptmotors sollten 38 kn mit und 42 kn ohne Torpedos erreicht werden. Die Bewaffnung: zwei 45-cm-Heck-Torpedorohre für Torpedo F 5 b, 11 Wabos, ein 20-mm- und ein 13-mm-MG, zwei Raketenwerfer.

– **das Typboot Nr. 3** (SK 136), ein Vier-Mann-Klein-Schnellboot von 11,5 m Länge, 2,6 m Breite, 1,5 m Seitenhöhe und 1,1 m Tiefgang am Propeller, das mit einem 1200-PS-Otto-Motor 47 kn mit und 50 kn ohne Torpedos laufen sollte. Als Fahrbereich waren 500 sm bei 18 kn vorgesehen. Die Bewaffnung: zwei 45-cm-Heck-Torpedorohre für Torpedo F 5 b, zehn Wabos, ein 13-mm-MG, fünf 86-mm-Raketenwerfer.

– **das Typboot Nr. 4** (SK 137), ein als Gruppenführerboot vorgesehenes 6–8-Mann-Klein-Schnellboot von 14,2 m Länge, 3,0 m Breite, 1,8 m Seitenhöhe und 1,2 m Tiefgang am Propeller. Das Dreiwellenboot hatte einen auf die Mittelwelle arbeitenden 200-PS-Marsch- und Manövriermotor, der bei 18 kn Marschfahrt 500 sm Fahrbereich ermöglichen sollte. Zwei auf die beiden Außenwellen arbeitende

SK 134

Typboot Nr. 1

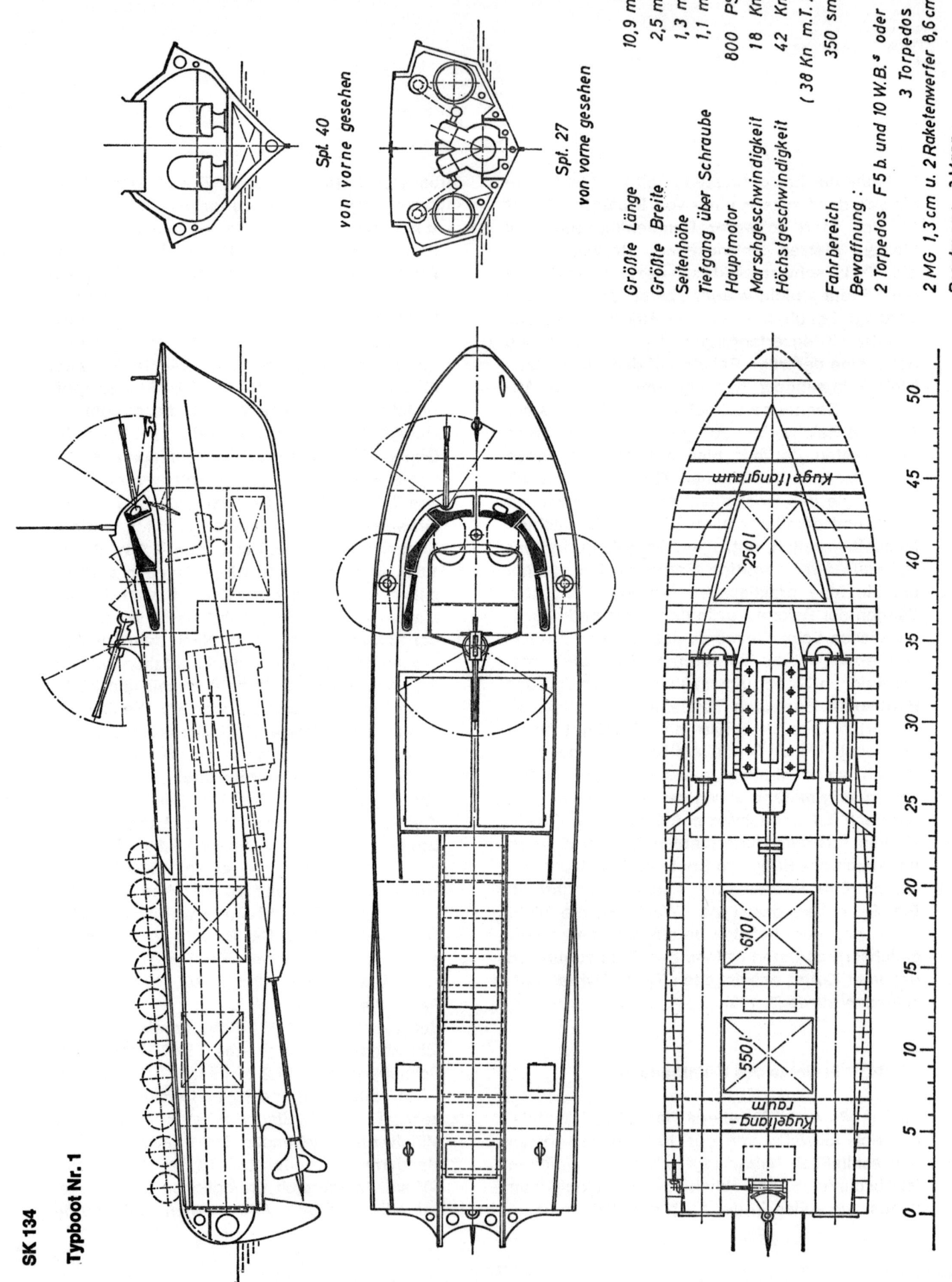

Spt. 40 von vorne gesehen	Spt. 27 von vorne gesehen

Größte Länge   10,9 m
Größte Breite   2,5 m
Seitenhöhe   1,3 m
Tiefgang über Schraube   1,1 m
Hauptmotor   800 PS
Marschgeschwindigkeit   18 Kn
Höchstgeschwindigkeit   42 Kn
                           (38 Kn m.T.)
Fahrbereich   350 sm
Bewaffnung:
2 Torpedos F 5 b. und 10 W.B.ˢ oder
                           3 Torpedos
2 MG 1,3 cm u. 2 Raketenwerfer 8,6 cm
Besatzung: 3 Mann

SK 135

Typboot Nr. 2

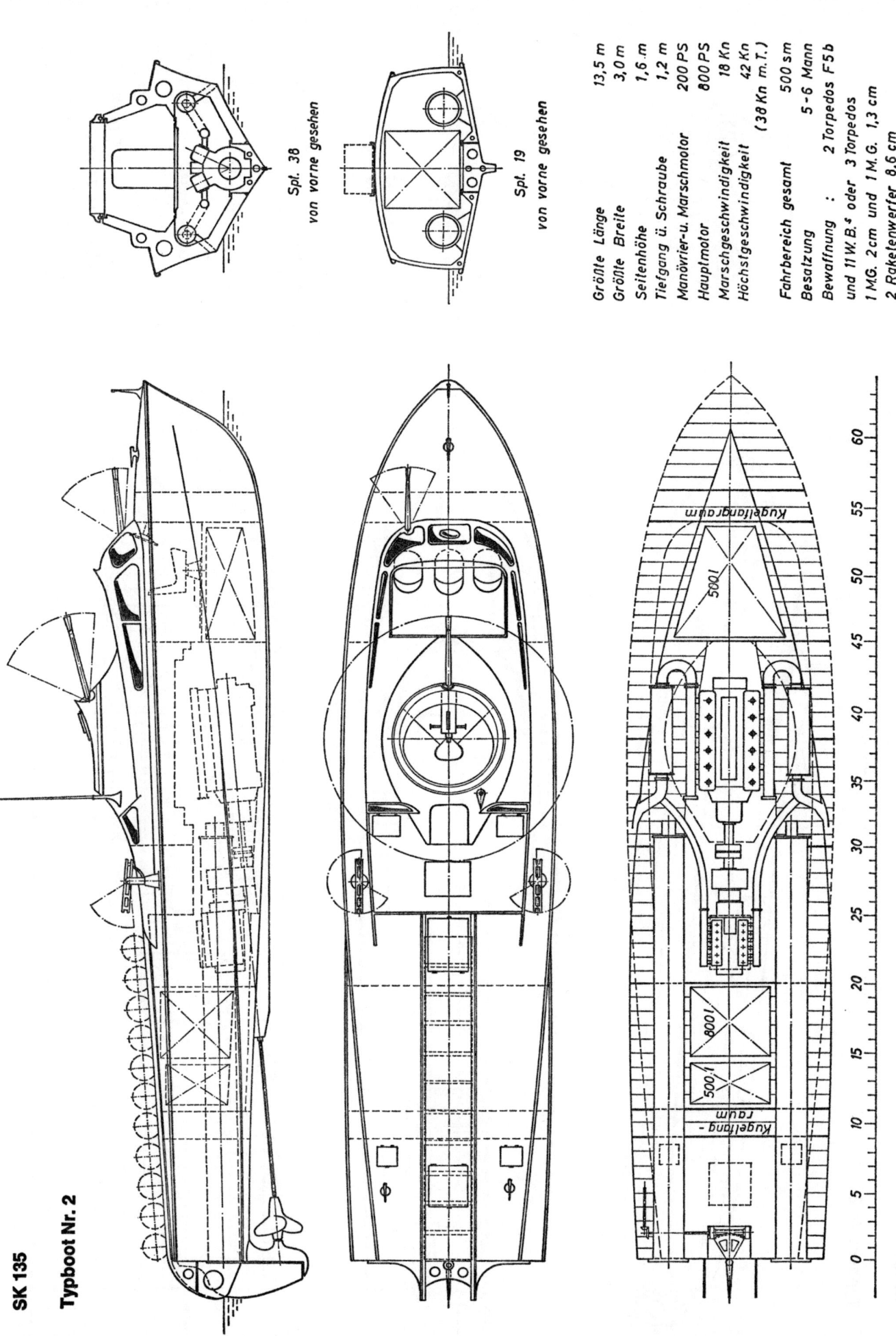

Spt. 38
von vorne gesehen

Spt. 19
von vorne gesehen

Größte Länge	13,5 m
Größte Breite	3,0 m
Seitenhöhe	1,6 m
Tiefgang ü. Schraube	1,2 m
Manövrier- u. Marschmotor	200 PS
Hauptmotor	800 PS
Marschgeschwindigkeit	18 Kn
Höchstgeschwindigkeit	42 Kn
	(38 Kn m.T.)
Fahrbereich gesamt	500 sm
Besatzung	5-6 Mann
Bewaffnung :	2 Torpedos F5b

und 11 W.B.⁵ oder 3 Torpedos
1 MG. 2 cm und 1 M.G. 1,3 cm
2 Raketenwerfer 8,6 cm

SK 136

Typboot Nr. 3

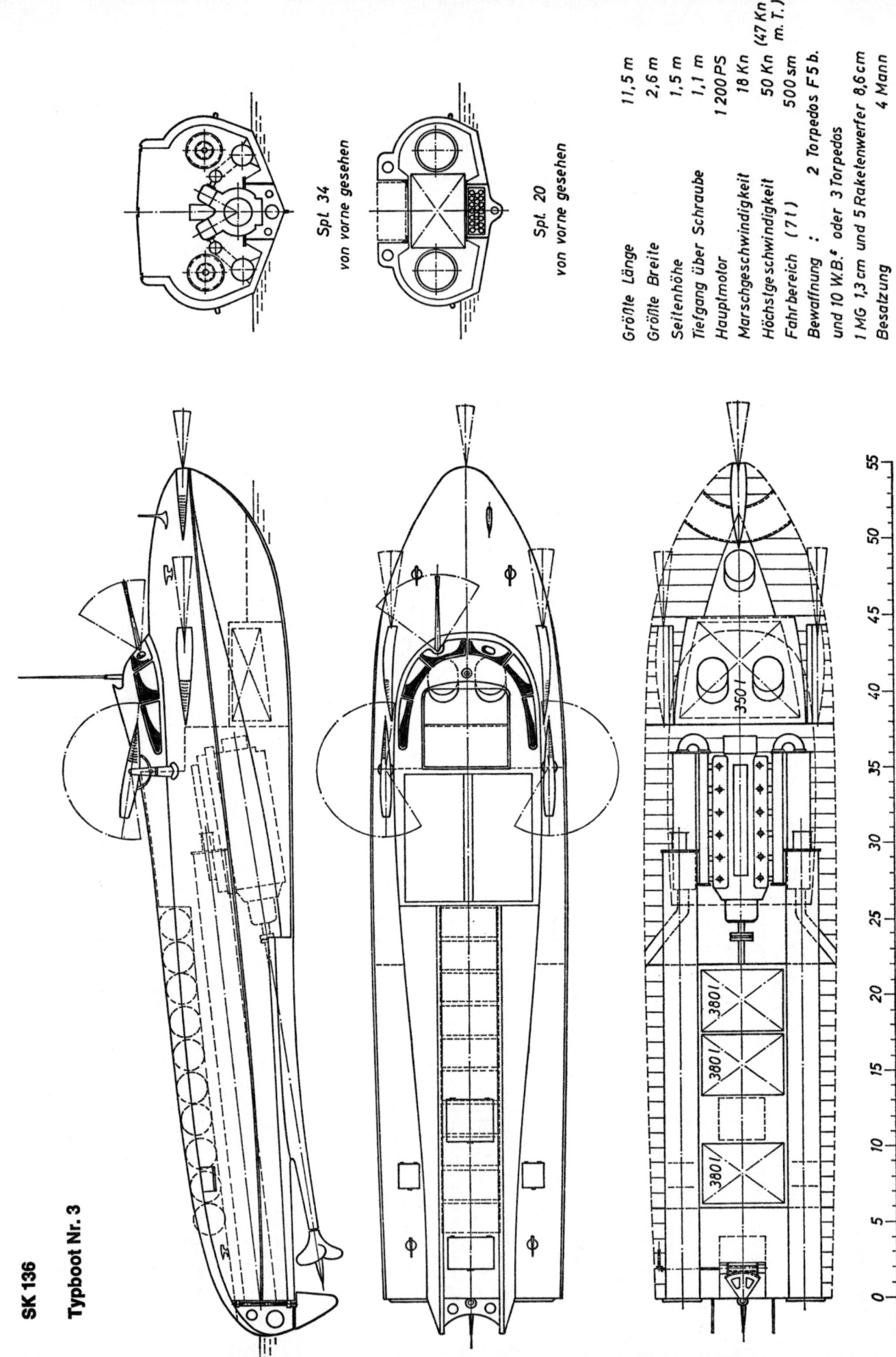

Spt. 34
von vorne gesehen

Spt. 20
von vorne gesehen

Größte Länge	11,5 m
Größte Breite	2,6 m
Seitenhöhe	1,5 m
Tiefgang über Schraube	1,1 m
Hauptmotor	1 200 PS
Marschgeschwindigkeit	18 Kn
Höchstgeschwindigkeit	50 Kn (47 Kn m. T.)
Fahrbereich (7 t)	500 sm
Bewaffnung :	2 Torpedos F 5 b.
und 10 W.B.⁴ oder 3 Torpedos	
1 MG 1,3 cm und 5 Raketenwerfer 8,6 cm	
Besatzung	4 Mann

SK 137
Typboot Nr. 4

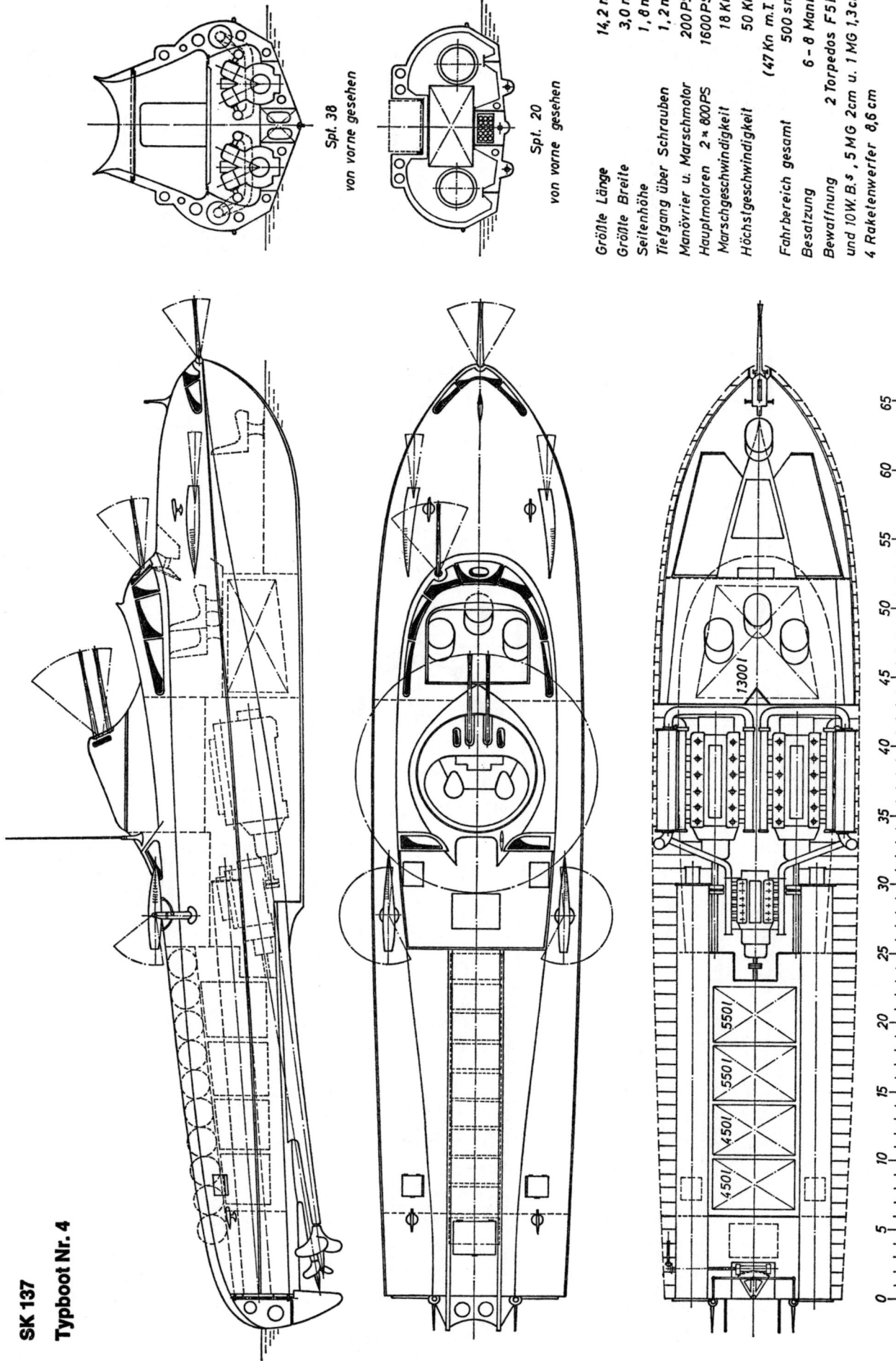

Spt. 38
von vorne gesehen

Spt. 20
von vorne gesehen

Größte Länge .... 14,2 m
Größte Breite .... 3,0 m
Seitenhöhe .... 1,8 m
Tiefgang über Schrauben .... 1,2 m
Manövrier u. Marschmotor .... 200 PS
Hauptmotoren 2 × 800 PS .... 1600 PS
Marschgeschwindigkeit .... 18 Kn
Höchstgeschwindigkeit .... 50 Kn
(47 Kn m.T.)
Fahrbereich gesamt .... 500 sm
Besatzung .... 6 - 8 Mann
Bewaffnung .... 2 Torpedos F5b
und 10 W.B.s, 5 MG 2cm u. 1 MG 1,3cm
4 Raketenwerfer 8,6 cm

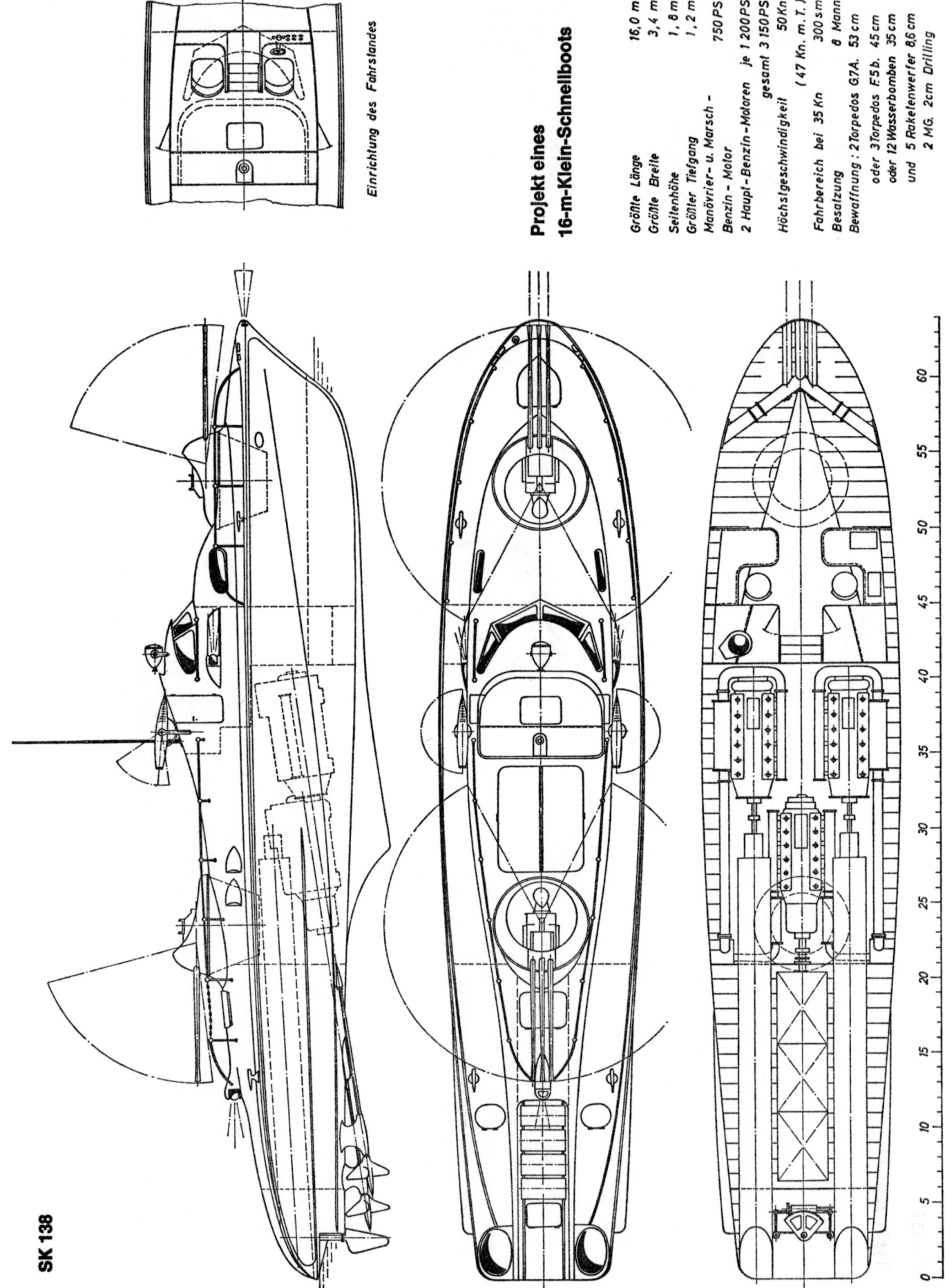

SK 138

Einrichtung des Fahrstandes

Projekt eines
16-m-Klein-Schnellboots

Größte Länge	16,0 m
Größte Breite	3,4 m
Seitenhöhe	1,6 m
Größter Tiefgang	1,2 m
Manövrier- u. Marsch-Motor	750 PS
Benzin - Motor	
2 Haupt-Benzin-Motoren je 1 200 PS	
	gesamt 3 150 PS
Höchstgeschwindigkeit	50 Kn
	(47 Kn. m.T.)
Fahrbereich bei 35 Kn	300 sm
Besatzung	8 Mann
Bewaffnung : 2 Torpedos G7A.	53 cm
oder 3 Torpedos F5 b.	45 cm
oder 12 Wasserbomben	35 cm
und 5 Raketenwerfer	8,6 cm
2 MG. 2cm Drilling	

Motoren von je 800 PS sollten das Boot auf 47 kn mit und 50 kn ohne Torpedos bringen. Die Bewaffnung: zwei 45-cm-Heck-Torpedorohre für Torpedo F 5 b, zehn Wabos, ein 20-mm-Vierlings- und je ein 20- und 13-mm-Einzel-MG, vier 86-mm-Raketenwerfer.
- ein nicht typisiertes 8-Mann-Gleit-Schnellboot für den normalen 53,3-cm-Torpedo G 7 a resp. e (SK 138). Es sollte bei 16,0 m Länge, 3,4 m Breite, 1,8 m Seitenhöhe und 1,2 m max. Tiefgang einen Fahrbereich von 300 sm bei 35 kn erreichen. Für das Dreiwellenboot war ein auf die Mittelwelle arbeitender Marsch- und Manövriermotor von 750 PS vorgesehen. Mit zwei auf die Außenwellen arbeitenden Motoren von je 1200 PS, insgesamt also 3150 PS, sollten 47 kn mit und 50 kn ohne Torpedos erreicht werden. Die Bewaffnung: zwei 53,3-cm-Heck-Torpedorohre, zwölf Wasserbomben, zwei 20-mm-Drillings-MK und fünf 86-mm-Raketenwerfer (105).

5.5135 Typ „KM" (Küstenminenleger)

Von Kriegsbeginn bis Ende 1941 erfolgte die Verminung der Ansteuerungswege zu den englischen Häfen mit der neuartigen, von Kriegsmarine und Luftwaffe gemeinsam entwickelten Magnetmine fast ausschließlich durch Flugzeuge. Insgesamt ein nicht ganz befriedigendes Verfahren, da
- die Genauigkeit des Abwurfs vielfach zu wünschen übrig ließ (z. T. fielen die Minen sogar in Wattgebiete),
- die Flugzeuge von gestoppt liegenden Wachbooten gehört und beobachtet wurden, die umgehend Sicherungs- und Abwehrmaßnahmen einleiteten.
Um diese Nachteile zu vermeiden und die Tätigkeit der Luftwaffe zu unterstützen, beabsichtigte die Marine im Sommer 1941, einen kleinen, schnellen, für den Einsatz von holländischen, belgischen und französischen Stützpunkten geeigneten Offensiv-Minenleger zu entwickeln. Als militärisch erforderlich wurde angesehen

- kleinste Abmessungen, um auch auf die engeren Küstenwege der Engländer möglichst unentdeckt operieren zu können,
- schnell, um in den kurzen zur Verfügung stehenden dunklen Nachtstunden zu den zu verseuchenden Gebieten hin- und auch sicher zurücklaufen zu können, d. h. mindestens 24 kn.
- eine für das Einsatzgebiet ausreichende Seefähigkeit,
- Anordnung der Minenlager- und -wurfeinrichtungen dergestalt, daß die Aufgabe der Fahrzeuge auch bei Entdeckung durch den Gegner äußerlich nicht erkennbar war,
- Nutzung zur Verfügung stehender 800-PS-BMW-Otto-Flugzeugmotoren als Antrieb,
- Bau von insgesamt 36 Booten. Fertigstellung der ersten Fahrzeuge im Frühjahr 1942.
In Zusammenarbeit mit der Lürssen-Werft entwickelte Ministerialrat Dyckmann einen baulich wenig aufwendigen Schnellboottyp, für dessen Doppel-Diagonal-V-Spant-Bootskörper in starkem Maße Mahagoni-Holz-Verschnitt verwandt werden konnte, der beim Serienbau der großen Schnellboote anfiel.
Die 15,95 m langen und 3,21/3,5 m breiten Boote (Abb. 176, 177) hatten einen maximalen Tiefgang von 1,1 m, eine Konstruktionsverdrängung von 16 t und eine Einsatzverdrängung von 19 t. Die Bewaffnung bestand zunächst aus einem, ab Herbst 1942 zwei 15-mm-Luftwaffen-MG mit je 2000 Schuß, 4 Torpedominen Typ B (TMB) in zwischen den Motoren liegenden Leichtmetallschächten, ferner Schreckbomben und Sprengbojen. Zum Legen der Minen konnten zwei im Boden befindliche Klappen, die die Minenschächte in Fahrt verschlossen, aufgeklappt werden.
Zwei nicht umsteuerbare, auf 550/650 PS gedrosselte BMW-6-V-12-Zyl.-Viertakt-Otto-Flugzeugmotoren auf zwei Propeller von 0,575 m Drm. sollten ohne Minen 30—32 kn, mit Minen 24 kn ermöglichen. Bei 3,26 m³ Otto-Treibstoff betrug der Fahrbereich 280 sm bei 24 kn. Die E-Anlage bestand aus zwei an die Hauptmotoren angehängten Lichtmaschinen und vier Akkus.

Beide Hauptmaschinen waren nur für Fahrt voraus und mindestens 12 kn ausgelegt. Der Backbordmotor war starr mit der Propellerwelle verkuppelt, der Steuerbord-Motor war auskuppelbar, um einen separaten 36-PS-Steudel-Otto-Motor zum Manövrieren im Hafen und für geringe Fahrtstufen bei geöffneten Bodenklappen auf die Steuerbordwelle schalten zu können. Die Besatzung umfaßte acht Mann.

Insgesamt wurden 36 Boote, „KM 1—36", bei den Werften Engelbrecht (Berlin-Köpenick), Robert Franz (Niederlehne), Kriegermann (Berlin-Spandau), Nordbjerg & Wedell (Kopenhagen), Reinicke-Wert (Berlin-Spandau) und Rolandwerft (Bremen-Hemelingen) in Bau gegeben. Während des Baus der Boote brach der Rußland-Krieg aus. Schon bald ergab sich, daß die im Westen stark engagierte Kriegsmarine einen erheblichen Mangel an schlagkräftigen Seestreitkräften hatte, um der in allen Seeräumen zahlenmäßig weit überlegenen Sowjet-Marine entgegenzutreten. Das schnelle Vordringen der deutschen Heeresverbände und das Einbeziehen entfernter Seegebiete wie Finnenbusen und Schwarzmeer in das Kriegsgebiet legte den Gedanken nahe, zumindest einige der kleinen, schnellen, landtransportfähigen KM-Boote offensiv im Ostraum zu verwenden.

Im Rahmen einer deutsch-finnischen Vereinbarung, vor dem Zerschlagen des Leningrader Kessels die bereits im Süden des Ladoga-Sees bei Schlüsselburg an den See stoßende Front durch vorherrschend finnische Verbände an die Ostseite des Sees vorzutreiben, um den Nachschub für Leningrad abzuschneiden, sagte das Oberkommando der Wehrmacht als deutsche Waffenhilfe die Verlegung einer Flottille schneller und gut bewaffneter, für den Seekrieg auf dem Ladoga-See geeigneter Boote zu. Diese sollten die zahlreichen, artilleristisch gut bewaffneten sowjetischen Wachboote niederkämpfen, die den Seeweg von Novaja-Ladoga in die Morje-Bucht sicherten.

Die nach längerer Teilnahme am Ostseekrieg vorübergehend im Westraum verwandte, vorherrschend mit Fischereifahrzeugen (Kuttern

usw.) ausgestattete, für den Einsatz im Finnenbusen vorgesehene 31. M.S.-Flottille unter K.K.d.R. v. Ramm erhielt die ersten der in Bau befindlichen KM-Boote zugeteilt mit dem Auftrag,

a) diese Boote nach Fertigstellung kurzfristig zu erproben und frontreif zu machen und

b) den See- und Landtransport der Boote zum Ladoga-See organisatorisch vorzubereiten.

Eine Entscheidung, die bei nüchterner Betrachtung eine Vielzahl gravierender Pro und Contra beinhaltete:

Für die Verwendung der Fahrzeuge sprach

— ihre Eignung zum Bahntransport Finnenbusen-Ladoga-See ohne aufwendige Zerlegungs- und Zusammenbauarbeiten,

— keine Notwendigkeit, Fahrzeuge von anderen Kriegsschauplätzen abzuziehen,

— das kurzfristige und rechtzeitige Zur-Verfügung-Stehen der Boote (Leningrad sollte Ende 1942 genommen werden),

— daß man kaum etwas besseres hatte.

Problematisch war dagegen

— die sofortige Einsatzverwendung eines neuen, noch unerprobten Fahrzeugtyps weitab von gut ausgestatteten Werkstätten,

— die Verwendung eines als Offensiv-Minenleger konzipierten Fahrzeugs für die im Ladoga-See anfallenden Aufgaben:

a) das eine 15-mm-MG war völlig unzureichend, um die russischen Wachboote auszuschalten. Auch die spätere Anbordgabe eines zweiten 15-mm-MG verbesserte die artilleristische Unterlegenheit gegenüber den 4- bis 7,6-cm-Geschützen der Russen nicht!

b) Die verwandten Grundminen unterschiedlicher Reaktion erforderten eine auf dem See kaum vorhandene Mindestwassertiefe von 10 m. Da der feindliche Nachschubverkehr sich weitgehend unter der Küste, auf geringer Wassertiefe, vollzog und die von den Russen verwandten Fahrzeuge (Prähme, Kähne, Schuten) vorherrschend aus Holz gebaut waren, war selbst der Mineneinsatz von Anfang an fraglich. Hinzu kam, daß jeder Mineneinsatz grundsätzlich

Abb. 154
Hinterschiff mit Propeller und Ruder und den beidseitigen
Ausnehmungen für die Torpedos beim Klein-Schnellboot
Typ „Schlitten II"

Abb. 155
Anordnung des Torpedorohrs mit mechanisch vom Steuerstand
auslösbarer Pulverkartusche im Motorenraum des Klein-Schnellboots Typ „Wal I"

Abb. 156
Deutsches Klein-Schnellboot Typ „Wal"
beim Raketenschießen

Abb. 157
Klein-Schnellboot
Typ „Wal I" in Bau

Abb. 158
Klein-Schnellboot
Typ „Wal I" in Bau

Abb. 159
Klein-Schnellboot Typ „Wal I" in Bau

Abb. 160
Steuerstand des Klein-Schnellboots Typ „Wal I"

Abb. 161
Deutsches Klein-Schnellboot
Typ „Wal I"

Abb. 162
Deutsches Klein-Schnellboot Typ „Wal I"

Abb. 163
Hinterschiff des Klein-Schnellboots
Typ „Wal I" mit Propeller, Ruder und
Torpedorohr

Abb. 164
Klein-Schnellboot Typ „Wal I" auf zugehörigem
Transportwagen

Abb. 165
Klein-Schnellboot Typ „Wal I"
beim Sprintstart Langsame Fahrt/
Äußerste Kraft auf flachem
Wasser

nur dann von Wert ist, wenn er unbeobachtet ausgeführt wird und bis zur Wirkung unerkannt bleibt. Auch hierfür ergaben sich nur ungünstige Perspektiven:

1. in den Sommermonaten, bis Ende August, sind die Nachtstunden in diesem Raum taghell. Höchstens für eine Stunde herrscht ein gewisser Dämmerzustand.
2. durch die starken Motorengeräusche der Flugzeugmotoren waren die Boote auf Meilen zu hören,
3. der Eigenschutz gegenüber Wachbooten, stärker noch gegen verfolgende Flugzeuge, war unzureichend,
4. die äußerst primitiven Navigationsmittel. Da die Magnetkompasse durch die E-Minen sehr unzuverlässig arbeiteten, war das Einsatzgebiet schon bei etwas unsichtigem Wetter schwer anzusteuern.

Die erheblichen Bedenken der Finnen, die flachgehende, für den Tag- und Nachteinsatz an dem Südufer des Sees geeignete, mit 5—7-cm-Geschützen ausgerüstete Boote erwarteten und artilleristisch kaum bewaffnete, zum Legen von Magnetminen vorgesehene Boote erhalten sollten, die von vorn herein wenig Erfolg gegen die Holzschiffe des Gegners versprachen, wurden vom OKW genau so übergangen, wie die des Chefs der 31. M.S.-Flottille. Es wurde darauf hingewiesen, daß

— im Hinblick auf den Landtransport keine besser geeigneten Fahrzeuge entsprechender Abmessungen vorhanden waren,
— außer den KM-Booten Siebel-Kampffähren der Luftwaffe sowie die 12. italienische MAS-Flottille unter KK Biancini miit den Booten „MAS 526—529" auf dem Ladoga-See operieren sollten.

Während der Einsatz der Luftwaffenfähren auf dem See einen durchaus realen Wert besitzen konnte, waren die mit 1 — 20-mm-MK und 2 — 45-cm-Torpedos bewaffneten MAS-Boote genauso wenig zweckentsprechend wie die KM-Boote: Da der russische Nachschubverkehr vorherrschend dicht unter der Küste, auf maximal 4—5 m Wassertiefe durchgeführt wurde, konnten die MAS kaum Torpedos schießen! MAS- und KM-Boote besaßen auf dem See von vornherein mehr „Fleet in being"- als Kampfwert!

Die Fertigstellung des ersten KM-Boots verzögerte sich von März bis Anfang Juni 1942. Schon die ersten Probefahrten zeigten dann ernste Mängel, die Änderungen erforderten:

— Der Bootskörper erwies sich als zu leicht gebaut. Starke Biegebeanspruchungen durch den im Bereich der Minenschächte fehlenden Kielverband, von den Motoren ausgelöste Erschütterungen des Hinterschiffs beim Laufen mit Minenladung und hoher Fahrt sowie die für neuentwickelte V-Spantboote charakteristischen Schäden am Bootskörper beim Laufen im Seegang führten zu Lockerungen der Beplankung und Undichtigkeiten von Bootskörper und Stopfbuchsen. Erst nach fast einjährigen Versuchen und Einbau von Verstärkungen gelang es, Festigkeit und Seegängigkeit der Boote in den Griff zu bekommen. Die Einsatzgrenze lag dann bei Beaufort 4 und See 2—3. Die Bodenklappen hielten jedoch nie dicht. Immer stand erhebliches Wasser im Minenraum.
— Da beide Hauptmotoren und Propeller linksgängig waren, krängten die Boote bei höheren Fahrstufen und ließen sich dann nur mit einer bestimmten permanenten Ruderlage auf Kurs halten.
— Höchstfahrt war wegen unzureichender Kühlung der Motoren nur kurzfristig, wenn unbedingt erforderlich, möglich. Darüber hinaus ließen sich die Boote — trotz Doppelruder — bei Höchstfahrt schlecht auf Kurs halten.
— Die Motoren-Wellenkupplungen zeigten sich außerordentlich anfällig, ein Mangel, der erst nach einjähriger Fahrzeit behoben werden konnte.
— Der Steudel-Manövriermotor war als Bootsmotor unzuverlässig und mußte durch einen leistungsstärkeren 90-PS-Ford-V-8-Otto-Motor ersetzt werden. Neben einwandfreier Funktion verbesserte die größere Leistung dieses Motors Manövriereigenschaften und Marschfahrtstufe.

— Minen- und MG-Bewaffnung waren erst nach wochenlangen Verbesserungen ausgereift.

Während der Führer der Torpedoboote, Kapitän zur See Bütow, noch im Juni 1942, nach Teilnahme an einer der ersten Probefahrten, erklärte, daß

a) eine Verwendung der Boote in Kanal und Themsemündung wegen mangelnder Eignung nicht in Frage komme,
b) die Flugmotoren in Kleinbooten erst nach längeren Versuchen und Erfahrungen frontreif werden würden,

lehnte das Führerhauptquartier den vom OKM unterstützten Vorschlag des Chefs der 31. M.S.-Flottille ab, die keineswegs frontreifen Boote wegen des 24-Stunden-Tageslichts auf dem Ladoga-See erst Mitte August zu verschiffen und zwischenzeitlich die Hauptmängel abzustellen:

— Leckagen des Bootskörpers,
— Durchbiegung des Rumpfes bei Minenladung,
— Durchbrennen der Kupplungen,
— Schwierigkeiten der Schaltung des Marschmotors.

Trotz aller Bedenken wurden am 19. 6. 1942 vier der ursprünglich vorgesehenen sechs Boote („KM 3, 4, 8, 22"), z. T. nicht einsatzfähig bzw. beschädigt von der letzten Versuchsfahrt zurückgekehrt, in Kiel auf den Dampfer „Süderau" (1453 BRT) verladen und in den Finnenbusen transportiert. Nach Durchlaufen von Saima-Kanal bzw. -See auf eigenem Kiel wurden die Boote mittels spezieller Ladeschlitten über eine primitive Aufschleppe auf Eisenbahnwaggons gebracht, ca. 30 km über Land transportiert und in Lahdenpohja mit Hilfe einer Ablaufbühne wieder zu Wasser gebracht. Als die als C-Gruppe der 31. M.S.-Flottille bezeichneten, unter Führung von Oberleutnant z. S. Reyman stehenden Boote am 7. 7. 1942 auf dem See eintrafen, begann für die in Zeltlagern untergebrachten, immer wieder von russischen Flugzeugen angegriffenen Besatzungen eine Zeit ununterbrochener Reparaturen (Aus-, Ein- und Umbauten, Verbesserung und Einbau von Verstärkungen, Aufschleppen zum Abdichten, Klar-

machen der Bewaffnung usw.). In der kurzen, steilen See des Ladoga-Sees setzten die Boote ab Wind 3 so hart ein, daß selbst die Bodenklappen verbogen. Da auf dem See nur ein sehr kleiner Werftbetrieb in Sortavala zur Verfügung stand, war ein wochenlanger Pendelverkehr mit einer von der Luftflotte I zur Verfügung gestellten Ju 52 erforderlich, um Ersatzteile und Spezialisten zwischen Kiel und Lahdenpohja hin- und herzubringen. Immerhin gelang es dann aber aufgrund dieser Umstände, eine Weisung zu erreichen, daß die beiden restlichen für den Ladoga-See vorgesehenen Boote erst nach dem Nachweis völliger Frontreife verschifft werden sollten. Mitte August 1942 waren die vier auf dem Ladoga-See befindlichen Boote einsatzbereit. Berichte über den Einsatz der Boote auf dem Ladoga- und Peipus-See, im Finnenbusen und im Schwarzen Meer s. Abschnitt 5.522.

Anfang 1944 wurde eine Gruppe von acht Booten („KM 17, 18, 20, 21, 23, 24, 25, 26") zunächst der Donau-Flottille zugeteilt und Mitte 1944 als „KS 1—8" der kroatischen Marine übergeben. Ein Boot, „KS 8", brannte im Einsatz aus, ein weiteres, „KS 5", desertierte zu den Partisanenverbänden, die restlichen, „KS 1—4, 6—7" wurden am 13. 12. 1944 von der deutschen Kriegsmarine zurückgenommen.

Drei Fahrzeuge, „KM 1, 2, 16" taten ab 20. 2. 1944 zeitweilig bei der Organisation Todt (O.T.) Dienst.

Ab Sommer 1944 wurde ein Teil der Boote aufgrund der militärischen Lage statt der Minenausrüstung mit zwei 45-cm-Leichtmetall-Heck-Torpedorohren und 1—2 cm auf dem Achterdeck ausgerüstet (Abb. 178) und als „Küstenschnellboot" (KS-Boot) klassifiziert (u. a. „KS 1, 2, 9—12, 16, 17, 18, 20, 21, 23—26, 31—36").

Die aus dem Ostraum zurückgeführten Boote der 31. M.S.-Flottille, „KM 3, 4, 19, 22, 29", wurden im November 1944 in Swinemünde außer Dienst gestellt. Eine Anfrage des Heeres, ob die Marine drei KM- und sechs KS-Boote mit Mannschaften zur Unterstützung des Heeres auf den beiden Haffs und den Masurischen Seen zur Verfügung stellen könne, wurde von der Marine abgelehnt.

Im Ostraum blieben vor dem Feind „KM 5, 6, 7, 8, 27, 28, 30". Die in Swinemünde liegenden Boote „KM 3, 4, 19, 22, 29" sowie weitere Fahrzeuge der Donau-Flottille usw. gerieten in russische Hand (3, 106, 107). Eine angeblich 1943 erfolgte Abgabe von 6 KM-Booten an Rumänien ist unsicher.

5.514 Deutsche Tragflügelboote

5.5141 Ursprung und Vorentwicklung

Über Jahrtausende fuhr der Mensch mit dem Verdrängungsschiff zur See, für das bei allen Geschwindigkeiten das Archimedische Prinzip, Gesamtgewicht = Verdrängung = **statischer** Auftrieb, gilt. Beim Verdrängungsschiff wird selbst bei geschickter Formgebung, bei günstiger Verdrängungsverteilung über die Schiffslänge und optimaler wellenbildender Länge ein beträchtlicher Teil der Antriebsleistung zur Erzeugung und Unterhaltung der Wellenbildung um das Schiff und durch die Oberflächenreibung des Wassers an der Außenhaut verbraucht. Erfahrungsgemäß ist der Leistungsbedarf eines Verdrängungsschiffs eine Funktion der dritten Potenz der Geschwindigkeit, d. h. eine Verdoppelung der Geschwindigkeit erfordert eine 8fache Antriebsleistung!

Da selbst die ausgefeiltesten Extremformen an diesen Zusammenhängen nichts änderten, wandte man sich bereits um die Jahrhundertwende beim Bau schneller, kleiner Motorboote zunehmend dem Gleitboot, und damit der Nutzung **dynamischer** Auftriebskräfte, zu. Aufgrund der speziellen Formgebung des Gleitboots hebt sich der Bootskörper von einer bestimmten Geschwindigkeit an aus dem Wasser heraus. Entsprechend der verringerten Verdrängung sinken Form-, Wellen- und Reibungswiderstand. Den mit dem Auftreten des Gleiteffektes erzielbaren Vorteilen steht jedoch die bekannte Empfindlichkeit derartiger Boote im Seegang gegenüber.

Fast gleichzeitig mit diesen Überlegungen entstand dann die noch radikalere Idee, den Bootskörper bei entsprechenden Fahrtstufen durch den an separaten Unterwassertragflügeln entstehenden dynamischen Auftrieb völlig aus dem Wasser herauszuheben und damit der Einwirkung des Wassers zu entziehen. Nur die unter dem Boden des Fahrzeugs angebrachten und mit diesem durch Stützen verbundenen Tragflügel verbleiben im Wasser. Da die Dichte des Wassers die der Luft um das 800fache übertrifft und der Auftrieb von Tragflügeln der Dichte des Mediums proportinonal ist, können ihre Abmessungen, im Vergleich zu Luftfahrzeugen, sehr klein gehalten werden.

Der Vorteil eines derartigen Tragflügelboots liegt zunächst in dem gegenüber dem Verdrängungs- und Gleitboot wesentlich geringeren Wasserwiderstand. Das heißt, daß man eine bestimmte Geschwindigkeit bei gleichem Bootsgewicht entweder mit einer geringeren Leistung erreicht bzw. mit einer vorgegebenen Leistung eine höhere Geschwindigkeit.

Ein weiterer Vorteil betrifft die Seefähigkeit: Schnelle Schiffe und Boote werden im Seegang stark durch den sogenannten Slamming-Effekt beeinträchtigt, d. h. hydrodynamische Stöße, die bei hoher Geschwindigkeit im Vorschiffsbereich auftreten und Schocks, Schwingungen und Vibrationen auslösen. Diese werden von den Besatzungen als unangenehm empfunden, sie führen zur Störung empfindlicher Anlagen, sie behindern den Waffeneinsatz und können u. U. auch Schäden am Schiffskörper hervorrufen. Beim Tragflügelboot lassen sich Slamming-Effekte zumindest für einen Seegang solcher Höhe ausschließen, der den schwebenden Rumpf nicht berührt. Last not least wirkt sich die stärkere Seegangsunempfindlichkeit von Tragflügelbooten aber auch in kleineren Vertikalbeschleunigungen und geringeren Geschwindigkeitsverlusten durch den Seegang aus.

Eine detaillierte Darstellung der theoretischen Grundlagen, Eigenarten, Grenzen und Möglichkeiten des Tragflügelboots bringt Abschnitt 6.2 im dritten Band.

Das erste nachweislich funktionsfähige Tragflügelboot führte im Jahre 1891 der Graf de Lambert (ein gebürtiger Franzose mit russischer

Staatsangehörigkeit) auf der Seine bei Paris vor. Es handelte sich um ein mit vier querschiffs unter Wasser liegenden, Auftrieb erzeugenden Tragflächen versehenes Dampfboot. Nach zeitgenössischen Presseberichten soll das Fahrzeug sich nur teilweise aus dem Wasser herausgehoben haben. Es soll sehr schnell, aber nicht ausreichend stabil gewesen sein. Fünfzehn Jahre später, im Oktober 1906, gelang es de Lambert, auf dem Genfer See ein verhältnismäßig schweres Fahrzeug mittels fünf fast horizontaler Tragflügel, die erst bei einer bestimmten Geschwindigkeit teilweise austauchten, zum Gleiten zu bringen und 22 kn zu erreichen.

1898 stellte der Italiener Enrico Folanini Versuche mit leiterförmig übereinander angeordneten Tragflügeln an. 1906 zeigte er auf dem Lago Maggiore ein 1,65-t-Boot, das mit einem 75-PS-Motor rd. 38 kn erreichte (Abb. 179). Das Fahrzeug hob sich ca. 0,5 m über Wasser und soll auch bei geringerem Seegang noch verwendbar gewesen sein. Der durch die leiterartige Anordnung der Tragflügel bedingte große Tiefgang und der aus den notwendigen Verbindungsgestängen resultierende erhebliche Widerstand galten jedoch als ungünstig.

Diesen Nachteil versuchten die italienischen Kapitäne Crocco und Ricaldoni zu vermeiden, indem die bei wachsender Geschwindigkeit notwendige Verkleinerung der eingetauchten Tragflächen nicht durch besondere, nach unten kleiner werdende Flächen, sondern durch die Anordnung der Tragflügel in einer sehr flachen V-Form selbsttätig erfolgte (Abb. 180). Ihr in Varazze gebautes, 8,0 m langes und 1,5 t schweres Boot erhielt vorne eine vollständige V-Tragfläche und hinten zu beiden Seiten je eine in der jeweiligen Schräge des V-Schenkels. Ein auf zwei gegenläufige Luftschrauben arbeitender 100-PS-Motor diente als Antrieb. Bei 5 kn begann sich das Boot langsam zu heben, bei 13 kn lag es nur noch achtern auf, bei 38 kn schwebte der eigentliche, nach dem Verdrängungsboots-Prinzip konstruierte Bootskörper schon 45 cm über Wasser (Abb. 181). Als Spitze soll das Boot auf dem Bracciano-See gute 48 kn erreicht haben.

Im gleichen Jahr weist Capitaine Saconney in einer Besprechung der Arbeiten Forlaninis, Croccos und Ricaldonis in „La technique Aèronautique" auf die bisherigen experimentellen Erfahrungen über den Auftrieb hin (17):

„. . . a) dieser beträgt bei einer nur mit der unteren Fläche auf dem Wasser aufliegenden Platte (z. B. Gleitboot) nur ein Viertel des auf eine ganz getauchte Platte wirkenden Auftriebs,

b) die Tragkraft einer mit 1 m/sec fortbewegten Platte beträgt 25 kg/m², so daß man allgemein schreiben kann $f = 40/v^2$, wobei f die für eine Tonne Belastung nötige Oberfläche und v die Geschwindigkeit in m/sec sei. Mit wachsender Geschwindigkeit vermindert sich die notwendige Tragfläche also bedeutend . . ."

1907 baute der Amerikaner H. C. Richardson ein mit Tragflächen versehenes Kanu.

1908 versuchte der Italiener Guidoni Wasserflugzeuge zur Starthilfe mit Tragflächen zu versehen und die amerikanischen Flugzeugpioniere Gebrüder Wright stellten auf dem Ohio Versuche mit einem mit Tragflügeln versehenen Auslegerboot an. Sie zogen es dann aber vor, gleich ganz in die Luft zu gehen . . .

1909 begannen die Amerikaner Alexander Graham Bell — einer der Pioniere des Telephons — und Cassin Baldwin mit der Entwicklung von Tragflügelbooten.

1911 baute der Amerikaner H. C. Richardson zusammen mit J. S. White auf der Wahington Navy Yard das erste Tragflügelboot der US Navy, ein Beiboot mit verstellbaren, vollgetauchten Tragflügeln (Abb. 182), das sich beim Schleppen mit 6 kn ganz aus dem Wasser hob. Bis zum Jahre 1919 entwickelten Bell und Baldwin auf den Bras d'Or-Seen der kanadischen Insel Cap Breton nacheinander vier Tragflächenboote, die sie „Hydronome" nannten. Das letzte Boot, die „HD 4", dessen Tragflügel als Leitersystem in Dreipunktanordnung ausgelegt war, war 18,3 m lang, 5 t schwer und mit 2 x 250-PS-Renault-Motoren ausgerüstet. Bei 18,3 kn hob es sich aus dem Wasser und kam zunächst auf 46,7 kn, später nach Einbau von 2 x 350-PS-Liberty-Flugmotoren auf über 60 kn (Abb. 183).

Betrachtet man die nur kurz skizzierte Frühentwicklung der Tragflügelboote bis zum Ende des Ersten Weltkriegs, so ist zunächst die hier erstmals auftretende Annäherung der sich ja in vielen Dingen verwandten Schiffbau- und Luftfahrttechnik festzustellen, die sich bis in die heutige Zeit hinein, gegenseitig befruchtend und fördernd, fortsetzte. Gleichzeitig zeigte sich auch die zunehmende Abkehr von der alten Vorstellung, daß bei einem an der Grenze zweier Medien sich bewegenden, mechanisch angetriebenen Fahrzeug unbedingt das dichtere Medium zum Angriff des Vortriebs zu nutzen sei. Die immer häufiger werdende Verwendung von Luftpropellern als Vortriebsmittel erfolgte mehr oder minder zwangsläufig, da sich die Bootskonstruktion dadurch wesentlich vereinfachen läßt. Diese kann nach rein schiffbaulichen Zweckmäßigkeiten erfolgen und statt des für Wasserpropeller notwendigen Tiefgangs von mindestens 40 bis 50 cm kann das Boot ggf. auch sehr flachgehend gehalten werden.

Darüber hinaus hatten die Luftschrauben, wie die Propeller-Wettbewerbe des kgl. Preuss. Kriegsministeriums und der Internationalen Luftfahrtausstellung 1909 bewiesen, durch den Flugzeugbau schon eine relativ hohe Reife erreicht. Ein gewisses Ärgernis war beim Luftpropeller-Vortrieb die Abhängigkeit von den Windverhältnissen: Gegen- bzw. Rückenwind können die Leistung steigern bzw. abbauen, wenn die Relativgeschwindigkeit nicht ausreicht, absolut die kritische Geschwindigkeit über Wasser herzugeben.

Bedauerlicherweise hatte aber gerade Bell und Baldwins spektakuläres Boot eine Reihe weiterer Nachteile bzw. Probleme aufgezeigt:

a) der sehr große Tiefgang eines Tragflügelboots im Ruhezustand,
b) die Stabilitätsschwierigkeiten im Seegang, besonders beim Laufen vor achterlicher See,
c) die Lufteinbruch- (Aerations-) und Kavitationsprobleme an den Tragflügeln.

Diese mit den damaligen Mitteln zunächst nur bedingt bzw. gar nicht zu lösenden Schwierigkeiten — offensichtlich aber auch ein fehlender Markt — ließen den Tragflügelboots-Gedanken zunächst etwas stagnieren. Erst in den Ende zwanziger/Anfang dreißiger Jahre nahmen die beiden Deutschen Dr. Tietjens und Freiherr von Schertel, unabhängig voneinander, die Versuche wieder auf.

Der 1932—35 in den USA arbeitende Dr. Tietjens brachte 1932 ein 6-m-Boot von 240 kg Gewicht auf dem Delaware River mit einem 5-PS-Motor auf 22 kn. Nach Deutschland zurückgekehrt, erreichte er 1939 mit einem 370 kg schweren 5,5-m-Boot mit einem 10-PS-Motor 25 kn bei 2 Personen und 28 kn bei 1 Person Zuladung. Ein weiteres 10-m-Versuchsboot von 2 t Gewicht erreichte 1941/42 mit einem 65-PS-Motor 32 kn.

Kennzeichen der Tietjens-Boote war die etwa unter dem Gewichtsschwerpunkt des Bootes liegende bogen- oder V-förmige Haupttragfläche, während die hintere, auf der Mittschiffslinie angeordnete kleinere Tragflügel als Stützfläche und Höhenruder ausgebildet war.

Im Gegensatz dazu sah das Tragflügelsystem des Freiherrn von Schertel zwei meist V-förmig ausgebildete Tragflügel vorn und hinten vor. Der vordere Haupttragflügel nimmt 50—75 % des Bootsgewichts auf und ist zur Erhöhung der Längs- und Querstabilität an den über Wasser herausragenden Enden verbreitert.

Schertels Arbeiten begannen 1927 und führten 1936 mit der Erprobung des achten in dieser Zeitspanne gebauten Versuchsboots zum Erfolg: Das 50-PS-Boot erreichte bei ausgedehnten Erprobungsfahrten auf dem Rhein mit 5 Personen an Bord rd. 29 kn. An einer dieser frühen Versuchsfahrten nahm auch der spätere Marineoberbaudirektor Prof. Burckhardt teil, womit der erste halboffizielle Kontakt zur Deutschen Kriegsmarine hergestellt war.

Ab 1937 entschloß sich Schertel, im Zuge der Weiterentwicklung seiner Erfindung mit der Firma Gebrüder Sachsenberg AG in Rosslau (Elbe) zusammenzuarbeiten, die nach und nach

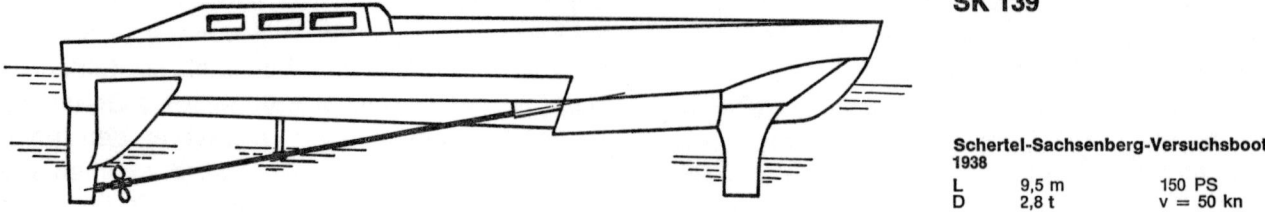

SK 139

Schertel-Sachsenberg-Versuchsboot
1938
L   9,5 m   150 PS
D   2,8 t   v = 50 kn

einen Stab qualifizierter Fachleute zur Mitarbeit heranzog.

Bereits 1938 wurde als erste Schertel-Sachsenberg-Konstruktion in Wiesbaden ein 9,5 m langes 2,8-t-Passagierboot fertiggestellt (SK 139), das mit 150 PS 40 kn erreichte. Es war bis 1945 im Einsatz.

Etwa parallel zu diesen Arbeiten entwickelte W. Grunberg 1936 in Frankreich ein Patent für ein Tragflügelboot mit vollgetauchten Tragflügeln, das mit nach vorn gerichteten, starren Oberflächen-Gleitkufen versehen war. Diese trugen im Gleitzustand nur einen kleinen Teil des Bootsgewichts und sollten den Anstellwinkel des Bootes regulieren (17, 109, 110, 111, 112, 113, 114, 115).

5.5142   Arbeiten während des Krieges

Die 1936/37 vom Besitzer der Sachsenberg-Werft, Gotthard Sachsenberg, für die Weiterentwicklung der Tragflügelboot-Idee des Freiherrn von Schertel herangezogene, mit fortschreitenden Arbeiten immer mehr vergrößerte Gruppe von Wissenschaftlern und Ingenieuren stand unter der Leitung von Prof. Dr. Ing. Weinblum und umfaßte u. a.

— Dipl. Ing. Schuster, der mit Weinblum die Theorie und die Hydrodynamik von Tragflügelbooten bearbeitete,

— Dipl. Ing. S. Weiß für die Statik der Tragflügel,

— Dipl. Ing. Schatté für Propulsions- und Propellerfragen sowie die in der Konstruktion tätigen Herren K. Büller, E. Eglin, W. Graf, H. Künzel, H. Rader, K. Wendel usw. (116).

Bedingt durch fortschreitende Erkenntnisse auf dem Gebiet der Hydrodynamik und die zunehmende Entwicklung leichter Schnelläufer-Diesel, ferner auch gefördert durch das wachsende Interesse des Oberkommandos der Kriegsmarine, kamen die wissenschaftlichen Grundlagenarbeiten schnell voran: Schon im Sommer 1939 entschloß sich die Kriegsmarine, der Sachsenberg-Werft den Auftrag für ein 100-t-Leichtmetall-Tragflügelschnellboot nach dem System Schertel zu erteilen. Im Hinblick auf die zu erwartende lange Entwicklungszeit eines derartigen Großfahrzeugs und die prekäre Motorenlage wurde der Auftrag dann jedoch nach Kriegsausbruch annulliert (110).

Ein von der Firma Sachsenberg dem OKM vorgeschlagenes, wesentlich kleineres Tragflächenboot, das als einsetzbares Torpedo-Schnellboot auf Hilfskreuzern verwandt werden sollte, wurde unter Hinweis auf die beschränkten Platzverhältnisse an Bord dieser Schiffe abgelehnt. Eine sachlich nicht ganz überzeugende Begründung, da fast gleichzeitig klassische Klein-Schnellboote für eben diesen Zweck gebaut und an Bord der Hilfskreuzer gegeben wurden (s. LS-Boote, Abschnitt 5.5131). Last not least scheint eher eine gewisse Animosität gegenüber dem technischen Neuland mitgespielt zu haben . . .

Erst im Sommer 1940 wurden der Sachsenberg-Werft 36 kleine Tragflächenboote von 3,8 t Verdrängung in Auftrag gegeben, die, paarweise operierend, zur Überwachung der gerade in den deutschen Machtbereich gekommenen norwegischen Fjorde dienen sollten. Auf Veranlassung der Seekriegsleitung wurde dieser Auftrag dann jedoch auf sechs Boote, „TS 1—6", reduziert.

Die ersten fünf, in den Jahren 1941/43 fertigge-stellten Boote, „TS 1—5" (SK 140, Abb. 184), wur-den während des Baus etwas größer als ur-sprünglich vorgesehen und verdrängten schließ-lich 4,9 t leer und 6,3 t beladen. Die aus Stahl ge-bauten V-Spant-Stufengleitbootskörper waren 11,96 m lang und 2,7 m breit (über Tragflügel 3,8 m). Im Ruhezustand gingen die Boote 1,7 m, in der Schwebefahrt 0,85 m tief. Als Antrieb diente ein 380-PS-Lorrain-Dietrich-Otto-Motor, der bei 2000 Upm 40 kn vermittelte. Als Fahr-bereich werden 300 sm bei 40 kn angegeben. Die Bewaffnung bestand aus 1 — 15-mm-Luftwaffen-MG in einer Drehkranzlafette mit Plexiglaskuppel hinter dem Steuerstand. Die Besatzung umfaßte 4 Mann. Die bei den Probefahrten noch unzu-reichende Querstabilität des ersten Bootes konnte schnell durch Ändern der Tragflügelform verbessert werden. (3, 104, 109, 110, 117).

Das letzte Boot, „TS 6", konnte bis Kriegsende nicht mehr fertiggestellt werden: Um die Schwin-gungs- und Widerstandsprobleme der langen, schrägen Propellerwelle und der zugehörigen Stützen zu verhindern, hatte das OKM der Sachsenberg-Werft den Auftrag erteilt, dieses Boot umzukonstruieren und ein Kegelrad-Z-Ge-triebe nach Art der Außenbordmotoren für die Übertragung der Antriebsleistung auf den Vor-trieb zu entwickeln (SK 141). Aufgrund der für ein

derartiges Getriebe s. Z. außergewöhnlich hohen Motorenleistung traten bei der praktischen Reali-sierung technische Schwierigkeiten auf, und der Entwicklungsauftrag konnte bis zum Kriegsende nicht zum Abschluß gebracht werden. Das auf der Bauwerft von den Russen erbeutete Boot wurde nach dem Kriege unter russischer Aufsicht fertiggestellt, erprobt und anschließend auf die Wolga verlegt (s. Abschnitt 6.2).

Während die genannten Boote von Anfang an als „TS", d. h. Tragflügelschnellboote, klassifiziert wurden, erhielten alle folgenden Boote die Be-zeichnung „VS", d. h. Versuchs-Schnellboot.

„VS 1—4" waren nicht ausgeführte Planungen, über deren Konzeption, mit Ausnahme des in Ab-schnitt 5.511 genannten „VS 1", keine Angaben mehr vorliegen.

„VS 5" war ein teilflutbares „Halbuntersee-Schnellboot" (SK 142, Abb. 185), das 1939 von dem Berliner Dentisten Engelmann erdacht und 1940/41 von der A. G. Weser, Bremen, gebaut worden war. Es sollte mit vier auf eine einzige Propellerwelle wirkenden 1500/2050-PS-MAN-11-Zyl-V-Viertakt-Dieseln des Typs L 11 Zu 50 kn Kurzhöchstfahrt laufen und 2 — 20-mm-MK und 2 53,3-cm-Torpedorohre tragen. Es erwies sich schon bei den ersten Erprobungen als völlige Fehlkonstruktion und kann daher übergangen werden. Details s. (3, 41).

SK 140

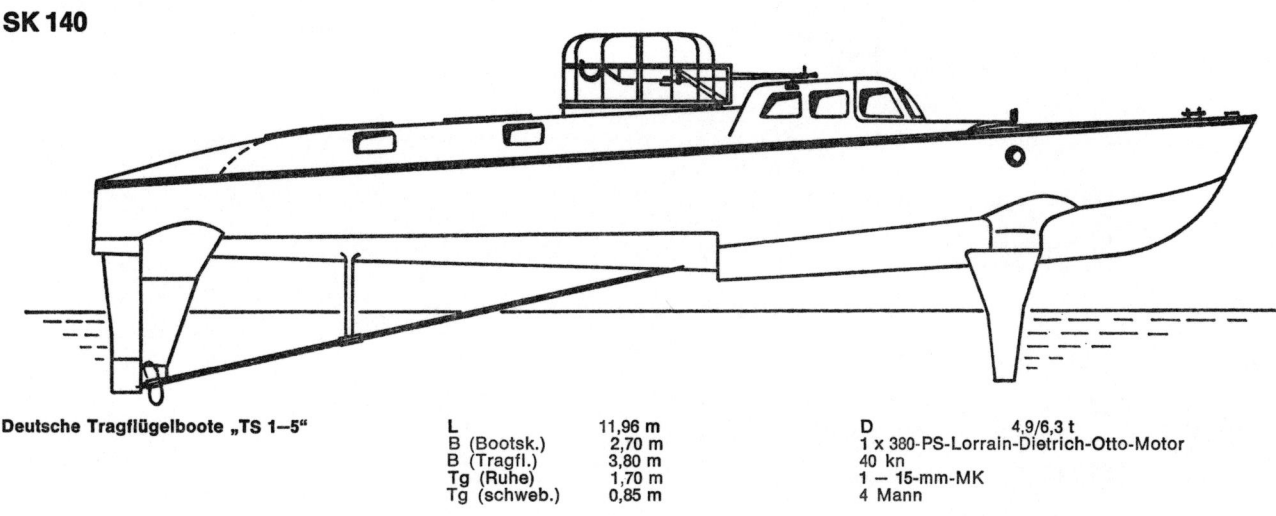

Deutsche Tragflügelboote „TS 1—5"

L	11,96 m	D	4,9/6,3 t
B (Bootsk.)	2,70 m		1 x 380-PS-Lorrain-Dietrich-Otto-Motor
B (Tragfl.)	3,80 m		40 kn
Tg (Ruhe)	1,70 m		1 — 15-mm-MK
Tg (schweb.)	0,85 m		4 Mann

SK 141

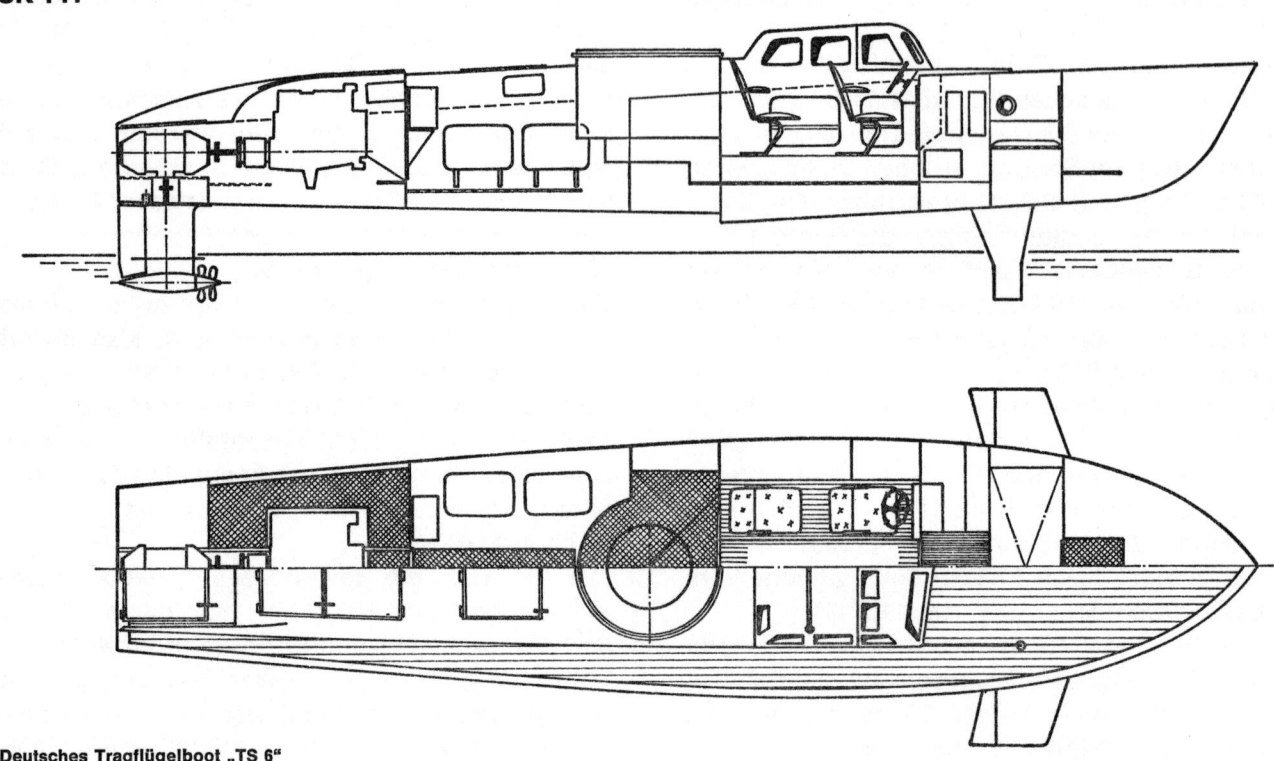

Deutsches Tragflügelboot „TS 6"

SK 142

Deutsches Engelmann-Halbtauch-Versuchs-Schnellboot „VS 5" (1941)

L   40,82 m
B   3,82 m
6000 PS   28 kn
geflutet 8200 PS
~ 50 kn erhofft

Schnitt A - B

Schnitt C - D

A

C

B

D

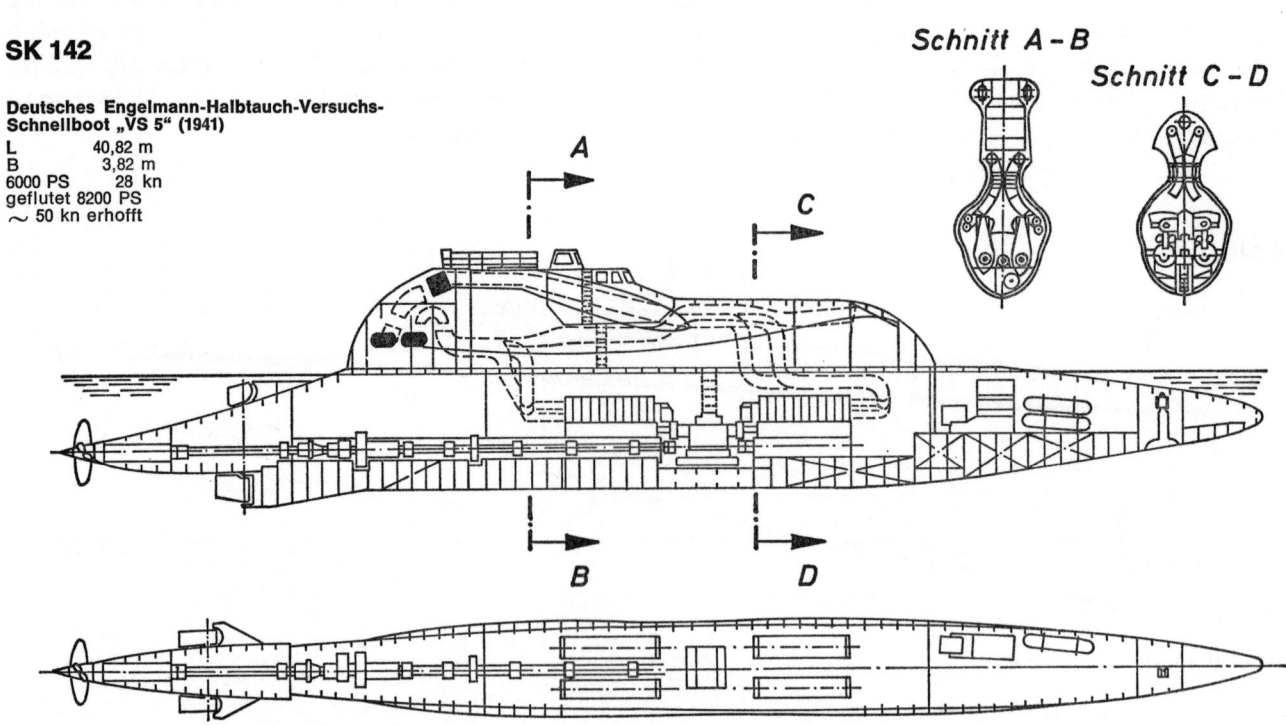

SK 143

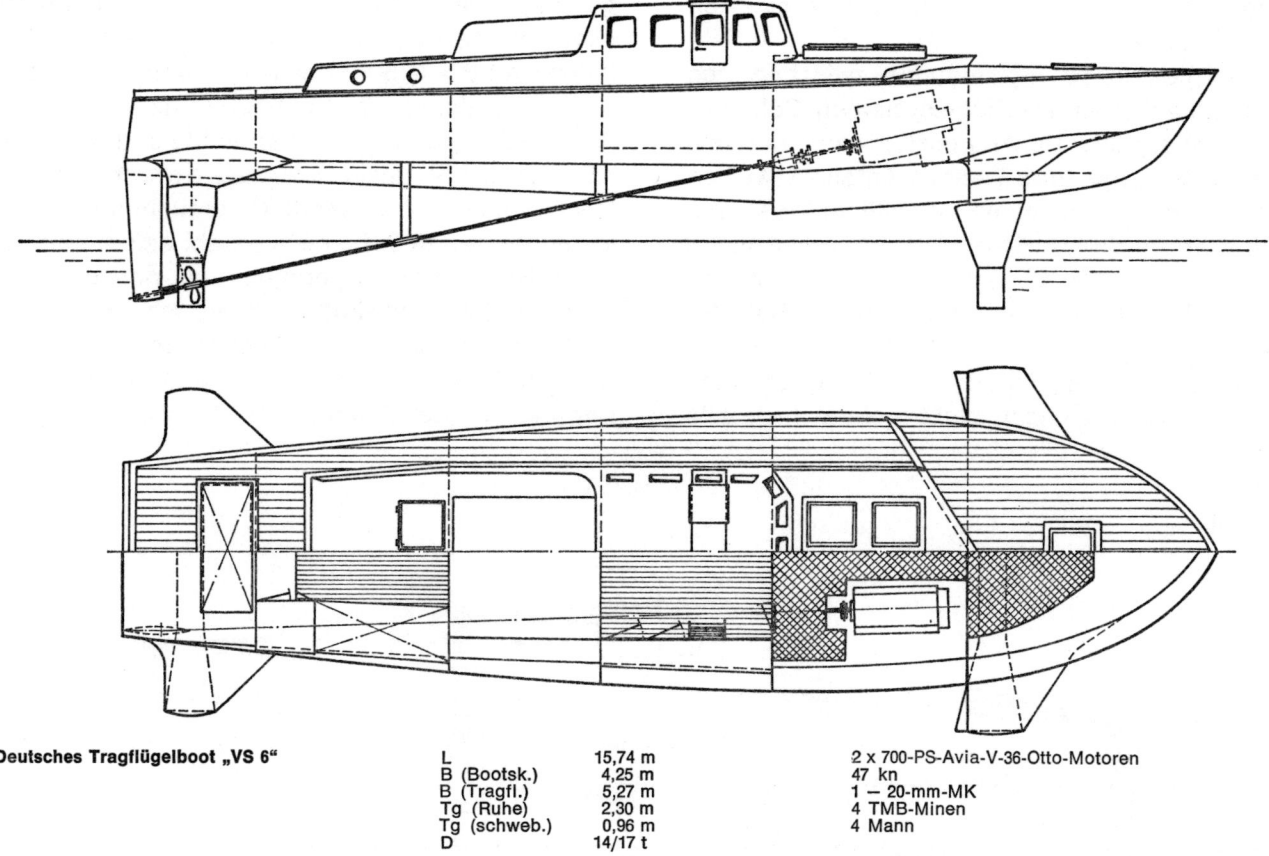

Deutsches Tragflügelboot „VS 6"

L	15,74 m
B (Bootsk.)	4,25 m
B (Tragfl.)	5,27 m
Tg (Ruhe)	2,30 m
Tg (schweb.)	0,96 m
D	14/17 t

2 x 700-PS-Avia-V-36-Otto-Motoren
47 kn
1 — 20-mm-MK
4 TMB-Minen
4 Mann

Ende 1940 erhielt die Sachsenberg-Werft den Auftrag zum Bau des Tragflügel-Versuchs-schnellboots „VS 6" (SK 143, Abb. 186), ein schneller Minenleger, der primär als Vergleichs-boot zu den in Bau befindlichen, als Gleitboote ausgeführten KM-Booten (s. Abschnitt 5.5135) dienen sollte. Das 15,74 m lange Boot war im Rumpf 4,25 m, über die Tragflügel 5,27 m breit. Der Tiefgang betrug in Ruhe 2,3 m, im Schwebe-zustand 0,96 m, die Verdrängung 14 t leer und 17 t beladen. Zwei 700-PS-Avia-V-36-Otto-Moto-ren auf zwei Wellen und zwei Propeller von 0,42 m Drm. ermöglichten 47 kn. Der Fahrbereich — mutmaßlich bei Vollast — wird mit 300 sm an-gegeben.

Als Bewaffnung waren eine 20-mm-MK in Dreh-kranzlafette mit Plexiglaskuppel und vier TMB-Minen vorgesehen, doch scheint diese niemals an Bord gewesen zu sein. Die Besatzung umfaßte 4 Mann.

Schon bei den ersten See-Erprobungen in der Ostsee stellte sich heraus, daß man beim Bau des stählernen Knickspant-Stufengleitbootskör-pers im Hinblick auf die gerade bei derartigen Fahrzeugen dringend erwünschte Gewichts-ersparnis zum Teil zu geringe Materialstärken gewählt hatte. Diese genügten zwar den rechne-rischen Festigkeitsbeanspruchungen, nicht je-doch — mangels ausreichender Erfahrungen — den unter ungünstigen Witterungsumständen auftretenden Belastungen: Beim Durchfahren einer hohen See wurde der Bootskörper im Vor-schiffsbereich eingedrückt. Mit einem entspre-chend verstärkten und zum besseren Einsetzen schlanker ausgebildeten Vorschiff versehen diente das Fahrzeug dann bis zum Kriegsende eingehenden Versuchen mit unterschiedlichen Tragflügelformen. Seine Seeverwendbarkeit reichte bis See 4 (109, 110, 117).

Um vergleichende Erprobungen zwischen den unterschiedlichen Tragflügelsystemen Schertel-Sachsenberg und Tietjens ausführen zu können, erteilte das OKM Prof. Tietjens Anfang 1941 den Auftrag zum Bau eines Tragflügel-Versuchsschnellboots, das hinsichtlich Größe und Abmessungen etwa „VS 6" entsprach. Die genauen technischen Daten des als „VS 7" bei der Bagger- und Schiffbauwerft C. Siebert in Berlin-Spandau gebauten, Anfang 1942 fertiggestellten Boots (Abb. 187) liegen nicht mehr vor, da alle

Bauunterlagen durch Kriegseinwirkung verloren gegangen sind. Nach der Fertigstellung ergab sich jedoch, daß das unbewaffnete, etwa 15 m lange, mit 2 x 675-PS-Avia-Otto-Motoren ausgerüstete Knickspant-Stahlboot eine Konstruktionsverdrängung von 17 t erreichte und damit rd. 4,5 t schwerer geworden war, als vorgesehen. Nachdem eine eingehende Untersuchung auf der Vertens-Werft in Schleswig ergab, daß nachträgliche Gewichtsverringerungen im notwendigen Umfang nicht realisierbar waren, erhielt Vertens 1942 den Auftrag, unter Nutzung der vorhandenen Antriebsanlage usw. ein neues Boot unter der gleichen Bezeichnung „VS 7" zu bauen.

SK 144

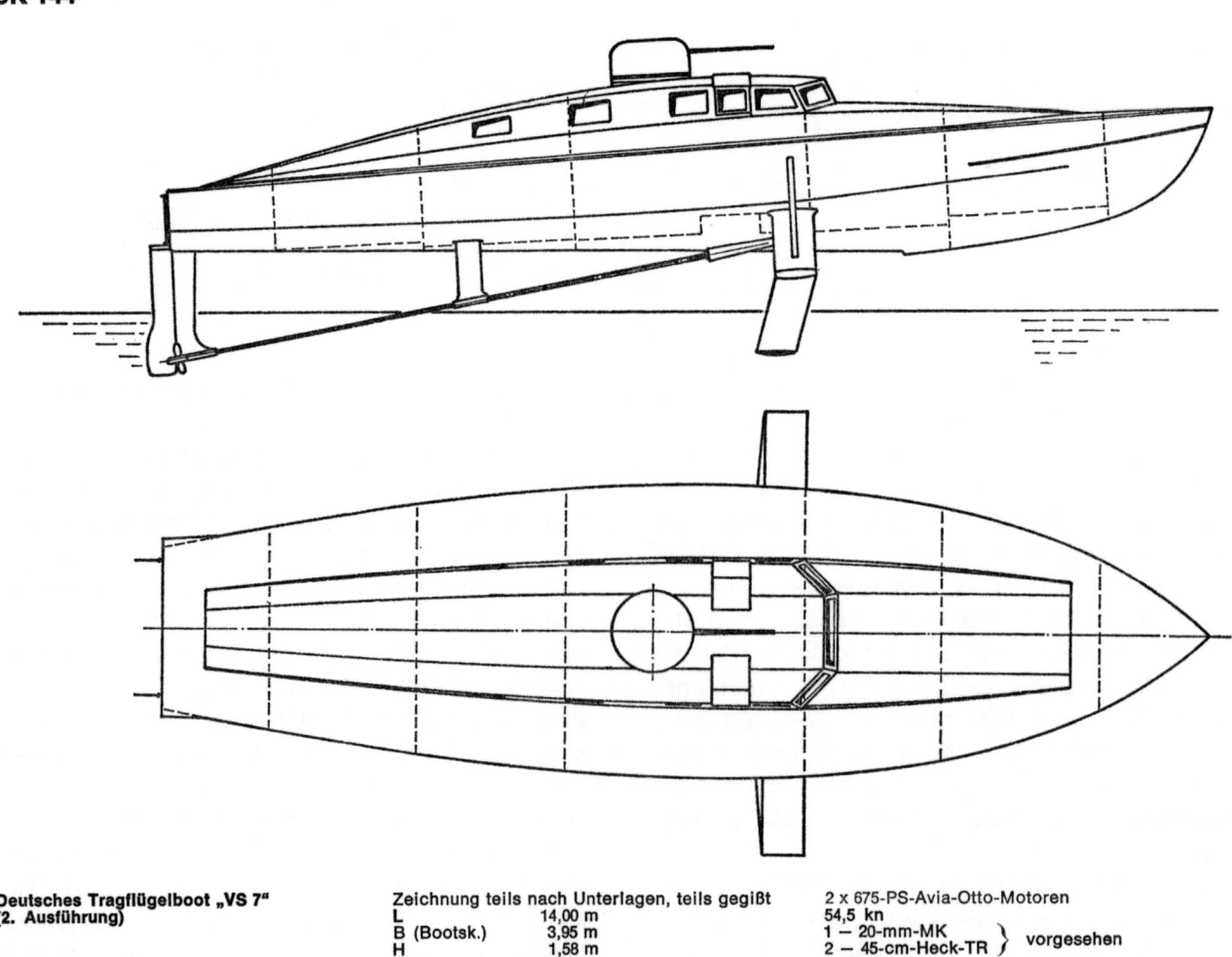

Deutsches Tragflügelboot „VS 7"
(2. Ausführung)

Zeichnung teils nach Unterlagen, teils gegißt		2 x 675-PS-Avia-Otto-Motoren
L	14,00 m	54,5 kn
B (Bootsk.)	3,95 m	1 — 20-mm-MK
H	1,58 m	2 — 45-cm-Heck-TR } vorgesehen
D	12,8/15 t	4 Mann

SK 145

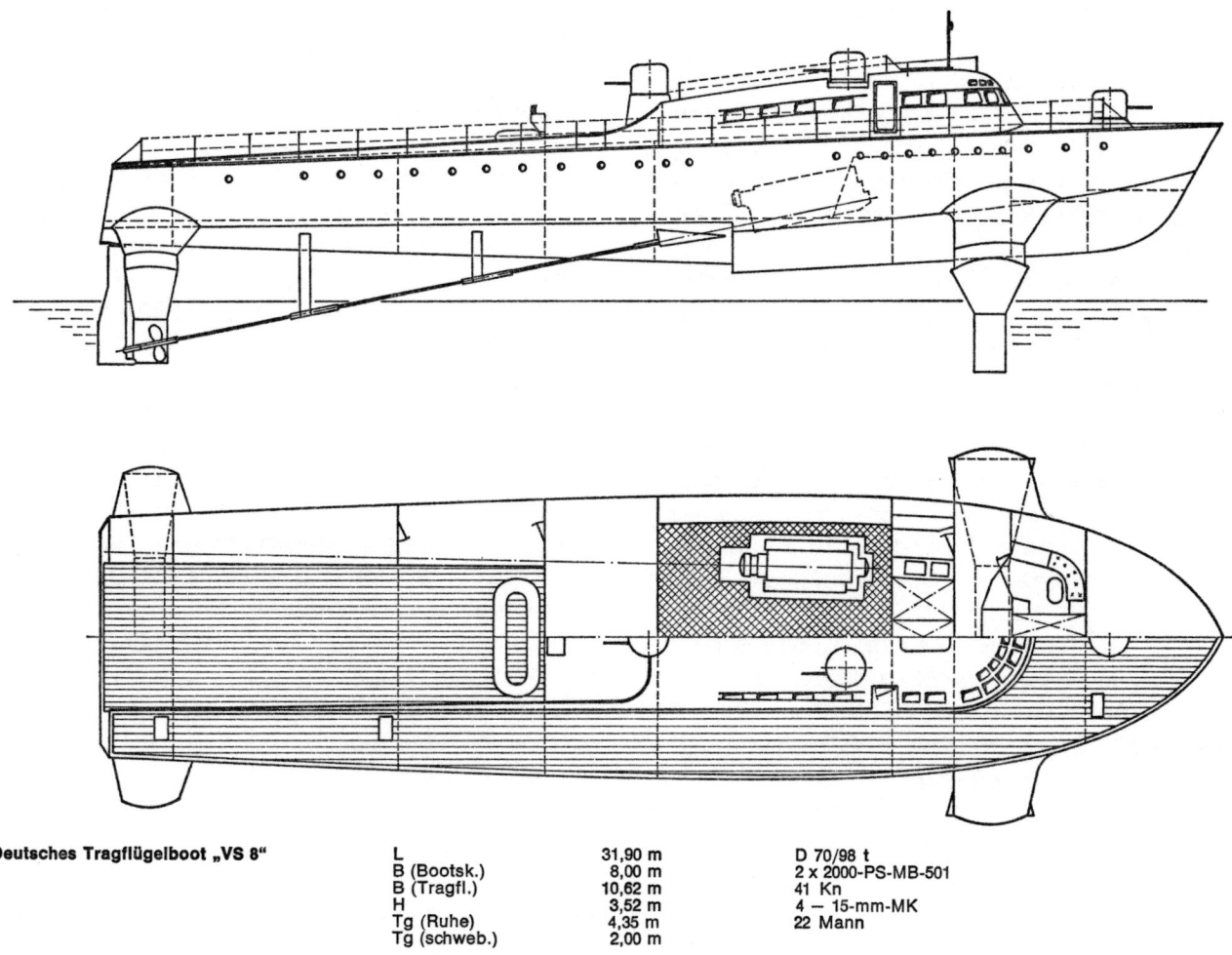

Deutsches Tragflügelboot „VS 8"

L	31,90 m	D 70/98 t
B (Bootsk.)	8,00 m	2 x 2000-PS-MB-501
B (Tragfl.)	10,62 m	41 Kn
H	3,52 m	4 — 15-mm-MK
Tg (Ruhe)	4,35 m	22 Mann
Tg (schweb.)	2,00 m	

Es gelang dem damaligen Inhaber der Werft, Karl Vertens, einem sehr erfahrenen Konstrukteur schneller Motorboote, einen 14,0 m langen, 3,95 m breiten und 1,58 m hohen Knickspant-Stufengleitbootskörper zu entwickeln, der aus einem speziellen, Tapofilm-verleimten Pappel-Sperrholz der Firma Schütte-Lanz hergestellt war und, incl. einer rd. 3 t schweren Bewaffnung, 12,8 t leer und 15 t beladen wog. Die Bewaffnung umfaßte 1 — 20-mm-MK in Drehkranzlafette mit Plexiglaskuppel hinter dem Steuerstand und 2 45-cm-Heck-Torpedorohre. Das Boot, von dem nur noch eine Überwasseransicht und ein Decksplan mit der Raumeinteilung vorhanden ist (SK 144,

Abb. 188), soll im Vorschiff eine Außenhautstärke von 14 mm, im Achterschiff 12 mm, besessen haben. Nachdem das Boot dann bei Probefahrten vor Travemünde mit mittlerer Fahrt auf schwimmendes Treibgut aufgelaufen und durch Schäden am Bootskörper teilweise voll Wasser gelaufen war, wurde der Boden des Vorschiffs auf 16 mm verstärkt. Das Fahrzeug erreichte mit 2 x 675-PS-Avia-Otto-Motoren 54,5 kn. Der Brennstoffvorrat betrug 3000 Liter, die Besatzung umfaßte 4 Mann. Wie seine Vorgänger diente auch dieses, im Herbst 1942 fertiggestellte Boot ausschließlich Erprobungen im Ostseebereich (109, 110, 117).

Im Herbst 1942 wurden der Sachsenberg-Werft unter der Bezeichnung „VS 8—9" zwei Groß-Tragflügel-Versuchsschnellboote in Auftrag gegeben, die als Nachschubfahrzeuge für das deutsche Afrikakorps dienen sollten. Aufgrund der horrenden Verluste der deutsch-italienischen Mittelmeer-Geleitzüge und der zunehmenden Versorgungsschwierigkeiten der in der Cyrenaika kämpfenden Verbände hatte der General der Pioniere Schell die Vorstellung eines Schnelltransporters entwickelt, der als Einzelfahrer in einer Nacht von Süditalien nach Nordafrika und zurück laufen, und jeweils einen Panzer von 26 t Gewicht mit ausreichender Brennstoffreserve transportieren konnte. Kennzeichen eines derartigen Fahrzeugs mußten eine entspechende Ladekapazität, ein ausreichender Schutz gegen Luftangriffe (Jabos) und eine der Aufgabe angemessene Geschwindigkeit sein, kurz ein Spezialtransporter mit Schnellbootscharakter, wie ihn z. B. auch die Engländer für die Schwedenfahrt entwickelt hatten (s. Abschnitt 5.2134).

Das vom Harburger Betrieb der Sachsenberg-Werft unter Leitung von Dipl.-Ing. Eglin gebaute erste Boot, „VS 8" (nach seinem „geistigen Vater" auch „Schell I" genannt), war ein Ganz-Leichtmetall-Knickspant-Stufengleitboot (SK 145, Abb. 189, 190).

Die technischen Daten lauteten: Länge 31,90 m, Rumpfbreite 8,0 m, Breite über Tragflügel 10,62 m, Seitenhöhe 3,52 m, Tiefgang in Ruhe 4,25 m, Tiefgang im Schwebezustand 2,00 m, Leergewicht 70 t, Zuladung 28 t, Einsatzverdrängung 98 t, Antrieb durch 2 x 2500-PS-Daimler-Benz-20-Zyl.-V-Viertakt-MB-511-Diesel mit Rädergetriebe 1 : 9 auf zwei Wellen und zwei Propeller von 0,56 m Drm. für 41 kn Dauer- und 45 kn Kurzhöchstgeschwindigkeit, Fahrbereich 200 sm bei 45 kn, Bewaffnung 4 — 15-mm-Luftwaffen-MG in Drehkranzlafetten mit Plexiglaskuppel, Besatzung 22 Mann.

Das erste Boot, „VS 8", stand erst im August 1943 zu Probefahrten bereit und kam daher, nachdem Nordafrika im Mai 1943 aufgegeben worden war, für den vorgesehenen Einsatz zu spät. Bei ausgedehnten Erprobungen auf der Unterelbe und im

Nord-Ostseebereich stellte sich heraus, daß „VS 8"

— erheblich schwerer geworden war, als vorgesehen,

— bei einer Verdrängung von 70—75 t nur 41 kn lief, da statt der vorgesehenen 2 x 2500-PS-MB-511-Diesel nur 2 x 2000-PS-MB-501-Diesel zur Verfügung standen. Mit aufgeladenen Motoren wären die 45 kn sicher erreicht worden.

— bei Seegang von 1,8 m Höhe und 40—45 m Wellenlänge noch mit 37 kn gegen die See laufen konnte,

— trotz Verwendung bewährter seewasserbeständiger Leichtmetall-Legierungen im Bereich des von den vorderen Tragflügeln erzeugten Spritzwassers erhebliche Korrosionserscheinungen am Bootskörper auftraten, die mit den üblichen Konservierungsmitteln auch nicht zu beheben waren.

Im September 1944 lief das Boot im Sturm durch eine Verkettung widriger Umstände vor Hela auf Grund und mußte aufgegeben werden.

Das zweite Fahrzeug dieses Typs, „VS 9" resp. „Schell II", das, wie „VS 6", statt der langen, schrägen Propellerwelle einen Kegelrad-Z-Vortrieb erhalten sollte, blieb als Entwurf liegen (104, 109, 110, 117).

War „VS 8" primär beeindruckend durch Bootsgröße und Leistungsdaten, so repräsentierte das 1942 vom OKM in Auftrag gegebene, ebenfalls beim Harburger Betrieb der Sachsenberg-Werft gebaute Tragflügel-Versuchs-Torpedoschnellboot „VS 10" (SK 146) einen Fahrzeugtyp, der selbst heute, rd. 30 Jahre später, noch als richtungsweisend bezeichnet werden kann. Die technischen Daten dieses Bootes lauteten:

Länge 23,3 m, Rumpfbreite 6,4 m, Breite über Tragflügel 8,0 m, Seitenhöhe 3,35 m, Ruhetiefgang 3,3 m, Tiefgang im Schwebezustand 1,3 m, Konstruktionsverdrängung 46 t, Antrieb durch 4 1500-PS-Isotta-Fraschini-ASM-185-Otto-Motoren, davon je zwei Motoren auf eine Welle und einen Propeller von 0,44 m Drm. arbeitend, 58 kn Konstruktionsgeschwindigkeit, Fahrbereich 300 sm bei 55 kn, Bewaffnung 6 — 15-mm-Luftwaffen-MG

SK 146

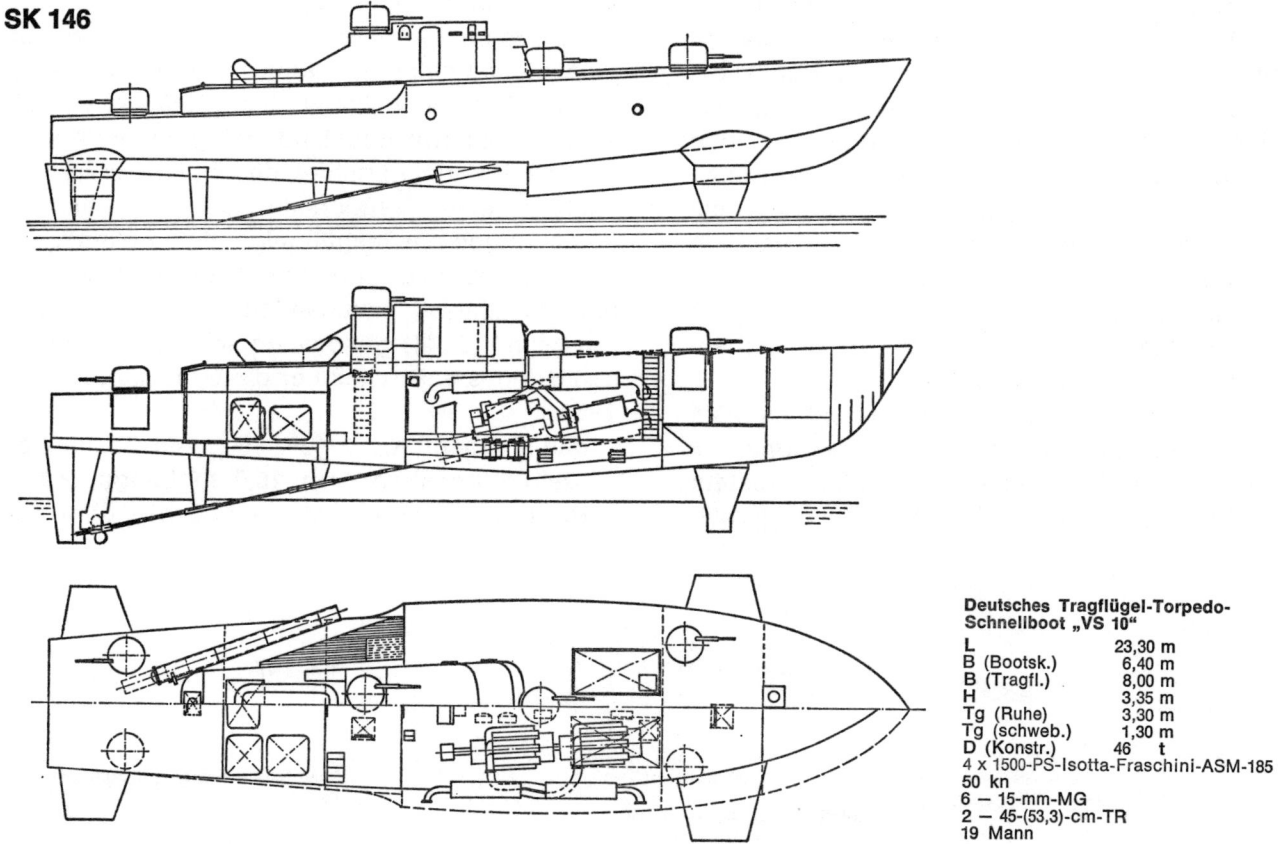

Deutsches Tragflügel-Torpedo-Schnellboot „VS 10"

L	23,30 m
B (Bootsk.)	6,40 m
B (Tragfl.)	8,00 m
H	3,35 m
Tg (Ruhe)	3,30 m
Tg (schweb.)	1,30 m
D (Konstr.)	46 t

4 x 1500-PS-Isotta-Fraschini-ASM-185
50 kn
6 — 15-mm-MG
2 — 45-(53,3)-cm-TR
19 Mann

in Drehkranzlafetten mit Plexiglaskuppel und 2 45-cm- bzw. u. U. 53,3-cm-Torpedorohre, Besatzung 19 Mann. Einige Tage vor der ersten Probefahrt wurde das Boot im Jahre 1944 auf der Bauwerft durch alliierten Bombenangriff zerstört (104, 109, 110, 117).

Drei weitere Bote, „VS 11—13" (SK 147, 148), waren ferngesteuerte Tragflügelsprengboote von 3 t Verdrängung und 60 kn Geschwindigkeit.

Sie gehören, wie auch der gedanklich ähnliche, 1940 gebaute Tietjens-Tragflügel-Torpedo (41, 110) und ein doppelwandiges Speziallandungsboot mit einziehbaren Tragflügeln (SK 149), nicht in den Kreis der hier zu behandelnden Fahrzeuge. Ein weiteres Boot des Tragflügel-Torpedoschnellboottyps „VS 10" war als „VS 14" geplant, sollte aber erst nach Vorliegen von Erfahrungen mit dem Vorlaufboot in Bau gegeben werden.

Rückblickend schreibt Docter (110) in seiner Arbeit über die Entwicklung der Tragflügelboote zu den deutschen Arbeiten des Zweiten Weltkriegs: „Trotz des Aufwandes großer Mittel und eifrigster Bemühungen ist kein Boot zum Fronteinsatz gekommen. Die Schwierigkeiten, die bei der Entwicklung der größeren Boote auftraten, waren von Anfang an nicht zu übersehen, und ihre Behebung erforderte sehr viel Zeit. Hinzu kam, daß bei den erheblich verschiedenen Größenabmessungen der einzelnen Bootstypen noch zusätzlich neue Probleme auftraten . . . (S. 2324)."

Obgleich die beträchtlichen, von der Marine für die Entwicklung frontbrauchbarer Tragflügelboote aufgebrachten Mittel im Verlauf der fünf Kriegsjahre nicht den erwünschten, praktisch nutzbaren Erfolg zeitigten, so ist doch festzustellen, daß Schertels Ideen durch die wissenschaftlichen Beiträge Prof. Weinblums und der zahlreichen fachlich qualifizierten Mitarbeiter, durch die Verdienste des Werftbesitzers Gotthard Sachsenberg als Unternehmer und durch die permanente Förderung des K-Amts einen außerordentlich hohen Reifegrad erreichen und gerade wegen der Typen- und Größenvielfalt wertvolle Erfahrungen gewonnen wurden, die sich später bei den weiteren Entwicklungen in Ost und West niederschlugen (s. Abschnitt 6.2). Für die nicht weniger interessanten Ideen Prof. Tietjens' dagegen fehlte einfach ein ausreichendes industrielles Fundament.

In den letzten Kriegsmonaten des Jahres 1945 beschäftigte sich auch der bereits genannte, im K-Verband der Kriegsmarine tätige Konstrukteur der Klein-Schnellboote Typ „Wal" und „Schlit-ten", Schiffbau-Ingenieur F. H. Wendel, mit Tragflügelbooten. Im Gegensatz zu Schertel und Tietjens, die mit halbgetauchten Tragflügeln operierten, sah Wendel vollgetauchte Tragflügel vor, die auch im Schwebezustand völlig unter Wasser blieben. Wendel berichtet, daß ihm die erste Vorstellung seiner Tragflügelboots-Konstruktion mit den am Ende der Tragflügelgondeln befindlichen Vortriebspropellern bei einer Probefahrt mit dem rein dynamisch tauchenden Kleinst-U-Boottyp „Delphin" (3, 41) gekommen sei. Noch während des Krieges entwickelte er die Grundzüge dreier Typen

— **das Typboot Nr. 5** (SK 150), ein Tragflügel-Klein-Schnellboot von 15,0 m Länge, 3,0 m Breite im Bootskörper, 4,1 m Breite über den

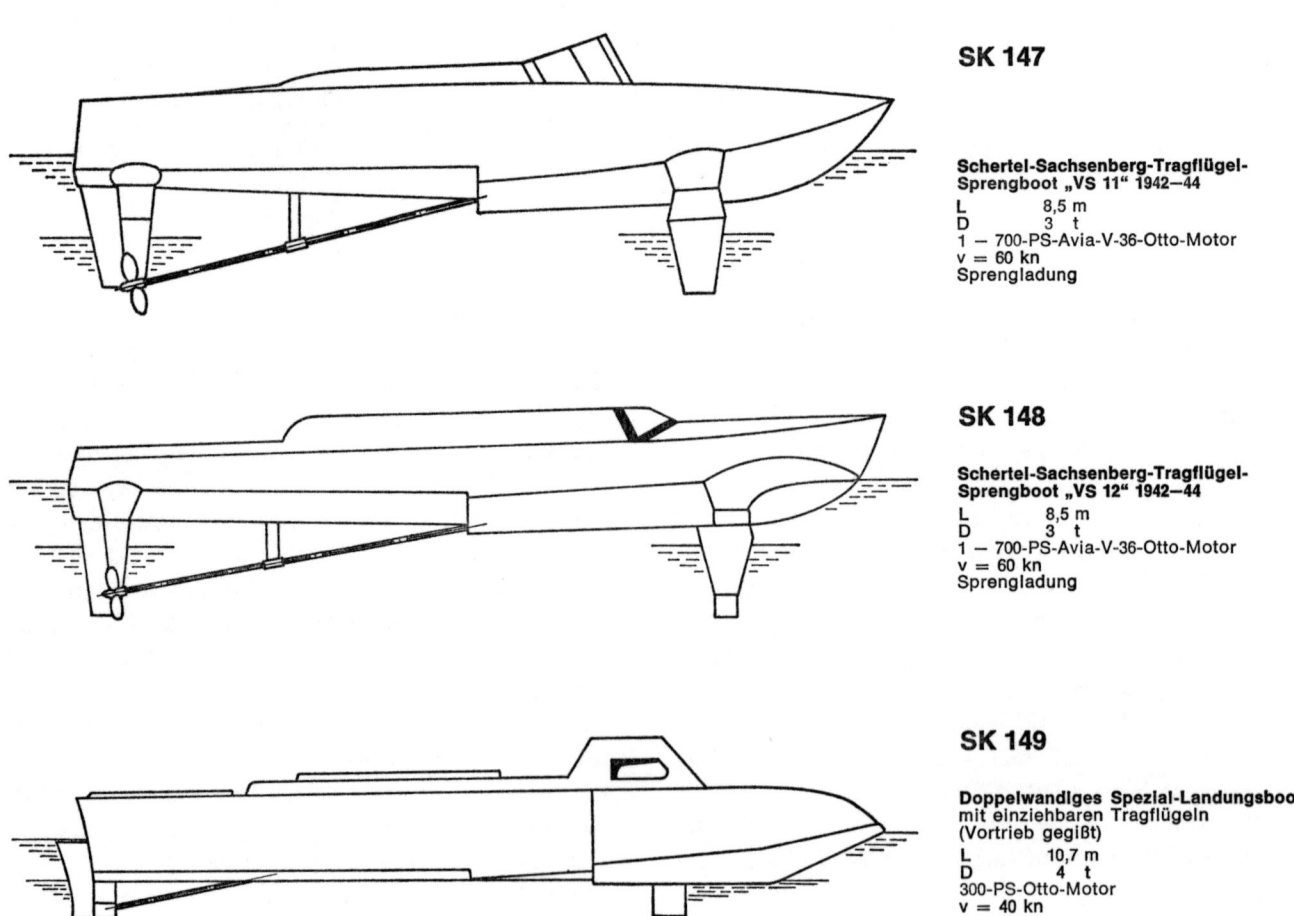

SK 147

Schertel-Sachsenberg-Tragflügel-Sprengboot „VS 11" 1942—44
L 8,5 m
D 3 t
1 — 700-PS-Avia-V-36-Otto-Motor
v = 60 kn
Sprengladung

SK 148

Schertel-Sachsenberg-Tragflügel-Sprengboot „VS 12" 1942—44
L 8,5 m
D 3 t
1 — 700-PS-Avia-V-36-Otto-Motor
v = 60 kn
Sprengladung

SK 149

Doppelwandiges Spezial-Landungsboot mit einziehbaren Tragflügeln (Vortrieb gegißt)
L 10,7 m
D 4 t
300-PS-Otto-Motor
v = 40 kn

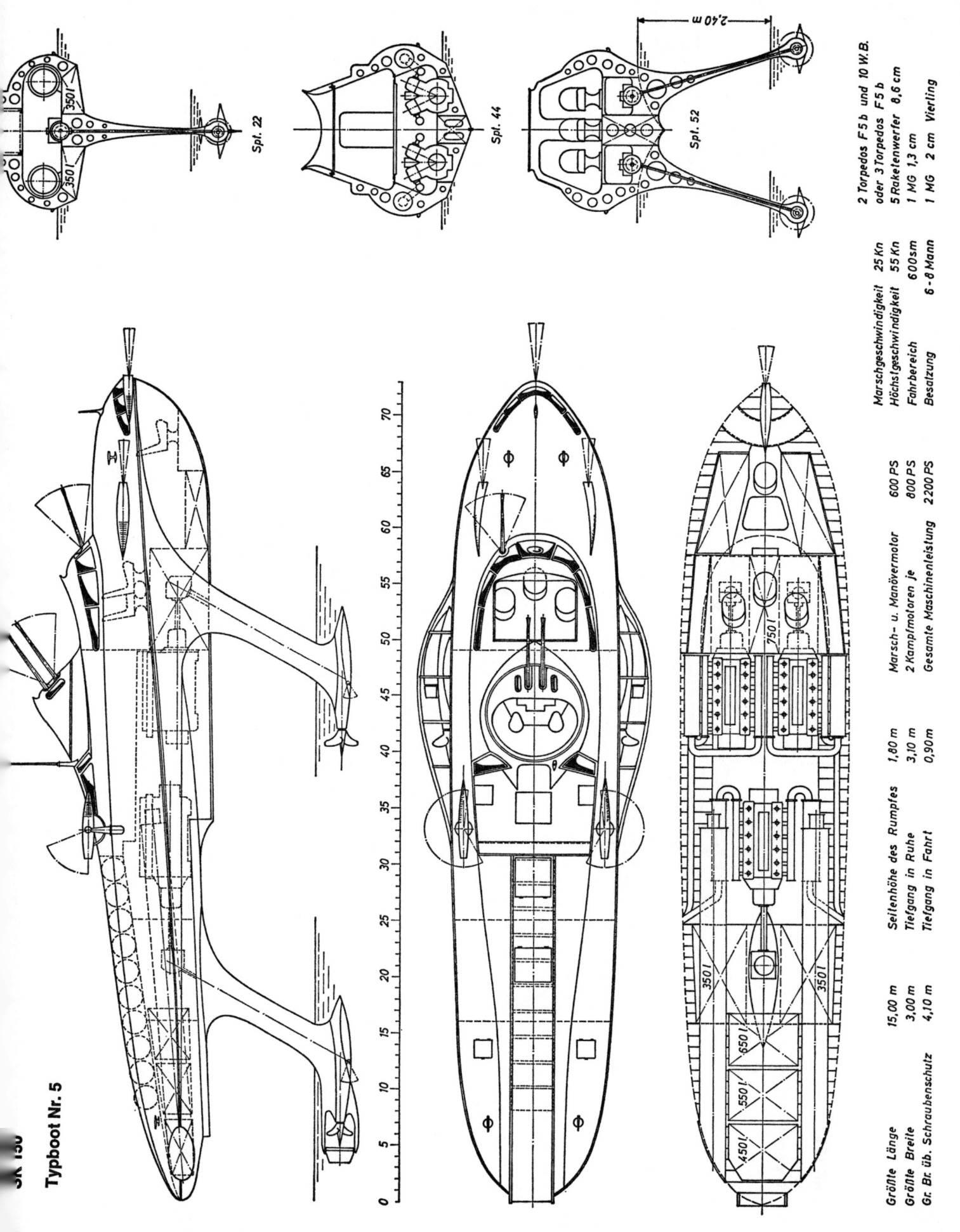

Typboot Nr. 5

Spt. 22

Spt. 44

Spt. 52

2,40 m

Größte Länge	15,00 m
Größte Breite	3,00 m
Gr. Br. üb. Schraubenschutz	4,10 m

Seitenhöhe des Rumpfes	1,80 m
Tiefgang in Ruhe	3,10 m
Tiefgang in Fahrt	0,90 m

Marsch- u. Manövermotor	600 PS
2 Kampfmotoren je	800 PS
Gesamte Maschinenleistung	2200 PS

Marschgeschwindigkeit	25 Kn
Höchstgeschwindigkeit	55 Kn
Fahrbereich	600 sm
Besatzung	6 - 8 Mann

2 Torpedos F 5 b und 10 W.B.
oder 3 Torpedos F 5 b
5 Raketenwerfer 8,6 cm
1 MG 1,3 cm
1 MG 2 cm Vierling

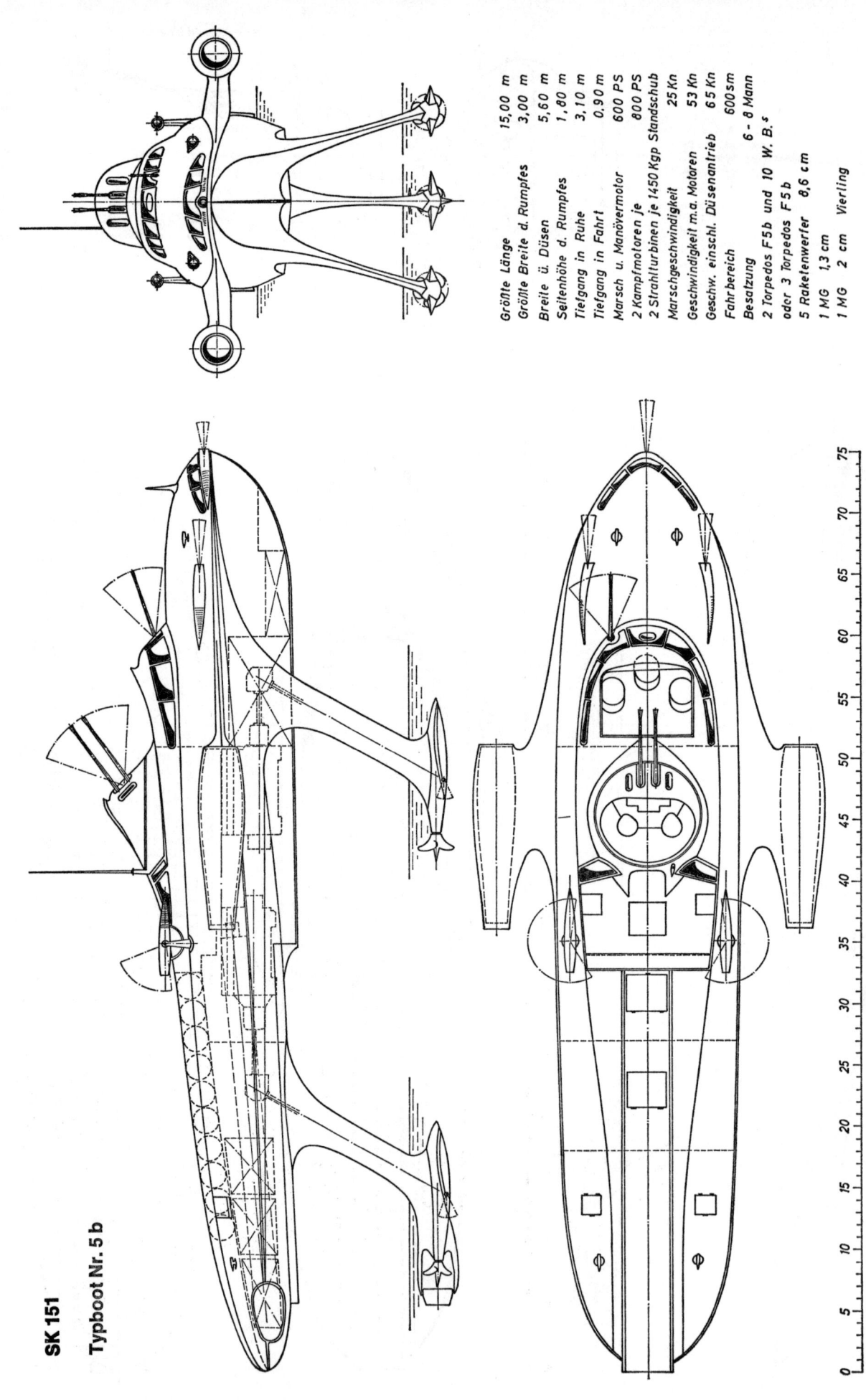

SK 151

Typboot Nr. 5 b

Größte Länge — 15,00 m
Größte Breite d. Rumpfes — 3,00 m
Breite ü. Düsen — 5,60 m
Seitenhöhe d. Rumpfes — 1,80 m
Tiefgang in Ruhe — 3,10 m
Tiefgang in Fahrt — 0,90 m
Marsch u. Manövermotor — 600 PS
2 Kampfmotoren je — 800 PS
2 Strahlturbinen je 1450 Kgp Standschub
Marschgeschwindigkeit — 25 Kn
Geschwindigkeit m.a. Motoren — 53 Kn
Geschw. einschl. Düsenantrieb — 65 Kn
Fahrbereich — 600 sm
Besatzung — 6 – 8 Mann
2 Torpedos F 5 b und 10 W. B.^{s}
oder 3 Torpedos F 5 b
5 Raketenwerfer 8,6 cm
1 MG 1,3 cm
1 MG 2 cm Vierling

Abb. 166
Klein-Schnellboot Typ „Wal I"
bei AK Fahrt

Abb. 167
Klein-Schnellboot Typ „Wal II"
in voller Fahrt

Abb. 168
Klein-Schnellboot Typ „Wal II"
auf zugehörigem Transportwagen

Abb. 169
Klein-Schnellboot Typ „Wal III" in Bau

Abb. 170
Klein-Schnellboot Typ „Wal III"
in Bau

Abb. 171 ▶
Klein-Schnellboot Typ „Wal II"
in voller Fahrt

Abb. 172
Klein-Schnellboot Typ „Wal II"
in voller Fahrt

Schraubenschutz, 1,8 m Seitenhöhe, 3,1 m Tiefgang im Schwimm-, 0,9 m Tiefgang im Schwebezustand. Mit einem auf den Heckpropeller arbeitenden 600-PS-Marsch- und zwei auf die beiden vorderen Propeller arbeitenden Hauptmotoren von je 800 PS, insgesamt also 2200 PS, sollte das Fahrzeug 55 kn Höchstfahrt erreichen. Die Bewaffnung des 6—8-Mann-Boots sollte 2 — 45-cm-Heck-Torpedorohre für den Torpedo F5b, zehn Wabos, ein 20-mm-Vierling, 1 — 13-mm-MG und fünf 86-mm-Raketenwerfer umfassen.

— **das Typboot Nr. 5b** (SK 151) entsprach in allen technischen Daten dem Typboot Nr. 5, sollte jedoch durch zwei zusätzliche Strahltriebwerke von je 1450 kp Schub an beiden Seiten des Rumpfes auf 65 kn kommen.

— ein nur Idee gebliebenes Tragflügel-Schnellboot mit einem aufrichtbaren Schnorchelmast und Sehrohr (SK 152).

Die Überlegung war, das mit relativ kleinem Reserveauftrieb versehene Fahrzeug mit Tauchtanks auszurüsten, um es dicht unter der Küste zur Beobachtung des Seegebiet auf flachen Grund legen zu können. Bei Annäherung eines Zieles sollte das Boot die Tauchtanks durch Preßluft ausblasen, auftauchen und, über Wasser als Tragflügelboot schwebend, zum Angriff anlaufen. Im Hinblick auf die für diesen Zweck benötigte relativ geringe Tauchtiefe war eine Druckfestigkeit des Bootskörpers nicht erforderlich. Es genügte die totale Wasserdichtigkeit des Gesamtbootskörpers. Füße an den Tragflügelgondeln sollten Schäden beim Aufliegen auf Grund verhindern (105).

Es ist deutlich zu erkennen, in welch starkem Maße Wendels Überlegungen durch die Ereignisse der letzten Kriegsmonate und durch seine Tätigkeit im Verband der Kleinkampfmittel geprägt worden sind. Aufgrund des Kriegsendes mit all seinen Folgen und den speziellen Restriktionen auf dem Schiffbau-Sektor konnte Wendel die Richtigkeit und die praktischen Möglichkei-

SK 152

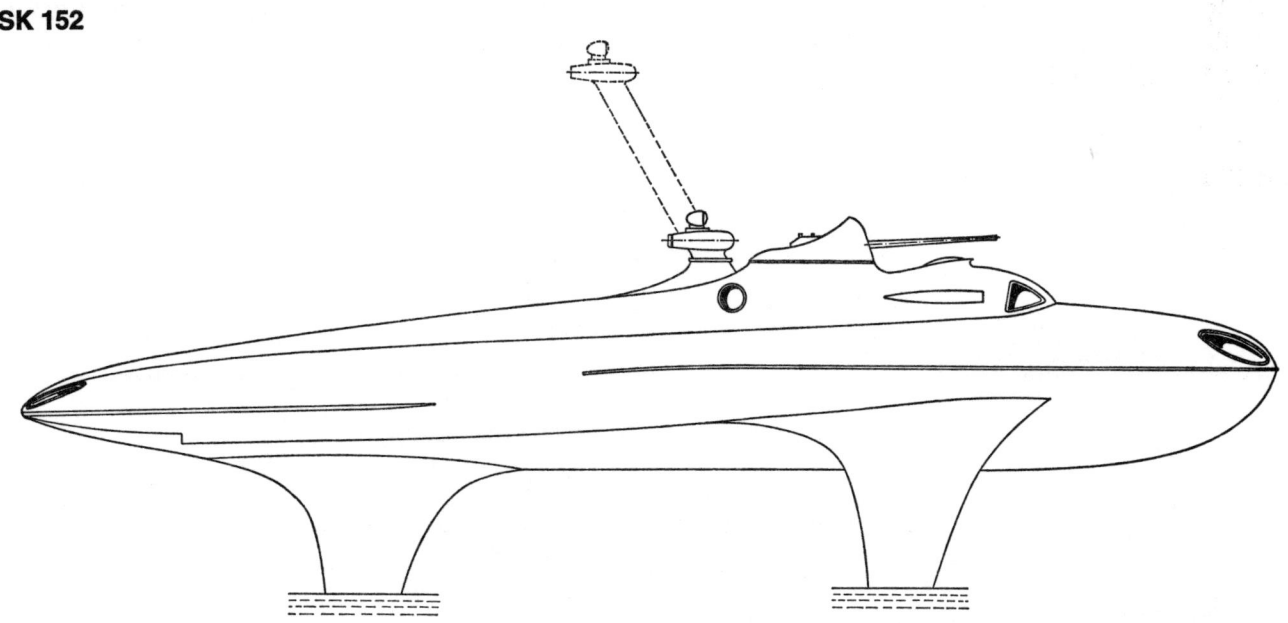

Tragflügel-Klein-Schnellboot
Projekt von Ing. Wendel mit technischen Einrichtungen
(Flutzellen, Schnorchel, Sehrohr) sich zur Tarnung auf Grund zu legen

ten seiner Idee erst sechs Jahre nach dem Kriege beweisen: 1951 wurde das Tragflügelboot mit vollgetauchten Tragflügeln nach dem System Wendel patentiert, 1952 lief das erste Testboot (Abb. 191). Weitere Arbeiten s. Abschnitt 6.2.

5.515 Fluß-Schnell- und Fluß-Kanonenboote

Als in den Jahren 1938—39 mit der Einverleibung Österreichs und des tschechischen Generalgouvernements in das Großdeutsche Reich ein größerer Teil der Donau und die österreichische und tschechische Donauflottille in deutsche Hand fielen, wurden Aufträge für den weiteren Ausbau des von der Marine übernommenen Flußverbandes erteilt.

Außer einer Anzahl nicht in den Kreis der hier zu behandelnden Fahrzeuge gehörenden Spezialtypen wie Monitore und Fluß-Räumboote usw. entstanden

— die 1938—39 von Prof. Eckert von Labin (Technische Hochschule Wien) entwickelten Fluß-Schnellboote (FS-Boote), die aufgrund ihrer Konstruktion auch als Panzer-Motorboote (PM-Boote) bezeichnet wurden (SK 153). Die 43,28 (39,42) m langen, 6,66 (6,42) m breiten

und 2,55 hohen Fahrzeuge hatten einen sehr flachbodigen V-Spant-Bootskörper und bei 0,96 m Tiefgang eine Konstruktionsverdrängung von 91,5 t. Als Antrieb waren 3 x 800/950-PS-Daimler-Benz-MB-500-Diesel auf 3 Wellen und drei aus Tiefgangs- und Propulsionsgründen in Halbtunneln arbeitende Schrauben von 0,85 m Drm. vorgesehen. Die E-Anlage bestand aus einem 7,5-KW-115-V-Dieselgenerator. Der Bootskörper war als Leichtmetall-Stahl-Querspantbau konzipiert und sollte in der Wasserlinie 14 + 10 mm, an den Endschotten 13 mm und im Deck 10 mm Panzerschutz erhalten. Für den Kommandoturm und die Artillerie waren Panzerstärken von 15, 20 und 25 mm vorgesehen.

Die Bewaffnung umfaßte 2 — 37-mm-Flak in gepanzerten Einzeltürmen vorn und achtern, eine 20-mm-Doppelflak auf dem Kommandoturm, ferner 2 Abwurfstellen für in der Achterpiek lagernde Flußminen. Als Bunkerkapazität werden 12,4 m³, als Besatzung 1 Offizier und 28 Mann angegeben.

Die für 1939 vorgesehene Vergabe von sechs derartigen Booten, „FS 1—6", an die Lürssen-Werft in Vegesack unterblieb nach Kriegsausbruch (3).

SK 153

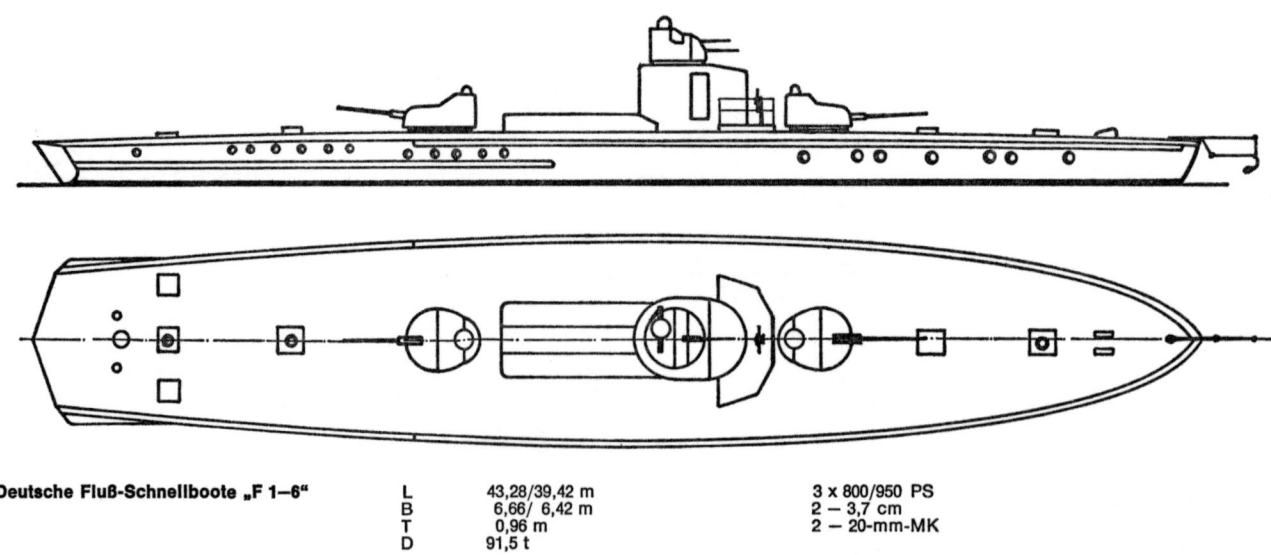

Deutsche Fluß-Schnellboote „F 1—6"			
L	43,28/39,42 m	3 x 800/950 PS	
B	6,66/ 6,42 m	2 — 3,7 cm	
T	0,96 m	2 — 20-mm-MK	
D	91,5 t		

SK 154

Deutsches Fluß-Kanonen-Schnellboot
Projekt der Lürssen-Werft

L ü A   24,60 m
L   22,90 m
B   4,39 m
H   1,99 m
Tg   0,80 m
2 Dieselmotoren

– ein mutmaßlich aus dem gleichen Zeitraum stammendes Projekt der Lürssen-Werft für ein Fluß-Kanonenboot (SK 154), das bei 34,6 m Länge über Steven, 4,39 m Decksbreite, 1,99 m Seitenhöhe und 0,8 m Tiefgang einen 20-mm-Vierling in einem gepanzerten, oberhalb der Brücke befindlichen Turm tragen sollte. Als Antrieb waren zwei Dieselmotoren vorgesehen, die ebenfalls auf in Halbtunneln angeordnete Propeller arbeiteten.

– ein weiteres, auf der Lürssen-Werft Anfang 1939 erstelltes Projekt eines Fluß-Schnellboots sah ein Zweiwellen-V-Spantboot von 24,60 m Länge über alles, 22,90 m Länge in der Wasserlinie, 4,47 m Breite über Scheuerleisten, 4,38 m Breite auf Spanten, 1,92 Seitenhöhe und 0,78 m Tiefgang vor, von dem jedoch nur noch der Linienriß vorliegt. Auch diese Fahrzeuge kamen über Projektstudien und Modellversuche nicht hinaus.

Immerhin erscheint es bemerkenswert, daß die Deutsche Kriegsmarine, die in den Jahren 1941 bis 1945 bei den Kämpfen im osteuropäischen Raum vielfach mit sowjetischen Fluß-Schnell- und Fluß-Kanonenbooten unterschiedlichster Bauart in Berührung kam, derartige Fahrzeuge ebenfalls ernsthaft erwogen hat.

5.52   Zusammenfassung

5.521   Bauleistung und Verbleib der Boote

Im Laufe des Krieges 1939–45 lieferten deutsche bzw. unter deutscher Regie arbeitende ausländische Werften insgesamt 266 Schnellboote ab:

1939 **acht Boote,** d. h.
    5 große Boote („S 20, 22–25")
    3 beschlagnahmte große Boote
    („S 1, 30–31")

1940 **vierundzwanzig Boote,** d. h.
    15 große Boote („S 26–29, 37–38, 54–60, 101–102")
    5 beschlagnahmte große Boote
    („S 32–36")
    2 Beuteboote („S 201–202")
    2 kleine Boote („LS 2–3")

1941 **vierunddreißig Boote,** d. h.
    30 große Boote („S 39–53, 61–64, 69–70, 103–111")
    1 Beuteboot („S 151")
    3 kleine Boote („LS 4–6")

1942 **achtundsechzig Boote,** d. h.
    34 große Boote („S 65–68, 71–91, 112–120")
    7 Beuteboote („S 152–158")
    27 kleine Boote („KM 1–5, 8–12, 20–30")

1943 **neunundvierzig Boote,** d. h.
    38 große Boote („S 92–100, 121–130, 132–147, 150, 167–168")
    11 kleine Boote („LS 7–8, KM 6, 7, 19, 30–36")

1944 **fünfundsiebzig Boote,** d. h.
    71 große Boote („S 131, 148–149, 169–212, 214–216, 219–227, 301–305, 701–707")
    4 kleine Boote („LS 9–12")

1945 **acht** große **Boote** („S 213, 217–218, 228, 306–307, 708–709")

Hinzu kamen

– in den Jahren 1944–45 eine im einzelnen nicht nachweisbare Anzahl von Experimentier- und Serien-Klein-Schnellbooten der Typen „Hydra", „Kobra", „Schlitten", „Wal", „SMA" usw. Insgesamt jedoch kaum mehr als 125 Boote, davon 39 des Typs „Hydra" und 78 des italienischen Typs SMA.

– 1943–44 je sechs Geleit-Räumboote,

– 1943 die unter Abschnitt 5.512 genannten, am 9. 9. 1943 übernommenen italienischen Boote,

– 1944 ein Mz-Boot,

– die unter Abschnitt 5.5142 genannten Tragflügelboote.

Nicht mehr fertiggestellt, annulliert bzw. gar nicht mehr vergeben wurden

– 364 große Schnellboote aus dem Bauprogramm 1943 („S 159–166, 229–300, 308–500, 710–800")

– 22 kleine Schnellboote („LS 13–34")

– 88 Geleit-Räumboote („R 313–400")

– 11 Mz-Boote („Mz 2–12")

– einige Versuchstragflügelboote unterschiedlicher Typen (s. Abschnitt 5.5142)

— eine nicht mehr nachweisbare Anzahl von Klein-Schnellbooten, davon mindestens 130 Boote des Typs „Hydra".

Im Verlauf des Krieges gingen 202 Schnellboote verloren:
1940 drei Boote („S 21, 32, LS 2")
1941 sechs Boote („S 23, 38, 41, 43, 106, LS 3")
1942 sieben Boote („S 1, 27, 31, 35, 37, 53, 111")
1943 neunundzwanzig Boote („S 29, 34, 46, 56, 59, 63, 70, 71, 74, 75, 77, 88, 96, 102, 104, 119, 121, 172, 603, RA 10, LS 4, 5, 6, KM 6, 7, 27, 30, GR 306")
1944 sechsundneunzig Boote („S 2, 3, 4, 5, 14, 17, 18, 22, 26, 28, 33, 40, 42, 44, 45, 47, 49, 51, 52, 54, 55, 57, 66, 72, 80, 84, 87, 90, 91, 93, 94, 100, 108, 112, 114, 128, 129, 131, 134, 136, 137, 138, 139, 140, 141, 142, 143, 144, 146, 147, 148, 149, 150, 153, 158, 169, 170, 171, 173, 178, 179, 182, 183, 184, 185, 187, 188, 189, 190, 192, 194, 198, 200, 203, 601, 602, 604, 626, 627, 702, LS 7, 8, 9, 10, 11, KM 5, 8, GR 301, 304, RA 9, 251, 255, 256, 257, 259, VS 8")
1945 einundsechzig Boote („S 36, 58, 60, 61, 103, 116, 154, 157, 167, 176, 177, 180, 181, 186, 191, 193, 199, 201, 202, 203, 213, 220, 223, 224, 226, 301, 508, 509, 510, 511, 512, 621, 622, 623, 624, 625, 628, 629, 701, 703, SA 1, 2, 3, 4, 5, 6, 7, VS 10, RA 252, 253, 254, 258, 260, 261, 262, 263, 264, 265, 266, 267, 268")
Vier dieser Fahrzeuge konnten wieder geborgen und instandgesetzt werden („S 21, 203, 701, KM 5").

Nach der Verlustursache aufgeschlüsselt ergeben sich
— 14 Boote bei Gefechten mit größeren Überwasserschiffen („S 71, 77, 136, 137, 141, 147, 153, 172, 193, 220, 627, RA 251, 255, 259")
— 13 Boote bei Gefechten mit MGB/MTB („S 29, 57, 88, 91, 94, 111, 176, 182, 183, 185, 192, 200, 702")
— 46 Boote bei Bombenangriffen im Hafen und auf See („S 26, 28, 40, 41, 42, 45, 47, 49, 51, 52, 55, 56, 59, 66, 72, 75, 84, 87, 93, 100, 114, 121, 129, 131, 138, 142, 143, 149, 154, 158, 169, 170, 171, 186, 203, KM 5, 6, 28, 30, VS 10, GR 301, 306, RA 9, 10, 256, 257")
— 10 Boote durch Jagdbomber („S 46, 74, 103, 178, 179, 181, 189, 601, LS 5, 6")
— 13 Boote durch Minen („S 31, 32, 35, 43, 80, 102, 106, 139, 140, 148, 180, 223, GR 304")
— 4 Boote durch Beschuß von der Küste („S 34, 157, 184, 626")
— 5 Boote durch Unfall bzw. Havarie („S 27, 53, 116, KM 7, 27")
— 7 Boote durch Stranden („S 33, 36, 58, 60, 61, KM 8, VS 8")
— 11 Boote durch Kollision („S 63, 96, 167, 177, 191, 199, 202, 203, 301, 701, 703")
— 2 Boote an Bord von Mutterschiffen („LS 3, 4")
— 39 Boote durch Selbstversenkung („S 2, 3, 4, 5, 54, 201, 508, 509, 510, 511, 512, 621, 622, 623, 624, 625, 628, 629, SA 1, 2, 3, 4, 5, 6, 7, LS 2, RA 252, 253, 254, 258, 260, 261, 262, 263, 264, 265, 266, 267, 268")
— 37 Boote unbekannte Verlustursache („S 1, 14, 17, 18, 22, 23, 37, 38, 44, 70, 90, 104, 108, 112, 119, 128, 134, 144, 146, 150, 173, 187, 188, 190, 194, 198, 213, 224, 226, 602, 603, 604, LS 7, 8, 9, 10, 11")

An verbündete resp. befreundete Marinen wurden während des Krieges abgegeben
— die am 16. 8. 1943 in Spanien internierten Boote „S 73, 78, 124, 125, 126, 145" als „LT 21—26"
— im Jahre 1942 die ehemals holländischen Boote „TM 52—53", die nach Fertigstellung unter deutscher Regie 1940/41 vorübergehend als „S 201—202" in Dienst gewesen waren, an Bulgarien. Fünf weitere Fahrzeuge dieses Typs, die nie deutsche Bezeichnungen trugen, scheinen an Bulgarien (1) und Rumänien (4) geliefert worden zu sein.
— im August 1943 die kurz zuvor als „S 501—507" von der italienischen Marine übernommenen „MAS 566—570, 574—575" an Rumänien.
— die für den 20. 7. 1944 vorgesehene Abgabe von „S 62, 64, 99, 117" an Finnland wurde nicht mehr ausgeführt.

Den Krieg überlebten 112 Boote. Sie wurden unter den Siegermächten als Kriegsbeute verteilt. Es erhielten

Rußland 42 Boote („S 11, 16, 24, 50, 65, 81, 82, 86, 99, 101, 109, 110, 113, 118, 123, 132, 135, 175, 209, 211, 214, 219, 222, 227, 704, 707, 708, 709, KM 1, 2, 3, 4, 5, 9, 10, 11, 12, 19, 29, LS 7, 12 und TS 6"). Die Masse dieser Boote wurde umgehend von der russischen Marine in Dienst gestellt, einige wenige Fahrzeuge wurden zum Gewinnen von Ersatzteilen ausgeschlachtet.

England 35 Boote („S 6, 7, 8, 13, 19, 20, 25, 39, 62, 67, 69, 83, 89, 92, 95 [Abb. 192], 105, 115, 120, 130, 168, 196, 204, 205, 207, 208, 212, 215, 217, 221, 228, 303, 304, 307, 705 und VS 6"). Die Masse dieser Boote wurde in den Jahren 1946/47/48 verkauft und abgewrackt. Im Dienst der Royal Navy wurden vorübergehend verwandt „S 130" als „FPB 5030", „S 208" als „MTB 5208" und „S 212" als „MTB 5212".
Im Jahre 1947 erwarb Norwegen aus der englischen Kriegsbeute „S 115", im Jahre 1948 Dänemark „S 207".

die USA 30 Boote („S 9, 10, 12, 15, 21, 48, 64, 68, 76 [Abb. 193], 79, 85, 97, 98, 107, 117, 122, 127, 133, 174, 195, 197, 206, 210, 216, 218, 225, 302, 305, 306, 706"). Bis auf „S 218", „S 225" und „S 706", die am 5. 11. 1945 bzw. 30. 1. 1947 an Bord von Frachtschiffen in die USA verschifft wurden, gingen alle

Boote Anfang 1946 an die OMGUS, eine Organisation zur Verwertung überschüssigen Kriegsmaterials.
Aus diesem Bestand erwarben im Juli 1947
— Norwegen „S 9, 10, 12, 21, 48, 64, 76, 85, 98, 117, 174, 195, 210, 302",
— Dänemark „S 15, 68, 79, 97, 107, 122, 127, 133, 197, 206, 216, 305, 306".
Der Verbleib von 5 Mittelmeerbooten, „S 30, 151, 152, 155, 156", die 1945 von Pola nach Ancona ausgeliefert wurden, ist unsicher. Es ist anzunehmen, daß die Boote abgebrochen wurden.
Völlig unübersichtlich ist auch der Verbleib der bei Kriegsende noch vorhandenen Klein-Schnellboote und der Tragflügelboote „TS 1–5" und „VS 7". Es ist anzunehmen, daß letztere, wie das Tragflügelboot „VS 6", in englische Hand fielen.
Von den in Bau befindlichen Booten wurden
— „LS 13–18" bei der Bauwerft in Friedrichshafen für französische Rechnung fertiggebaut,
— „S 308–328" überführungsbereit gemacht. Nachdem jedoch sieben Boote bei der Überführung in der Nordsee verloren gegangen waren, wurden die restlichen Fahrzeuge auf der Bauwerft abgebrochen.

5.522 Allgemeine Wertung und Erfahrungen

1) Aufgrund der mehr als zehnjährigen, äußerst intensiven und kontinuierlichen Vorarbeiten auf den Gebieten Bootsform, Bootskonstruktion, Antriebsmotoren und Bewaffnung verfügte die Deutsche Kriegsmarine bei Kriegsausbruch über einen großen Schnellboot-Typ, der
— technisch in jeder Beziehung ausgefeilt war und deshalb während des ganzen Krieges nicht grundsätzlich geändert werden mußte,
— durch seine Größe und Antriebsart nicht nur auf das engere Küstenvorfeld beschränkt, sondern auch für den Hochsee-Einsatz im gesamten Nord- und Ostseeraum geeignet war,

— infolge des Dieselantriebs allen ausländischen Booten hinsichtlich Fahrbereich und Sicherheit überlegen war.

Andererseits jedoch war
— die endgültige Entwicklung der Boote — besonders antriebsmäßig — erst kurz vor dem Kriege abgeschlossen. Dementsprechend stand bei Kriegsbeginn nur eine relativ geringe Anzahl von Booten zur Verfügung.
— das fast 100 t große, mit 3 x 2000/2500-PS-Dieseln ausgerüstete und mit 30 und mehr Männern bemannte Boot technisch und personell wesentlich aufwendiger, als alle vergleichbaren ausländischen Boote,
— die Abhängigkeit der Motorenausrüstung von einem einzigen Hersteller ein Handicap, zumal die eingeleitete Kapazitätserweiterung dieses Herstellers noch ausstand (s. Abschnitt 5.511). Einer der nachhaltigsten Schläge gegen die deutsche Schnellboot-Waffe erfolgte dann auch, als das Hauptwerk Stuttgart 1944 in einer halben Stunde durch einen Bombenangriff zerstört wurde,
— die systematische Entwicklung eines kleinen, billig, schnell und in großer Stückzahl herstellbaren Schnellboot-Typs für den Einsatz in engeren Seegebieten vernachlässigt worden.

Generell waren die großen deutschen S-Boote von Anfang an als echte Torpedoträger („kleine Torpedoboote") konzipiert worden. Der Torpedobewaffnung wurde dementsprechend mit den für eine widerstandsmäßig optimale Gestaltung der Bootsform problematischen Bug-Torpedorohren, den Reservetorpedos auf den Seitendecks und der Zielsäule ein beherrschender Anteil zugestanden. Die MK-Bewaffnung — vom Kaliber her stärker als die der ausländischen Boote — wurde ausschließlich defensiv gegenüber Flugzeug und gleichartigem Gegner gesehen.

Die im Kriege durch wachsende Gegnerwaffenwirkung (Flugzeuge, MGB) notwendige Verstärkung der MK-Bewaffnung (40-mm-MK bzw. 20-mm-Vierling achtern und 20-mm-MK vorn, zuletzt 6 — 30-mm-MK!) und der Munitionsausstattung, der Einbau der gepanzerten Kalotten-

brücke und der Panzerschutzschilde an den Waffen, die wachsende Besatzungsstärke usw. ließen die Verdrängung der Boote dann permanent anwachsen. Es gelang jedoch, die Leistung der Antriebsmotoren durch Aufladung zu steigern (vom 2000-PS-MB-501 zum 2500-PS-MB-511 und 3000-PS-MB-518) und damit die Geschwindigkeit nicht nur zu halten, sondern gegenüber den Vorkriegsbooten sogar zu erhöhen. Auch unter Einsatzbedingungen wurden 40 bis 42 kn Kurzhöchstfahrt und 36 kn Dauerhöchstfahrt erreicht. Andererseits blieb trotz der erheblichen Leistungssteigerung der spezifische Brennstoffbedarf im Marschfahrtbereich nahezu konstant.

Technische Daten der deutschen Schnellboot-Motoren s. Tabelle 14.

Ein Auszug aus der „Fahrvorschrift für Schnellboote" gibt einen Einblick in das praktische „Ship Handling":

„4. Schnellboote und Mutterschiff marschieren wegen ihrer verschiedenen Marschgeschwindigkeit und im Kriege aus taktischen Gründen getrennt. Bei der Wahl der Marschgeschwindigkeit des Schnellbootverbandes ist in erster Linie auf die Beanspruchung des Personals Bedacht zu nehmen, da die Boote nur mit **einer** Seewache besetzt sind. Auf langen Marschfahrten ist möglichst durch zeitweiliges Abstellen von 1 oder 2 Maschinen, Einschränkung des Brückenpersonals und der FT-Bereitschaft, Wachablösung vorzusehen.

6. ... in der Rottenstaffel soll das Rottenboot einen Abstand halten, daß es gerade noch frei von den Einwirkungen der Hecksee des Rottenführerboots bleibt. Der normale Rottenabstand beträgt 2 hm. Der Abstand heißt **geöffnet,** wenn er größer als normal ist. Das Öffnen wird durch Abstandssignal befohlen. Geöffnet soll im allgemeinen bei schlechtem Wetter, bei achterlicher See und bei mittleren und hohen Fahrtstufen auf weniger als 10 m Wassertiefe gefahren werden.

11. Das Anstellen der Staukörper für Fahrt mit Effekt und das Abstellen des Effekts wird im Verband befohlen. Der Geschwindigkeitszu-

wachs infolge der Effektwirkung ist bei den einzelnen Booten ungleichmäßig. Das Anstellen der Staukörper bewirkt ein Heben des Hecks und Tiefertauchen des Bugs. Bei Seegang und Dünung müssen deshalb die Staukörper abgestellt bleiben.

15. Die sehr empfindlichen Schnellbootmaschinen sind beim Manövrieren besonders schonend zu gebrauchen. Sprunghaftes Hochgehen mit der Fahrt sowie entgegengesetzter Schraubengang sind möglichst zu vermeiden. Gestoppte Maschinen, die noch durch den Fahrtstrom im Vorwärtsgang mitgedreht werden, dürfen nicht auf Rückwärtsgang angelassen werden. Wird nur eine Maschine gestoppt, und behält das Boot eine Fahrt über 12 sm bei, so ist die Maschine 2 x zu stoppen (d. h. stoppen und auskuppeln), weil sie sonst vom Fahrtstrom mitgerissen wird.

Fahrtstufen:

a) mit der Mittelmaschine:

kleine Fahrt voraus	7 sm
langsame Fahrt voraus	9 sm
langsame Fahrt voraus bei ausgekuppelten Seitenmaschinen .	12 sm

b) mit 3 Maschinen:

kleine Fahrt voraus	12 sm
langsame Fahrt voraus	15 sm
halbe Fahrt voraus	20 sm
große Fahrt voraus	24 sm
alle Fahrt voraus	28 sm
2 x alle Fahrt voraus	31 sm
äußerste Kraft voraus	33 sm
2 x äußerste Kraft voraus . . .	35 sm
3 x äußerste Kraft voraus .	Höchstfahrt

16. Der Verbandsruderwinkel beträgt 15°.

17. Die Ruderwirkung ist bei angestelltem Effekt größer als bei abgestelltem, bei Fahrtstufen über 20 sm mit 3 Maschinen nimmt die Ruderwirkung erheblich ab. Die besten Dreheigenschaften besitzen die Schnellboote bei Fahrtstufen, die mit der Mittelmaschine allein gelaufen werden.

25. Mangel an Brückenpersonal und die durch die Verhältnisse erschwerte Verwendung des Doppelglases zwingen zum Führen des Ver-

bandes mit Fahrt- und Ruderzeichen, Wink-, UK- und Morsespruch. Bei Unternehmungen gegen den Feind ist — soweit möglich — auf Kurz- und Langwelle grundsätzlich Funkstille zu halten.

36. Will der Führer ein Boot in Rufweite haben, so wird die Fahrt des Verbandes aus Gründen der seemännischen Sicherheit und der Verständigungsmöglichkeit vorher auf mindestens 12 sm verringert.

81. Rottenboote Vorsicht beim Queren des Kielwassers von großen Schiffen, weil Gefahr besteht, daß das Rottenführerboot dabei aus dem Ruder läuft."

3) Alle vorhandenen Boote waren in Flottillen unterschiedlicher Stärke (durchschnittlich etwa acht und mehr Boote) gegliedert:

1. S-Flottille
Aufgestellt 1938
Chefs: 3.38/11.39 KL Sturm, K., 11.39/8.42. KL Birnbacher, 8.42/9.43. KK Christiansen, G.S., 9.43/5.45. KK Büchting
Einsatz: 1939/40 Ostsee-Nordsee, 1940/41 Norwegen, Hoofden, Kanal, 1941 Finnenbusen, 1942/44 Schwarzes Meer, 1944/45 Ostsee.

2. S-Flottille
Aufgestellt 8/1938
Chefs: 8.38/10.41. KK Petersen, R., 10.41/2.44. KK. Feldt, 2.44/3.45. KK Opdenhoff, H., 3.45/5.45. KL Wendler
Einsatz: 1939/41 Nordsee, Norwegen, Hoofden, Kanal, 1941 Finnenbusen, 1941/45 Hoofden, Kanal.

3. S-Flottille
Aufgestellt 5/1940
Chefs: 5.40/7.43. KK Kemnade, 7.43/9.44. FK Schultz, H. M., 9.44/10.44. KL Müller, A., 10.44/5.45. KL Schulz, G.
Einsatz: 1940/41 Hoofden, Nordsee, Kanal, 1941 Ostsee, 1941/45 Mittelmeer.

4. S-Flottille
Aufgestellt 10/1940
Chefs: 10.40/3.43. KL Bätge, 3.43/10.43. KK Lützow, W., 10.43/11. 43. KL Causemann, 11.43/5.45 KK Fimmen
Einsatz: 1940/45 Hoofden, Kanal, Nordsee.

5. S-Flottille
Aufgestellt 7/1941
Chefs: 7.41/6.44. KK Klug, 6.44. KL Johannsen, K., 7.44/5.45. KL Holzapfel
Einsatz: 1941 Finnenbusen, 1942/44 Kanal, Hoofden, 1944 Ostsee, 1945 Hoofden, Kanal, Kriegsende Ostsee.

6. S-Flottille
Aufgestellt 3/1941
Chefs: 3.41/7.44. KK Obermair, 7.44/5.45. KL Matzen
Einsatz: 1941 Hoofden, Kanal, 1942 Norwegen, 1942/44 Hoofden, Kanal, 1944 Finnenbusen, 1944/45 Hoofden, Kanal.

7. S-Flottille
Aufgestellt 10/1941
Chefs: 10.41/5.42. KK Klug (zgl. Chef 5.), 6.42/7.44. KL Trummer, 7.44/10.44. KL Schulz, G.
Einsatz: 1942 Ostsee, 1942/45 Mittelmeer.

8. S-Flottille
Aufgestellt 11/1941, aufgelöst 7/1942, neuaufgestellt 12/1942
Chefs: 11.41/7.42. KL Christiansen, G. S., 12.42/5.45. KL Zymalkowski
Einsatz: 1941/42 Nordnorwegen, 1942 Norwegen, 1943/45 Hoofden, Nordsee, 1945 Ostsee.

9. S-Flottille
Aufgestellt 4/1943
Chefs: 4.43/5.45. KK v. Mirbach
Einsatz: 1943/45 Hoofden, Kanal.

10. S-Flottille
Aufgestellt 3/1944
Chefs: 3.44/9.44. KL Müller, K., 9.44/5.45. KL Bludau
Einsatz: 1944/45 Hoofden, Kanal.

11. S-Flottille
Über Aufstellung nicht hinausgekommen

21. S-Flottille (LS-Boote)
Aufgestellt 9/1943
Chefs: 9.43/2.44. KL Wuppermann, 3.44/10.44. KL Graser
Einsatz: 1943/44 Ostsee, 1944 Ägäis.

22. S-Flottille (KS-Boote)
Aufgestellt 12/1943
Chefs: 12.43/2.44. KL Wuppermann, 2.44/10.44. KL Hüsig

Einsatz: 1944 Ostsee/Mittelmeer, Oktober 1944 Boote an kroatische Marine übergeben.

24. S-Flottille (Italienische Beuteboote)
Aufgestellt 11/1943
Chef: 11.43/10.44. KL Meyer, H.J.
Einsatz: 1943/44 Mittelmeer.

1. Schnellboot-Division
Aufgestellt 7/1943 aus 3., 7., 21., 22. und 24. S-Flottille
Chefs: 7.43/3.45. FK Schultz, H. M., 6.44/8.44. KL Müller, A., 3.45/5.45. KL Wuppermann
Einsatz: s. Flottillen

SCHNELLBOOT-SCHULVERBAND
Schnellboot-Schulflottille
Aufgestellt 7/1942
Chef: KK Opdendorf
Am 1. 11. 1943 vergrößert in
Schnellboot-Lehrdivision
Chefs: 11.43/2.44. KK Opdendorf, 2.44/5.45. KK Feldt

1. Abteilung
Chef: 11.43/5.45. KL Meyering

2. Abteilung
Chef: 6.44/5.45. KK Dipl. Ing. Paasch

1. S-Boot-Schulflottille
Aufgestellt 11/1943
Chef: 11.43/5.45. KL Wilcke, F. W.

2. S-Boot-Schulflotille
Aufgestellt 4/1944
Chef: 4.44/5.45. KL Klose

3. S-Boot-Schulflottille
Aufgestellt 6/1944
Chefs: 6.44/12.44. KL Siems, 12.44/5.45. KL Detlefsen.

Die Flottillen usw. unterstanden truppendienstlich zunächst dem „Führer der Torpedoboote (FdT)" (11.39/4.42. KzS Bütow), später, ab 20. 4. 1942, dem „Führer der Schnellboote (FdS)", KzS und Kommodore Rudolf Petersen. Letzterer war operativ dem Marinegruppenkommando West, truppendienstlich dem Flottenkommando unterstellt. In der Einsatzführung weitgehend unabhängig, führte der FdS die im Schwerpunktgebiet des Schnellboot-Einsatzes, im Englischen Kanal, in Stützpunkten zwischen Cherbourg und

Ijmuiden stationierten Flottillen von Befehlsstellen in Scheveningen oder Boulogne/Wimerieux. Die in außerheimischen Gewässern operierenden Flottillen wurden grundsätzlich, andere zeitweilig von den örtlichen Seebefehlshabern geführt.

4) Der Einsatz der Schnellboote erfolgte in den ersten Kriegsmonaten in Nord- und Ostsee. Entsprechend der Friedenskonzeption sollte es die Hauptaufgabe der deutschen Schnellbootwaffe sein, feindliche – und zwar vorherrschend französische! – Blockadestreitkräfte in der Deutschen Bucht anzugreifen und in die Ostsee-Eingänge eindringende Verbände abzuwehren. Im Vordergrund stand also der Einsatz als Torpedoträger gegen größen- und bewaffnungsmäßig überlegene Kriegsschiffe. Es entbehrte daher nicht einer gewissen Logik, als man 1940, nach siegreichem Abschluß des Frankreich-Feldzugs, vorübergehend erwog, den Schnellbootbau einzustellen. Erfolge in der Nordsee und an der Seeflanke der im Westen vorstoßenden deutschen Truppen operierender Schnellboote führten jedoch gleich nach der Besetzung der holländisch-belgisch-französischen Küste zu Neuformulierung des Auftrags und weiterem Ausbau der Schnellbootwaffe. Hauptaufgabe wurde nunmehr der Einsatz gegen den beträchtlichen Umfang besitzenden englischen Geleitzugverkehr im Kanal und vor der englischen Südostküste. Im Juni 1941 wurde die Masse der s. Z. vorhandenen S-Flottillen (1., 2., 3., 5. und 6.) im Zusammenhang mit dem Unternehmen „Barbarossa", dem Angriff auf Rußland, in die Ostsee verlegt und zur Unterstützung der Heeresoperationen im Minen- und Küstenkrieg gegen die Verbände der sowjetischen Ostseeflotte eingesetzt. Die zu diesem Zeitpunkt bereits vorliegende Bitte Rommels, des Befehlshabers der deutschen Heeresverbände in Nordafrika, zur Nachschub- bzw. Küstensicherung und zur Isolierung Maltas einen S-Boot-Verband ins Mittelmeer zu verlegen, wurde bis zu dem Zeitpunkt zurückgestellt, wo der Einsatz der Boote im Ostseeraum nicht mehr nötig, bzw. durch die Vereisung der nördlichen Ostsee nicht mehr möglich war. Als dieser Zeitpunkt im

November 1941 gegeben war, wurde unter Berücksichtigung des Handelskriegs gegen die englischen Zufuhrwege, der Lage im Mittel- und Schwarzen Meer und der quantitativ und qualitativ völlig unzureichenden rumänisch-bulgarischen Seestreitkräfte entschieden, daß die 1. S-Flottille in das Schwarze Meer, die 2., 4., 5. und 6. S-Flottille in den Kanal und die 3. S-Flottille in das Mittelmeer verlegt werden sollte. Von den im weiteren Verlauf neu aufgestellten S-Flottillen gingen die 7., 21. und 22. ins Mittelmeer, die 8. vorübergehend nach Nord- und Südnorwegen und alle übrigen in das Gebiet Kanal/Hoofden. Noch 1944, bis zum Abzug einiger Verbände in die Ostsee, waren sieben der elf im Fronteinsatz stehenden Flottillen in diesem so entscheidenden Raum im Einsatz.

5) Der Einsatz der Schnellboote im Raum Kanal/Hoofden richtete sich bis zum Zeitpunkt der Invasion, im Juni 1944, fast ausschließlich, und selbst danach noch weitgehend, gegen den englischen Nachschub- und Handelsschiffsverkehr im Kanal und an der englischen Südostküste. Dieser war, allein aus navigatorischen Gründen, auf bestimmte betonnte Wege angewiesen. Der Angriff erfolgte durch das Verlegen offensiver Minensperren (LMB als Grundmine, UMB als Ankertaumine und Reißbojen als Sperrschutzmittel) auf den Küstenwegen und vor Häfen und durch Torpedoeinsatz. Für den Torpedoeinsatz hatte sich der FdS eine B-(Beobachtungs-) Dienststelle aufgebaut. Auf der Grundlage der vorgelegten B-Dienstergebnisse ließen sich Weg und Standort des Geleitzugs zum Zeitpunkt des Angriffs relativ genau vorausberechnen. Anfänglich wurden die geringfügigen, maximal 15 sm betragenden Koppelfehler durch Abharken kompensiert, d. h. die S-Boote liefen den Geleitweg um den Koppelpunkt rottenweise mit Schleichfahrt ab. Ab 1940/41 marschierte die Flottille, um eine frühzeitige Ortung des Verbandes durch Unterwasserhorchanlagen, und damit unvorhersehbare Gegnerreaktionen, auszuschließen, geschlossen zum vorgesehenen Einsatzort. Dort zogen sich die Boote rottenweise (je 2 Boote) auf etwa 2 sm Abstand auseinander (Lauerstellung).

Auf Feindsichtmeldung durch UHF, FT oder Blinksignal erfolgte rottenweiser Angriff mit Schleichfahrt auf der Hundekurve, um zumindest beim ersten Schuß unbemerkt zu bleiben. Der Abstand der beiden Boote jeder Rotte, die immer beieinander blieben (Rottentreue), betrug etwa 300 m. Angestrebt wurde der unbemerkte Torpedoschuß auf 800—1500 m Entfernung. Nach erfolgtem Angriff bzw. vergeblichem Lauern sammelte die Flottille auf einen vereinbarten Punkt, um geschlossen den Rückmarsch anzutreten. Durch diese Maßnahme wollte man Verluste durch die vor den deutschen Absprunghäfen postierten feindlichen MGB vermeiden, die sich oft an den geschlossenen Flottillen-Verband nicht herantrauten und sich lieber auf von Zerstörern abgesprengte Einzelfahrer konzentrierten.

Nachdem es dem deutschen Beobachtungs-(B-) Dienst ab 1941 gelungen war, genauere Meldungen über den englischen Versorgungsverkehr vorzulegen, wurden gezielte Einsätze mehrerer Flottillen auf ein erkanntes Geleit möglich. Hierbei griff jede Flottille für sich in geschlossener Formation in Dwarslinie mit in der Mitte stehendem Führerboot an (138).

Als dann ab 1942/43 die alliierten Geleit- und Sicherungsfahrzeuge zunehmend mit Radargeräten ausgerüstet wurden, ergab sich für die nur nach optischer Sicht operierenden deutschen S-Boote immer seltener die Gelegenheit zu einem unbemerkten Angriff. Immer häufiger wechselten die Rollen: Die gegnerischen Sicherungsverbände griffen an und drängten die S-Boote in die Verteidigung. Da frühzeitige Ortung und eine zentrale, alle Ortungs- und Abwehrmittel koordinierende Führung für die Engländer eine Existenzfrage war, hatten sie ein umfassendes, sich über das gesamte Küstenvorfeld erstreckendes System aufgebaut: Alle in See stehenden Einheiten, einschließlich der Flugzeuge des Coastal Commands, wurden durch das für den regionalen Bereich zuständige Naval Command geführt. Vor den Sperrlücken der deutschen Defensiv-Minenfelder wurden mit UW-Horchgeräten ausgerüstete ML und MA/SB stationiert, die dann als Fühlungshalter MGB-Verbände heranführten. Auf den möglichen Anmarschwegen patrouillierten Jagd- und Aufklärungsflugzeuge, die im Direktkontakt mit dem Naval Command und den in See stehenden Führerbooten standen. Die Feindseite des von zwei bis drei Geleitzerstörern, Bewachern und M-Booten direkt gesicherten Geleitzugs wurde in einer Tiefe von bis zu 10 sm durch freie Zerstörerpatrouillen und — im Außenbezirk — durch sogenannte Z-Linien abgedeckt, die von — bis zu einem Dutzend! — MGB-Gruppen besetzt waren.

Neben der ab 1943 nach und nach erfolgenden Anbordgabe eines Funkmeß-Beobachtungsgeräts (FuMB) vom Typ „Naxos", das passiv eine aktuelle Ortung durch den Gegner anzeigte, dem Einbau eines Echolots, das die navigatorischen Möglichkeiten in diesem schwierigen Seegebiet verbesserte, der Verstärkung der Artilleriebewaffnung, der Verbesserung der Torpedoschießtechnik usw. wurde auch die Angriffstaktik der S-Boote der neuen Lage angepaßt:

a) Der zentral alle Informationen koordinierende FdS führte zunehmend direkter, ja selbst bis in den engeren taktischen Bereich hinein.

b) Sämtliche einsatzklaren Boote (im Durchschnitt 45—55 % des Bestandes) wurden als geschlossener Verband zum Einsatz gebracht, um, speziell beim An- und Rückmarsch, die englischen Zerstörer- und MGB-Verbände abwehren zu können.

c) Zehn bis fünfzehn Seemeilen vor dem anzugreifenden Objekt zogen sich die Boote flottillenweise auseinander. Jede Flottille blieb beim Angriff grundsätzlich in geschlossener Formation und setzte zu einer bestimmten „Stichzeit" in Keilform zum „Stich" durch die Nahsicherung des Gegners an. Beim Erkennen des Gegner-Geleits, d. h. an der Grenze der Sichtweite, gaben alle Boote eine gleichzeitige Torpedosalve ab, um bei der relativ großen Schußentfernung und den notwendigerweise unsicheren Schußunterlagen überhaupt ein gewisses Maß an Trefferaussicht zu erzielen. Da ein echtes Überraschungsmoment von vornherein entfiel und damit allein die Schnelligkeit von Angriff, An- und Abmarsch eine Konzentration der Gegnerabwehr behinderte, wurden ausschließlich höhere Fahrtstufen gelaufen.

Zwangsläufig aber waren auf diese Weise Versenkungserfolge wesentlich schwerer, und nur mit erheblich größerem Gesamtaufwand, zu erzielen:

a) Die Aufklärungsbreite wurde durch die — absolut immer zu kleine — Anzahl im Einsatz befindlicher Boote bestimmt.

b) Da mit dem „Stich" sofort Feinberührung entstand, war das exakte Einhalten der „Stichzeit" entscheidend. Praktisch zeigte sich jedoch, daß Luftangriffe und Gefechtsberührungen vor dem Angriff einen termingerechten Ansatz stark behinderten.

Als vorteilhaft erwies sich die ab August 1944, d. h. nach der Invasion, vielfach mögliche Verwendung von Langstreckentorpedos, die auf größere Entfernung in die Schiffsansammlungen des Invasionsraums hineingeschossen wurden.

Waren Zerstörer, speziell auch die Geleit-Zerstörer der „Hunt"-Klasse, mit relativ hoher Geschwindigkeit und weitreichenden 40- bzw. 100-mm-Kanonen von hoher Kadenz, Leuchtgranaten usw. unangenehme Gegner des S-Boots, denen oft nur durch das schnellere Anfahrvermögen und die um 5—8 kn überlegene Geschwindigkeit begegnet werden konnte, so erwies sich die ab 1942/43 beginnende Zusammenarbeit von Zerstörern und MGB bei der S-Boot-Abwehr besonders wirksam. Hierbei lief der Zerstörer als Radar- und Artillerieträger einen bestimmten Kurs ab, an dessen Endpunkten MGB auf Zielanweisung und Einsatzbefehl warteten. Trotz zunehmender Verluste durch gegnerische Luft- und Seestreitkräfte und Wegfall der gegnernahen Stützpunkte nach Räumen des nordfranzösisch-belgischen Raumes blieben die im Westen operierenden S-Flottillen bis zum Kriegsende aktiv. Die Erfolge verringerten sich jedoch rapide.

6) Die ins Mittelmeer transportierten, teils bei Kriegsausbruch beschlagnahmten, teils in Holland erbeuteten, teils mit vorhandenen Moto-

ren geringerer Leistung gebauten kleineren S-Boote „S 18, 30, 31, 33—37, 54—61, 151—158" der 3. und 7. S-Flottille wurden ab Sommer 1942 über den Rhein, den Rhein-Rhone-Kanal und die Rhone überführt. Von den Stützpunkten Augusta und Porto Empdocle an der Südküste Siziliens wurden zunächst Mineneinsätze gegen Malta gefahren. Spätere Einsätze richteten sich gegen den alliierten Schiffsverkehr im östlichen und mittleren Mittelmeer und an der nordafrikanischen Küste. Die operative Führung lag beim Deutschen Marinekommando Italien. Teilweise erfolgte die Einsatzleitung auch von einem Flottillengefechtsstand an der nordafrikanischen Küste. Ab Frühjahr 1943 wurden von italienischen Festlandhäfen Einsätze gegen den alliierten Invasionsnachschub gefahren, die sich später in den Raum Adria und Tyrrhenisches Meer verlagerten. Bis auf 5 Boote („S 30, 151, 152, 155, 156") gingen alle Fahrzeuge im Kriegseinsatz verloren, davon vier („S 36, 58, 60, 61") im Januar 1945 durch Strandung infolge Kompaß-Fehlers.

7) Bei den für das Schwarze Meer vorgesehenen Booten der 1. S-Flottille („S 26—28, 40, 72, 102") mußten Bewaffnung, Motoren, Ausrüstung usw. aus-, alle Aufbauten ab- und ein behelfsmäßiges Heckruder für die Schleppfahrt auf Elbe und Donau eingebaut werden (Abb. 194). Wegen der Eislage kamen die ersten Boote erst Ende Februar 1942 in Hamburg an. Als sich herausstellte, daß die Zusatz-Schleppruder wenig brachten, wurden für die Schleppfahrt auf der Elbe jeweils zwei Boote mit kurzgeschorenen Leinen nebeneinander ziemlich dicht hinter den Schlepper und das dritte mittig hinter die ersten beiden gehängt, wo es eine Art kursstabilisierender Steuerwirkung ausübte. In Dresden-Übingen wurden die Boote auf einer von Pionieren gefertigten Behelfs-Slip-Anlage mit Handwinden an Land gezogen, aufgebockt und auf vier darunter gefahrene „Kulemeyer"-Transporter, d. h. Schwerlaster für den Straßentransport von Güterwaggons der Bahn, abgesenkt. Jeder der beiden für den 450 km langen Autobahntransport Dresden-Ingolstadt beschafften Transportzüge

(Abb. 195) bestand aus zwei nebeneinander ge-kuppelten Kälble-Sattelschleppern vorn zum Ziehen, einem Zugjoch zum vorderen Doppel-Kulemeyer-Satz, einem ca. 35 m langen Trage-gerüst mit dem S-Boot, dem hinteren Doppel-Kulemeyer-Satz und als Abschluß den beiden hinteren, ebenfalls nebeneinander gekuppelten Kälble-Sattelschleppern zum Drücken und Brem-sen. Telephonverbindungen zwischen den vier Sattelschleppern und den Bremsern auf den Ku-lemeyer'n gewährleisteten ein koordiniertes Han-deln. In Ingolstadt wurden die Boote auf einer weiteren, zu diesem Zweck neu errichteten Be-helfs-Slip-Anlage wieder zu Wasser gebracht und einzelbootsweise donauabwärts nach Linz ge-schleppt. Auf der dortigen Werft wurden Aus-rüstung, Motoren, Aufbauten und Bewaffnung wieder eingebaut, so daß die Boote beim Eintref-fen in Konstanza nur Brennstoff und Munition nehmen mußten, um einsatzklar zu sein. Um Be-triebsstunden der S-Bootsmotoren zu sparen und ein sicheres Passieren schwieriger Stromab-schnitte zu gewährleisten, wurden die Boote zu zweit innerhalb von vier Tagen an Backbord- und Steuerbord-Seite längsseits eines Motorgüter-schiffs von Linz nach Sulina geschleppt (147, 148, 149). Auf die gleiche Weise wurden auch die sie-ben (u. U. auch acht) in Holland erbeuteten Boote des British-Power-Boat-Typs („S 201/202" und Folgeboote), die unter deutscher Regie fertig-gestellt und an die rumänische bzw. bulgarische Marine abgegeben wurden, in den Schwarzmeer-raum transportiert.

„S 26" und „S 28" trafen am 24. 5., „S 72" und „S 102" am 5. 6. und „S 27" und „S 40" am 13. 6. 1942 ein. Doch schon die ersten von Konstanza aus erfolgenden Einsätze gegen den sowjeti-schen Nachschubverkehr nach Sewastopol er-wiesen sich als unbefriedigend, da die langen An- und Rückmarschwege Motorenbetriebsstun-den kosteten und die Besatzungen physisch stark belasteten. Anfang Juni 1942 verlegten die Boote daher nach AK Metsched, einer kleinen Bucht an der Krimküste nördlich Sewastopol, im Juli 1942 nach Ivan-Baba, an der Südküste, west-lich Feodosia.

Im November 1942 traf „S 51" als Ersatz für das am 5. 9. 1942 verlorene „S 27", im Februar 1943 „S 47" ein. Schließlich folgten im März „S 49" und „S 52", im Mai „S 42, 45, 46" und im Laufe des Sommers 1943 „S 131, 148, 149".

Die relativ wenigen, vorherrschend gegen sowjetische Transport-, Kommando- und Lan-dungsunternehmen mit kleinen und kleinsten Fahrzeugen operierenden deutschen Schwarz-meer-S-Boote (Abb. 196) konnten sich im Verein mit R-Booten, Fährprähmen usw. gegenüber der zahlenmäßig weit überlegenen, sich abgesehen von den sehr agilen Kleinbootsverbänden jedoch meist passiv verhaltenden sowjetischen Schwarz-meer-Flotte gut behaupten und erfreuliche, wenn auch tonnagemäßig nicht sehr zu Buch schla-gende Erfolge erzielen. Gleiches galt auch für den im Schwarzmeer operierenden italienischen Schnellboots-Verband (s. Abschnitt 5.322).

Mit der Zurücknahme der Landfront verlegte die Flottille am 13. 4. 1944 von Ivan-Baba nach Sewastopol und am 13. 5. 1944, nach intensiver Hilfe beim Abbergen deutscher Heerestruppen von der Krim, nach Konstanza. Außer den bereits genannten gingen auch die übrigen Boote ver-loren:

— „S 102" am 8. 7. 1943 durch Minentreffer
— „S 46" am 10. 9. 1943 durch Luftangriff
— „S 26, 40, 72" am 19. 8. 1944 durch Luftangriff vor Sulina
— „S 42, 52, 131" am 20. 8. 1944 durch Luftangriff im Hafen von Konstanza
— „S 148" am 22. 8. 1944 südlich Dnjestr Liman durch Minentreffer
— „S 28, 149" am 25. 8. 1944 im Hafen von Kon-stanza von der eigenen Besatzung gesprengt, da nicht fahrbereit
— „S 45, 47, 49, 51" am 29. 8. 1944 vor Varna (Bulgarien) von der eigenen Besatzung ge-sprengt, um die Boote feindlichem Zugriff bzw. der Internierung in Bulgarien zu entziehen.

Erwähnenswert ist noch, daß die neuaufgestellte 1. S-Flottille 1945 zusammen mit den Schnell-boot-Schulflottillen und deren Begleitschiffen an der Räumung des Kurlandbrückenkopfes und der Rückführung von rd. 4500 Mann beteiligt war.

8) In den gegenüber dem Kanal weitaus größeren Seeräumen des Nord-, Mittel- und Schwarzmeers wurde — wenn keine gezielten Einsätze zu fahren oder Lauerstellungen vor Häfen usw. einzunehmen waren — nach der Friedensfahrvorschrift SA II C operiert, d. h. es wurde ein Aufklärungsstreifen gebildet (einzelbootsweise in 6 sm Abstand, Führerboot in der Mitte). Das den Gegner zuerst sichtende Boot war „Fühlungshalter" und gab so lange Aufklärungsmeldungen ab, bis alle übrigen Boote angegriffen hatten. Erst dann griff auch dieses Boot an. Darüber hinaus wurden gerade im Mittel- und Schwarzmeer sehr viele offensive und defensive Minensperren von Schnellbooten gelegt.

Bemerkenswert ist, daß die deutsche S-Boot-Taktik beim Angriff weder ein direktes Zusammenwirken mit größeren Überwasserstreitkräften noch eine Zusammenarbeit S-Boot/Flugzeug kannte. Dadurch sind besonders die in freien Seeräumen (Mittel- und Schwarzmeer) operierenden S-Boote um manchen Erfolg gekommen. Erst im Verlaufe des Krieges und durch private Initiative der Frontverbände entwickelte sich eine gewisse Zusammenarbeit von Schnellbooten und Flugzeugen.

9) Außer den genannten Zwecken dienten auch die deutschen Schnellboote — oft mangels anderer hierfür geeigneter Fahrzeuge — einer Vielzahl von Sonderaufgaben, die ihren Eigenarten und den Hochleistungsantriebsanlagen nicht immer ganz zuträglich waren:

— Nah- und Fernsicherung langsamer Geleite,
— Suche und Rettung abgeschossener Flugzeugbesatzungen,
— Truppen- und Materialtransport bei Anlandungen, Besetzungen, Rückzügen und Räumungen,
— Absetzen und Abholen von Kommandotrupps usw.

Als Kuriosum sei erwähnt, daß 1942 auf dem Schwarzmeer-Boot „S 102" eine Heeres-Panzer-Abwehr-Kanone (PAK) montiert wurde, die sich beim Küsten- und Seezielbeschuß hervorragend bewährte.

10) Das große italienische Schnellbootbuch des Ufficio Storico „I MAS e le Motosiluranti Italiane" (37) stellt zu den deutschen Schnellbooten fest: „Die erzielten Erfolge wurden auf allen Kriegsschauplätzen, auf denen sie operierten, erreicht. Es ist festgestellt worden, daß die S-Boote die ‚U-Boote der Küstengewässer' waren, was ausdrücken soll, daß ihre Einsätze mit denen vergleichbar waren, welche auf den Ozeanen mit Erfolg von den U-Booten geführt wurden. Die S-Boote wurden vorherrschend zum Angriff auf Handelsschiffe in beschränkten Revieren verwandt und erzielten hierbei gute Resultate, aber besondere taktische Erfolge wurden auch gegen Kriegsschiffe, speziell gegen Zerstörer, erzielt (S. 35)".

Im einzelnen fielen den deutschen Schnellbooten in Nord- und Ostsee, im Kanal, im Nord-, Schwarz- und Mittelmeer an **namentlich nachweisbaren** Fahrzeugen zum Opfer

a) **Versenkt:**
12 Zerstörer und Fregatten (frz. „Jaguar", „Sirocco", brit. „Wakeful", „Exmoor", „Vortigern", Penylan", „Hasty", „Lightning", US „Rowan", ital. „Sella", norweg. „Eskdale", sowj. „Smelyj")
1 Torpedoboot (norw. „Sild")
1 Minenleger (brit. „Abdiel")
1 U-Boot (sowj. „S 3")
2 Kanonenboote (ital. „Aurora", sowj. „Krasnaja Gruzijy")
11 M-, R- und Wachboote (brit. „Ullswater", „Jasper", „Horatio", „ML 339", „Parktown", sowj. „T 51", „T 208", „R 101", „MO-238", „SKA-01012", „T 403")
6 Schnellboote (brit. „MTB 29, 76, 17", sowj. „TKA 47, -71, -101")
8 Landungsfahrzeuge (LCI 105, LCT 150, 381, LST 314, 376, 507, 531, 875)
101 Handelsschiffe mit 214.728 BRT, ferner, besonders im Schwarzen Meer, eine größere Anzahl nicht einzeln nachweisbarer, meist mittlerer und kleinerer Fahrzeuge
2 Handelsschiffe mit 5 753 BRT aufgebracht,
15 Trawler

b) Beschädigt durch Torpedotreffer

2 Kreuzer (brit. „Newcastle", „Frobisher")
7 Zerstörer (brit. „Kelly", „Nelson", „Halsted", „Trollope", frz. „Cyclone", „Trombe", sowj. „Storozevoj")
3 Landungsschiffe (LST 289, 415, 538)
1 Werkstattschiff (brit. „Albatros")
1 Marineschlepper (US „Partridge")
15 Handelsschiffe mit 81 856 BRT

Darüber hinaus ist eine große Vielzahl größerer und kleinerer Fahrzeuge unterschiedlichster Typen durch Minen-, Torpedo-, MK- und MG-Treffer vernichtet oder mehr oder minder stark beschädigt worden, ohne daß diese Erfolge jemals zweifelsfrei erfaßt wurden. Besonders die Minenerfolge dürften nicht unerheblich gewesen sein.

11) Schon vor dem Kriege hatte die deutsche Marine die Notwendigkeit erkannt, spezielle Begleitschiffe (Tender) für Schnellboote zu entwickeln, die den Booten in den engeren Einsatzbereich folgen konnten. Sie führten alle Versorgungs- und Nachschubgüter für Waffen (Abb. 197), Boot, Antrieb und Besatzung und eine auf den Bedarf der Schnellboote ausgerichtete Instandsetzungskapazität mit sich. Gleichzeitig verfügten sie über entsprechende Wohn-, Küchen-, Meß- und Unterhaltungseinrichtungen, um den hochbeanspruchten Bootsbesatzungen zwischen zwei Einsätzen jene Ruhe und Erholung zu gewährleisten, die sie wegen der beschränkten Raumverhältnisse auf den Booten selbst kaum finden konnten. Da die Tender aufgrund des relativ geringen Fahrbereichs der Boote zumindest an der Peripherie des Einsatzraumes stehen mußten, war ein gewisses Maß an Bewaffnung zum Eigenschutz erforderlich. Schließlich ließen gemeinsame Verlegungsmärsche mit den Booten eine Geschwindigkeit von mindestens 17 kn zweckmäßig erscheinen.

Außer den bereits vor dem Kriege fertiggestellten Schnellboot-Tendern „Tsingtau" (SK 81—84) und „Tanga" (s. Abschnitt 4.361) waren 1938 die Tender „Adolf Lüderitz" und „Carl Peters" (2900/3600 t, 114,0 x 14,5 x 4,34 m, 4 x 3100-PSw-MAN-Diesel auf zwei Wellen für 23,0 kn, Fahrbereich 12 000 sm bei 15 kn, 4 — 10,5 cm, 6 3,7 cm, 8 — 2 cm) bei der Neptun-Werft in Rostock in Bau gegeben worden.

Sie kamen im Januar resp. Juni 1940 in Fahrt.

Zwei weitere Schnellboot-Tender, „Gustav Nachtigal" und „Hermann von Wissmann", entstanden aus zwei 1940 bei John Cockerill S.A., Hoboken-Antwerpen, erbeuteten, für Polen als „Lewant II" und „Lewant III" in Bau befindlichen schnellen Kühlmotorschiffen. Sie wurden von der deutschen Kriegsmarine beschlagnahmt, hinsichtlich Raumaufteilung und Aufbauten völlig umkonstruiert und als Schnellboot-Tender (3100/3700 t, 114,0 x 14,7 x 6,01 m, 1 x 3800-PSw-Burmeister & Wain-Diesel auf eine Welle für 17,0 kn, Fahrbereich 10 000 sm bei 15 kn, 3 10,5 cm, 10 — 2 cm) fertiggestellt. Sie kamen im Dezember 1943 resp. Mai 1944 in Dienst. „Gustav Nachtigal" ging allerdings bereits einen Monat nach der Fertigstellung, im Juni 1944, durch Lufttorpedotreffer verloren.

Eine von der US Navy immer wieder als besonders wichtig für einen Schnellboot-Tender hervorgehobene Eigenschaft, die Schnellboote für Propellerwechsel und Unterwasser-Reparaturen mittels eines entsprechenden Hebezeugs aus dem Wasser heben zu können, wurde in Deutschland — allein im Hinblick auf die erhebliche Größe der deutschen Boote — nicht gefordert. Rückblickend ist allerdings zu fragen, ob sich diese gerade für Einsatzboote wichtige Dockkapazität selbst unter Beibehalten der Größe der deutschen Tender nicht hätte schaffen lassen, wenn man sich von Anfang an bei der Entwicklung der Tender von der Vorstellung des klassischen Schiffs gelöst und sich konstruktiv in Richtung der späteren amerikanischen Docklandungsschiffe bemüht hätte . . .

Die Praxis des Krieges zeigte dann, daß die Schnellboot-Tender überall dort ihre Aufgaben lösten, wo

a) Dockkapazität vorhanden war,
b) die Tender selbst der gegnerischen Waffenwirkung, vor allem der Luftwaffe, beim Liegen

im Hafen nicht unterlagen, sei es durch eine gewisse Frontferne (Nordmeer, Ostsee), sei es wegen des Fehlens einer schlagkräftigen Gegnerluftwaffe.

Waren jedoch, wie z. B. im Kanal, sowohl Frontnähe als auch eine starke, schlagkräftige Feindluftwaffe vorhanden, so wurde der Einsatz eines Tenders als Stützpunkt eines Schnellboot-Verbandes illusorisch, weil der Gegner alles darauf konzentrierte, die in See schwer zu vernichtenden Schnellboote und ihre Stützpunkte während der Neuausrüstung im Hafen zu zerschlagen (siehe z. B. die Vernichtung von „S 66, 84, 100, 138, 142, 143, 169, 170, 172" [zuzüglich 3 Torpedo-, 2 Geleit-, 7 Minensuch-, 8 Vorpostenboote und 1 R-Boot] durch einen einzigen Luftangriff in der Nacht des 14.—15. 6. 1944 in Le Havre oder die Vernichtung der englischen „MTB 67, 213, 214, 216, 217" der 10. MTB-Flottille durch deutsche Jagdbomber am 22. 5. 1941 in der Suda-Bucht auf Kreta!).

Bereits im Ersten Weltkrieg hatte die deutsche Marine zum Schutz der im Kanal operierenden kleinen deutschen UB- und UC-U-Boote in Ostende-Zeebrügge regelrechte U-Boot-Bunker bauen lassen, die mit den Booten die gesamte Instandsetzung- und Ausrüstungskapazität des Stützpunktes bomben- und beschußsicher aufnahmen. Unter Rückgriff auf diese Vorläufer entstanden im Zweiten Weltkrieg, neben den bekannten U-Boot-Bunkern mit extrem großen Abmessungen, im Kanalgebiet spezielle Schnellboot-Bunker (Abb. 198), deren Schutz in den ersten Kriegsjahren total, nach der Entwicklung spezieller bunkerknackender Bomben immer noch relativ gut war.

Detaillierte Einsatzberichte für die großen deutschen S-Boote bringen u. a. (107, 118, 119, 120, 121, 122).

Über den Einsatz der relativ wenigen, während des Krieges für Sondereinsätze gebauten Klein-Schnellboote liegt wenig Material vor. Von den zunächst gebauten 12 LS-Booten ist bekannt

— Der Bau von „LS 1" wurde eingestellt (s. Abschnitt 5.5131),

— „LS 2" wurde an Bord des Hilfskreuzers „Komet" auf „Meteorit" getauft und im vorderen Laderaum gefahren. Das Ein- und Aussetzen des Bootes erfolgte mit dem vorhandenen Ladegeschirr. Bei Einsatzfahrten fiel der Backbord-Motor am 14. 10., der Steuerbord-Motor am 23. 12. 1940 aus. Da die Schäden mit Bordmitteln nicht zu beheben waren, fiel das Boot total aus (92, 123).

— Das an Bord des Hilfskreuzers „Kormoran" befindliche Klein-Schnellboot „LS 3" wurde während der Fahrt mehrfach zu Übungen ausgesetzt. Dabei erwiesen sich Seetüchtigkeit, Fahreigenschaften und Funkton der Daimler-Benz-Motoren als gut. Ein Mineneinsatz wurde mangels Gelegenheit nicht gefahren. Allgemein hätte man das Boot lieber mit Torpedobewaffnung statt der Minen gesehen. Am 20. 11. 1941 ging das Boot mit dem Hilfskreuzer im Gefecht mit dem australischen Kreuzer „Sidney" verloren (92, 125).

— Das Klein-Schnellboot „LS 4" wurde als „Esau" an Bord des Hilfskreuzers „Michel" gegeben und hat sich bei allen Fahrten sehr gut bewährt. Selbst bei schlechtem Wetter wurde das Boot zur Bergung der Besatzung versenkter Schiffe eingesetzt, wobei es zuweilen mit 20—30 Geretteten an Deck zum Hilfskreuzer zurückkehrte. Das mehrfach zu überraschenden nächtlichen Torpedoangriffen auf am Tage geortete Ziele angesetzte Boot beschädigte den 7984-BRT-Tanker „Aramis" und den 7176-BRT-Frachter „George Clymer" (92, 124).

— „LS 5—11" wurden bei der 12. Sicherungsflottille im Ägäisraum verwandt, jedoch mangels geeigneter Ziele nicht offensiv als Torpedoträger, sondern als Geleitsicherung für 6—8 kn laufende Küstenschiffe. Diese für Schnellboote wenig sinnvollen Dauerfahrten mit geringen Fahrtstufen ergaben häufige Ausfälle der Antriebsanlagen durch Verkoken der Zylinder usw. „LS 5" wurde am 31. 10. 1943 am Tage von mehreren Jabos angegriffen und nach schwerer Beschädigung auf Grund gesetzt. „LS 6" wurde am 25. 9. 1943, bei der

Abb. 173
Klein-Schnellboot Typ „Wal II"
beim Durchbrechen der Hecksee eines
anderen Schnellboots

Abb. 174
Klein-Schnellboot Typ „Wal I" bei Torpedo-
erprobungen

Abb. 175
„Springender" Torpedo
beim Heckschuß

Abb. 176
Deutsches KM-Boot

Abb. 177
Deutsches KM-Boot in voller Fahrt

Abb. 178
Deutsches KM-Boot nach
Ausrüstung mit Torpedorohren

Abb. 179
Forlanini's Tragflügelboot 1906

Abb. 180
Arturo Crocco's Tragflügelboot 1908

Abb. 181
Arturo Crocco's Tragflügelboot in Fahrt

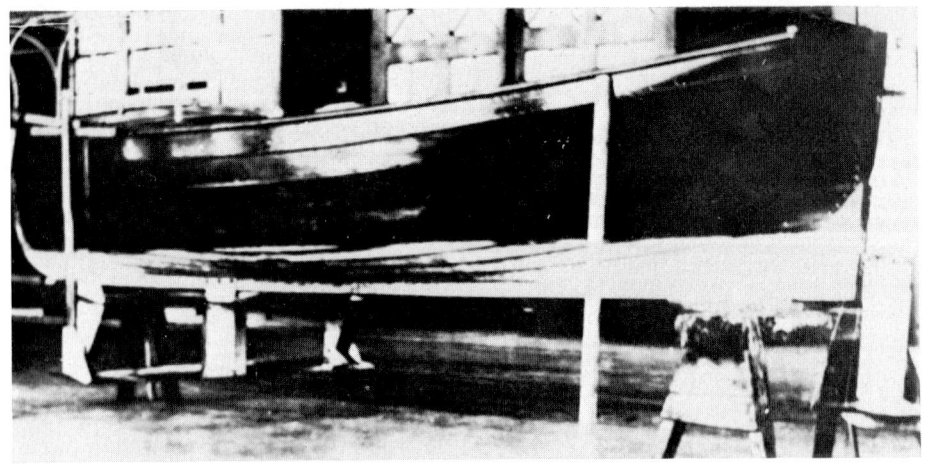

Abb. 182
Tragflügelboot der US Navy 1911
(Konstruktion White/Richardson)

Abb. 183
Bell und Baldwin's „HD 4" 1919

Abb. 184
Deutsche Tragflügelboote
„TS 1—5"

Rückeroberung der Insel Kos, durch Jabos und Artillerie versenkt (3, 92). Die noch in Bau befindlichen, für die 21. S-Flottille vorgesehenen LS-Boote kamen nur zum Teil in Fahrt.

Die zunächst für offensive Mineneinsätze im Kanal konstruierten, ad hoc und unter Verwendung vorhandenen, nicht sehr geeigneten Bootsbau- und Motorenmaterials entstandenen KM-Boote wurden, bedingt durch die Kriegsentwicklung, im Ostraum eingesetzt.

— „KM 3, 4, 8, 22" wurden 1942 als C-Gruppe der 31. MS-Flottille auf dem Ladoga-See verwandt, um den am Südufer laufenden russischen Leningrad-Nachschub zu unterbinden:

7. 7. 1942 Eintreffen der Boote in Lahdenpohja.

Bis 8. 8. 1942 wegen zahlreicher Kinderkrankheiten der nicht ausreichend erprobten Boote auf Werft Sortavala.

10. 8. 1942 Überführung nach Einsatzstützpunkt Sortanlahti.

20. 8. 1942 erster Einsatz von 3 Booten: alle drei mußten sofort zur Werft zurück.

4. 9. 1942 zweiter Einsatz ebenfalls Mißerfolg.

26. 9. 1942 „KM 3, 4, 22" zum Mineneinsatz auf russischem Geleitweg Novaja-Leningradkessel. Zwei weitere Minenlegversuche wurden durchgeführt und wegen Pannen abgebrochen. Nach dem Verlegen von 12 Minen kehrten die Boote zwischen 23./25. 10. 1942 nach Lahdenpohja zurück und wurden nach Deutschland verlegt (107).

— 1942/43 wurden mehrere KM-Boote im Verband der 31. MS-Flottille zum Legen offensiver Minensperren (besser zur Minenverseuchung) im Finnenbusen eingesetzt, u. a.

21./22. 10. 1942 und 18./19. 11. 1942 „KM 27" legt je 4 Minen bei Lavansaari.

7./8. 5. 1943 werden „KM 6, 28, 29, 20", getarnt als russische Schlepper und Leichter, zum Minenlegen vor Lavansaari eingesetzt. „KM 6" und „KM 29" rammen sich und fallen aus, „KM 28" und „KM 30" führen Unternehmung aus und werden ablaufend von russischer Küstenartillerie und Jägern beschossen. „KM 28" leicht beschädigt.

5./6. 6. 1943 „KM 6, 28, 29" zum Minenlegen bei Lavansaari ausgelaufen. Dabei Gefecht mit russischen Panzermotorbooten. Anschließend wurden die Boote wegen zahlreicher Motorenstörungen und der hellen Nächte zur Überholung nach Deutschland verlegt. Rückkehr August 1943.

20./21. 8. 1943 Einlaufen „KM 6, 28, 29, 30" in Someri. Bei schwerem Feuerüberfall der sowjetischen Luftwaffe und Beschuß durch 13-cm-Batterie Lavansaari Verlust von „KM 6, 28, 30". „KM 8, 19, 27" als Ersatzboote in Finnenbusen verlegt.

15./16. 10., 27./28. 10., 3./4. 11., 4./5. 11., 19./20. 11. Vorstöße mit jeweils 4—5 Booten zum Minenlegen auf russischen Schiffahrtsweg nördlich Schepel. Teilweise durch Gefechte mit russischen Wachbooten behindert.

2. 12. 1943 „KM 27" bei Benzinexplosion in Koivisto verloren.

3./4. 11. 1943 „KM 8, 19, 29" legen Minensperre bei Kronstadt. Insgesamt warfen die KM-Boote 1943 91 Minen zwischen Lavansaari und Kronstadt (107).

Meister (107) stellte hierzu fest: „Erstaunlich bleibt . . . die Tatsache, daß die Deutschen und Finnen nie planten oder in der Lage waren, mit kampfkräftigen geeigneten Seestreitkräften (flachgehenden Motortorpedo- und Motorkanonenbooten) in der Kronstädter Bucht zu operieren. Wollte man 1941/42/43 den noch kampfkräftigen Rest der bei Kronstadt liegenden Sowjetflotte vernichten, den U-Booten jedes Auslaufen verbieten und den wichtigen Nachschubverkehr nach den noch von den Russen gehaltenen Inseln endgültig unterbrechen, so konnte dies nachhaltig nur durch die Versenkung der noch schwimmenden russischen Fahrzeuge geschehen. Einige Minenverseuchungen und vereinzelte Luftangriffe konnten dieses Resultat nicht erzielen. Bekanntlich hatten 1919 englische Motortorpedoboote von den finnischen Inseln Björkö aus zweimal die vor und in Kronstadt liegende Sowjetflotte mit gewissem Erfolg angegriffen und auch U-Boote wurden damals im östlichen Finnenbusen verwandt. Abgesehen davon, daß deutsche S-Boote ab Herbst 1941 bis Frühjahr 1944 im Finnenbusen überhaupt nicht zur Verfügung standen, waren die zuständigen deutschen Stellen der Auffassung, daß die im Vergleich zu den britischen MTB großen und relativ tiefgehenden deutschen S-Boote in den flachen Gewässern keine erfolgversprechenden Torpedoangriffe fahren könnten. Ein Einsatz der kleineren finnischen MTBs scheint aufgrund ihres verbrauchten Zustands nicht in Frage gekommen zu sein. Theoretisch bestand aber immer noch die Möglichkeit, für diesen Einsatz italienische Klein-MTBs oder speziell konstruierte deutsche Klein-S-Boote heranzuziehen, ebenso Klein-U-Boote.

... Mit den technisch hochwertigen Minen gingen die Deutschen dagegen sehr verschwenderisch um ... (S. 340)".

— „KM 5, 8, 19, 29" wurden im Sommer 1944 auf den Peipussee als „Kanonenboote" verwandt:

6. 6. 1944 erster Vorstoß nach Praaga ohne Feindberührung,

10. 6. 1944 Geleitsicherung für Heeres-Siebelfähren.

12. 6. 1944 Gefecht mit russischen Booten und Küstenbatterien. „KM 8" Verlust, „KM 19" durch 4,5-cm-Treffer beschädigt.

20. 6. 1944 „KM 5, 29" stoßen nach Praaga vor.

2. 7. 1944 „KM 5" in Brand geraten und selbstversenkt. Boot wurde später gehoben und zur Reparatur nach Dorpat bzw. Reval gebracht. Dort fiel es in russische Hand.

11. 7. 1944 Sprengstofftransport durch „KM 19, 29",

15. 7. 1944 Eintreffen von „KM 4, 22" auf dem Peipussee.

15. 7. 1944 Geleitsicherung durch „KM 19, 29".

20. 7. und 28. 7. 1944 „KM 19, 29" transportieren Verwundete nach Dorpat.

16. 8. 1944 Boote verlegen wegen Räumung des Stützpunkts Kastre nach Dorpat.

23. 8. 1944. Vor der Aufgabe Dorpats werden die Boote per Bahn nach Reval verschifft (107).

— Im Sommer 1942 wurden „KM 18—24" mit dem Geleitschiff „Uta" über die Donau nach Galatz und von dort nach Odessa überführt. Sie sollten als U-Jäger bei Geleiten Odessa-Nikolajew und Odessa-Sulina verwandt werden. Da die Boote auch hier unter den bekannten technischen Mängeln litten, wurden sie schon im Dezember 1942 nach Linz zurückverlegt und außer Dienst gestellt. Im Schwarzmeer erhielten sie auch die Bezeichnung „Maria-Stuart-Boote", d. h. schön aber unglücklich! (107, S. 340).

— Über die Verwendung der im Dezember 1943 aufgestellten, mit torpedobewaffneten KM-Booten (KS-Booten) ausgerüsteten 22. S.-Flottille, die im Mai 1944 nach Italien verlegte, liegen keine Daten vor.

Einsätze wurden jedoch offensichtlich nicht gefahren. Im Oktober 1944 wurde die Flottille, nach Abgabe der Boote an die kroatische Marine, wieder aufgelöst (119).

Über die Verwendung der 1944—45 entstandenen Klein-Schnellboote der Typen „Hydra", „Kobra", „Schlitten", „Wal" usw. liegt kein Material vor. Bekannt wurde nur

— der Einsatz der 1. „Hydra"-Flottille Anfang 1945 im Schelderaum. Erfolge, Erfahrungen??

— der Versuch, eines der Versuchsboote des Typs „Schlitten" per Flugzeug zu einer Ägäis-Insel zu transportieren, um die dort noch vorhandenen Torpedobestände, für die kein Träger mehr existierte, zu aktivieren (1945? Realisierung? Einsatz? Erfolge?).

Abschließend ist hinsichtlich Technik und Einsatz der deutschen Schnellbootwaffe im Zweiten Weltkrieg festzustellen, daß die technisch außerordentlich ausgereiften großen deutschen Schnellboote den Kriegserfahrungen immer wieder angepaßt werden konnten und ihren Leistungswert bis zum Kriegsschluß behielten. Aufgrund ihrer Größe, Bewaffnung, Seefähigkeit und Antriebsart konnten sie ihren beiden Hauptaufgaben, Torpedoangriff und Minenlegen, auch unter ungünstigen Witterungsbedingungen und in größeren Seeräumen voll gerecht werden und neben zahlreichen Kriegsschiffen auch beträchtliche Handelsschiffstonnage ausschalten. Keine ausländische Schnellbootwaffe konnte quantitativ vergleichbare Erfolge erzielen! Andererseits ist jedoch auch nicht zu übersehen, daß Größe, Besatzungszahl und Wert der Boote die Stückzahl, die Verwendbarkeit in sehr engen, flachen Seegebieten und den Mut zum Risiko-Einsatz einschränkten!

Ganz offensichtlich hat zumindest der Einsatz im Finnenbusen 1941–1943 und die Problematik des Transports der großen Boote in das Mittel- und Schwarzmeer gezeigt, daß die rechtzeitige Parallel-Entwicklung eines leistungsfähigen kleineren, in größerer Stückzahl herstellbaren Schnellboot-Typs als Ergänzung der großen Boote nicht ganz ohne Sinn gewesen wäre. U. U. hätte der in großer Zahl auftretende kleinere Typ, bei entsprechenden Witterungsbedingungen mit den großen Booten zusammen operierend, durch die Diversion der Abwehr auch im Kanal zusätzliche Erfolge gebracht.

Die Entwicklung der Klein-Schnellboote wurde ab 1943 interessant, als die militärischen Rückschläge eintraten, die Wehrmacht sich auf die „Festung Europa" zurückzog und die Invasionsdrohung an allen Küsten aktuell wurde. Die Länge der zu sichernden Küstengebiete (gesamtes Mittelmeer, französische Atlantikküste, gesamte Kanalküste, deutsche, dänische und norwegische Nordseeküste bis zum Nordmeer hinauf) erforderte eine Umstellung der Rüstung auf kleine, schnell verleg- und einsatzbare, aus Personal-, Material- und Fertigungsgründen schnell und in großen Stückzahlen herstellbare, mit vernichtenden Waffensystemen gegen Schiffsziele (z. B. Torpedo) versehene Kampfmittel zur Unterstützung der konventionellen Verbände.

Die Entwicklung aller deutschen Kleinkampfmittel (bemannte Torpedos, Klein-U-Boote, Sprengboote, Klein-Schnellboote) erfolgte zögernd und zu spät (41). Sie erfolgte zu einem Zeitpunkt, wo es nicht mehr möglich war,

— die vorhandenen, z. T. außerordentlich bemerkenswerten Prototypen und Ideen ausreichend zu erproben und sachlich gegeneinander abzuwägen,
— aufgrund der unzureichenden Industriekapazität auch nur annähernd dem Bedarf entsprechende Stückzahlen rechtzeitig an die Front zu bekommen.

Dementsprechend standen im Juni 1944 eben ein Dutzend großer Schnellboote einer Invasionsflotte von mehreren Tausend Fahrzeugen gegenüber, von denen die Masse dann noch — bedingt durch die Hafenabhängigkeit der großen Boote — in Le Havre zerschlagen wurde. Last not least erscheint es rückblickend auch fraglich, ob die nach Berichten von Teilnehmern sehr voreingenommene, nach nur kurzen Vergleichserprobungen vom OKM zugunsten der Eigenkonstruktion „Hydra" gefällte Entscheidung sachlich richtig war. Gerade dieses konstruktiv konventionellste aller Boote entsprach in den Abmessungen nicht der vom K-Verband geforderten leichten Verladbarkeit auf Radfahrzeugen und verlor aufgrund seiner Größe das entscheidende Kriterium eines erfolgreichen Kleinkampfmittels in der Invasionsabwehr: die Mobilität.

Außer der mehr oder minder unbesehenen Übernahme des für Mittelmeer-Verhältnisse konstruierten, und auch dort nicht uneingeschränkt mit Beifall bedachten italienischen Klein-Schnellboote des Typs SMA scheint die Zusammenarbeit mit der nach dem 9. 9. 1943 im deutschen Machtbereich verbliebenen, auf dem Gebiet aller Kleinkampfmittel sehr erfahrenen italienischen X. MAS-Flottille gering gewesen zu sein.

Der Bau der Tragflügelboote nach Schertel und Tietjens war unter Kriegsbedingungen ein Zeichen von Mut und Entschlußkraft. Der reale Nutzen dieser Arbeiten schlug sich jedoch erst nach dem Kriege, bei den Entwicklungen der deutsch-schweizer Firma Supramar und denen der Sowjetunion, nieder (s. Abschnitt 6.2 im 3. Band). Wendels Tragflügelbootsvorstellungen kamen bis Kriegsschluß nicht über Projektskizzen hinaus.

5.6 Die Entwicklung der sowjetischen Marine

5.61 Die Boote

Bei Kriegsausbruch, am 21. 6. 1941, standen der sowjetischen Marine, neben einer größeren Anzahl technisch interessanter, aber noch nicht einsatzreifer Versuchsboote (s. Abschnitt 4.331), folgende im Groß-Serienbau hergestellten Schnellboot-Typen zur Verfügung:

— Der auf den englischen Thornycroft-CMB des Ersten Weltkriegs aufbauende Typ „Sch 4". Die in den Jahren 1928/32, im Rahmen des ersten Fünfjahresplans, gebauten Boote waren Mitte 1941 bereits weitgehend heruntergefahren und hatten dementsprechend einen nur noch geringen Einsatzwert. Eine größere Anzahl von ihnen war bereits zu schnellen U-Jägern umgebaut worden (Ersatz der Torpedoanlage durch kleinkalibrige Wasserbomben), andere im Rahmen des spanischen Bürgerkriegs an die rotspanischen Streitkräfte abgegeben.

— Der technisch laufend verbesserte, in mehreren Serien gebaute Typ „G 5". Die aus Duraluminium gefertigten Einstufen-Gleitboote (SK 53) waren eine Weiterentwicklung des Typs „Sch 4". Sie stellten bei Kriegsausbruch die Masse der sowjetischen Schnellbootwaffe. Die technischen Leistungsdaten waren beachtlich. Nachteilig waren a) die auf Grund der Bootsform und der geringen Größe beschränkte Seefähigkeit, b) die Leichtmetallbootskörper, die einerseits einer erheblichen Seewasserkorrosion unterlagen (s. Abschnitt 4.331), andererseits für den Flugzeugbau unentbehrliches Material abzogen. Der Serienbau dieses Typs wurde daher bereits im Frühjahr/Sommer 1941 eingestellt.

— Der weitgehend auf italienischen Konstruktionen beruhende, ab 1939 als Nachfolger des Typs „G 5" vorgesehene, bei Kriegsausbruch aber erst in geringen Stückzahlen existierende Typ „D 3" (SK 54), der ursprünglich US-Packard-Motoren erhalten sollte. Das mit 30 t Konstruktions- und 35 t Einsatzverdrängung gegenüber den Vorgängern wesentlich größere, und damit seefähigere, Stufengleitboot hatte einen Holzbootskörper. Dadurch sollte der Leichtmetallengpaß der russischen Rüstungsindustrie beseitigt und die Korrosionsanfälligkeit der „G-5"-Bootskörper vermieden werden. Der Serienbau war bei Kriegsbeginn gerade angelaufen. Da die bereits ausgelieferten US-Motoren von der Luftwaffe beschlagnahmt wurden, erhielten die Boote zunächst 2 x 850-PS-GAM-34-BS-Motoren auf die Außenwellen und 1 x 675-PS-GAM-Motor auf die Mittelwelle, mit denen sie eben 30 kn erreichten.

Die technischen Details dieser Fahrzeuge, die in der sowjetischen Marine als TKA = Torpedyje katera = Torpedokutter/Schnellboote, SKA = Storoshewoj katera = Wachboote oder MO = Morskoj Ochotnik = U-Jäger bezeichnet wurden, sind in Abschnitt 4.331 behandelt und in Tabelle 15 noch einmal zusammengefaßt.

Die Zahl der bei Kriegsausbruch vorhandenen Boote wird heute von fast allen Beobachtern und den russischen Nachkriegsveröffentlichungen mit 269 angegeben, von denen 48 in der Ostsee, 2 im Nordmeer, 135 im Pazifik und 84 im Schwarzen Meer stationiert waren.

Nach im Kriege erbeuteten sowjetischen Unterlagen sah die Vorkriegsplanung für die Ostsee die Aufstellung von 2 Schnellboot-Brigaden zu je 3 Divisionen mit je 3 Abteilungen vor. Zur vollständigen Durchführung dieser Planung ist es aber nicht mehr gekommen. Die beiden Brigaden wurden zwar aufgestellt, die Gesamtzahl ihrer Boote erreichte aber nur 40—45. Für die 1. Brigade diente Hangö, für die 2. Peipia als Stützpunkt. Die in Libau liegende, sechs „G-5"-Boote umfassende „Besondere Abteilung" und der in Peipia stationierte Verband für Fernlenkversuche (Details s. Abschnitt 4.331) kamen wegen des schnellen deutschen Vormarschs nicht zum Zuge. Erstere wurde bereits am 23. 7. 1941 aus Libau abgezogen und der 1. Brigade unterstellt. Der Fernlenkverband wurde aufgelöst, da die MBR-2-Flugzeuge den deutschen Jägern geschwindigkeits- und bewaffnungsmäßig nicht gewachsen waren und 9—10 dieser Flugzeuge schon bald nach Beginn der Kampfhandlungen auf dem Kopenskoje-See bei Peipia zerstört wurden. Auch die diesem Verband angehörenden Boote wurden nach Ausbau der Fernlenkeinrichtungen usw. den Brigaden unterstellt.

Nach recht aktivem aber auch verlustreichem Einsatz (drei Schnellboot-Offiziere der Ostseeflotte, A. J. Afanasjev, V. P. Gumanenko und S. A. Osipov, gehörten zu den ersten Soldaten, die durch den Ehrentitel „Held der Sowjetunion" ausgezeichnet wurden!) und Aufgabe der Hauptstützpunkte infolge Rückzugs der Heeresverbände wurden die beiden schwachen Brigaden am 28. 8. 1941 zu einer einzigen, mit 4 Divisionen und 46 Booten, zusammengefaßt. Typmäßig bestand die 1., 3. und 4. Division aus „G-5"-Booten, die 2. Division und die 3. Abteilung der 3. Division aus „D-3"-Booten. Unter Berücksichtigung von Zugängen und Verlusten gliederte sich die Ostsee-Schnellboot-Brigade am 1. 7. 1942 wie folgt:

1. Division
1. Abteilung:
   Nr. 11, 21, 31, 41, 51, 61   (G-5-Boote, 7. Serie)
2. Abteilung:
   Nr. 71, 81, 91, 111, 121   (G-5-Boote, 7. Serie)
3. Abteilung:
   Nr. 131, 141, 151, 161, 171,
   181   (G-5-Boote, 7. Serie)

2. Division
1. Abteilung:
   Nr. 12, 22, 32, 52, 62   (D-3-Boote)
2. Abteilung:
   Nr. 82, 92, 112, 122   (D-3-Boote)
3. Abteilung:
   Nr. 132, 142, 152, 162, 172, 182 (vorgesehene D-3-Boote konnten wegen fehlender Motoren nicht fertiggestellt werden!)

3. Division
1. Abteilung:
   Nr. 23, 33, 43, 53, 63   (G-5-Boote, 7. Serie)
2. Abteilung:
   Nr. 73, 93, 103   (G-5-Boote, 7. Serie)

3. Abteilung:
   Nr. 133, 143, 153, 163, 173, 183 (vorgesehene D-3-Boote konnten wegen fehlender Motoren nicht fertiggestellt werden!)

4. Division
1. Abteilung:
   Nr. 14, 24, 34, 44, 54, 64   (G-5-Boote, 11. Serie)
2. Abteilung:
   Nr. 74, 84, 94, 104,
   114, 124   (G-5-Boote, 11. Serie)

Hauptversorgungsbasis für die zusammengelegte Brigade wurde Kronstadt. Wegen großer Luftgefahr wurden Überholungen, Brennstoff-, Munitions- und Proviantübernahme in Kronstadt selbst auf kurze Zeit zusammengedrängt und die Boote dann auf die Kronstadt umgebenden Forts Perwomaiski, Krasnoarmaiski, Roschal und 3. Serwerny verteilt. Hauptliegeplätze wurden für die 1. und 3. Division Lavansaari, für die 2. Divisionen Oranienbaum und für die 4. Division die Batterejnaja-Bucht (westlich von Oranienbaum).

Im Schwarzen Meer bestanden bei Kriegsausbruch zwei weitgehend vollständige Schnellboot-Brigaden, die sich aus je 3 Divisionen mit je 3 Abteilungen zusammensetzten. Sie blieben mit wechselnden Bootszahlen den ganzen Krieg über erhalten, wenngleich die vorhandene bzw. geplante 3. Abteilung der Divisionen vielfach zum Auffüllen von Verlusten verwandt wurde. Häufig änderte sich dabei auch die Divison und taktische Nummer innerhalb der Division kennzeichnende Bootsnummer (s. Abschnitt 4.331).

Da der Krieg der sowjetischen Schnellbootwaffe auf allen Kriegsschauplätzen ununterbrochen wichtige und verlustreiche Aufgaben zuwies (s. Abschnitt 5.62), stellte sich bald die Frage nach Ersatz und Ausbau. Der mit Rücksicht auf den Leichtmetall-Engpaß bereits vor dem Kriege eingestellte Typ „G 5" bereitete selbst bei den Bootskörperreparaturen der vorhandenen Boote Schwierigkeiten, da die sowjetische Leichtmetallproduktion sehr weitgehend im deutschen Okkupationsgebiet lag. Westliche Hilfslieferungen erlaubten es dann jedoch in den Jahren 1943/45, die für diesen einfachen und billigen

Bootstyp vorhandenen Fertigungskapazitäten in einem gewissen Umfang zu reaktivieren und neue Boote zu bauen. Einschließlich der Vorkriegsbauten wurden bis Kriegsende rund 280 Boote dieses Typs gebaut. Auch die vom Baumaterial her weniger problematische Fertigung der hölzernen „D-3"-Boote wurde nach kurzer Unterbrechung, z. T. in Ausweichbetrieben (Rybinsk an der oberen Wolga), wieder aufgenommen. Sie erhielten entweder drei der neu entwickelten 1250-PS-GAM-34-FN-Motoren oder US-Packard-Motoren gleicher Leistung für über 40 kn. Einige der nur im Nordmeer und in der Ostsee verwandten „D-3"-Boote erhielten als Bewaffnung auch amerikanische 12,7-mm-Zwillings-MG. Die Gesamtzahl fertiggestellter „D-3"-Boote liegt um 100.

Außer den rund 165 während des Krieges, z. T. mit materieller Hilfe der Alliierten, in der Sowjetunion fertiggestellten Schnellbooten der Typen „G 5" und „D 3" waren im Rahmen der am 2. 8. 1941 beschlossenen amerikanischen Lend-Lease-Lieferungen an Rußland von Anfang an Schnellboote eingeplant. Noch 1941 wurden die schon vor dem Kriege als „PT 85—94" für die US Navy bestellten Boote für Rußland vorgesehen und in „RPT 1—10" umbenannt. Insgesamt erhielt die Sowjetmarine bis zum Kriegsschluß von den USA 175 und von England 8 fertige Boote, ferner 30 Boote („PT 731—760") im zerlegten Zustand. Weitere 42 Boote („PT 657—660, 693—730") waren für Rußland vorgesehen, wurden aber wegen des Kriegsendes nicht mehr geliefert (Details s. Abschnitt 5.42122). Nach Typen gegliedert:

98 Vosper-70'-Typ (russische Bezeichnung A1): „PT 53—60, MTB 363—370, PT 400—449, PT 661 bis 692"

55 Higgins-78'-Typ (russische Bezeichnung A 2): „PT 85—87, 89, 197, 265—276, 289—294, 625—656"

60 Elco-80'-Typ (russische Bezeichnung A 3): „PT 498—504, 506—508, 510—521, 552—554, 556, 560—563, 731—760"

Außer den Torpedo-Schnellbooten verfügte die Sowjetmarine über eine Anzahl sehr bemerkenswerter Motor-Kanonenboote, -Panzerkanonen-

boote und -U-Jäger, die z. T. erhebliche Kampfwert besaßen. In den internationalen Flottenhandbüchern werden folgende Angaben veröffentlicht, deren letzte Stichhaltigkeit jedoch offen bleiben muß:

a) **Motor-Kanonenboote (meist Vorkriegsbauten)**
   1. **Typ ZK**
      19 t, 19,5 x 3,35 x 1,2 m, 2 x 300-PS-Otto-Motoren auf 2 Wellen für 19 kn, 2 t Brennstoff, 2 MG, Wasserbomben, 12 Mann Besatzung.
   2. **Typ BKM**
      20 t, 17,55 x 3,9 x 1,35 m, 2 x 825-PS-Otto-Motoren auf 2 Wellen für 32 kn, 2 — 13-mm-MG, Wasserbomben, 10 Mann Besatzung
   3. **Typ PK**
      23 t, 22,55 x 4,05 x 1,3 m, 2 x 825-PS-Otto-Motoren auf 2 Wellen für 28 kn, 1 — 13-mm-MG, 2 MG, Wasserbomben, 12 Mann Besatzung
   4. **Typ TK**
      20 t, 23,95 x 3,9 x 1,1 m, 2 x 825-PS-Otto-Motoren auf 2 Wellen für 23 kn, 1 — 13-mm-MG, 2 MG, 12 Mann Besatzung
   5. **Typ MKM**
      18 t, 16,1 x 3,2 x 1,2 m, 2 x 450-PS-Otto-Motoren auf 2 Wellen für 18 kn, 1 — 13-mm-MG, 1 MG, Wasserbomben, 9 Mann Besatzung
   6. **Typ VMV**
      30 t, 25,0 x 4,2 x 1,0 m, 2 x 560-PS-Otto-Motoren auf 2 Wellen für 25 kn, 2 — 47-mm-MK, 10 Mann Besatzung. Die zwölf in den Jahren 1937—38 gebauten Boote Nr. 201 bis 212 waren dem finnischen VMV-Typ sehr ähnlich.

b) **Motor-Panzerkanonenboote** (Kriegsentwicklungen, die erst ab 1943—44 an die Front kamen. Besondere Merkmale dieser Fahrzeuge sind ein leichter Panzerschutz der vitalen Teile, wie Brücke, Antrieb und Waffen, und die einheitliche Verwendung des 76-mm-Geschützturms des Heerespanzers T 34).
   1. **Typ Kopje**
      25 t, 16 kn, 1 — 76-mm-Geschütz

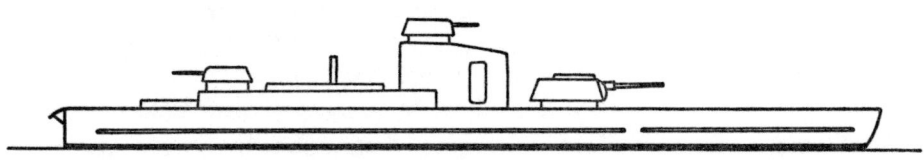

SK 155

Sowjetisches Panzerkanonenboot
(BKA) Typ 1124

L	22,80 m
B	3,50 m
T	0,80 m
D	26 t
2 x 800 PS	
1 — 7,6 cm	
v = 20 kn	
2 — 20 mm	

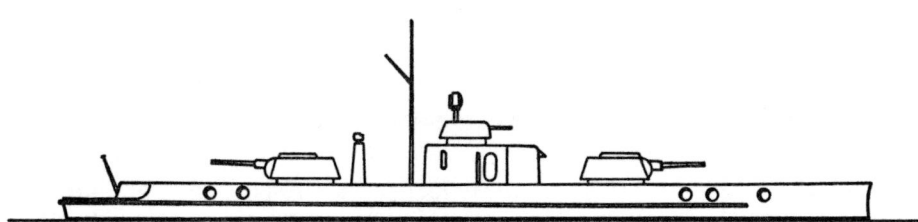

SK 156

Sowjetisches Panzerkanonenboot
(BKA) Typ 1125

L	25,00 m
B	3,82 m
T	1,35 m
D	42 t
2 x 800 PS	
2 — 7,6 cm	
25—28 kn	
1 — 20 mm	

2. Typ K
20 t, 21 kn, 2 — 76-mm-Geschütze

3. Typ N
18 t, 19 kn, 1 — 76-mm-Geschütz

4. Typ 1124
26 t, 22,8 x 3,5 x 0,8 m, teils 16,5 kn, teils mit 2 x 360-PS-Otto-Motoren 20 kn laufend, 1 — 76-mm-Geschütz, 2 — 20-mm-MK, 4 MG, 10 Mann Besatzung (SK 155, Abb. 199)

5. Typ 1125
42 t, 25,0 x 3,82 x 1,35 m, 2 x 800-PS-Otto-Motoren für 25—28 kn, 2—76-mm-Geschütze, 1 — 20-mm-MK, 6 MG, 17 Mann Besatzung (SK 156, Abb. 200).

c) Motor-U-Bootjäger

1. Typ MO I
51 t, 26,0 x 4,00 x 1,3 m, 2 x 650-PS-Otto-Motoren auf zwei Wellen für 14 kn, 2 — 13-mm-MG, Wasserbomben, 5 t Brennstoff, 21 Mann Besatzung

2. Typ MO II
56 t, 26,0 x 4,00 x 1,3 m, 3 x 850-PS-Otto-Motoren auf 3 Wellen für 24 kn, 5 t Brennstoff, 1 — 45-mm-MK, 2 — 13-mm-MG, 32 Wasserbomben, 22 Mann Besatzung

3. Typ MO IV
56 t, 26,4 x 4,00 x 1,5 m, 3 x 850-PS-Otto-Motoren auf 3 Wellen für 25 kn, 6 t Brenn-stoff, 2 — 45-mm-MK, 2 — 13-mm-MG, 32 Wasserbomben, 20 Mann Besatzung

4. Typ BMO
61 t, 24,0 x 4,2 x 1,7 m, 2 x 1300-PS-Otto-Motoren auf 2 Wellen für 23 kn, 6 t Brennstoff, 1 — 37-mm-MK, 3 — 13-mm-MG, Wasserbomben, 25 Mann Besatzung.

Hinzu kamen aus amerikanischer Lend-Lease-Lieferung 78 U-Jäger des Typs SC (95 ts, 15 kn, 1 — 40-mm, Wasserbomben), die direkt, und 26 U-Jäger des Typs PTC (ex „PTC 37—49, 54—66", 24 t, 28 kn, 1 — 20-mm-MK, 2 MG, Wasserbomben), die zunächst an England und von dort an Rußland abgegeben wurden. Sie wurden, wie die Masse der aus US-Beständen erhaltenen Fahrzeuge, vorherrschend im Nordmeer eingesetzt.

Die Verwendung der Panzermotorboote, speziell des Typs 1124, erfolgte nicht nur im Küstenvorfeld, sondern mit Schwerpunkt auf Binnengewässern. Die Primäraufgabe dieser Fahrzeuge war weniger der Einsatz als MGB gegen Überwasserstreitkräfte, sondern die artilleristische Unterstützung von Heeresverbänden. Gerade bei diesen Fahrzeugen prägte sich besonders deutlich die damalige Flottenauffassung der Sowjets, die Sicherung der Seeflanke des Heeres aus (37, 51, 52, 75, 141).

5.62 Zusammenfassung

5.621 Bauleistung und Verbleib der Boote

Offizielle und vor allen Dingen verläßliche Angaben über die im Verlauf des Zweiten Weltkriegs in der Sowjetmarine vorhandenen und neu gebauten Schnellboote liegen nicht vor. Breyer (75) kommt nach Auswertung der zur Verfügung stehenden Unterlagen zu den in Tabelle 16 dargestellten, vom Verfasser teilweise ergänzten Werten, die, unter Einschluß der anglo-amerikanischen Lieferungen und der von Finnland, Rumänien und Bulgarien auszuliefernden Boote, für Mai 1945 einen Bestand von rd. 520 Fahrzeugen ergeben. Nicht eingeschlossen in diese Zahl sind die zahlreichen Kanonenboots- und U-Jagd-Typen, von denen teilweise nur geringere Stückzahlen existent waren.

Auch die Verluste der Sowjetmarine sind, gerade bei diesen kleinen Fahrzeugen, nicht immer eindeutig zu belegen. Nach Auswertung mehrerer Quellen (51, 52, 54, 75, 120, 127, 141) sind folgende Bootsverluste **namentlich** belegt:

— **in der Ostsee**

28 Torpedokutter (TKA 12, 13, 14, 17, 27, 31, 42, 47, 52, 61, 64, 71, 72, 81, 82, 83, 93, 101, 103, 113, 122, 123, 141, 154, 164, 166, 181, 199)

14 U-Jäger und Wachboote (MO 105, 196, 201, 211, 212, 225, 238, 301, 302, 305, 306, 308, 310, 311, 314)

— **auf dem Ladoga-See**

2 Torpedokutter (TKA 75, 85)

5 Wachboote (MO 173, 174, 175, 202, 216)

— **im Nordmeer**

1 Torpedokutter (TKA 14)

— **im Schwarzen Meer**

17 Torpedokutter (TKA 11, 12, 24, 33, 51, 61, 71, 73, 81, 83, 91, 92, 101, 111, 122, 124, 125)

30 U-Jäger und Wachboote (SKA 011, 012, 021, 025, 032, 041, 042, 051, 0,63, 072, 083, 084, 087, 099, 0103, 0105, 0113, 0114, 0121, 0122, 0123, 0124, 0125, 0131, 0135, 0143, 0158, 0178, 0192, 01012)

— **von den anglo-amerikanischen Booten**

13 Fahrzeuge (PT 54, 85, 86, 87, 89, 197, 239, 266, 272, 275, 291, 412, 434)

Die in Tabelle 16 genannte, weit höher liegende Zahl verlorener **Schnellboote** beruht auf einer Gegenüberstellung glaubhafter Versenkungsmeldungen deutscher und s. Z. mit Deutschland verbündeter See- und Luftstreitkräfte und sowjetischer Nachkriegsberichte.

5.622 Allgemeine Wertung

Der Kriegsausbruch 1941 überraschte die Sowjetmarine inmitten einer gerade voll angelaufenen Aufbauphase. Die ab 1927, im Rahmen des ersten Fünfjahresplans begonnene Neubautätigkeit bei Schnell- und U-Booten wurde ab 1933 mit den auf französischen Ideen beruhenden Flottillenführern der „Leningrad"-Klasse und, ab 1934—35, im Rahmen des zweiten Fünfjahresplanes, mit den starken italienischen Einflüssen unterliegenden Zerstörern der „Gnevnyj"- und den Kreuzern der „Kirov"-Klasse fortgesetzt.

Mit dem dritten Fünfjahresplan begann die Sowjetmarine zunächst mit amerikanischer und, ab 1939, auch mit deutscher Unterstützung mit dem Bau von Flugzeugträgern und Schlachtschiffen, während der Ausbau der Kreuzer-, Zerstörer-, U-Boots- und Kleinbootsverbände kontinuierlich fortgesetzt wurde. Das Ziel war eine harmonisch ausgewogene, der wachsenden weltpolitischen Bedeutung der Sowjetunion entsprechende Flotte mit ausreichender Präsenzstärke in Ostsee, Schwarzmeer, Nordmeer und Fernost. Mit der Fertigstellung dieser Flotte war etwa 1945—48 zu rechnen.

Als Ende Mai 1941 der zu Fachberatungen und zum Fertigbau des ehemals deutschen Schweren Kreuzers „Lützow" abgestellte Admiral Feige mit seinen 70 deutschen Ingenieuren und Technikern aus Leningrad abgezogen wurde und am 21. 6. 1941 der Krieg ausbrach, besaß die Sowjetmarine einen der deutschen und den mit ihr verbündeten Marinen Finnlands und Rumäniens zahlenmäßig weit überlegenen Schiffsbestand. Andererseits war diese Flotte jedoch

— in ihrer Zusammensetzung äußerst heterogen und unausgewogen. Neben modernen Neubauten liefen noch erhebliche, z. T. nur wenig modernisierte Schiffsbestände aus dem Ersten Weltkrieg!
— gehandicapt durch die Tatsache, daß die Masse der kampfkräftigen Neubauten erst sehr kurzfristig in Dienst, ja z. T. sogar noch im Erprobungs- und Ausrüstungsverhältnis war und damit weder materiell noch personell voll kriegsbereit.

Damit kam den von Anfang an in großer Zahl produzierten und bereits über einen längeren Zeitraum gut ausgebildeten Kleinschiffs-, U-Boot- und Seeluftstreitkräften bei der Bewältigung der Seekriegsaufgaben eine besondere Bedeutung zu. Die während des ganzen Krieges gültige Priorität dieser Verbände in der sowjetischen Seekriegsführung wurde noch gefördert durch die Tatsache, daß praktisch alle von der russischen Marine zu lösenden Seekriegsaufgaben in Nordmeer, Ostsee und Schwarzmeer primär der direkten oder indirekten Unterstützung der Heeresoperationen dienten und generell auf die engeren Küstenvorfeldgebiete beschränkt blieben. Erst in der letzten Kriegsphase begann auch die Sowjetmarine in beschränktem Umfang mit etwas weiträumigeren See-Operationen.

Hinsichtlich der Beurteilung des Einsatzes der sowjetischen Schnellbootverbände seien zunächst zwei widersprüchliche Äußerungen zitiert:

Lorenz (126) schreibt: „Im August 1942 griffen 3 sowjetische MTB's zwei deutsche U-Jäger an. Im deutschen Gefechtsbericht ist vermerkt: ‚Aus dem Verhalten des Gegners muß geschlossen werden, daß er seine Angriffsabsichten nur bei ganz klaren Überraschungsmomenten durchführt, da er durch LG-Schießen sofort zum Abdrehen veranlaßt wird' (S. 104)."

Meister (107) schreibt dagegen: „Die Leistungsfähigkeit der sowjetischen Kleinfahrzeuge wurde durch die Feuerempfindlichkeit der Benzinmoto-

ren und die geringen Abmessungen der oft wenig seetüchtigen Boote beeinträchtigt. Sodann verhielten sich ebenso einzelne Schiffe wie ganze Flottillen im Gefecht taktisch stur und wenig geschmeidig ... Abgesehen von der Luftwaffe und den U-Booten, deren schwere Verluste aber in keinem Verhältnis zu den erzielten Erfolgen standen, waren die kleinen und empfindlichen sowjetischen MTB's die gefährlichsten Gegner der deutschen Seestreitkräfte. Die MTB's waren die eigentlichen Träger der bescheidenen küstennahen russischen Offensivoperationen. Die durch MTB's, die sich oft ziemlich draufgängerisch gebärdeten, verursachten Schiffsverluste blieben allerdings ziemlich gering im Vergleich zu den gebotenen Möglichkeiten (S. 338) ... Bemerkenswert war ... der Schneid der Russen ... die mit ihren Benzinbooten bis auf wenige Meter an die deutschen Fahrzeuge herankamen und auch im schwersten Feuer die Mannschaften lahmgeschossener, brennender MTB's längsseits gehend zu bergen versuchten (S. 79)".

Aus allen vorliegenden Berichten über den Einsatz der sowjetischen Schnellboote ist diese Zwiespältigkeit zu erkennen. Auf der einen Seite bis an Selbstmord grenzende Bravour und Einsatzbereitschaft, auf der anderen Seite Zögern und Verhalten.

Von wenigen Ausnahmen abgesehen, zeigten alle sowjetischen Seestreitkräfte in den ersten Kriegsjahren eine völlig unzureichende taktische Schulung. Meister (107) schreibt u. a.: „Bei gleicher Tapferkeit waren sowjetische Seestreitkräfte den Deutschen, Finnen und Italienern fast immer taktisch unterlegen (S. 337)" und „Im Glauben an die taktische Unterlegenheit der Russen erlaubten sich die Deutschen einige sehr riskante Operationen ... (S. 338)". Erst ab 1943/44 wurde das taktische Verhalten der Russen zunehmend geschickter.

Ein Blick auf besonders hervortretende Einsätze sowjetischer TKA, der in keinerlei Hinsicht Anspruch auf Vollständigkeit erhebt, ergibt für die einzelnen Kampfgebiete und -phasen ein unterschiedliches, aber doch recht charakteristisches Bild:

a) Ostsee und Finnischer Meerbusen

Der Einsatz der sowjetischen Schnellboote im Ostseebereich ist in drei Phasen zu gliedern:

In der ersten Phase, von Kriegsbeginn bis zum Frühwinter 1941, d. h. der beginnenden Vereisung des Finnenbusens, wurden die sowjetischen TKA einerseits offensiv auf deutsche Geleite, Sicherungs- und Beschießungsverbände, andererseits defensiv und zur Sicherung der Rückzugsbewegungen bei den baltischen Inseln, vor Hangö und im Finnenbusen eingesetzt. Einige Daten:

Am 24. 6. 1941 wurde TKA-27 durch die 1. S-Flottille im Westausgang des Finnenbusens versenkt, am 26. 6. TKA-47 von der 2. S-Flottille beschädigt und aufgebracht. Das Boot wurde später an Finnland abgegeben.

Anfang Juli war unter Konteradmiral W. P. Drosd eine aus Zerstörern, Wachbooten und TKA bestehende Moonsund-Abteilung zum Ansatz auf den deutschen Geleitverkehr aufgebaut worden, die zusammen mit der in Hangö stationierten 2. Division der 1. TKA-Brigade operierte. Am 12. 7. fuhren TKA einen erfolglosen Angriff, am 13. 7. gelang es ihnen, im Zusammenwirken mit Flugzeugen, aus einem deutschen Geleit vor Dünamünde ein Sturmboot zu versenken und 25 Fahrzeuge durch Bordwaffen und Splitter leicht zu beschädigen. Am 21. 7. versenkte die 3. S-Flottille TKA-71 ostwärts Arensburg. Am 26. 7. griffen TKA und größere Seestreitkräfte ein deutsches Geleit erfolglos an. Bei der Verfolgung wurde der Zerstörer „Smelyj" durch „S 54" torpediert und versenkt. Das gleiche Schicksal widerfuhr PK-238 im nördlichen Riga-Busen durch die 3. S-Flottille.

Am 1. 8. 1941 ging TKA-122 verloren, als 6 TKA unter Deckung von zwei Zerstörern die in der Irbenstraße stehende deutsche 1. M-Flottille angriffen. Im Zeitraum August/September 1941 legten sowjetische Flugzeuge, TKA usw. Minen vor den Schären- und Hafenausfahrten der finnischen Südküste. Deutsche Verluste: Minenschiff „Königin Luise", U-Jäger „UJ 1107", Schnellboote „S 43" und „S 106". Finnischer Verlust: Küstenpanzerschiff „Ilmarinen".

Am 20. 8. fand bei Kolka-Leuchtturm ein erfolgloses Gefecht des Hilfsminensuchboots „M3137" mit 4 TKA statt, am 21. 8. ging TKA-82 im Gefecht verloren, als es im Verein mit einem zweiten TKA den finnischen Leuchtturm von Kallbada zu zerstören suchte. Am 27. 8. lieferten sich 4 TKA mit Booten der 31. M-Flottille ein erfolgloses Gefecht, am 28. 8. ging TKA-103 bei der Räumung Revals verloren. Am 2. 9. griffen TKA erfolglos ein deutsches Geleit in der Irbenstraße an, am gleichen Tag schossen „M 3" und „M 20" bei der Insel Orengrund eines von vier angreifenden TKA ab.

Am 13. und 14. 9. operierten TKA und Flugzeuge ohne Erfolg gegen ein deutsches Geleit westlich von Sworbe und eine deutsche Scheinlandung in der Lynbucht auf Ösel.

Am 22. 9. kämpften zwei TKA erfolglos mit den deutschen Vorpostenbooten „VP 103" und „VP 314", am 24. 9. wurde „VP 308" durch zwei TKA versenkt, während ein zweites VP-Boot TKA-12 beschädigte und, nach Abbergen wichtiger Unterlagen, versenkte.

Am 28. 9. griffen die TKA-72, -82, -92, -102 vor Sworbe erfolglos und unter Verlust von TKA-82 (Ersatzboot?) einen aus den Kreuzern „Leipzig" und „Emden", 3 T-Booten 37 und kleineren Fahrzeugen bestehenden Küstenbeschießungsverband an.

Am 1. 10. werden TKA bei dem Versuch, in den Hafen von Kotka einzudringen, durch Küstenartillerie abgewehrt. Ein beim Rückmarsch auf Grund geratenes Boot wird nach Abbergen der Besatzung von einem der Deckungs-Zerstörer in Brand geschossen.

Ab Anfang Oktober werden die TKA vorherrschend für Kurierfahrten und zum Abtransport von Schlüsselpersonal verwandt. Dabei geht TKA-13 am 20. 10. bei Lavansaari durch Havarie sowie im weiteren Verlauf auch TKA-61 und -81 mit einigen weiteren Booten durch Luftstreitkräfte verloren. Im November setzte die beginnende Vereisung dem Einsatz der Boote ein Ende. Angeblich sollen noch zwei TKA beim Leuchtturm Schepel durch Eisgang zerstört worden sein.

Nach z. T. widersprüchlichen Frontberichten müssen, außer den genannten, im Jahre 1941 weitere Boote durch See- und Seeluftstreitkräfte, Minen (u. a. TKA-13, -52, -93, -123, MO-174, -196, -301, -305, -310, -311) und Selbstvernichtung bei der Räumung von Stützpunkten (u. a. TKA-14, -64, -154) verlorengegangen sein.

In der zweiten, noch kurz vor der Vereisung des Finnenbusens beginnenden, sich aber erst ab Frühjahr 1942 voll auswirkenden Phase wurden die teils in Leningrad und Kronstadt, teils auf den im inneren Finnenbusen gelegenen, von den Sowjets gehaltenen Inseln (Lavansaari, Seiskari usw.) stationierten TKA wiederum offensiv und defensiv eingesetzt. Offensive Einsätze waren

a) Angriffe auf deutsche Sicherungsstreitkräfte an den Sperren, um den Ausbruch russischer U-Boote in die freie Ostsee zu ermöglichen. Insgesamt liefen drei U-Bootwellen aus: Die erste mit 8 Booten vom 12. 6./8. 7. 1942, die zweite mit 9 Booten vom 9. 8./2. 9., die dritte mit 15 Booten vom 17. 9./20. 10. 1942.

b) In Zusammenarbeit mit Flugzeugen Legen kleinerer, verstreuter Minensperren an den Knotenpunkten der Schärenwege sowie an Schären- und Hafenausfahrten im Ostteil des Finnenbusens. Diese sollten einerseits direkte Schäden verursachen, andererseits aber auch feindliche Seestreitkräfte im Minenräumdienst binden, um diese so von den ausbrechenden U-Booten und ihren Sicherungsstreitkräften abzulenken.

c) Einsätze als Transport- und Sicherungsfahrzeuge bei den Kämpfen um die Inseln des inneren Finnenbusens.

Im Kern defensiv, z. T. aber auch ab 1943 zunehmend offensiv praktiziert durch Angriff auf die deutschen Sicherungsstreitkräfte, war der Einsatz zum Schutz an den deutschen Sperren arbeitender Minensuch- und rückwärtiger Versorgungsverbände.

Besonders bei den offensiven Unternehmungen stellte sich schnell heraus, daß die sowjetischen TKA den finnischen Schnellbooten — nach Abzug der deutschen Boote Ende 1941 bis Anfang 1944 den einzigen in diesem Raum vorhandenen! — durch ihre weit überlegene Geschwindigkeit ohne Schwierigkeiten ausweichen bzw. entkommen konnten. Die Zahl der Mitte 1942 einsatzklaren TKA im Finnenbusen betrug 46 Boote (s. Abschnitt 5.61).

Einige Daten der zweiten Phase:

Mitte Mai 1942 machten die ersten U-Boote nach dem Auftauen des Eises kurze Probefahrten zwischen Kronstadt und Lavansaari. Anfang Juni wurden die ersten einsatzklaren Boote nach Lavansaari vorgezogen. Am 12./13. 6. 1942 erfolgte der erste Durchbruchsversuch. In diesem Zusammenhang stießen am 12./13. und 13./14. 6. finnische Kanonen- und S-Boote und deutsche R-Boote auf leichte sowjetische Seestreitkräfte, die ein Wachboot verloren. Am 16. 6. wird ein TKA durch das finnische Kanonenboot „Hämeenmaa" versenkt.

Ab 23. 6. lief der zweite Durchbruchsversuch sowjetischer U-Boote an. Die TKA unterstützten ihn durch Angriffe auf deutsche U-Jäger bei Suursaari. Anfang Juli folgte die dritte Gruppe, Anfang August die erste U-Bootgruppe der zweiten Welle usf.

Am 8./9. 7. 1942 versuchten TKA und Wachboote auf Someri zu landen. Dabei werden 8 TKA und Wachboote durch finnische Küstenbatterien, 7 TKA und Wachboote durch die zu Hilfe eilenden finnischen Kanonenboote „Hämeenmaa" und „Uusimaa", durch Wachboote und leichte deutsche Seestreitkräfte, zwei weitere durch die finnische Luftwaffe versenkt. Zu den bei den Operationen zur Sicherung ein- und auslaufender U-Boote und beim mißlungenen Angriff gegen Someri verlorenen Fahrzeugen gehören TKA-13, -31, -42, -83, -101, -113, -123 und MO-201, -211, -212, -225, -301, -306, -308, -314. Bei den deutschen Sicherungsstreitkräften geht der U-Jäger „UJ 1216" durch ein TKA verloren.

„UJ 1206" und „UJ 1207" wurden am 1. 9. erfolglos von drei TKA angegriffen. Dagegen gelingt es der 3. M-Flottille vierzehn Tage später, eins von drei angreifenden TKA abzuschießen und Teile der Besatzung zu retten. Am 20. 9. 1942 läuft ein TKA nördlich Vigrund auf Grund. Nach vergeblichen Bergeversuchen und Aufnehmen der Besatzung wird das Boot von russischen Jagdbombern mittels Bomben und Bordwaffen zerstört.

Mit der Rückkehr der letzten U-Boote und der Vereisung des Finnenbusens enden die Einsätze des Jahres 1942.

Nachdem alle vorhandenen Fahrzeuge während der Eisperiode überholt und neue Fahrzeuge herangeführt worden waren, wiederholten die Russen 1943 mit verbesserter Taktik und wesentlich verstärkter Luftwaffe (erstmals auch Einsatz von Flugzeugen aus US-Lieferungen!) die Operationen des Jahres 1942. Neben den bekannten Angriffen auf deutsch-finnische Sicherungsverbände beim Herausbringen von U-Booten und beim Arbeiten von Minenräumverbänden an den Sperren wurden die TKA in verstärktem Maße zu offensiven Mineneinsätzen verwandt. Meister (107) formulierte: „Die sowjetischen MTB . . . entwickelten im Seegebiet bis zu den deutsch-finnischen Sperren bei Tag und Nacht eine rege Tätigkeit (S. 73).“ Obwohl das Jahr 1943 im Finnenbusen durch zunehmende taktische Erfahrungen der sowjetischen Seestreitkräfte und permanent wachsende Überlegenheit der sowjetischen Luftwaffe gekennzeichnet war, blieben die Seekriegserfolge auf beiden Seiten gering. Einige Daten:

Am 24. 5. 1943 werden bei einem Gefecht zwischen TKA und finnischen VMV-Booten zwei sowjetische Boote versenkt und „VMV 17“ beschädigt. Am 21. 7. bekämpfen sich 6 TKA und 4 finnische MTB ergebnislos. Am 23. 8. versenken 3 TKA den finnischen Minenleger „Riilathi“. Vom September bis zum November finden mehrere, z. T. mit Flugzeugen kombinierte TKA-Angriffe auf Boote der zur Sperrsicherung gehörenden 3. M-Flottille statt. Dabei versenkt „M 22“ am 14. 9. ein TKA, am 23. 10. gehen weitere 2 TKA und 1 Räumboot verloren. Am 1. 11. greifen neun TKA und Motor-Kanonenboote in der Narwa-Bucht in ein Gefecht zwischen Booten der 3. M-Flottille und einem sowjetischen Räumverband ein, wobei 2 TKA und 1 Räumboot verloren gehen. Am 30. 11. gehen unter ähnlichen Umständen zwei von elf TKA verloren.

Die dritte Phase beginnt mit dem Sprengen des deutschen Belagerungsringes um Leningrad ab Januar 1944. Da der Winter 1943/44 relativ milde war und nur der innerste Bereich des Finnenbusens zwischen Leningrad und Suursaari zufror, konnten leichte Seestreitkräfte schon frühzeitig in die Landkämpfe eingreifen. Primäre TKA-Einsätze richteten sich zunächst wieder gegen die deutsch-finnischen Sicherungsstreitkräfte an den Sperren. Nach dem Vordringen der russischen Landstreitkräfte im Bereich des Finnenbusens, dem finnischen Waffenstillstand am 4. 9. 1944 und dem Durchbruch der Russen an die Kurlandküste mußte der Finnenbusen dann von den deutschen Streitkräften geräumt werden. Der Sowjetmarine stand die Ostsee wieder offen! Besonders die schnellen Kleinboots-Verbände wuren von den Russen sofort nachgezogen, sobald frontnahe Stützpunkte erobert waren. Die TKA-, Kanonenboot- und Wachbootverbände folgten dem Vormarsch der Roten Armee über See, um deren Flanken zu sichern. Über die baltischen Inseln, die Kurland- und Ostpreußenküste marschierten die Spitzenverbände bis nach Kolberg. Sie griffen Nachschub- und Räumungsgeleite und deren Sicherungsstreitkräfte an, sie führten offensive Minen- und kleinere Landungsunternehmen aus. Einige Daten: Am 13./14. 5. 1944 versenkt die in den Ostraum verlegte 1. S-Flottille bei Lavansaari ein Wachboot. Am 22. 5. werfen 5 TKA Minen zwischen Hochland und Luppi. Dabei geht ein Boot durch Minentreffer / -detonation verloren. Am 28. 5. treten zwei, offensichtlich per Bahn nach Gedow herangeführte TKA erstmals südlich der Narwa auf. Zwei Tage später greifen 5 TKA ergebnislos Boote der Narwa-Bewachung (3. M-Flottille) an. Am 4. 6. versenkt „M 37“ eines von vier TKA. Einen Tag später gelingt es „M 37“ und „M 39“, eins von acht TKA zu versenken und 8 Mann zu retten. Beim zweiten Angriff gehen „M 37“ nach Minentreffer und ein weiteres TKA verloren. Am 8./9. 6. versenkt die 3. M-Flottille erneut zwei von fünf anlaufenden TKA. Am 14. 6. verläuft ein Gefecht zwischen finnischen MTB und TKA bei Gregora ergebnislos. Drei Tage später gelingt es der 2. finnischen VMV-Flottille nördlich Halli, eines von vier TKA zu beschädigen. Nach Abbergen der Besatzung durch die Russen können die Finnen das Boot einschleppen und später reaktivieren. Am 19. 6. versenkt die 3. M-Flottille erneut ein TKA. Ende Juni/Anfang Juli häufen sich die Gefechte: Am 20./21. 6. versenkt ein TKA unter Lt. K. A. Schliss das Flottentorpedoboot „T 31", während andere beim Sichten von „M 29" und „Nettelbeck" abdrehen und ein Gefecht zwischen TKA und vier Artilleriefähren ergebnislos verläuft. Am 21. 6. werden deutsch-finnische leichte Seestreitkräfte gegen sowjetische Landungen auf den Inseln des Björko-Archipels bei Koivisto eingesetzt. Nach Verlust des finnischen MTB „Taisto I" und Beschädigung weiterer Fahrzeuge werden die Inseln in den folgenden Tagen geräumt. Dabei müssen finnische MTB und MGB mehrfach TKA von den Räumungstranporten abdrängen.

Während einige Angriffe auf Fahrzeuge der 3. M-Flottille im Zeitraum vom 22./26. 6. scheitern, gelingt es vier M-Booten und vier finnischen MTB am 30. 6./1. 7. bei Halli, beim Legen einer Minensperre vor der Vyborg-Bucht, eines von acht TKA in Brand zu schießen und 4 Mann zu retten. Am 4./5. 7. finden mehrfach Kämpfe zwischen TKA und deutsch-finnischen Seestreitkräften im Rahmen der russischen Landungen auf Teikari und Melansaari (Vyborg-Bucht) statt. Am 14. und 31. 7. greifen TKA erfolglos im Finnenbusen operierende deutsche U-Boote (u. a. U 679) an. Am 2. 8. machen 6 TKA einen Minenvorstoß bis 2,5 sm südlich Kiuskeri.

Vom 4./23. 9. werden TKA, BKA, Küstenwachkutter und erstmals auch Panzerkutter mit „Katjuscha"-Flugkörpern zur Unterstützung der Heeresoperationen eingesetzt. Nach jahrelangen Versuchen im Leningrader Laboratorium für Gasdynamik und später im wissenschaftlichen Forschungsinstitut für Rückstoßantrieb hatten die Russen 1938 eine Luft-Luft-Feststoff-Rakete einsatzbereit. Die erfolgreiche Erprobung dieses Waffensystems im August 1939 am Chalchin-Golf gegen japanische Flugzeuge (angeblich 17 Abschüsse!) beschleunigte die Bemühungen, auch Boden-Boden-Raketen zu entwickeln. 1940 war die erste Land-„Katjuscha"-Batterie (Radfahrzeuge mit 16fach-Werfer, Kaliber 132 mm, Geschoßgewicht 42 kg, Reichweite 8500 m, alle 16 Raketen innerhalb von 7—8 sec abgefeuert) fertig. Nach dem Typ BM-13 mit 16 Raketen wurden die Typen BM-8 mit 36, BM-8-48 mit 48 und BM-8-24 mit 24 Leitschienen entwickelt und teils auf Radfahrzeugen, teils auf das Fahrgestell des leichten Panzers T 60 montiert. Sie spielten bei den Landkämpfen im Osten eine erhebliche Rolle. Die auf den Panzer-Motorbooten montierten „See-Katjuscha" wurden ab 1942 eine bewährte Waffe zur Unterstützung von Landungsoperationen und in Küstennähe vorgehender Heeresverbände.

Ab 20. 9. wurden in schneller Folge zunächst kleinere, später größere Landungsverbände des Heeres zur Besetzung von Inseln und Küstenorten durch TKA, BKA usw. antransportiert und ausgeschifft: am 20. 9. auf Groß-Tütters, am 21. 9. im Hafen von Kunda, am 22. 9. im Hafen von Loksa, am 23. 9. im Hafen von Reval, am 24. 9. im Hafen von Baltischport, am 27. 9. auf Worms. Ende September wurden zur Besetzung der Baltischen Inseln 55 TKA, 13 Küstenschutz-, 13 Räumkutter und 8 BKA bereitgestellt. Am 29. 9. laden TKA Truppen an der Pier von Kuivista (Insel Moon) und am 2. 10. im Hafen von Helterma (Insel Dagö) aus. Am 5. 10. landen sowjetische Truppen mit Hilfe und unter dem Schutz von TKA und BKA auf Ösel. Sie unterstützen die dort eingesetzten Heerestruppen auch im weiteren Verlauf der Kämpfe durch Heranschaffen von Versorgungsgütern und Anlanden an frontnahen Küstenpunkten. Am 9. 10. werden weitere TKA und BKA zur Unterstützung der Kämpfe um die Halbinsel Sworbe nach Virtsu vorgezogen. Im Rahmen dieser Unternehmungen schießt „M 328" vor Ösel ein Panzerkanonenboot in Brand. Als am 18. 11. der Großangriff sowjetischer Truppen auf der Halbinsel Sworbe beginnt, greifen BKA laufend in die Kämpfe ein, führen TKA und BKA eine Unterstützungslandung bei Vintri durch und werfen 5 TKA Minen vor dem Hafen von Mentu auf Sworbe. Am 19. 11. versenkt

„M 460" ein TKA. Am 21. 11. setzt die Räumung Ösels durch die deutschen Streitkräfte ein. Dabei jagt „M 328" westlich Sworbe ein brennendes TKA auf Strand. Einen Tag später, am 22. 11., versenkt „M 203" eines von 12 angreifenden TKA.

Am 28. 1. 1945 wird Memel, am 4. 2. 1945 Cranz durch sowjetische Truppen erobert. Beide Häfen werden umgehend als Stützpunkte für TKA und BKA hergerichtet (1. Rotbanner-TKA-Brigade), um die Ostpreußen- und Kurlandküste zu blokkieren. Im Frühjahr 1945 häufen sich die TKA-Einsätze in diesem Bereich. Der Schwerpunkt der Angriffe konzentiert sich auf Libau und Windau. Im Verlauf zahlreicher Gefechtsberührungen mit deutschen Seestreitkräften werden am 27./28. 3. 1945 TKA-166, -181 und -199 nach zweistündigem Gefecht durch die 1. S-Flottille versenkt und ein weiteres Boot geentert. Neun Gefangene, darunter der Chef der 2. TKA-Division, werden gerettet.

Anfang April operieren die ersten TKA im Seegebiet vor Pillau. Andere werden an dem deutschen Brückenkopf vorbei nach Adlershorst und Neufahrwasser (Danziger Bucht) verlegt. Am 10. 4. versenken TKA vor Danzig den Frachter „Neuwerk" (804 BRT) und werden 2 TKA vor der ostpreußischen Küste (Kahlberg) von MFP versenkt. Vom 13./17. 4. unterstützen BKA im Bereich des Königsberger Seekanals und im Frischen Haff die Heeresoperationen. Am 15. 4. wird der Zerstörer „Z 34" vor Hela durch TKA torpediert, kann aber eingeschleppt werden. Am 21. 4. greifen 3 TKA ein Geleit vor Neufahrwasser an, am 25. 4. landen sie Truppen an der Westseite der Frischen Nehrung, am 28. 4. muß der von TKA torpedierte Dampfer „Emely Sauber" auf Grund gesetzt werden. Am 7. 5. versenkt die 5. S-Flottille 1 TKA vor Rönne (Bornholm) und macht 8 Gefangene. Am 9. 5. 1945 erfolgt — noch nach dem Waffenstillstand — der letzte TKA-Einsatz des Krieges im Ostseeraum gegen das vor Rönne in einem Geleit nach Westen laufende Führerschiff „Rugard".

b) Nordmeer

Bei Kriegsausbruch standen der sowjetischen Nordmeer-Flotte nur zwei Boote des Typs „G 5",

TKA-11 und -12, zur Verfügung, weil man annahm, daß die kleinen, schnellen Boote für diese rauhen Gewässer nur wenig geeignet seien. Am 1. 8. 1941 trafen aus Leningrad vier neue „D-3"-Boote (TKA-13 bis -16) ein. 1942 folgten zwei (TKA-21 und -22), 1943 zehn (TKA-111 bis -116, TKA-121 bis -124) und 1944 zwei weitere Boote (TKA-125 und -126). Einige dieser russischen Neubauten waren aus Mitteln gebaut worden, die die Bevölkerung gesammelt hatte. Sie erhielten neben ihrer taktischen Nummer Namen wie „Dserzinsk", „Severomorec", „Geroj Sovetskogo Sojuza Sivko", „Geroj Sovetskogo Sojuza Boris Safonov" usw.

Im Februar 1943 wurden die ersten 5 US-PT-Boote für die Nordflotte geliefert, von denen jedoch bereits zwei auf dem durch „U 405" torpedierten Transporter verloren gingen. Sie erhielten die Bezeichnungen TKA-201 usf. Von November 1943 bis März 1944 folgten 43 US-Boote, weitere sechs trafen bis zum Herbst 1944 ein. Von diesen Booten wurden Ende 1944 je zwölf in die Ostsee und zum Schwarzen Meer verlegt. Als Ersatz lieferten die Amerikaner Anfang 1945 noch einmal 24 Boote, die aber erst nach Kriegsende im Nordmeer eintrafen. Erste Aktivitäten der TKA fanden bereits 1941 statt: Am 12. 9. operierten TKA-11 und -12 erfolglos von ihrem in der Pummanski-Bucht (Fischer-Halbinsel) liegenden Stützpunkt gegen einen Geleitzug vor dem Petsamo-Fjord. Am 15. 9. versenkten TKA-13, -14 und -15 den norwegischen Dampfer „Renöy" (287 BRT), am 6. 10. TKA-12 vor Kirkenes den norwegischen Kutter „Björnungen" (163 BRT).

Vom Winter 1941 bis zum Herbst 1943, dem Zeitpunkt der erheblichen zahlenmäßigen Verstärkung des Nordmeer-TKA-Verbandes, herrschte dann weitgehende, offensichtlich der taktischen Schulung dienende Ruhe. Angeblich sollen zwei TKA am 25. 4. 1942 bei Komagnas irrtümlich das eigene U-Boot „SC 401" versenkt haben.

Ab Herbst 1943, mit dem Zulauf neuer Boote aus eigener Fertigung und amerikanischen Lend-Lease-Lieferungen, entwickelten die TKA, in enger Zusammenarbeit mit der Luftwaffe, eine schnell zunehmende Aktivität gegen die deutschen Transport- und Nachschubverbände. Da die relativ kleinen und nicht übermäßig seetüchtigen Boote selbst westlich der Fischer-Halbinsel bis nach Nordkyn usw. operierten, erscheint es nicht ausgeschlossen, daß die Russen geheime Stützpunkte an der norwegischen Küste eingerichtet hatten bzw. einzelne Einsatzverbände auch von U-Booten mit Brennstoff versorgen ließen. Die Einsätze des Jahres 1943 konzentrierten sich auf Minenlegen und Angriffe auf Geleitzüge. TKA legten in mehreren Unternehmungen Minen im Varangerfjord nördlich Vardö bis zum Petsamo-Fjord. Auf einer dieser Sperren sank am 14. 4. 1943 der Schlepper „Pasvik". TKA-Angriffe auf deutsche Geleitzüge und Schiffe zwischen Vardö, Kirkenes und Petsamo fanden am 7. 4., 18. 4., 20. 7., 15. 9., 20/21. 9., 12. 12. und 22./23. 12. statt. Dabei gehen auf deutscher Seite der Frachter „Antje Fritzen" (4330 BRT) und das Vorpostenboot „V 6106", auf russischer Seite 6 TKA verloren.

Im Jahre 1944 nahmen die Aktivitäten weiter zu: Am 18. 1. dringen TKA, ohne Ziele zu finden, in den Boek-Fjord, die Zufahrt zu Kirkenes, ein. Am 10. und 14. 3. werden aus der Pummanski-Bucht ausgelaufene TKA von deutschen Geleiten abgedrängt. Am 24. 3. schießen sie bei Makkaur zwei Torpedos auf das Wrack des gestrandeten Frachters „Natal". Am 7. 4. weist ein Geleit bei Penravnono (Petsamo) zwei angreifende TKA ab. Am nächsten Tag versenkt der U-Jäger „UJ 1219" eines von vier TKA und bringt zwei Gefangene ein. Nachdem TKA am 10. 4. vor Kirkenes dem Dampfer „Stör" versenkt haben und am 22., 29. und 30. 4. erfolglose Gefechte mit deutschen Sicherungsverbänden geführt hatten, wurde am 2. 5. im Varangerfjord ein, allerdings erfolglos verlaufender, Großeinsatz deutscher Kriegsschiffe und Flugzeuge gegen die verstreut operierenden sowjetischen Schnellboote durchgeführt. Während es den Vorpostenbooten „V 6107" und „V 6108" am 8. 5. gelingt, eines von drei angreifenden TKA zu versenken und ein weiteres zu beschädigen, wird der norwegische Routenkutter „Moder II" kurz darauf bei Kiberg versenkt. Am 28. 6. geht der deutsche Frachter

„Nerissa" bei einer kombinierten Operation von 3 TKA, Flugzeugen und Küstenbatterien auf der Fischer-Halbinsel verloren. Am 15. 7. verlieren die Sowjets bei zwei Angriffen auf deutsche Geleite bei Skallnesel und im Varangerfjord drei Schnellboote, darunter TKA-239: „M 251" versenkt 2 Boote und bringt 7 Gefangene ein, „UJ 1211" versenkt 1 Boot und rettet 2 Mann.

Am 18./19. 8. 1944 gehen bei einem Großangriff von 15 TKA auf ein Geleit von 26 Schiffen vor Vardö der Frachter „Colmar" (3946 BRT), das Vorpostenboot „V 6102" und 3 TKA verloren. Acht Russen werden gefangen genommen. Am 14. 9. greifen 8 TKA und IL-2-Schlachtflugzeuge ein westgehendes deutsches Petsamo-Geleit am Ausgang des Bökfjordes an. Auf deutscher Seite geht der U-Jäger „UJ 1224", auf russischer 1 TKA verloren. Elf Überlebende werden gerettet. Am 24./25. 9. greifen 9 TKA und Schlachtflugzeuge erneut ein deutsches Geleit bei Ekkerog an. Sicherungsstreitkräfte schießen ein Boot ab.

Im Oktober werden einerseits die Angriffe auf die Geleite fortgesetzt, erstmals aber auch Landungsoperationen durchgeführt: Am 10. 10. landen TKA und U-Jäger die verstärkte 61. Marine-Infanteriebrigade am Südufer der Malaya-Wolokowa-Bucht (Strednij-Landenge) zum Vorstoß in Richtung Petsamo. Am 12./13. 10. landen sie 600 Mann im Hafen von Petsamo selbst. Am 24. 10. schiffen 12 TKA und 3 U-Jäger 2 Bataillone Marine-Infanterie im Holmengrofjord (Kirkenes) aus. Beim Kampf um die Geleitzüge versenken Boote der 21. R-Flottille am 11. 10. zwei in Lauerstellung liegende TKA. Am 12. 10. schießt „M 303" bei der Sicherung eines ostgehenden Geleits bei Kap Komagnes eines von sechs angreifenden TKA ab. Am 14. und 16. 10. greifen TKA erfolglos den Stützpunkt Jakobselv und ein Geleit bei Havnings an. Am 16. 10. erhält „R 301" bei der Sicherung eines westgehenden Geleits gegen Schnellboot- und Schlachtfliegerangriffe einen Flugzeug-Torpedotreffer und geht verloren. Vier Tage später erhält „R 311" einen TKA-Torpedo-Blindgänger im Vorschiff und kann eingebracht werden. Am 21. 10. geht „M 31" vor

Honningsvaag bei TKA-Angriffen auf ein West-geleit durch Torpedotreffer verloren.

Ab Herbst 1944 nahm die Intensität der sowjetischen Schnellboot- und Luftangriffe im Nordraum derart zu, daß die Rückführung und Versorgung der in Nordskandinavien stehenden deutschen Truppen teilweise ernsthaft behindert wurde. Selbst die wenigen im Nordraum vorhandenen, wertvollen Zerstörer der 4. Z-Flottille wurden mehrfach zur Jagd auf und zur Sicherung gegen die lästigen TKA-Verbände eingesetzt. Vorteilhaft für die deutsche Abwehr war der häufige Selbstverrat der russischen TKA-Verbände durch den meist sehr intensiven Sprechfunkverkehr mit den Aufklärungs- und Schlachtflugzeugen. Hervorhebenswert ist, daß der Torpedokutter-Brigade der Nordflotte in Anerkennung ihrer Leistungen am 7. 9. 1944 der Rotbanner-Orden und am 3. 11. 1944 der Ushakov-Orden verliehen wurde. Korvettenkapitän A. O. Schabalin, der Kommandant von TKA-12, einem der beiden ersten, bei Kriegsausbruch im Nordmeer vorhandenen Boote, und späterer TKA-Chef im Nordmeer, erhielt zweimal den Titel „Held der Sowjet-Union".

c) **Schwarzes Meer**

Im Schwarzen Meer lagen bei Kriegsbeginn 2 TKA-Brigaden mit rd. 70 Booten. Etwa ein Dutzend weiterer Boote diente Versuchs- und Ausbildungszwecken. Sie wurden nach Ausbruch der Feindseligkeiten den beiden Einsatzverbänden unterstellt. In den ersten Kriegsmonaten, während der großen Rückzüge der sowjetischen Heerestruppen, verhielt sich auch die zahlenmäßig starke Schwarzmeerflotte, schon mangels entsprechender Gegner zur See, zurückhaltend. Sie wurde vorherrschend zur Unterstützung der Heeresoperationen und zur Versorgung und späteren Räumung von Stützpunkten, Häfen usw. benutzt. So wurde am 6. 8. 1941 ein Sonderverband zur Verteidigung Odessas (Schiffsabteilung des Nordwestbereichs) gegründet, dem neben größeren Fahrzeugen die 4. Division (TKA-14 bis -184) und die 5. Division (TKA-15 bis -185) der 2. TKA-Brigade zugeteilt wurden. Der Verband hatte mit Feuerunter-

stützung, entlastenden Landungen, und vor allem durch das Sicherstellen der Versorgung, entscheidenden Anteil an der langen Behauptung der eingeschlossenen, im gegnerischen Hinterland liegenden Stadt. Er führte auch die vom 1.–16. Oktober 1941 in drei größeren Schüben vorgenommene Räumung durch und schaffte die kampferprobten Heerestruppen gerade rechtzeitig zur Verteidigung der bedrohten Krim heran.

Im Zusammenhang mit der Verteidigung Sewastopols entwickelte die Schwarzmeerflotte beträchtliche und verlustreiche Aktivitäten. Diese erstreckten sich einerseits auf Feuerunterstützung, Versorgungsfahrten, Abtransport von Verwundeten, andererseits auf entlastende Landungs- und Kommando-Unternehmen, an denen TKA und SKA nicht unerheblichen Anteil hatten. So u. a. am 5./6. und 15./16. 12. 1941 bei Eupatoria, am 25./26. 12. gleichzeitig bei Kap Chroni, Tarchan, Nowy Swet, Kamisch-Burun, Jenikale, Marmaroskaja und Tschegeni, am 29. 12. bei Feodosia (Verlust SKA-063 und -131), am 5. 1. 1942 bei Eupatoria (dabei 1 TKA gestrandet und in deutsche Hand gefallen), am 26. 1. bei Balaklawa usw. (142). Im Laufe der Beseitigung dieser russischen Anlandungen an der Krimküste, die Sewastopol nicht unwesentlich entlasteten, besonders gegen Ende dieser Kämpfe im Mai 1942, bemühten sich vor allem die Kleinbootsverbände trotz heftiger Artillerie- und Luftwaffenbekämpfung immer wieder, an der Küste zusammengedrängte Truppenreste zu bergen und zurückzuführen.

Am 18. 6. 1942 versenkten TKA im Hafen von Jalta das italienische Klein-U-Boot „CB 5".

Während der Schlußkämpfe um Sewastopol, die auf See durch zwischenzeitlich herangeführte deutsche und italienische S-Boots- und Kleinkampfverbände unterstützt wurden (s. Abschnitte 5.322 und 5.522), leisteten alle Einheiten der sowjetischen Schwarzmeerflotte Beachtliches. Noch nach dem Fall der Festung am 1. 7. 1942 konnten TKA, SKA usw. Truppen von der Halbinsel Chersones und anderen Küstenpunkten bergen. Dabei wurden TKA-73 und -83 von deutschen S-Booten und italienischen MAS ver-

Abb. 185
Deutsches Halbtauch-Versuchs-
Schnellboot „VS 5"

Abb. 186
Deutsches Tragflügelboot „VS 6"

Abb. 187
Deutsches Tragflügelboot „VS 7"
(1. Ausführung)

Abb. 188
Deutsches Tragflügelboot „VS 7"
(2. Ausführung)

Abb. 189
Deutsches Tragflügelboot „VS 8"

Abb. 190
Deutsches Tragflügelboot „VS 8"

Abb. 191
Tragflügelboot System Wendel 1952

senkt. Unter den Gefangenen befanden sich ein General und ein Kreuzerkommandant.

Im Sommer 1942 waren die sowjetischen Schnellbootverbände im Rahmen der Kämpfe um die Straße von Kertsch, die Taman-Halbinsel und die Küsten des Asowschen Meers stark engagiert. Wieder führten sie in engster Zusammenarbeit mit den Heeresverbänden Feuerunterstützung im Küstenbereich sowie An- und Ablandungen von Truppen und Sabotagetrupps aus. Bei Kämpfen mit den inzwischen durch Heranbringen von S-, R- und U-Booten, Fährprähmen usw. erheblich verstärkten leichten deutsch-italienischen Seestreitkräften und durch die Luftwaffe wurden mehrere Boote versenkt, andere, nicht fahrbereite, und die im Asowschen Meer eingeschlossenen Boote versenkten sich — soweit sie nicht durch die Straße von Kertsch in das Schwarze Meer durchbrachen — vor Übergabe der Stützpunkte. Zur Abwehr von Landeunternehmungen im Bereich der Halbinsel Taman usw. legten Torpedo-, Wach- und Räumkutter defensive Sperren im Raum von Jejsk, Achtari, in der Taganrog- und Temrjukbucht und westlich der Tschuschka-Landzunge. Offensive Sperren wurden an den Zufahrten nach Mariupol und Taganrog und vor der Nord- und Ostküste der Halbinsel Kertsch gelegt. Im Rahmen dieser Kämpfe versenkten zwei TKA in der Bucht von Iwan-Baba den Fährprahm „F 334". Dabei wurden erstmals in diesem Raum Raketenwerfer vom Typ „Katjuscha" eingesetzt. Nachdem deutsch-rumänische Verbände am 2. 9. auf der Taman-Halbinsel gelandet waren, wurden die sowjetischen Streitkräfte am 3./4. 9., unter erheblichen Verlusten durch Angriffe der 1. S-Flottille, von der Südküste nach Noworossisk evakuiert.

Am 31. 8. wurde Anapa erobert, am 7. 9. gelang es deutschen Truppen, trotz kräftigen Einsatzes von Teilen der Schwarzmeerflotte, nach Noworossisk durchzubrechen. Von Mitte bis Ende Oktober waren Kreuzer, Zerstörer und Kleinbootsverbände der Schwarzmeerflotte dann intensiv mit dem Transport von Verstärkungen und Nachschub von Poti nach Tuapse beschäftigt, um einen Durchbruch der deutschen Heeresverbände vom Landesinnern zum Meer zu verhindern. Bis zum Winter 1943 fanden praktisch ununterbrochen vom Stützpunkt Gelendshik aus Einsätze der beiden, von den Fregattenkapitänen Filipow und Sawin geführten, TKA-Brigaden gegen den Seeverkehr sowie Hafen- und Küstenanlagen der Räume Anapa-Noworossiksk und Feodosia statt. Größere Erfolge wurden gegenüber der Abwehr durch Luftwaffe und leichte deutsch-italienische Seestreitkräfte nicht erzielt. Eine Anzahl von Booten ging verloren, so u. a. im September 1942 TKA-33 bei Anapa, am 4. 2. 1943 TKA-051 durch Minentreffer bei Kap Myshako. Von zwei im Dezember 1942 und März 1943 bei Anapa beschädigt auf Grund geratenen TKA konnten Gefangene, Seekarten usw. geborgen werden.

Anfang 1943, nach Abschluß der Schlacht um Stalingrad, begann die Gegenoffensive der Russen. Anfang Februar 1943 gelingt es sowjetischen Kleinbootsverbänden, unterstützt von schweren Seestreitkräften, im Raum von Stanishka-Myshako einen Landekopf zu bilden und trotz erheblicher Verluste (u. a. TKA-124, -125, SKA-025, -032, -041, -083) bis zum Rückzug der deutschen Truppen zu halten. Am 10., 11. und 12. 3. 1943 dringen TKA in die Kertsch-Straße bis in die Bucht von Kamysch-Burun vor. Abgeschossene Torpedos laufen auf den Strand. Im Frühjahr 1943 gewinnen die Russen mit der Rücknahme der deutschen Truppen auf Rostow und den Kuban-Brückenkopf die Ostküste des Asow'schen Meeres zurück. Über den Don und durch Landtransport selbst vom Ladoga-See herangebrachte Panzerkanonenboote und Kanonenboote bildeten die am 23. 2. 1943 neu formierte Asow-Flottille, die von Mai bis Oktober 1943 eine beachtliche Aktivität entfaltete und bei wachsender Luftüberlegenheit die russischen Heeresoperationn durch zahlreiche Kommando- und Landungsunternehmen unterstützte. Der von Frühjahr bis Sommer 1943 laufende, außerordentlich rege, meist kaum gesicherte deutsche Nachschubverkehr für den Kuban-Brückenkopf und auf der Strecke Kertsch-Anapa wurde vorherrschend von der russischen Luftwaffe gestört.

Einige TKA-Angriffe wurden ohne Schwung angesetzt und endeten mit dem Verlust mehrerer Boote.

Am 10. 9. 1943 führte ein aus Gelendshik ausgelaufener, nur aus kleinen Booten bestehender Verband ein Landungsunternehmen gegen den Hafen von Noworossisk durch: Drei TKA-Gruppen der 2. Brigade mit 7, 13 und 6 Booten sollten deutsche Stützpunkte, Molen und Landeplätze neutralisieren, damit drei auf 124 Wachbooten, Motorbooten und Barkassen eingeschiffte Heeresverbände angelandet werden können. Bei dem aufwendigen, aber erfolgreichen Unternehmen gehen nach russischen Angaben 5 SKA, 8 Motorbarkassen und 2 Minenräumboote verloren, andere werden beschädigt.

In der Nacht zum 15. 9. lief die Räumung der Taman-Halbinsel (Kuban-Brückenkopf) durch die deutschen Truppen an. Sie verlief trotz Einsatzes sowjetischer Kleinbootsverbände und einiger überholender Landungen weitgehend planmäßig. Ende Oktober 1943 wurde die Krim von den Russen abgeschnitten, nachdem ein vom Oberbefehlshaber der dort stehenden 17. Armee rechtzeitig herausgegebener Räumungsbefehl von Hitler kurzfristig annulliert worden war. In der Folgezeit unternahmen leichte russische Seestreitkräfte mehrere Landungen an der Ost- und Südostküste der Krim. So am 21. 10. 1943 bei Kap Illy und am 1. 11. 1943 bei Jenikale und Eltingen. Im Rahmen der Bildung, der Blockierung und der Auflösung des bis zum 11. 12. 1943 gehaltenen russischen Brückenkopfes Eltingen konnten deutsche MFP, S- und R-Boote bei Verlust von 8 MFP nach russischer Darstellung 1 TKA, 9 SKA und 1 BKA, nach deutscher Darstellung 2 TKA, 8 BKA und eine größere Anzahl von Barkassen, Landungsbooten usw. vernichten. Dazu gehörten SKA-0105, -0135, -0158, -0178, -0192 und das am 4. 11. vor Kap Takil im Gefecht mit Booten der 1. S-Flottille versenkte TKA-101.

Im März 1944 hatten sowjetische Truppen die Dnjepr-Mündung mit Cherson erobert. Daraufhin entschloß sich die russische Marineleitung, 10 TKA vom Schnellboot-Stützpunkt Gelendshik (Kaukasusküste) um die deutsch-besetzte Krim-

küste herum nach Skadowsk in der Karnitzki-Bucht (Ukraine) zu verlegen, um die Eroberung von Ortschakow und Nikolajew zu unterstützen. Für die Verlegung Gelendshik-Skadowsk waren statt der Torpedos Reservetanks an Deck untergebracht worden, aus denen bei 20 kn Marschfahrt nach 10 Stunden Brennstoff in die Tanks umgepumpt werden mußte. Einige Boote gingen bei der Überführungsfahrt wegen Brennstoffmangel und Motorschaden verloren, ein weiteres versuchte infolge Navigationsfehler den noch von deutschen Truppen gehaltenen Hafen von Ak Metschet anzulaufen. Es wurde beschossen und gekapert (TKA-24 am 6. 3. 1944). Im April 1944 wurden noch einmal sechs Boote verlegt. Bemerkenswert ist, daß diese Boote kaum zum Einsatz gegen deutsche Räumungsverbände aus Nikolajew und Odessa bzw. gegen die deutsche Krim-Versorgung und -Räumung kamen, sondern fast ausschließlich zur Unterstützung von Heeresoperationen verwandt wurden. Der erste Einsatz erfolgte am 11. 4. mit TKA-14, -85, -94 und -104 sowie dem mit „Katjuscha"-Werfern ausgerüsteten TKA-86.

Während der Belagerung Sewastopols, von April bis Mai 1944, wurden sowjetische Schnellbootverbände in die kurz zuvor eroberten Stützpunkte an der Südküste der Krim nachgezogen und, teilweise mit „Katjuscha"Werfern bestückt, zur Unterstützung des Heeres verwandt. Die 1. TKA-Brigade verlegte mit 16 Booten von Anapa nach Jalta, die 2. TKA-Brigade nach Jewpatorija. Einziger belegter Erfolg gegen Schiffsziele vor Sewastopol ist die Torpedierung des U-Jägers „KT-UJ 104" am 27. 4., der jedoch nach Sewastopol eingeschleppt werden kann und erst am 9. 5. durch Luftangriff sinkt. Einer der letzten Schnellboot-Einsätze der Russen im Schwarzen Meer war der Angriff von vier aus Lend-Lease-Lieferungen der Amerikaner stammender Boote (TKA-221, -223, -227, -233) auf den Hafen von Konstanza am 22. 8. 1944. Sieben TKA-Offiziere der Schwarzmeer-Brigaden erhielten den Titel eines Helden der Sowjetunion.

d) **Fernost**

Am 9. 8. 1945, zum Zeitpunkt des Eingreifens der

Sowjetunion in den bereits seinem Ende zugehenden Pazifikkrieg, gehörten der sowjetischen Pazifikflotte 204 Torpedokutter und 49 U-Jäger an, von denen 45 TKA und 47 MO aus amerikanischen Lieferungen stammten. Weitere 12 TKA und MO trafen noch bis Anfang September 1945 ein. Von der Zahl her müssen 3—4 TKA-Brigaden existiert haben. Sicher ist nur die Zusammensetzung der 1. TKA-Brigade, die aus der 1. Division mit 19 Booten des Typs „G 5", der zweiten Division mit 18 und der 3. Division mit 16 Booten des Typs US PT bestand. Bis zum 18. 8., als die Pazifikflotte den Befehl zum Feuereinstellen erhielt, wurden nur wenige Angriffshandlungen unternommen, die auf keinen oder nur mäßigen japanischen Widerstand stießen. Unter weitgehender Nutzung von TKA der 1. Brigade, MO und Minensuchbooten wurden vom 9./14. 8. die an der nordostkoreanischen Küste liegenden Häfen von Juki, Rashin und Sejshin besetzt. Am 18. 8. folgten Odenzyn und Wonsan, am 21. 8. Gensan. Auf Südsachalin wurde Toro am 17. 8., Moaka am 20. 8. besetzt. Andere Verbände besetzten japanische Stützpunkte auf Inseln der nördlichen Kurilen.

e) Binnengewässer

Im Gegensatz zu den meisten anderen Marinen, die den Kampf auf den Binnengewässern meist Pionieren und mit schwimmendem Material versehenen Spezialverbänden des Heeres überließen, verwandten die Russen mit entsprechenden Fahrzeugen ausgerüstete, von Marinemannschaften gehandhabte Flottillen auf allen bedeutenden Flüssen und großen Seen. Auf den meisten Binnengewässern waren diese Verbände bereits im Frieden vorhanden. Auf Grund der Kriegserfahrungen entstanden 1942/43/44 spezielle, flachgehende, schnelle, gepanzerte und mit 7,6-cm-Geschützen bzw. Katjuscha-Werfern bewaffnete Motorkanonenboote (BKA), die den Kampfbedingungen dieser Gewässer optimal entsprachen und den meist nur ad hoc und mit Behelfsmitteln zusammengestellten Gegnerstreitkräften überlegen waren. Das gut ausgebaute und ineinandergreifende innerrussische Binnenwasser-Straßensystem ermöglichte es

schließlich, einzelne Verbände beim Fortschreiten der Kämpfe in andere Gewässer zu verlegen. Aus der Vielzahl der Einsätze russischer Marinestreitkräfte auf Binnengewässern sollen nur einige wichtige und die die hier behandelten Fahrzeuge betreffenden hervorgehoben werden. Hinsichtlich detaillierter Angaben s. Meister (107) und Piterskij (141).

Ladogasee 1941/44
Die sowjetische Ladogasee-Flottille umfaßte bei Kriegsbeginn 1941 ein Torpedoboot („Purga", Baujahr 1932, 740 t, 29 kn, 2 — 10-cm, 2 — 3,7-cm, 3 TR), drei Kanonenboote und etwa 20 Wachboote des Typs MO IV. Bis Ende 1942 kamen rd. 20 Wachboote des Typs MO II, 4 TKA, 2 BKA, eine Kanonenbootsdivision mit 5 aus Schalanden umgebauten, etwa den deutschen Artillerie-Fähren ähnlichen, und 2 kleineren Fahrzeugen sowie eine Vielzahl von Schleppern, Leichtern, Transportern, Motorbooten usw. hinzu. Das verlorengegangene Torpedoboot „Purga" wurde durch den „Konstruktor" ersetzt.

Trotz der gegenüber den finnisch-deutschen Verbänden und der vorübergehend dort eingesetzten italienischen MAS-Flottille erheblichen Überlegenheit verhielten sich die Russen recht passiv: 1941 primär Abtransport von den Finnen am Seeufer eingeschlossener Truppen, 1942/43 Sicherung des Nachschubverkehrs für Leningrad an der Südküste des Sees. Erst 1944, bei der Rückeroberung der von den Finnen gehaltenen Gebiete, führte die Flottille einige offensive Landungsunternehmen aus. Nach Meister (107) verloren die Sowjets auf dem See etwa 120 Fahrzeuge aller Art, darunter 1 Torpedo-, 6 Kanonen-, 5 Wach- und 2 Schnellboote (TKA-75 und -85). Die Masse der Verluste wurde von Flugzeugen verursacht. „MO-216" ging am 17. 11. 1941 durch Eispressung, „MO-175" am 9. 10. 1942 im Feuer deutscher Siebelfähren verloren.

Peipussee 1941/43
Die sowjetische Peipussee-Flottille umfaßte 1941 etwa 20 Boote, darunter zwei Schnellboote. Eines der Schnellboote wurde im Herbst 1941 von behelfsmäßig mit Panzerabwehr-Kanonen ausgerüsteten deutschen Motorbooten versenkt,

das zweite versenkte sich bei der Räumung des Sees selbst. 1943 wurden bei der Rücknahme der deutschen Front stärkere deutsche Marinestreitkräfte (Artillerieleichter, KM- und KS-Boote, Siebelfähren usw.) auf dem See aufgebaut, während die Russen mit dem Erreichen des Sees Schnell- und Panzermotorboote über Land heranführten. Trotz erheblicher Kräfteansammlung wurde jedoch bis zur Aufgabe des Sees durch die deutschen Truppen von beiden Seiten eine nur mäßige Aktivität entwickelt.

Onegasee 1941/44

1941 verhielten sich die Russen auf dem Onegasee sehr passiv. Auch die Finnen bauten ihre Onega-Flottille erst nach und nach aus Beutefahrzeugen (u. a. ein TKA und ein Panzermotorboot [VTV 1]) auf. Im Sommer 1942 begannen die Russen mit neu herangeschafften Panzer- und Motorkanonenbooten zunächst Küstenbeschießungen, 1943/44, nach Heranführen von insgesamt 10—20 Dampf- und Panzermotorkanonenbooten, Schleppern, Leichtern usw. zunehmend auch Minen- und Offensiveinsätze gegen die finnischen Versorgungsgeleite zu fahren.

Donau-Flottille

Die sowjetische Donau-Flottille bestand bei Kriegsausbruch aus einer Monitor-Division mit 5 Fluß-Monitoren, einer Panzerkutterdivision mit 22 BKA und einer Anzahl von Wach-, Räum- und Gleitbooten. Bei Gefechten mit der rumänischen Flußflottille und Heeresbatterien gingen BKA-114 am 9. 7., BKA-111 und -134 am 11. 7. sowie zwei weitere BKA verloren. Alle übrigen Fahrzeuge kämpften sich mit den weichenden Heeresverbänden zur Donau-Mündung zurück und konnten, von Einheiten der Schwarzmeerflotte aufgenommen, am 17. 10. Odessa erreichen. Vom 8./14. 8. waren Einheiten der Donau-Flottille beim Überschreiten des Bugs durch Teile der sowjetischen 9. und 18. Armee und an der Verteidigung Nikolajews beteiligt. Vom 15./31. 8. deckten sie im Raum Nikolajew-Cherson den Rückzug der sowjetischen Truppen hinter den Dnjepr. Bei den nachfolgenden Kämpfen im Raum der Dnjepr-Mündung gingen bis Mitte September mehrere Monitore und 6 BKA verloren. Ein wei

terer Monitor und 5 BKA mußten sich am 18. 9., nach dem Abschneiden von der Mündung, selbst versenken. Am 25. 9. 1941 verlegten die Reste der Flottille nach Sewastopol und weiter nach Kertsch, wo sie vom 20. 10. bis 16. 11. den Kampf sowjetischer Heeresverbände unterstützten. Nach Aufgabe der Halbinsel Kertsch wurde die Flottille am 20. 11. 1941 aufgelöst und die verbliebenen Fahrzeuge (u. a. 6 BKA) zur Verstärkung der Asow-Flottille abgestellt.

Am 13. 4. 1944 wieder aus der Asow-Flottille ausgegliedert und neu aufgestellt, bestand die neue, auf Odessa, Ortschakow und Cherson gestützte Flottille Anfang Juli 1944 aus einer Panzerkutterbrigade mit 22 BKA, 10 Halbgleitern, 10 Räumbooten und einer Fluß-Schiff-Brigade mit 1 Monitor, 14 BKA, 12 Granatwerferkuttern, 15 Halbgleitern und 22 Räumbooten. Trotz starker Verminung der Donau gelang es der durch weitere Zuweisungen und rumänische Beutefahrzeuge laufend verstärkten Flottille im Herbst 1944 und Frühjahr 1945, die Heeresoperationen im Bereich des Flusses und seiner Nebenarme durch Feuerunterstützung, Übersetzen von Truppen und Nachschubtransporte nachhaltig zu fördern und bei mäßigen Verlusten bis in den österreichischen Teil der Donau und nach Wien vorzudringen. Sie umfaßte zum Schluß neben Monitoren, Räumbooten, Fährprähmen usw. 34 große BKA, 23 kleine BKA und 23 Werferkutter.

Asow-Flottille

Die Asow-Flottille war erstmals Ende Dezember 1941 bei den Landungen auf der Halbinsel Kertsch und bei Feodosia beteiligt. Im Sommer 1942 bestand sie aus je einer Konenboots- und Wachbootsdivision, einer Minensuchgruppe, einer TKA-Abteilung mit drei und einer BKA-Abteilung mit sieben Booten. Unterstellt waren ferner a) die selbständige Don-Abteilung mit einer Fluß-Schiffgruppe (1 Monitor, 3 SKA und 4 BKA) und zwei Wachbootdivisionen (je 12 Halbgleiter), b) die Kubangruppe mit einer Wachkutterdivision (4 MO) und zwei Wachbootdivisionen (12 bzw. 9 Halbgleiter). Die Don-Abteilung verlor vom 25./29. 7. 1942 große Teile ihres Fahrzeugbestandes (u. a. je 3 SKA und BKA) bei der

Überführung der 56. Armee über den Don. Nach Einsätzen bei der Räumung von Häfen im Bereich des Asowschen Meeres und Beteiligung an den Kämpfen um Krasnodar und die Kuban-Übergänge gelingt es den Resten der Flottille, Ende August 1942 durch die Straße von Kertsch in das Schwarze Meer durchzubrechen. Die Flottille wurde aufgelöst und der Stab mit den noch vorhandenen Fahrzeugen in den Bereich des Noworossisker Küstenschutzes eingegliedert. Erst am 23. 2. 1943, nach der Rückzugsbewegung der deutschen Truppen, wird der Verband in Jejsk wieder aufgestellt. Am 22./25. 5. 1943 trafen die ersten bei Astrachan an der Wolga gebauten und mit der Bahn überführten BKA ein und nach und nach wurden drei Divisionen mit je vier Rotten zu je vier BKA aufgestellt. Zwei Räumbootgruppen und 4 SKA vervollständigen den Verband, der am 17./18. 8. 1943 im Gefecht mit deutschen Artillerieträgern BKA-123 und -133, am 30. 8. bei einem Landungsunternehmen westlich Taganrog BKA-112 und -122 verliert. Weitere Landungsunternehmen werden im September 1943 an der Nordküste des Asowschen Meeres durchgeführt.

Fluß-Flottillen

Neben den bereits genannten operierten mehrere Fluß-Flottillen auf Don, Wolga, Dnjepr usw., die außer Monitoren, Räum- und Hilfsfahrzeugen vorherrschend mit den bewährten BKA ausgerüstet wurden. Bezüglich ihrer vielfältigen Einsätze s. besonders Meister (107) und Piterskij (141).

Eine kritische Endwertung der schwerpunktmäßig nach den Quellen (107), (120) und (141) zusammengestellten, bewußt etwas eingehender behandelten Einsätze der sowjetischen Schnellbootverbände in Ostsee, Schwarzmeer, Nordmeer, Fernost und auf den Binnengewässern läßt deutlich das damalige russische Verständnis der Seestreitkräfte als Seeflankenschutz und Hilfswaffe für das Heer erkennen. Besonders im Schwarzen Meer, in der ersten Phase des Ostsee-Einsatzes und auf den Binnengewässern wurden diese Unterstützungsaufgaben für das Heer so bestimmend, daß für die Schnellbooten

an sich eigentümlichen Offensivaufgaben gegen feindliche Seestreitkräfte kaum Raum blieb. Meister (107) charakterisierte es treffend: „Die sowjetischen Kleinfahrzeuge ... haben sich bei allen Operationen voll eingesetzt. Da sie gleichzeitig Kampf- und Transportaufgaben durchführen mußten, befanden sie sich den deutschen Seestreitkräften gegenüber oft in einer taktisch von vornherein ungünstigen Lage (S. 273/274)."
Nur so ist es schließlich zu erklären, daß die zahlenmäßig so beachtlichen, trotz ihrer geringen Größe technisch sehr bemerkenswerten und einsatzfreudigen sowjetischen Schnellboote per saldo im Kriege nicht jene Erfolge aufweisen konnten, die man allein von der Anzahl her hätte erwarten sollen.

Darüber hinaus zeigte sich im Nordmeer und dort, wo die Boote tatsächlich typgemäß verwandt wurden, ein zunächst erschütternder Mangel an taktischen Kenntnissen und Überlegungen, der häufig nur durch Masseneinsatz und Bravour überspielt wurde. Erst von der zweiten Hälfte des Krieges an begann sich eine Verbesserung der taktischen Schulung, und vor allen Dingen auch eine zunehmende Kooperation mit den Luftstreitkräften, abzuzeichnen.

Der russische Kapitän 1. Ranges, V. I. Ackasow, Chef der Kriegsgeschichtlichen Abteilung der sowjetischen Marine, schrieb 1965 in einer Zusammenfassung der Erfahrungen, die die russische Marine aus ihren Operationen des 2. Weltkrieges gewonnen hat: „Die Torpedokutter wurden im Norden und im Schwarzen Meer hauptsächlich im Kampf gegen die Handelsschiffahrt eingesetzt. Mitunter kamen Zerstörer, Bewacher und Minensucher hinzu. Bis zum Jahre 1943 suchten die Torpedokutter die Ziele der Küstenschiffahrt paarweise oder mit zwei Paaren, in den späteren Jahren des Krieges mit mehreren taktischen Gruppen (Abteilung, Division). Der Einsatz der Torpedokutter mit recht großen Gruppen führte nicht sofort zum Erfolg im Kampf gegen die Handelsschiffahrt. Es ergab sich die Möglichkeit der gegenseitigen aussichtsreichen Deckung der Angriffsgruppen beim Durchbruch, oder aber es mußten Kräfte zur Deckung abgeteilt werden.

Bezeichnend für die Angriffsweise dieser Gruppen auf das Geleit war der Durchbruch der Angriffsgruppe durch die Sicherungslinie, in das Innere der Gefechtsordnung des Feindes, so z. B. in den Kämpfen am 18. 8. und 25. 9. 1944 im Varangerfjord, beim Angriff auf ein Geleit im Sewastopoler Gebiet und bei Einsätzen der Torpedokutter der Baltischen Flotte in der Narwa-Bucht (1944). Im Zuge der Ausführung ihrer strategischen und operativ-taktischen Aufträge hat die Kriegsflotte erhebliche Erfahrung gesammelt (143, S. 275)."

Ein im Frühjahr 1942 im Schwarzen Meer gefangengenommener Offizier sagte über die Ausbildung sowjetischer Kommandanten-Schüler für Schnellboote aus: Fünf Monate Fahrpraxis, einen Monat theoretische Ausbildung und — alternativ — einen Lehrgang in Navigation oder als Torpedooffizier.

5.7 Die Entwicklung der japanischen Marine

5.71 Die Boote

Im Dezember 1941, dem Zeitpunkt des Eintritts Japans in den Krieg, standen der großen, quantitativ hinter den USA und England rangierenden japanischen Marine auf dem Schnellboot-Sektor nur wenige Beute-, Prototyp- und Serienboote zur Verfügung:

— je ein 1938 in China erbeutetes Thornycroft-CMB bzw. Lürssen-Boot,

— das 1939/40 von Baglietto (Italien) gebaute, weitgehend dem italienischen „MAS 451" entsprechende Zwei-Stufen-Versuchsgleitboot „H 1". Das mit zwei 1150-PS-Isotta-Fraschini-Otto- und zwei Alfa-Romeo-Marschmotoren ausgerüstete Holzboot war 1941 nach eingehenden Erprobungen zum Motorkanonenboot (SK 157) umgerüstet worden: Die ursprüngliche Bewaffnung wurde durch 1 x 2 — 20-mm-MK und Wabos ersetzt, die Antriebsleistung auf 2 x 920 PS für 33 kn gedrosselt.

— ein auf dem Baglietto-Boot aufbauendes, 1940 von der Yokohama Yacht Co., Tsurumi, gebautes, mit 2 x 900-PS-Typ-94-Otto-Motoren und einem 60-PS-Marschmotor versehenes Versuchsboot, ein V-Spant-Holzbau mit 2,1 m Seitenhöhe und 18,7 t Verdrängung, der 35 kn lief und mit 1 MG sowie 2 — 45,7-cm-Torpedos bewaffnet war (SK 158). Der Fahrbereich betrug 270 sm bei 30 kn mit den Hauptmotoren und 830 sm bei 8 kn mit dem Marschmotor.

SK 157

Japanisches Versuchsboot „H 1"
nach Umrüstung zum MGB
(Baglietto-Bau)

L   18,00 m
B   4,50 m
T   0,82 m
D   26   t (beladen)
2 x 920-PS-Isotta-Fraschini-Motoren
v = 33 kn
1 — 20-mm-MK
Wabos

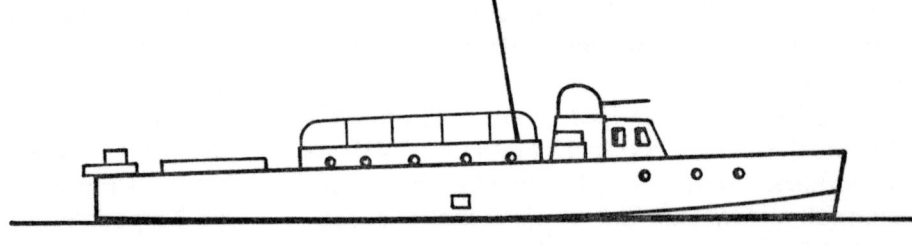

SK 158

Japanisches 19-m-Versuchsboot 1940

L   19,00 m
B   4,30 m
T   1,20 m
D   18,7 t
2 x 900-PS-Otto-Motoren +
60-PS-Marsch-Motor
v = 35 kn
1 — 7,7-mm-MG
2 — 45,7-cm-Torpedos

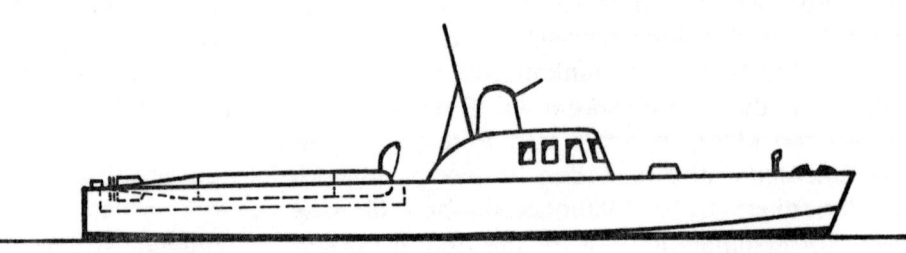

SK 159

Japanischer Schnellboot-Typ „T 1" 1941

L	18,30 m
B	4,30 m
T	0,65 m
D	17/20,5 t

2 x 900-PS-Otto-Motoren +
60-PS-Marsch-Motor
2 — 7,7-mm-MG
v = 38,5 kn
2 — 45,7-cm-Torpedos

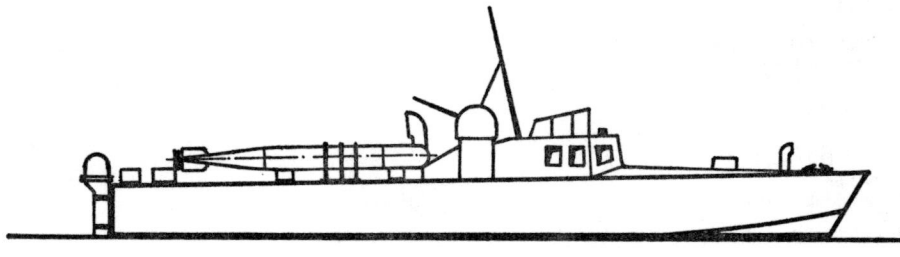

SK 160

Japanisches Motor-Fluß-Kanonenboot

D	25 t

2 x 300 PS
v = 11 kn
2 — 13-mm-MG

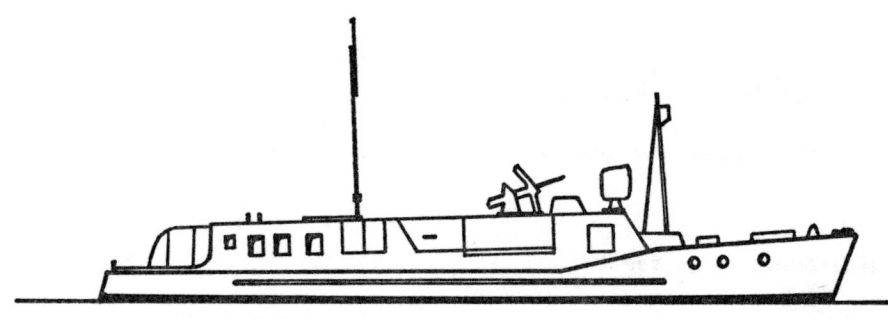

— sechs Boote des auf dem Yokohama Yacht-Versuchsboot aufbauenden Serientyps „T 1" (SK 159, 17/20,5 t, 2 x 900-PS-Typ-94-Otto-Motoren für 38,5 kn, 2 MG, 2 — 45,7-cm-Torpedos in Seitenwurfeinrichtung oder 6 Wabos mit 2 Wabo-Werfern), die erst kurz vor Kriegsausbruch fertig wurden.

Darüber hinaus hatte die japanische Marine in den Jahren 1938/39 etwa 38 sehr flachgehende 15,1-m-Holzboote von rd. 10 t Verdrängung gebaut, die mit 1 — 7,7-mm- oder 1 — 13-mm-MG bewaffnet und für den Einsatz auf den chinesischen Strömen vorgesehen waren. Ein Teil dieser Boote war mit 2 — 60-PS-Otto-Motoren, der Rest mit achtern angeordneten 120-PS-Flugzeugmotoren ausgerüstet, die auf einen Luftpropeller arbeiteten und etwa 11 kn Fahrt ermöglichten.

Einige weitere, 1940/41 gebaute, ebenfalls sehr flachgehende 25-t-Stahlboote (SK 160) waren ebenfalls für den Einsatz auf Binnengewässern vorgesehen. Die mit 2 — 13-mm-MG bewaffneten Fahrzeuge erreichten mit 2 x 300-PS-Diesel etwa 11 kn. Steuerstand und Motorenraum hatten leichten Panzerschutz. Die Propeller arbeiten aus Tiefgangs- und Propulsionsgründen, ferner auch zum Schutz gegen Grundberührung, Treibholz

usw., in Tunneln. Bis 1944 wurden insgesamt 77 Fahrzeuge dieses Typs gebaut.

Beim Vordringen in den südwest-pazifischen Raum fielen den Japanern weitere 20 Schnellboote in die Hand:

— das 1937/38 für den Einsatz in Niederländisch-Indien gebaute holländische Versuchsboot „TM III", ein aus rostfreiem Stahl gefertigtes stufenloses V-Spantboot von 22,0 m Länge, 4,5 m Breite und 25 t Verdrängung. Das mit 2 x 1000-PS-Otto-Flugzeugmotoren angetriebene 42-kn-Boot hatte schon bei den Holländern unter ständigen Antriebsschwierigkeiten gelitten. Trotz Übernahme als „Gyoraitei Nr. 101" durch die Japaner dürfte es kaum einsatzbereit geworden sein.

— die bereits fertiggestellten bzw. bei der Marinewerft in Soerabaja in der Fertigung befindlichen holländischen Boote „TM 4—21" (SK 161, Stahl-V-Spant-Boote, 13,1/19,2 t, 18,6 x 3,88 x 1,22 m, 3 x 450-PS-Lorraine-Otto-Motoren für 33,4 kn, 310 sm Fahrbereich bei 30 kn, 1 MG, 2 — 45,7-cm-Torpedos, 4 Wasserbomben, 6 Mann Besatzung). Sie wurden nach Instandsetzung bzw. Fertigstellung von den Ja-

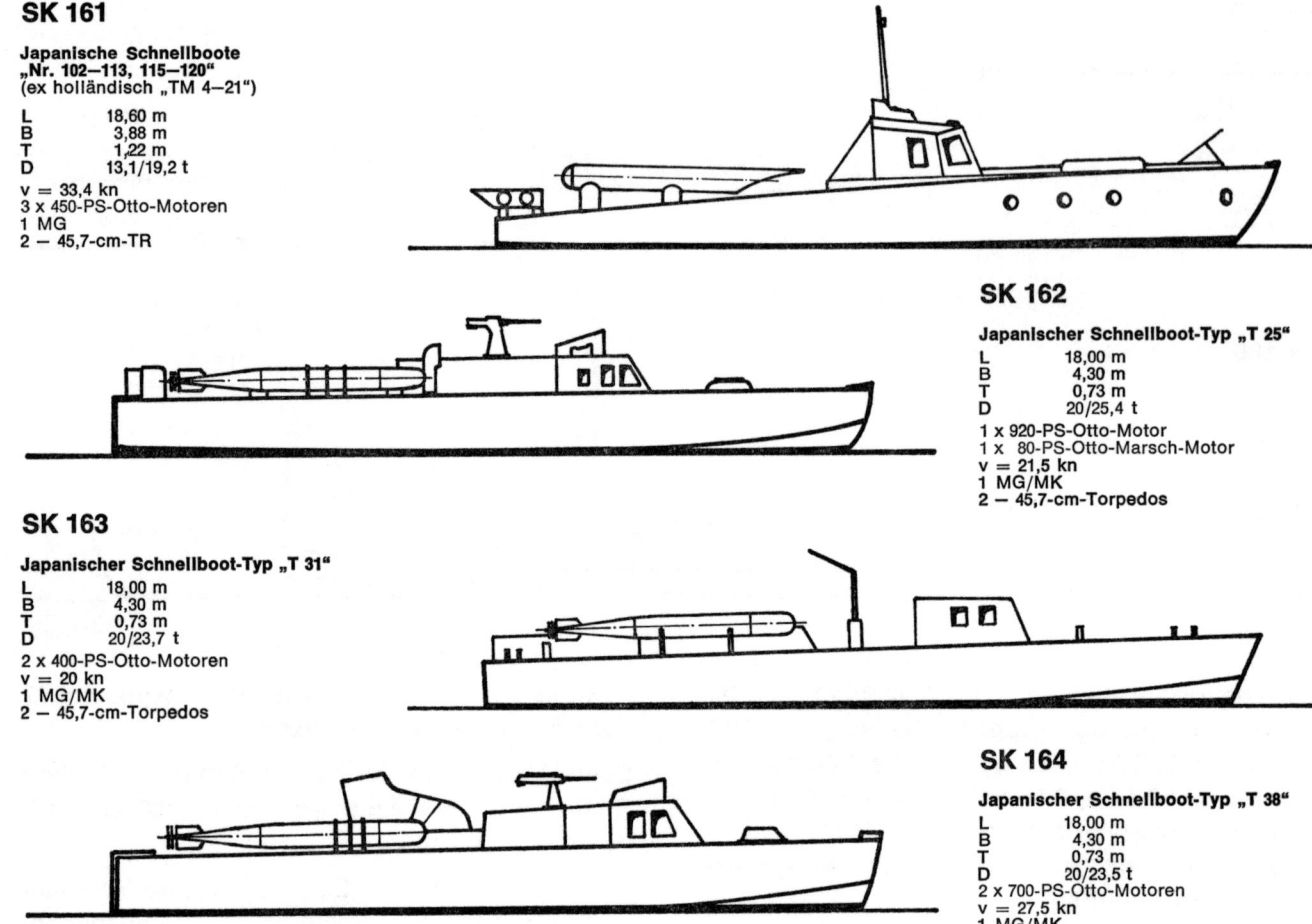

SK 161

Japanische Schnellboote
„Nr. 102—113, 115—120"
(ex holländisch „TM 4—21")

L   18,60 m
B   3,88 m
T   1,22 m
D   13,1/19,2 t
v = 33,4 kn
3 x 450-PS-Otto-Motoren
1 MG
2 — 45,7-cm-TR

SK 162

Japanischer Schnellboot-Typ „T 25"

L   18,00 m
B   4,30 m
T   0,73 m
D   20/25,4 t
1 x 920-PS-Otto-Motor
1 x 80-PS-Otto-Marsch-Motor
v = 21,5 kn
1 MG/MK
2 — 45,7-cm-Torpedos

SK 163

Japanischer Schnellboot-Typ „T 31"

L   18,00 m
B   4,30 m
T   0,73 m
D   20/23,7 t
2 x 400-PS-Otto-Motoren
v = 20 kn
1 MG/MK
2 — 45,7-cm-Torpedos

SK 164

Japanischer Schnellboot-Typ „T 38"

L   18,00 m
B   4,30 m
T   0,73 m
D   20/23,5 t
2 x 700-PS-Otto-Motoren
v = 27,5 kn
1 MG/MK
2 — 45,7-cm-Torpedos

panern als „Nr. 102—113, 115—120" in Dienst gestellt.

— das philippinische Boot „Q III", ein 1939 von Thornycroft gebautes, auf den klassischen englischen CMB beruhendes, in den Abmessungen jedoch etwas vergrößertes Fahrzeug von 19,8 x 4,04 x 1,1 m, das mit 3 x 600-PS-Thornycroft-RY-12-Motoren 39 kn lief und mit 2 MG und 2 — 45,7-cm-Torpedos bewaffnet war. Es wurde nach Instandsetzung als „Nr. 114" übernommen.

Im Laufe des Krieges entwickelte die japanische Marine eine Anzahl von Standard-Bootsformen, die mit sehr unterschiedlichen, gerade greifbaren Antrieben versehen waren, in der Geschwindigkeit erheblich differierten und je nach Lage mit z. T. wechselnder Bewaffnung als MTB, MGB und U-Jäger verwandt wurden.

Unter der Klassifikation MTB erscheinen drei Grundtypen:

a) die hinsichtlich Bootsform und technischer Gesamtkonzeption auf dem Vorkriegstyp „T 1" aufbauenden, „Otsu-Gata" genannten Typen:

— T 23: 20/25,4 t, 1 x 450-PS-Typ-91-Otto-Motor + 1 x 80-PS-Marschmotor, 17 kn, 370 sm/14 kn,

— T 25: 20/25,4 t, 1 x 920-PS-Typ-71-Otto-Motor + 1 x 80-PS-Marschmotor, 21,5 kn, SK 162,

— T 31: 20/23,7 t, 2 x 400-PS-Hispano-Suiza-Otto-Motoren, 20 kn, 340 sm/18,5 kn, SK 163,

— T 32: 20/23,7 t, 2 x 500-PS-Hispano-Suiza-Otto-Motoren, 21,5 kn, 300 sm/19,5 kn,
— T 33: 20/24,5 t, 2 x 450-PS-Typ-91-Otto-Motoren, 21 kn, 300 sm/19,5 kn,
— T 34: 20/23,5 t, 2 x 700-PS-Lorraine-Otto-Motoren, 27,5 kn, 250 sm/26 kn,
— T 35: 20/24,5 t, 2 x 920-PS-Typ-71-Otto-Motoren, 35 kn, 290 sm/33 kn,
— T 36: 20/23,5 t, 2 x 430-PS-Typ-3-Otto-Motoren, 21,5 kn, 300 sm/21 kn,
— T 37: 20/24,7 t, 2 x 600-PS-Typ-2-Otto-Motoren, 25 kn, 250 sm/24 kn,
— T 38: 20/24,3 t, 2 x 700-PS-Typ-41-Otto-Motoren, 27,5 kn, 220 sm/26 kn, SK 164, Abb. 201,
— T 39: 20/24,5 t, 2 x 720-PS-Typ-21-Otto-Motoren, 27 kn, 220 sm/25,5 kn.

Die 18,0 m langen und 4,28 m breiten, gegenüber dem Ursprungstyp „T 1" um rd. 20 % schwereren, teils aus Holz, teils aus Stahl hergestellten V-Spant-Bootskörper waren konstruktiv so ausgelegt, daß nicht nur im Bau von Hochleistungsbooten erfahrene Betriebe, sondern auch die zahlreichen kleineren, privaten Kutter- und Bootswerften zur schnellen Serienfertigung der Rümpfe herangezogen werden konnten. Da auch in der Motorenfertigung alle nur irgendwie geeigneten Hersteller erfaßt werden sollten, ergab sich die breite, nach Art der Antriebsanlage gegliederte Typenvielfalt. Aber auch in der Bauausführung der Bootskörper, der Vortriebsanlage, der Luft- und Abgasführung usw. traten zahlreiche, z. T. fertigungsbedingte Varianten auf. Als Standardbewaffnung wurden 1 — 13-mm-MG bzw. 1 — 25-mm-MK und 2 — 45,7-cm-Torpedos in Seitenwurfeinrichtung eingebaut. Die Besatzung umfaßte 1 Offizier und 6 Mann. Alle Typen wurden schwerpunktmäßig in den Jahren 1943/44 gebaut.

b) Ab 1944 wurden zwei neue, auf Grund der Erfahrungen mit dem Typ „T 35" entwickelte MTB-Typen eingeführt und gebaut:
— Typ T 14: 15,0 x 3,66 x 0,62 m, 15 t, 1 x 920-PS-Typ-71-Otto-Motor für 33 kn, 1 — 25-mm-MK, 2 — 45,7-cm-Torpedos, 2 Wabowerfer, V-Spantholzbau mit 1,6 m Seitenhöhe (SK 165),
— Typ T 15: 15,16 x 3,8 x 0,64 m, 14,75 t, 1 x 920-PS-Typ-71-Otto-Motor für 35 kn, 1 — 13-mm- oder 1 — 25-mm-MK, 2 — 45,7-cm-Torpedos, V-Spant-Stufenboot, Holzbau, 1,8 m Seitenhöhe.

c) Im Bauprogramm 1941 wurde eine Serie von 18 Booten eines wesentlich größeren, hinsichtlich Bootsform, Bauweise und technischen Daten auf den deutschen Lürssen-Booten aufbauenden Typs (T 51, Ko-Gata genannt) gebaut.

Die 32,4/31,8 m langen und 5,0/4,72 m breiten Holz-Metall-Kompositboote hatten zunächst einen von der späteren Serie abweichenden Vorläufer: Das 80/90 t große Boot „Nr. 10" war mit 4 x 920-PS-Typ-71-Otto-Motoren ausgerüstet, die mittels zweier Vulcan-Getriebe zu je zwei auf je eine Welle arbeiteten. Das Typboot war mit 2 — 25-mm-MK, 4 — 45,7-cm-Torpedos in Seitenwurfeinrichtung, 8 Wabos und 4 Wabowerfern ausgerüstet und lief 30 kn. Die Besatzung umfaßte 18 Mann. Die nur 75/84,2 t großen Folgeboote „Nr. 11—27" (SK 166, Abb. 202) erreichten mit 4 x 920-PS-Typ-71-Otto-Motoren auf 4 Wellen 29 kn und trugen 3 — 25-mm-MK, 2 — 45,7-cm-Torpedos,

SK 165

Japanischer Schnellboot-Typ „T 14"

L   15,00 m
B   3,66 m
T   0,62 m
D   15   t
1 x 920-PS-Otto-Motor
v = 33 kn
1 — 25 mm
2 — 45,7-cm-Torpedos

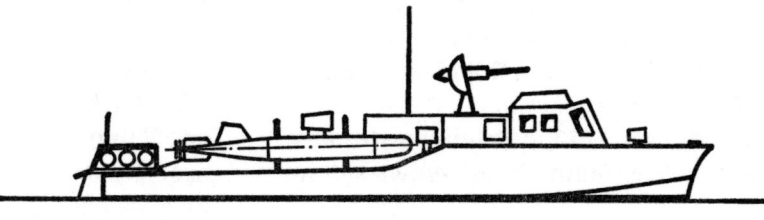

SK 166

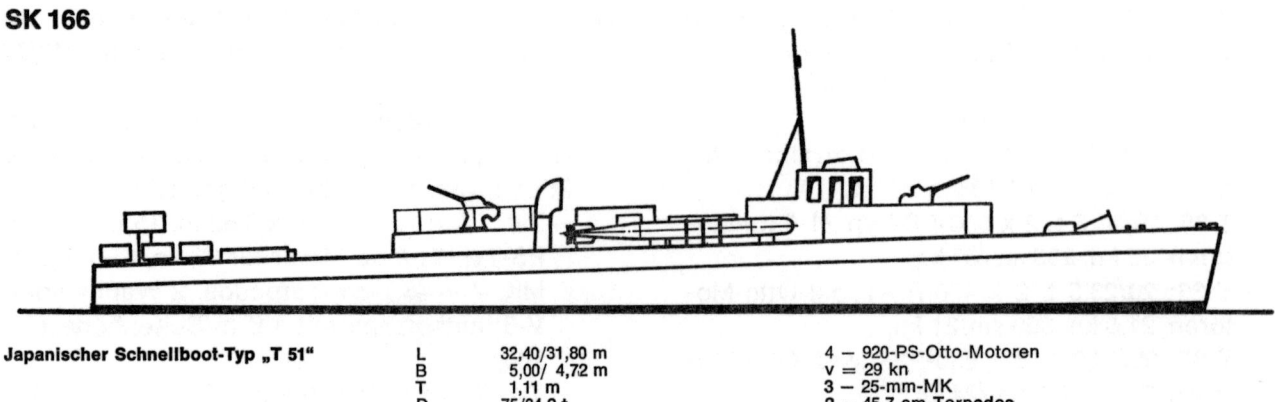

Japanischer Schnellboot-Typ „T 51"	L	32,40/31,80 m	4 — 920-PS-Otto-Motoren
	B	5,00/ 4,72 m	v = 29 kn
	T	1,11 m	3 — 25-mm-MK
	D	75/84,2 t	2 — 45,7-cm-Torpedos

8 Wabos und 2 Wabo-Werfer. Statt der beiden Torpedos konnten auch zusätzliche Wabos an Bord genommen werden. Der Fahrbereich betrug 340 sm bei 28 kn bzw. 1000 sm bei 16 kn.

Von den Serienbauten wurden nur neun Boote fertiggestellt. Zwei weitere Boote blieben bei Kriegsende unvollendet. Die restlichen Fahrzeuge sowie 18 später bestellte Nachbauten („Nr. 5441—5418") wurden nicht mehr begonnen und bei Kriegsende annulliert.

Da die Boote sich im Einsatz nicht so bewährten, wie man es erwartet hatte, wurden sie als Wachboote aufgebraucht. In Anbetracht des permanenten Motorenmangels wurden bei den Wachbooten zwei der vier Motoren ausgebaut und anderen Zwecken dienlich gemacht.

Im Jahre 1943 begann die japanische Marine, unter dem Eindruck der amerikanischen Offensive und der zunehmend unangenehmer werdenden Einsätze der US PT-Boote gegen den eigenen Nachschubverkehr, mit der Entwicklung von Artillerie-Schnellbooten (Hayabusa-Tei).

Zunächst entstand auf der Marinewerft Yokosuka, unter sehr weitgehendem Rückgriff auf die MTB-Bootskörper, der Typ „H 2" (Stahl-V-Spantboot, 24,5 t, 18,0 x 4,5 x 0,93 m, 2,19 m Seitenhöhe, 2 x 1050-PS-Kansei-Otto-Flugzeugmotoren für 33,5 kn, 2 — 20-mm-MK, 2 MGs, 2 Wabos, 8 Mann Besatzung, 140 sm/30 kn.

Kurz darauf, ebenfalls 1943, entstanden die aus den MTB-Typen „T 35" und „T 38" entwickelten Typen

— H 35: Holz-V-Spantboot, 25 t, 18,0 x 4,27 x 0,74 m, 2 x 920-PS-Typ-71-Otto-Flugzeug-Motoren für 34 kn, 3 x 1 — 25-mm-MK, 4 Wabos, 290 sm/33 kn (SK 167),

— H 8: Stahl-V-Spantboot, 24,5 t, 18,0 x 4,27 x 0,73 m, 2 x 700-PS-Kinsei-Otto-Flugzeug-Motoren für 27 kn, 3 x 1 — 25-mm-MK, 4 Wabos, 220 sm/26 kn (SK 168),

von denen zumindest der Typ „H 35" noch einigermaßen befriedigende Leistungsdaten auswies.

Der im Frühjahr 1944 entwickelte Typ „H 61" (SK 169, Abb. 203, Stahl-V-Spantboot, 26 t, 19,0 x 4,42 x 0,73 m, 2 x 300-PS-Typ-51-Diesel-Motoren für 17,5 kn, 3 x 1 — 25-mm-MK, 4 Wabos) mußte dagegen, schon von der Geschwindigkeit her, unbefriedigend sein. Allein die erstmalige Verwendung von Dieselmotoren auf derartigen Fahrzeugen ist hervorhebenswert.

Außer den MTB, den MGB und den Fluß-Motorkanonenbooten baute die japanische Marine 1944/45 drei Nachbauten des italienischen Baglietto-Boots, die mit 1840 PS 44 kn erreichten. Die unbewaffneten Fahrzeuge dienten als Übungsboote für KAITEN-Fahrer. Der KAITEN war ein bemannter Langstreckentorpedo, mit dem die Japaner 1944/45 durchschlagende Erfolge gegen alliierte Invasionsflotten zu erzielen hofften (41).

Schließlich wurden im Jahre 1945, im Rahmen der Mobilisierung alles Vorhandenen, noch 100 Allzweckboote von 15 m Länge und 9,5 t Verdrängung in Bau gegeben, die mit 80-PS-Otto-Moto-

SK 167

**Japanisches Artillerie-Schnellboot
Typ „H 35"**

L	18,00 m
B	4,30 m
T	0,74 m
D	25 t

2 x 920 PS-Otto-Motoren
v = 34 kn
3 x 25-mm-MK
4 Wabos

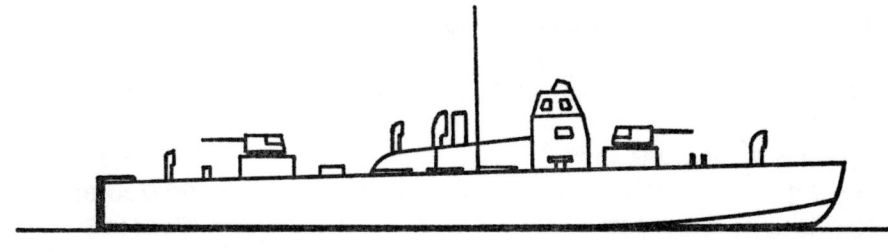

SK 168

**Japanisches Artillerie-Schnellboot
Typ „H 38"**

L	18,00 m
B	4,30 m
T	0,74 m
D	24,8 t

2 x 700 PS-Otto-Motoren
v = 27 kn
3 x 25-mm-MK
4 Wabos

SK 169

**Japanisches Artillerie-Schnellboot
Typ „H 61"**

L	19,00 m
B	4,38 m
T	0,73 m
D	25,6 t

2 x 300 PS-Diesel-Motoren
v = 17,5 kn
3 — 25-mm-MK
4 Wabos

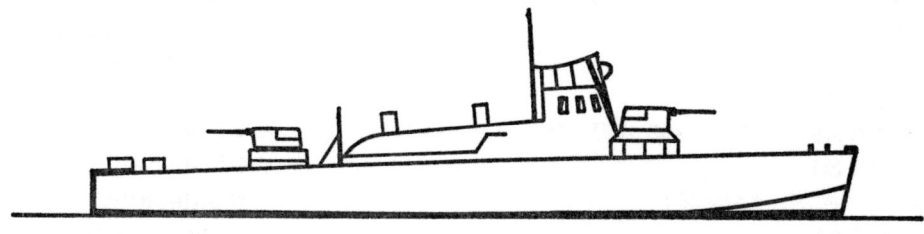

ren 9 kn laufen sollten. Bis Kriegsschluß wurden nur 27 dieser Fahrzeuge fertig, die restlichen 73 blieben in verschiedenen Baustadien liegen. Die Bewaffnung dieser völlig unzulänglichen, aus einer „Sauve-qui-peut"-Situation heraus entstandenen Boote sollte nach Maßgabe des Vorhandenen erfolgen. Selbst Torpedobewaffnung einiger Boote war vorgesehen (51, 52, 94, 144, 150).

5.72 Zusammenfassung

5.721 Bauleistung und Verbleib der Boote

Nach amerikanischen Nachkriegsberichten baute die japanische Marine außer den bei Kriegsausbruch vorhandenen Versuchs- und Prototypbooten mindestens 248 MTB und 105 MGB. Hinzu

kommen die genannten Sondertypen wie Fluß-Fahrzeuge, KAITEN-Trainer usw.
Darüber hinaus fanden die Amerikaner jedoch im Herbst 1945 noch eine Vielzahl bereits fertiger Schnellbootrümpfe vor, für die keine Motoren zur Verfügung standen. Ganz eindeutig hatte die japanische Marine, besonders gegen Kriegsende, nach dem Verlust der großen Schiffe und der Annäherung des Feindes an das Mutterland, wesentlich höhere Produktionszahlen vorgesehen, als tatsächlich fertig wurde.
Eine Aufschlüsselung der eindeutig bekannten Bootsnummern auf die Typen ergibt:
a) **MTB**
Typ T 1
6 Boote: Nr. 1—6
Typ T 14
81 Boote: Nr. 538—555, 838—900

Typ T 15
39 Boote: Nr. 1001–1008, 1101–1131
Typ T 23
23 Boote: Nr. 201–207, 401–410, 451–456
Typ T 25
6 Boote: Nr. 468, 484–488
Typ T 31
33 Boote: Nr. 208–240
Typ T 32
8 Boote Nr. 301–308
Typ T 33
6 Boote: Nr. 500–505
Typ T 34
15 Boote: Nr. 151–165
Typ T 35
55 Boote: Nr. 469, 482–483, 494–499, 529 bis
537, 801–837
Typ T 36
44 Boote: Nr. 411–450, 470–473
Typ T 37
.. Boote: Nr. 327–...
Typ T 38
80 Boote: Nr. 241–286, 457–467, 506–528
Typ T 39
8 Boote: Nr. 474–481
Typ T 51
36 Boote: Nr. 10–27, 5441–5458

Die Tatsache, daß die Boote 456, 469, 807, 825, 830 später in Nr. 1119–1123 umbenannt wurden und daß die letzte Konstruktion, der Typ T 15, mit Nr. 1001 beginnt, läßt vermuten, daß das Plansoll um 1100 MTB vorsah. Die in der Zusammenstellung fehlenden Nummern 7–9 waren offensichtlich für den Typ T 1, die Nummern 28–100 für Nachbauten des Typs T 51 vorbehalten, die später jedoch vierstellige Nummern erhielten. Die Bootsnummern 101–120 gingen an die holländisch-philippinischen Beuteboote. Die außerdem noch offenen Bootsnummern 121–150, 166–200, 287–300, 309–326, 328–400, 489–493, 506–800, 901–1000, 1009–1100 sind bei der starken Streuung der Nummern auf die einzelnen Typen kaum einzuordnen. Unter Umständen wurden einige Nummern aus Tarnungsgründen auch bewußt offen gelassen.

b) **MGB**
Typ H 1
1 Boot: Nr. 1
Typ H 2
8 Boote: Nr. 2–9
Typ H 35
23 Boote: Nr. 27–32, 201–217
Typ H 38
67 Boote: Nr. 10–26, 51–100
Typ H 61
66 Boote: Nr. 33–46, 101–124, 218–245

Auch hier sind die fehlenden Nummern 47–50, 125–200 nicht zu belegen. Erwähnenswert ist, daß einige der MGB gegen Kriegsende mit Torpedos ausgerüstet wurden, um als MTB/Gyoraitei eingesetzt zu werden!

Die Kriegsverluste sind selbst in hervorragenden Standardwerken (144) bei diesen kleinen Fahrzeugen nicht eindeutig belegt. Verlorengingen

– 49 MTB, darunter Nr. 2, 3, 4, 5, 6, 10, 12, 223, 233, 256, 402, 416, 428, 453, 482, 483, 493, 496, 498, 500, 805, 806, 810, 812, 813, 814, 820, 823.

– 17 MGB, darunter Nr. 24, 25, 28, 52, 55, 61, 62, 67, 102, 219.

– mindestens neun der Beuteboote

Die bei Kriegsschluß noch vorhandenen Boote wurden in der Masse 1945/46 abgewrackt. Nur wenige Fahrzeuge wurden zu Repatriierungszwecken noch einige Zeit in Fahrt gehalten bzw. zivilen Zwecken dienbar gemacht.

Eine Aufstellung der Gliederung der japanischen Marine am 15. 8. 1945, der auch die Verteilung der Bootsverbände zu diesem Zeitpunkt zu entnehmen ist, wurde von Rohwer veröffentlicht (152).

5.722 Allgemeine Wertung

Aufgrund der räumlichen Ausdehnung des pazifischen Kriegsschauplatzes und der raumgreifenden strategischen Planung hatte sich die japanische Marine in den Jahren zwischen den Kriegen nicht ernsthaft mit der Entwicklung eines frontreifen Schnellboots befaßt. Das zunächst durch anfallende Aufgaben im chinesisch-japanischen Konflikt, dann ganz offensichtlich auch unter dem Eindruck der in aller Öffentlichkeit diskutierten Entwicklung der US-PT-Boote geweckte Interesse an diesen Fahrzeugen führte — ganz im Gegensatz zur amerikanischen Marine, die in kürzester Frist durch systematische Auswertung alternativer Lösungen zu ausgezeichneten Ergebnissen kam — zu einer recht halbherzigen und dilatorischen Entwicklung: Außer dem angekauften Baglietto-Boot, dessen Leistung durch Drosseln der Motoren herabgesetzt wurde, dem darauf aufbauenden „japanisierten" Prototyp und den sechs Booten des Typs „T 1" lag effektiv nichts vor! Praktisch hatten die Japaner bei Kriegsausbruch die ersten Eigenentwicklungen fertig, doch befanden sich auch diese Fahrzeuge noch im Experimentierstadium.

Die in den ersten Kriegsjahren gebauten MTB der Typen „T 23—39" entsprachen im Bootskörper weitgehend dem Vorkriegstyp „T 1". Holzmangel und Fertigungsfragen zwangen dazu, einen erheblichen Teil der Boote als Stahlbauten auszuführen, wodurch knappes Material anderen Zwecken verloren ging. Das entscheidende Kriterium der gesamten japanischen MTB-Entwicklung war jedoch die Motorenfrage. Die mangelnde Friedensvorarbeit und der durch die gewaltige Expansion des Kriegsschauplatzes horrend steigende Bedarf auf allen Gebieten machten es notwendig, alle überhaupt vorhandenen Motoren, in der Masse für Bordzwecke meist wenig geeignete Flugzeugmotoren, für die Fertigung heranzuziehen. Die Folgen traten klar hervor:

a) für Torpedoschnellboote völlig ungenügende Geschwindigkeiten aufgrund unzureichender Motorenleistung,
b) Größenbegrenzung der Boote und damit geringe Seefähigkeit durch die geringe Leistungsabgabe der Motoren,
c) verheerende Typenvielfalt mit allen daraus resultierenden logistischen und Instandhaltungsproblemen.

Da die Fertigungskapazität der Motorenhersteller, besonders bei der Forcierung der Bautätigkeit 1944/45, derart unzureichend war, daß noch nicht einmal die von den einschlägigen Boots-werften und der Stahlbauindustrie fertiggestellten Rümpfe versorgt werden konnten, war es auch nicht möglich, die unbefriedigende Geschwindigkeit und Größe der Boote mittels Mehr-Motoren-Anlagen zu verbessern. Der einzige Versuch in dieser Richtung, die Boote des Typs „T 51", mußte aufgegeben werden, da weder die erforderlichen Motorenzahlen, noch Motoren ausreichender Leistung zur Verfügung standen. Ja, es erscheint fast symptomatisch, daß die Motorenfertigung 1944 den Übergang auf kleine Einwellenboote (Typ „T 14/15") erzwang, Fahrzeuge, die bestenfalls als Klein-Schnellboote für eine Invasionsabwehr im engeren Küstenbereich verwendbar waren. Praktisch entsprach von allen japanischen MTB nur der Typ „T 35" in etwa den Leistungsdaten der US-PT-Boote.

Die relativ wenigen hochwertigen MGB des Typs „H 2", die als direkte, mit japanischen Flugzeugmotoren ausgerüstete Folgeboote des italienischen Baglietto-Boots entstanden, und die des Typs „H 35", d. h. Artillerie-Versionen des MTB-Typs „T 35", konnten den zahlreichen und auf weite Seeräume verteilten US-PT-Booten kein ernsthafter Gegner werden. Der Typ „H 38" fiel mit 27 kn bereits unter das für ein MGB erforderliche Geschwindigkeitslimit, der Typ „H 61" war mit 17,5 kn nur als kriegsbedingte Notlösung anzusehen. Es handelte sich mehr um eine Motor Launch als um ein MGB! Bemerkenswert ist, daß trotz sinkender technischer Leistungsdaten einige der MGB in den Jahren 1944/45 als MTB umgerüstet wurden, um den alliierten Invasionsflotten entgegenzutreten!

Auf einen kurzen Nenner gebracht, ist festzustellen, daß die japanische Marine das Schnellboot vor dem Kriege völlig vernachlässigt hat und auch nicht den Schwung aufbrachte, mitzuziehen, als der potentielle Gegner sehr energische Entwicklungsbestrebungen offenbarte.

Der im Kriege dann eingeleitete Groß-Serienbau krankte dementsprechend an fehlenden technischen und personellen Vorbereitungen, am Materialmangel, an den leistungsschwachen und für Bordzwecke meist ungeeigneten Motoren und an der quantitativ völlig ungenügenden Motorenfertigung. Die der vorhandenen Fertigung angepaßten Boote bereiteten durch ihre technische Vielfalt logistische Schwierigkeiten. An der Front fielen die Boote immer wieder aus, sei es mangels Ersatzteilen und Instandsetzungskapazität, sei es, weil die Flugzeugmotoren unter Bordverhältnissen nicht zuverlässig arbeiteten. Wegen der Antriebsprobleme wurde eine größere Anzahl von Booten nur im engsten Küstenbereich für Hafenschutz-, Wach- und ähnliche Aufgaben verwandt. Gegen Kriegsende konnte ein großer Teil der Boote dann mangels Brennstoff überhaupt nicht mehr eingesetzt werden.

Rückblickend ist zu sagen, daß die japanischen Schnellboote wegen ihrer völlig ungenügenden technischen Eigenschaften den amerikanischen Booten erheblich unterlegen waren. Der konzentrierte Einsatz der US-PT-Boote gegen den im „Ameisenverkehr" mit kleinen und kleinsten Fahrzeugen durchgeführten Insel-Insel-Nachschub der Japaner hätte bei Vorhandensein auch nur einigermaßen gleichwertiger japanischer Schnellboote nicht zu jenen horrenden Verlusten an Nachschub, Menschen und Nachschubbooten führen brauchen!

Der einzige bemerkenswerte Erfolg eines japanischen Schnellboots ist die Versenkung des US-Zerstörers „Strong" am 5. 7. 1943.

5.8 Die Entwicklung der kleineren Marinen

5.81 Ägypten

Der vorgesehene Ankauf von vier Schnellbooten in England wurde während des Krieges nicht realisiert.

5.82 Bulgarien

Die bulgarische Marine hatte im Herbst 1939 vier Schnellboote des verbesserten deutschen Typs „S 2—5" als „F 1—4" erhalten. Das letzte Boot, „F 5", wurde von der Deutschen Kriegsmarine beschlagnahmt und als „S 1" übernommen (vgl. Abschnitte 4.3612, 4.3703, 5.512).

Im Jahre 1942 erhielt Bulgarien zwei 1940 in Holland erbeutete, von der Deutschen Kriegsmarine als „S 201—202" fertiggebaute und eingehend erprobte Boote des British-Power-Boat-PV-Typs (technische Daten s. Abschnitt 4.311, deutsche Erfahrungen Abschnitt 5.511). Ein weiteres Boot dieses Typs scheint aus dem vorhandenen Material unter deutscher Regie bei der holländischen Werft Gusto, Schiedam, für Bulgarien fertiggestellt und direkt in das Schwarzmeer geliefert worden zu sein.

Nach Meister (107) haben die wenigen kleinen Fahrzeuge der bulgarischen Marine, vor allem auch die modernen Schnellboote, im engeren bulgarischen Küstenvorfeld mit gutem Erfolg Geleitsicherungsaufgaben erfüllt. Am 9. 9. 1944 leisteten sie jedoch den in Warna landenden sowjetischen Streitkräften keinen Widerstand mehr.

5.83 China

Von den neun der chinesischen Marine 1937/38 zur Verfügung stehenden Schnellbooten deutscher, italienischer und englischer Fertigung Details, s. Abschnitt 4.3701) fielen je ein Thornycroft-CMB und Lürssen-Boot in japanische Hand. Sie bildeten die Grundlage der späteren japanischen Schnellboots-Entwicklung (s. Abschnitte 4.3706 und 5.71).

Mit Ausnahme des Lürssen-Boots „C 2" (auch KUAI 102) gingen alle übrigen Boote in den langwierigen Kämpfen mit den Japanern verloren. Zwei 1939 für chinesische Rechnung zu liefernde Thornycroft-CMB wurden 1940 von der Royal Navy als „MTB 26—27", sieben Lürssen-Boote 1939 von der Deutschen Kriegsmarine als „S 30—36" übernommen (s. Abschnitte 4.3612, 5.2112 und 5.512).

5.84 Finnland

Die der finnischen Marine beim Ausbruch des europäischen Krieges 1939 zur Verfügung stehenden 7 Schnellboote der in den Jahren

1917/29 gebauten Typen „Sisu", „Isku" und „Nuoli" (s. Abschnitt 4.3703) hatten den finnisch-russischen Winterkrieg 1939/40 überlebt. Versuche, diese z. T. erheblich überalterten Fahrzeuge durch im Ausland bestellte Neubauten zu ersetzen, waren fehlgeschlagen:

- Zwei 1939 in England bestellte Torpedo-Schnellboote eines 17-t/40-kn-Thornycroft-Typs wurden von der Royal Navy beschlagnahmt und als „MTB 67—68" in Dienst gestellt.
- Zwölf in den USA bestellte schnelle Motor-U-Bootjäger von 30 t/27 kn wurden von der amerikanischen Regierung beschlagnahmt und England im Rahmen des Leih- und Pachtgesetzes als „MGB 69—73" und „MGB 100—106" zur Verfügung gestellt (vgl. Abschnitte 4.311, 4.4703, 5.2131). Das gleiche Schicksal erlitt das 1940 angekaufte US-Schnellboot „PT 6". Es ging als „MGB 68" an die Royal Navy.

Am 26. 6. 1941 entschloß sich Finnland, das bereits vor diesem Zeitpunkt deutschen Seestreitkräften als Basis für Operationen gegen Rußland gedient hatte, auf Seiten Deutschlands in den Krieg gegen die Sowjetunion einzutreten. Schon in den ersten Kriegsmonaten konnten die von finnischen Stützpunkten aus operierenden deutschen und finnischen Schnellbootverbände recht erfreuliche Erfolge erzielen. Als dann jedoch der Verlauf der Landkämpfe die zahlenmäßig weit überlegene Sowjetflotte zum Rückzug in den inneren Finnenbusen zwang und die sowjetische Aktivität zur See sich primär auf MTB- und MGB-Einsätze beschränkte, machte sich bald der empfindliche Mangel an schnellen, kleinen Torpedo- und Artillerieträgern bemerkbar. Hinzu kam, daß die Existenz starker sowjetischer Nachschub- und Sicherungsverbände auf dem Ladoga- und Onegasee und die notwendige Unterstützung der Landkriegsführung in diesen Räumen den Einsatz von Motorschnellbooten auch auf den beiden Binnengewässern wünschenswert machte. Waren die großen deutschen S-Boote schon für den Einsatz im engen und z. T. navigatorisch schwierigen Seeraum des inneren Finnenbusens zu aufwendig und wert-

voll, so war an einen Überlandtransport zu den Seen überhaupt nicht zu denken. Zur Unterstützung der sehr aktiven finnischen Seestreitkräfte verlegte die deutsche Kriegsmarine 1942 einige der gerade entwickelten, technisch jedoch nicht sehr befriedigenden KM-Boote (s. Abschnitt 5.5135), die italienische Marine vier MAS-Boote (s. Abschnitt 5.322) nach Finnland.

Aber auch die Finnen bemühten sich nach besten Kräften um eine Verstärkung ihres schwachen und überalterten Schnellbootverbandes:

- einige der in den Jahren 1930/35 gebauten, teils mit Otto-, teils mit Dieselmotoren ausgerüsteten schnellen Küstenwachboote (Vartiomoottoriveneet) „VMV 1—17" (30 t, 25 kn, 1 — 20-mm-MK), die als Artillerieträger eine bemerkenswerte Aktivität entwickelten, wurden behelfsmäßig mit Torpedorohren bewaffnet. Die 1935—42 gebauten Boote „VMV 18—20" (25 t, 11 kn, 1 — 20-mm-MK) waren jedoch für diesen Zweck zu langsam.

- Im Jahre 1942 trafen fünf 1941 bei der italienischen Bagliettowerft als „Hurja 1—5" bestellte Torpedoschnellboote in Finnland ein. Die 16,7 m langen, 4,3 m breiten und 1,4 m tiefgehenden Holzboote (Abb. 204) waren auf der Basis eines 1939 für die italienische Marine entwickelten, aber nicht gebauten Klein-Schnellbootprojekts entstanden (s. Abschnitt 4.3511). Sie hatten die bekannte V-Spant-Form der italienischen Schnellboote und eine Konstruktionsverdrängung von 20,5 t. Zwei 900-PS-Isotta-Fraschini-Otto-Motoren auf zwei Wellen ermöglichten 40,5 kn, zwei 50-PS-Marsch- und Manövriermotoren 8,5 kn. Die Bewaffnung bestand aus 1 — 13,2-mm-MG, zwei 45,7-cm-Torpedos in Seitenabwurfeinrichtung und Wabos (s. auch Abschnitt 5.321).

- 1942/43 baute die finnische Werft Turun Veneveistämo als finnische Weiterentwicklung des Baglietto-Typs die ebenfalls mit italienischen Isotta-Fraschini-Motoren ausgerüsteten Boote „Taisto 1—8" (22 t, 18,0 x 4,72 x 1,5 m, 42 kn, 1 — 20-mm-MK, 2 — 45,7-cm-Torpedos in Seitenwurfeinrichtung).

— Im Sommer 1943 kaufte die finnische Marine die seit 1942 unter italienischer Flagge auf dem Ladoga-See eingesetzten italienischen Boote „MAS 526—529" als „Jymy 1—4" (s. auch Abschnitt 5.332).

— Vier im Laufe des Krieges von deutsch-finnischen Streitkräften erbeutete sowjetische Schnellboote wurden aktiviert und unter finnischer Flagge in Fahrt gebracht: Ein bereits im Winterkrieg 1939/40 erbeutetes „D-3"-Boot, „TKA-52", wurde als „Vasama", ein Boot des Typs „G 5", „TKA-141", als „Vihuri", ein Panzermotorboot als „VTV 1" in Dienst gestellt. Der Typ des vierten Boots (ex „TKA-47", finnisch „Viima") liegt nicht vor (93).

— die für den 20. 7. 1944 vorgesehene Übernahme der deutschen Schnellboote „S 62, 64, 99, 117" kam nicht mehr zur Ausführung (s. Abschnitt 5.521).

Durch Feindeinwirkung gingen verloren

— S-„Raju" am 15. 6. 1943 auf einer MTB-Sperre in der Kronstädter Bucht, S-„Taisto 1" am 21. 6. 1943 durch Luftangriff bei Alvatti,

— „VMV 17" am 18. 6. 1943 durch Luftangriff bei Koivisto, ferner „VMV 8, 10, 12, 14", davon 2 Boote am 19. 9. 1944 durch deutsche Seestreitkräfte im Hafen von Suursaari.

Im gesamten Kriegsverlauf entwickelten die relativ wenigen und z. T. stark überalteten finnischen Schnellboote eine rege und erfolgreiche Aktivität. Als hervorhebenswerte Fakten sind u. a. zu nennen:

— die Versenkung des sowjetischen Frachters „Meero" (1866 BRT) durch S-„Syöksy" am 2./3. 9. 1941.

— die Versenkung des sowjetischen M-Boots „T 41", durch S-„Syöksy" am 22. 9. 1941.

— die Versenkung von zwei sowjetischen M-Booten durch S- „Sisu" und S-„Nuoli" am 1./2. 10. 1941.

— die Versenkung des sowjetischen Kanonenboots „Krasnoje Snamja" (244 t) durch S-„Vinha" und S-„Vijuri" am 17./18. 11. 1942.

— Die Erbeutung eines im Gefecht beschädigten sowjetischen TKA durch die finn. 2. VMV-Flotille am 14. 6. 1943.

Auch bei den Kämpfen auf den großen Binnenseen wurden finnische Schnellboote eingesetzt:

— Im Sommer 1942 wurde S-„Sisu" auf den Ladogasee überführt, doch mußte das bald 25 Jahre alte Boot wegen völliger Unbrauchbarkeit zurückgeschickt werden. Im August 1943 wurden S-„Vinha", „Syöksy" und „Nuoli" zum Ladogasee verlegt. Man hatte die Torpedos und die Torpedowurfeinrichtungen entfernt und den Booten 2 — 20-mm-MK und Einrichtungen zum Transport und Wurf von 3 Minen an Bord gegeben, um sie als schnelle Minenleger und MGB verwenden zu können.

— Auf dem Onegasee wurden von den Finnen zwei im Finnenbusen erbeutete sowjetische Boote, ein TKA und ein Panzerkanonenboot (finn. Bezeichnung „VTV 1") verwandt.

Bei der Räumung der Seen konnten diese Fahrzeuge rechtzeitig zurückgeführt werden.

Als Finnland am 4. 9. 1944 mit der Sowjetunion Waffenstillstand schloß, mußten zunächst alle sowjetischen Beuteboote zurückgegeben werden. Darüber hinaus forderten die Russen bis Ende September 1944 die Bereitstellung von je 100 Motorbooten und Handelsschiffen, eine völlig unrealistische Forderung, die jedoch von den Finnen nach längeren Verhandlungen auf die Hälfte reduziert werden konnte. Im Rahmen des Friedensvertrages wurde die finnische Marine auf eine Gesamttonnage von 10 000 ts und eine Mannschaftsstärke von 4500 Mann begrenzt. Es mag als eine Art nachträgliche Anerkennung der Leistungen der kleinen finnischen Schnellboot-Waffe aufgefaßt werden, daß der Friedensvertrag ausdrücklich den Besitz von **Torpedo**-Schnellbooten untersagte! Die vorhandenen Schnell- und VMV-Boote wurden den Finnen zwar belassen, mußten jedoch ihre Torpedoeinrichtungen abgeben und als MGB bewaffnet werden. Die überlebenden Boote älterer Bauart, „Hurja", „Sisu", „Isku", „Syöksy", „Nuoli", „Vinha", die durch Alter und Kriegsbeanspruchung weitgehend verschlissen waren, wurden nach dem Kriege abgewrackt.

Betrachtet man die von den wenigen, z. T. veralteten finnischen Booten vollbrachten Leistun-

Abb. 192
Deutsches Schnellboot „S 95" als englische Kriegsbeute

Abb. 193
Deutsches Schnellboot „S 76"
als US-Kriegsbeute

Abb. 194
Fertigmachen eines Schnellboots
der 1. S-Flottille zum Überlandtransport

Abb. 195
Autobahntransport eines deutschen
Schwarzmeer-Schnellboots

Abb. 196
Schnellboot der
Schwarzmeer-Flottille

Abb. 197
Schnellboot bei der Torpedoübernahme
vom Tender

Abb. 198
Deutsche Schnellboote in einem
Schnellbootbunker an der Kanal-
küste

gen, von denen hier nur einige wenige, hervorstechende, genannt werden konnten, so erscheint es unverständlich, daß die deutsche Seekriegsleitung für den tapferen Verbündeten nicht mehr materielle Hilfe bereitgestellt hat!

Erwähnenswert ist, daß die Finnen mit den Torpedos in Seitenwurfeinrichtungen im Winter schlechte Erfahrungen machten: Die Anlagen froren, besonders bei Spritzwasser und Regen, ein, und waren nicht mehr einsatzbereit.

Organisatorisch faßten die Finnen ihre Schnellboote 1943, nach dem Zulauf der Neubauten, Ankauf- und Beuteboote in zwei Flottillen zusammen: die 1. Flottille umfaßte die „Taisto"- und die „Jymy"-Klasse, die 2. Flottille die „Hurja"-Klasse und die Beuteboote. 1944 kamen die „Jymy"-Boote zur 2. und die Beuteboote zur 1. Flottille, um innerhalb einer Flottille ähnliche technische Eigenschaften und Geschwindigkeiten zu vereinen.

5.85 Philippinen

Das kurz vor dem Kriege beschaffte Thornycroft-Boot „Q III" fiel beschädigt in japanische Hand und wurde nach Wiederherstellung als „Nr. 114" übernommen. Fünf weitere bei der Thornycroft-Werft bestellte Boote wurden bei Kriegsausbruch von der Royal Navy beschlagnahmt und als „MTB 327–331" in Dienst gestellt (s. Abschnitte 5.2112 und 5.71).

5.86 Portugal

Im Jahre 1938 ließ sich die portugiesische Marine bei der deutschen Lürssen-Werft einige alternative Konstruktionen eines 20-m-Schnellboots ausarbeiten, die mit 2 resp. 3 Daimler-Benz-Otto-Motoren ausgerüstet und mit 1 – 20-mm-MK und 2 – 45-cm-Bug-TR bewaffnet werden sollten. Das Projekt wurde jedoch nicht realisiert.

5.87 Rumänien

Die 1939 als „MTB 20, 21, 23" in England gebauten, 1940 von Rumänien angekauften Boote „Vitorul", „Vigilia" und „Visculul" (s. Abschnitte 4.311 und 4.3712) wurden bereits 1941 gegen den russischen Nachschubverkehr vor Odessa eingesetzt, doch fanden bei mehreren Vorstößen keine Gefechtsberührungen statt. Am 9. 11. 1941 gingen „Vigilia" und „Vitorul" durch Minen- und Munitionsdetonationen des Transporters „Ungvar" verloren, dessen Besatzung sie bergen wollten.

Im August 1943 erhielt die rumänische Marine sieben moderne italienische Boote des „Typ 500", die bis zum Mai 1943 unter italienischer Flagge im Schwarzmeer operiert hatten und vor der Rückführung des Verbandes nach Italien von Deutschland erworben worden waren (s. Abschnitte 5.311 und 5.512). Darüber hinaus scheint die deutsche Marine 1942/43 noch vier aus in Holland erbeutetem Material bei Gusto, Schiedam, fertiggestellte Boote des British-Power-Boat-P.V.-Typs an Rumänien geliefert zu haben.

Mit der Besetzung Rumäniens, im Herbst 1944, wurden alle noch vorhandenen Kriegsschiffe von den Sowjets beschlagnahmt. Die Masse der Fahrzeuge wurde jedoch später zurückgegeben. Der Friedensvertrag gestattete einen Gesamtschiffsbestand von 15 000 ts und eine Mannschaftsstärke von 5000 Mann.

5.88 Schweden

Die in den Jahren 1921 und 1923 erworbenen Boote italienischer und englischer Konstruktion („MTB 1–4", s. Abschnitt 4.3713) hatten der schwedischen Marine interessante Vergleiche zwischen Stufen- und stufenlosen V-Spantbooten in der kurzen, steilen See des Ostseebereichs ermöglicht. Ende der dreißiger Jahre waren die bei den Erprobungen hart beanspruchten Boote jedoch verschlissen.

Von den vier 1939 in England bestellten Ersatzbauten wurden nur die beiden Vosper-Boote „T 3–4" geliefert, während die British-Power-Boat-Fahrzeuge „T 1–2" beschlagnahmt und als „MGB 44–45" von der Royal Navy übernommen wurden (vgl. Abschnitte 4.31 und 5.2131).

Als Ersatz für die ausgefallenen und außer Dienst zu stellenden Boote, zur Durchführung erneuter Vergleichserprobungen mit modernen Konstruktionen und zur Gewährleistung der bewaffneten Neutralität kaufte Schweden am 29. 2. 1940 — neben zwei Zerstörern und zwei Torpedobooten — die modernen, zum „Typ 500" gehörenden italienischen Boote „MAS 505, 508, 511, 524", die als „T 11—14" in Dienst gestellt wurden (vgl. Abschnitte 4.351 und 4.3713).

Der Rüstungsplan 1941 sah dann eine bedeutsame Änderung der bisherigen Flottenbau-Konzeption vor: die älteren, schwer bewaffneten, aber langsamen Küstenpanzerschiffe, die bisher das Rückgrat der schwedischen Marine dargestellt hatten, sollten durch schnelle, schlagkräftige Kreuzer- und Zerstörerverbände ersetzt werden. Die Torpedo-Angriffskapazität sollte auf einen großen Motor-Torpedobootstyp verlagert werden, der hinsichtlich Geschwindigkeit, Fahrbereich und Seefähigkeit zu längeren, gemeinsamen See-Einsätzen mit den Kreuzern und Zerstörern geeignet sein sollte. Die für erforderlich gehaltene Verdrängung von 150 ts überschritt die der damaligen deutschen Kriegs-S-Boote um rd. 50 %. Die Antriebsleistung wurde mit rd. 9000 PS angenommen. Da entsprechende Motoren in Schweden nicht zur Verfügung standen und an einen Import aus kriegsbedingten Gründen kaum zu denken war, bekam die Fa. Götawerken den Auftrag zur Entwicklung eines eigenen Hochleistungs-Schnelläufer-Diesels. Gleichzeitig begann man sich in Schweden auch mit der Möglichkeit eines Gasturbinentantriebs zu beschäftigen.

Da die Entwicklung des Diesels Zeit erforderte und die Neutralität Schwedens den forcierten Bau der vorgesehenen Kreuzer-, Zerstörer- und Schnellbootverbände notwendig machte, begann man, unter weitgehender Anlehnung an die vorhandenen italienischen und britischen Boote, mit dem Eigenbau von Schnellbooten, deren Antriebsfrage lösbar war: 1941 entstanden bei Kockums Mekaniska Verkstads Aktiebolag, Malmö, „T 15—18" (22 ts, 40 kn, 1 — 20-mm, 2 TR 45,6 cm, 2 x 1150-PS-Isotta-Fraschini-Otto-Motoren, Einstufengleitboote mit geschweißtem Stahlrumpf), 1942—43 „T 21—31" nach Plänen der italienischen Baglietto-Werft bei Kockums, Malmö (Abb. 205, 27 ts, 40 kn, 1 — 20-mm, 2 TR 53,3 cm, 3 x 1150-PS-Isotta-Fraschini-Otto-Motoren).

5.89 Spanien

Von den während des Bürgerkrieges von Deutschland und Italien an Franco-Spanien abgetretenen neun Schnellbooten befanden sich 1943 noch vier Lürssen-Boote („LT 11, 12, 14, 15") und drei Boote italienischen Typs („LT 16, 17, 19") in Dienst (vgl. Abschnitt 4.3715).
Am 16. 8. 1943 wurden die sechs in Spanien internierten deutschen Boote „S 73, 78, 124, 125, 126, 145" an die spanische Marine abgegeben und als „LT 21—26" in Dienst gestellt (vgl. Abschnitt 5.521).

5.810 Thailand

Von den neun vorhandenen, in den Jahren 1924 und 1936 beschafften Thornycroft-CMB (s. Abschnitte 4.311 und 4.3714) waren die fünf älteren, kleineren und leistungsschwachen Boote 1939 schon sehr weitgehend verbraucht. Drei weitere Boote des Thornycroft-Typs, „CMB 10—12", hatte die Staatswerft Bangkok 1936/37 nach den englischen Plänen nachgebaut und mit Thornycroft-Motoren ausgerüstet. Im Rahmen der kriegerischen Verwicklungen, in die Thailand gewollt oder ungewollt einbezogen wurde (Januar 1941 Gefecht mit einem französischen Geschwader bei dem Versuch, Teile des damaligen Französisch-Indochina dem siamesischen Staatsverband einzugliedern, ab 25. 1. 1942 unter japanischem Druck Teilnahme am Zweiten Weltkrieg auf Seiten der Achsenmächte), gingen mehrere Fahrzeuge der zwar modernen, aber wenig geschulten Flotte, darunter eines der Schnellboote, verloren.

5.811 Türkei

Von den 1931 beschafften Booten des italienischen Typs „MAS 428" blieben während des Krieges nur die beiden in „HB 1–2" umbenannten Boote „Dogan" und „Marti" in Fahrt.

Sechs 1942 nach britischen Entwürfen in der Türkei gebaute Boote, „HB 3–8" (30 t, 35 kn, 1 – 20-mm, 2 – 45,6-cm-Torpedos in italienischer Seitenwurfeinrichtung) kamen in Fahrt. Acht bei Camper & Nicholson in England bestellte große Boote wurden als „MGB 502–509" von der Royal Navy übernommen.

In diesem Abschnitt wurden nicht behandelt
– die Marinen, die auf Seiten der Alliierten kämpften (s. Abschnitt 5.215)
– die Marinen, bei denen keine Schnellboote vorhanden waren bzw. bei den vorhandenen Booten keine Veränderungen auftraten.
Quellen: 3, 51, 52, 53, 54, 94, 107.

5.9 Die Erfahrungen des Zweiten Weltkriegs

Eine Analyse der Schnellbootentwicklung und der Schnellbooteinsätze aller Marinen im Verlaufe des Zweiten Weltkriegs legt eine Vielzahl bemerkenswerter und allgemeingültiger Fakten offen:

5.91 Friedensvorbereitungen

Eine Mitte der Zwanziger Jahre von einigen Marineexperten propagierte „Doktrin der Moskitoflotte", nach der die Küste und küstennahe Seeverbindungen, besonders in engen Seeräumen und Randmeeren, am wirksamsten von Seestreitkräften verteidigt werden können, die ausschließlich oder vorherrschend aus kleinen Fahrzeugen bestehen, hatte sich nicht durchsetzen können. Sie wurde nicht zuletzt im Kriege mehr als genug durch praktische Beispiele widerlegt. Alle ausschlaggebenden Marinen waren sich klar, daß nur eine in sich ausgewogene, alle relevanten Schiffstypen angemessen berücksich-

tigende Flotte die so vielschichtigen Aufgaben von Seestreitkräften lösen kann.

Mangelnde Haushaltsmittel und die besonderen Eigenarten des Friedensdienstes einer Flotte führten jedoch, bis auf wenige Ausnahmen, zu einer Konzentration der Seerüstung auf wenige und größere Einheiten. Auf den Bau kleiner und kleinster Fahrzeuge wurde keineswegs verzichtet. Man bemühte sich durchaus um neue, verbesserte Typen, die ihren spezifischen Aufgaben und den Besonderheiten ihres Einsatzgebiets Rechnung trugen. Allgemein wurden aber nur so viele Boote gebaut, als nötig waren, um sie gründlich zu erproben, Personal auszubilden und die Einsatztaktik, wenn überhaupt vorhanden, zu vervollkommnen.

Der im Kriege auftretende Bedarf an kleinen, schnellen Fahrzeugen für offensive und defensive Aufgaben im engeren und weiteren Küstenvorfeld ist aber von allen Marinen völlig unterschätzt worden. Dementsprechend hatte keine Marine Vorarbeiten geleistet für eine den Friedensbedarf übersteigende Groß-Serien-Fertigung von standardisierten Hochleistungsmotoren und Bootskörpern. Auch die vom deutschen Konstruktionsamt kurz vor Kriegsausbruch eingeleitete Verstärkung der Motorenfertigung war primär aufgrund der Konzentration auf einen einzigen Hersteller und nur ganz sekundär als Mob-Vorbereitung erfolgt. Erste Ansätze zur Vorbereitung einer kriegsmäßigen Groß-Serienfertigung von Schnellbooten waren allein

– die Vorschläge der englischen Fairmile Company für eine arbeitsteilige, industrielle Serienfertigung von hölzernen Knickspantbootskörpern unter Heranziehen auch bootsbaufremder Betriebe,
– die Bemühungen der US-Marine, durch harte Vergleichserprobungen zu einem konstruktiv einfachen, aber guten Standardtyp zu kommen, dessen Serienbau im Bedarfsfall an eine Vielzahl von Betrieben vergeben werden konnte.

In logischer Konsequenz litten alle Marinen – vielleicht mit Ausnahme der sehr spät beginnenden, von Anfang an systematisch arbeiten-

den, von äußerer Kriegseinwirkung und Material-
mängeln weitgehend unbeeinflußten US-Navy —
an Fertigungsschwierigkeiten:
— zu aufwendige Bootskörperkonstruktionen
  mußten vereinfacht oder durch vereinfachte
  ersetzt werden,
— durch unterbrochene Zulieferung oder durch
  anderweitige, kriegswichtigere Inanspruch-
  nahme verknapptes Material mußte ersetzt
  werden (z. B. Holz durch Stahl, die auf englischen Booten verwandten Rolls-Royce- und
  Isotta-Fraschini- durch Hall-Scott- und Packard-Motoren usw.)
— die mangelnde Fertigung von Hochleistungsmotoren beschränkte den Ausstoß fertiger
  Fahrzeuge und zwang vielfach zum Bau langsamer, für die operative Verwendung weniger
  geeigneter Fahrzeuge.
Andererseits ist aber auch hervorzuheben, daß
die bedeutenden Hersteller von Schnellboot-
motoren, z. B. Daimler-Benz, Packard, Isotta-
Fraschini, im Laufe des Krieges in der Lage
waren, durch technische Verbesserungen (Aufladung usw.) die Leistungsabgabe ihrer Motoren
erheblich zu steigern. Allein dadurch konnten
jene Geschwindigkeitsverluste aufgefangen werden, die durch die wachsende Verdrängung der
Boote durch militärische Zusatzforderungen im
Laufe des Krieges zwangsläufig auftraten.

5.92 Personelle Fragen

Die lange Kriegsausdauer, der harte Kriegseinsatz und das gewaltige Anwachsen der Fahr-
zeugzahl führte allgemein zu personellen
Schwierigkeiten.
Alle Marinen sahen sich gezwungen, für den erheblichen Bedarf der Coastal Forces an gut
trainierten, reaktionsschnellen, harten, aus-
dauernden und vielseitigen Besatzungen spezielle Ausbildungsverbände und -zentren zu
schaffen. Große Teile der noch im Frieden geschulten, in den ersten Kriegseinsätzen erfahrenen und bewährten Besatzungen waren erforderlich, um Wissen, Kenntnisse und Einsatzerfah-

rungen an die breite Masse der jungen Besatzungen weiterzugeben. Immer wieder zeigte es sich,
daß auf kleinen, verwundbaren Fahrzeugen, die
keine bemerkenswerte Standkraft gegenüber
Feindwaffenwirkung besitzen, nur harte und
wirklichkeitsnah geschulte Besatzungen bestehen können, die in der Lage sind, unter optimaler Nutzung aller taktischen und technischen
Möglichkeiten in überlegener Kampfführung den
Gegner kurzfristig niederzukämpfen.

5.93 Großer Verschleiß

Bei allen Marinen und bei allen im Kriege verwandten Fahrzeugtypen, gleich welcher Größe,
Bauart und Konstruktion, zeigte es sich, daß
wesentlich mehr Ausfälle auftraten, als friedensmäßig erwartet wurden. Mensch und Technik,
Besatzungen, Hochleistungsmotoren, Anlagen,
Waffen und hochbeanspruchte Bootskörper
unterlagen einem ungewöhnlich starken Verschleiß und waren nur bei entsprechenden
Regenerationspausen, hervorragender Ersatzteilhaltung und naheliegender, stets einsatzbe-
reiter Instandsetzungskapazität über einen
längeren Zeitraum voll einsatzbereit zu halten.
Die hohen physischen und psychischen Beanspruchungen der Besatzungen in See und im
Kampf, das aus Alarm- und kriegsbedingten
Gründen (mangelnde Infrastruktur, Dislozierung
der Boote im Hinblick auf die Luftgefährdung
beim Liegen usw.) vielfach und für längere Zeit-
räume erforderliche Wohnen der Besatzungen an
Bord der oft nur mit behelfsmäßigen Wohneinrichtungen versehenen Boote führte, ganz
besonders bei den kleineren Booten, zu einem
schnellen Kräfteverschleiß und einer dementsprechenden Beeinflussung der Einsatzinter-
valle.
In vielen Fällen wurden die Besatzungen von
Schnellbooten, wie die Jagdflieger der Luftwaffe,
zwischen den Einsätzen in regelrechte Rege-
nerationszentren abseits der Stützpunkte verlegt.
Als idealste Lösung für die materielle und perso-
nelle Inganghaltung der Boote erwiesen sich für

die spezielle Aufgabe ausgelegte Tender bzw. mobile Stützpunkte mit allen Wohn-, Erholungs-, Instandsetzungs- und Ausrüstungseinrichtungen. Besonderen Vorteil boten die mit Dock- und Liftkapazität versehenen großen US-Tender und die gegenüber Luftangriffen gut dislozierbaren amerikanischen Stützpunkte, bei denen Dock, Werkstätten usw. auf mehrere Schwimmkörper verteilt waren.

Schließlich mußten alle Marinen auch erfahren, daß

- die schnelle und leichte Austauschbarkeit beschädigter Anlagen und Aggregate, d. h. also das Bereithalten einer angemessenen Anzahl von Reservegeräten, wesentlich zweckmäßiger ist, als das Vorsehen einer zu umfangreichen, viel Raum, Platz, Gewicht und Spezialisten erfordernden Instandsetzungskapazität bei jedem einzelnen Verband.
- schnelle Kleinboote einen erheblichen Nachschubbedarf aller Art haben. In vielen Fällen wurden ganze Verbände vorübergehend lahmgelegt, wenn der Nachschub an Brennstoff, Munition, Torpedos, Ersatzteilen usw. durch Luftangriffe o. ä. unterbrochen wurde.
- Schnellbootverbände am empfindlichsten bei den notwendigen Überholungen in den Stützpunkten sind. Ein ganz erheblicher Teil der verlorengegangenen Boote wurde in den Häfen zerschlagen.

5.94 Bootsgröße, Bauart und Antrieb

Bereits die Vorkriegsentwicklung zeigte, daß die einzelnen Marinen hinsichtlich Bootsgröße, Bauart und Antrieb eines Schnellboots sehr unterschiedliche Auffassungen vertraten, die teils von taktischen Überlegungen, teils von technischem Zwang (z. B. Art und Leistung der zur Verfügung stehenden Motoren) bestimmt wurden. Praktisch standen bei Kriegsbeginn zwei unterschiedliche Konzeptionen an der Front:

- ein kleiner Typ von 20—50 t Verdrängung, ausgeführt als Stufen- oder stufenloses V-Spant-Gleitboot mit Otto-Motoren mittlerer Leistung,

der vorherrschend in England, Italien, den USA und der Sowjetunion, ferner auch bei den kleineren Marinen auftrat.

- ein größerer Typ von 50—100 t Verdrängung, ausgeführt als widerstandsgünstiges Rundspantverdrängungsboot mit flachem, brettartigem Hinterschiff, mit Dieselmotoren mittlerer und hoher Leistung, der vorherrschend in Deutschland entwickelt wurde.

Die ersten Kriegseinsätze ließen bereits erkennen, daß die kleinen Boote die für Torpedoträger interessante Forderung nach kleinster Silhouette durchaus erfüllten. Es stellte sich aber auch heraus, daß die taktische Vorstellung des gleichzeitigen Masseneinsatzes einer großen Anzahl kleiner, schneller, billiger und einfacher Boote nicht immer ganz aufging. Zwar haben besonders die Russen, trotz mangelnder taktischer Kenntnisse, mit dem Masseneinsatz kleiner Boote einige Erfolge erzielt, doch wurden die Handicaps der kleinen V-Spantboote mit längerer Kriegsdauer immer offensichtlicher:

- die große Wetterabhängigkeit. Kleine V-Spant-boote erleiden bereits bei See 3 erhebliche Einschränkungen der Einsatzbereitschaft. Die Grenzwetterlage liegt unter See 4. Daraus resultieren
  a) generelle Beschränkungen bei der operativen Planung und Schwierigkeiten bei nächtlichen Unternehmungen über eine größere Entfernung: Ein Abbruch wegen Wetterlage und Rückmarsch mit reduzierter Fahrt läßt die Boote bei Tagesanbruch u. U. noch in See stehen und setzt sie der Gegnerluftwaffe aus,
  b) Beeinträchtigung von gemeinsamen Unternehmen mit größeren, seegängigeren Fahrzeugen,
  c) eine starke physische Beanspruchung der Besatzung beim harten Einsetzen des Bootes im Seegang (Rückgrat, innere Organe!)
- die geringe Standfestigkeit des kleinen, kaum unterteilten Bootskörpers gegenüber Trefferwirkung,

– keine Wachablösung wegen der geringen Besatzungsstärke. In See sind alle Mann permanent eingespannt. Daraus ergeben sich entsprechend längere Intervalle zwischen zwei Einsätzen,
– die außerordentliche Empfindlichkeit der zwar leichten und raumsparenden, aber brand- und explosionsgefährdeten Otto-Antriebsanlagen, speziell auch der Brennstofftanks, unter Beschuß, bei Leitungsleckagen und Brennstoffübernahme,
– die geringen Vorräte, der kleine Fahrbereich und die beschränkte Torpedozahl.

In klarer Erkenntnis dieser Zusammenhänge und aufgrund sehr hoher, sich aus Einsatzgebiet und Restriktionen des Versailler Vertrages ergebenden militärischen Forderungen war die deutsche Marine schon Anfang der dreißiger Jahre auf das große, dieselgetriebene 50-t-Boot übergegangen und hatte den Typ „S" im Rahmen der Friedens- und Kriegserfahrungen nach und nach auf eben über 100 t vergrößert. Während die Amerikaner aufgrund der speziellen, von den PT-Booten zu erfüllenden Aufgaben im Verlaufe des Krieges mit einem auf 50–60 t Verdrängung angewachsenen Boot auskamen, steigerten Engländer und Italiener ihre ursprünglich kleinen Typen auf 60–100 t. Beide hätten die Bootsgröße gern weiter gesteigert, wenn entsprechende Antriebsanlagen zur Verfügung gestanden hätten. Der Versuch der Engländer, die Antriebsfrage mit Dampfbooten zu lösen, schlug fehl. Die 90–100-t-Vier-Motorenboote des Typs Fairmile D krankten am Otto-Motor, die mit Dieseln ausgerüsteten Camper & Nicholson-Boote an der geringen Motorenleistung.

Generell hatte die Kriegserfahrung also gezeigt:
– daß aufgrund wachsender militärischer Forderungen immer größere Boote notwendig wurden,
– daß kleine Boote mit Verdrängungen unter 50 t nur einen sehr bedingten militärischen Wert besitzen und bestenfalls als echte **Klein**-Schnellboote unter gewissen Bedingungen interessant werden können,

– daß selbst mittelgroße Boote von 50–70 t Verdrängung nicht voll befriedigen, da sie
  a) immer noch relativ früh aus Wettergründen ausfallen,
  b) eine letzthin für bestimmte Einsätze immer noch zu geringe Zuladungskapazität (Bewaffnung, Minen, Truppen, Versorgungsgüter usw.) besitzen.
– daß eine optimale Schnellbootgröße 1945 bei 100 t und mehr lag, weil erst bei dieser Größe ausreichende Seefähigkeit auch unter ungünstigen Umständen, schlagkräftige Bewaffnung, gute Standkraft sowie Raum und Decksflächen für Sondereinsätze zur Verfügung stehen,
– daß der gewichtsmäßig schwerere, aber hinsichtlich Sicherheit und Fahrbereich überlegene Diesel der zweckmäßigste Schnellboot-Antrieb ist, **wenn** er mit einer ausreichenden Leistung zur Verfügung steht,
– daß das Rundspantboot hinsichtlich Seeverhalten dem V-Spantboot überlegen, bei üblichen Geschwindigkeiten um 40 kn und darunter widerstandsmäßig aber etwas unterlegen ist. Trotzdem ist es, besonders in England und den USA, gelungen, für mittelgroße und große Boote V-Spantformen zu entwickeln, deren Seeverhalten unter normalen Bedingungen befriedigte. Auch die deutsche Marine hatte sich um 1943 mit einem derartigen Typ beschäftigt.

5.95 Einsatz und Verwendung der Boote und die daraus resultierende Entwicklung des Typs

Schon in den ersten Kriegsmonaten machten alle Marinen die Erfahrung, daß die Seeherrschaft in den für Schnellboote und schnellbootähnliche Fahrzeuge als Einsatzgebiet in Frage kommenden engeren und weiteren Küstenvorfeldern tagsüber von der Luftwaffe und nachts von der Marine ausgeübt wurde. Nur beim Fehlen einer ausreichend starken Gegnerluftwaffe konnten Schiffe und Bootsverbände in diesen Seegebieten auch am Tage operieren. In den ersten Kriegsjahren war das Flugzeug darüber hinaus technisch auch nicht in der Lage, Schiffsziele nachts zu bekämpfen. Selbst in den späteren Kriegsjahren wurden die durch Radaranlagen zum Nachteinsatz geeigneten Flugzeuge primär für wichtigere Aufgaben wie U-Bootabwehr, Geleitsicherung usw. eingesetzt, so daß in See stehende, schnelle, bewegliche Kleinbootsverbände selbst 1944–45 meist nachts aus der Luft kaum behelligt wurden.

Schnellboote wurden während des Krieges von allen Marinen in großen bis sehr großen Stückzahlen verwandt. Ihr Einsatz erfolgte in den Küstengebieten der Nord- und Ostsee, des Kanals, des Nordmeers, des Mittelmeers, des Schwarzen Meers, auf Binnengewässern und in den Inselbereichen des Pazifiks. Die Art der Verwendung war äußerst unterschiedlich und — bedingt durch Umstände, taktische Lage usw. — wesentlich vielseitiger, als ursprünglich angenommen.

Während besonders die italienische Marine im Ersten Weltkrieg dem Schnellboot die Alternativrollen eines Artillerie-, Torpedo- und Minenträgers zugewiesen hatte, Aufgaben also, die je nach Lage von ein und demselben Grund-Typ erfüllt wurden, hatte man sich zwischen den Kriegen bei allen am Schnellbootbau beteiligten Marinen zu einer sehr einseitigen Festlegung des Schnellboots als Torpedoträger entschlossen, dessen primäres Ziel der unbemerkte Torpedoschuß gegen größere Schiffsziele war. Eine einzige, kleinkalibrige, meist achtern stehende Maschinenwaffe sollte der Selbstverteidigung dienen. Nur die wenigen in der Sowjetunion gebauten Motorkanonenboote, denen offensichtlich Wachbootaufgaben zugedacht waren, erinnerten an die frühen Artillerie-Schnellboote . . .

Die Praxis des Krieges sah Schnellboote dann in der ursprünglichen, „klassischen" Aufgabe, als Torpedoträger gegen größere Kriegsschiffe, aber auch als Torpedoträger im Handels- und Abnutzungskrieg, als Sicherungsfahrzeuge, als Blockadebrecher, als Transporter für offensive Landungen, Kommando-Unternehmen, Truppen-

evakuierungen und Versorgungsgüter, als Artillerieträger und Minenleger.

Es lag in der Natur der Dinge, daß diese Aufgabenvielfalt nicht ohne Einfluß auf das Gesamterscheinungsbild des ursprünglichen Torpedoträgers bleiben konnte.

Eindeutig ist festzustellen, daß das entscheidende, die Entwicklung beeinflussende Zentrum der Schnellbooteinsätze im Zweiten Weltkrieg im Englischen Kanal lag, wo sich auf beiden Seiten große Schnellbootverbände mit hochwertigen Fahrzeugen gegenüberstanden. Alle übrigen Einsatzgebiete von Schnellbooten, selbst der Mittelmeer- und Pazifikraum, waren im Hinblick auf die Entwicklung nicht so gravierend, da die Verhältnisse in fast allen Fällen durch die technische oder taktische Überlegenheit einer Seite verzerrt wurden.

Die Schnellbooteinsätze im Kanal sind zunächst durch ein Anzahl einschneidender und bestimmender Fakten charakterisiert:

a) Ab Sommer 1940, nach der Eroberung der holländisch-belgisch-französischen Kanalküste, wurde die Masse der deutschen Schnellboote nach und nach in den Kanal verlegt und primär durch Torpedo- und Mineneinsatz im Tonnage- und Abnutzungskrieg gegen die Schiffahrt vor der englischen Süd- und Südostküste verwandt. Bemerkenswert ist, daß

— der Mineneinsatz zeitweilig dominierte,

— die Zahl der auf deutscher Seite vorhandenen Boote nie zu echten Schwerpunktbildungen ausreichte. Die drei Kriterien: zu große Einsatzgebiete, zu wenig Material und Personal, immer unterlegene Kräfte, charakterisierten ja nicht nur den Seekrieg, sondern, mit wenigen, meist lokalen Ausnahmen, die deutsche Kriegsführung schlechthin.

b) Die ab 1941, mit Einsetzen, Durchführen und Abbruch der „Luftschlacht über England", völlig wegfallende Unterstützung der deutschen Schnellboote durch die Luftwaffe. Von wenigen Ausnahmen abgesehen, standen weder Luftaufklärung noch Jagdschutz noch

Luftunterstützung in Notfällen zur Verfügung. Im Gegensatz dazu wurden die englischen Boote von Jahr zu Jahr mehr von der Royal Air Force unterstützt.

c) Durch die Entwicklung spezieller taktischer und technischer Gegenmittel gelang es den Engländern, die bis Mitte 1942 offensiv operierenden deutschen Schnellbootverbände zunächst abzuwehren und später zunehmend in die Defensive zu drängen. Die Entwicklung besonderer Sicherungsstreitkräfte und Schnellbootjäger („Hunt"-Zerstörer, Rückgriff auf das artillerietragende Schnellboot des Ersten Weltkriegs [MGB] usw.) bestätigte erneut die alte Erkenntnis, daß jede Waffe über kurz oder lang eine Gegenwaffe hervorruft.

d) Um die Jahreswende 1942/43 erhielten die in schnell zunehmendem Maße mit Radar operierenden alliierten See- und Luftstreitkräfte einen überragenden Vorteil gegenüber den deutschen Booten. Selbst bei Nacht und schlechter Sicht konnten die mit diesen Geräten ausgerüsteten Fahrzeuge ungehindert wie am lichten Tag operieren, ohne daß den deutschen Einheiten gleichwertige Geräte zur Verfügung standen. Das auf den deutschen Booten als Abwehr installierte Funkmeß-Beobachtungsgerät (FuMB) war als passives Gerät kein Äquivalent. Es rief teilweise mehr Beunruhigung als Sicherheit hervor!
Obwohl leichte deutsche Seestreitkräfte unter diesen unglücklichen Verhältnissen noch 1944 bei der Invasion, ja selbst noch 1945, immer wieder einzelne Offensiveinsätze fuhren, waren diese Einsätze letzthin nur noch Teil der strategischen Gesamt-Defensive der Wehrmacht an allen Fronten. Erfolge wurden nur noch unter hohen eigenen Verlusten erzielt. Bemerkenswert ist, daß die Erkenntnis dieser Lage nicht mehr zu einer durchgreifenden Neukonzeption in bezug auf Bewaffnung, Ausrüstung und Einsatz führte.

e) Bei Kriegsausbruch 1939 verfügte offensichtlich nur die deutsche Marine über eine systematisch, über einen Zeitraum von fast 15 Jahren entwickelte Schnellboottaktik, die während des Krieges nach den Erfordernissen modifiziert wurde. Engländer und Amerikaner — um 1944/45 in gewissem Sinne auch die Russen — entwickelten ganz spezielle, der Eigenart ihrer Aufgaben angepaßte taktische Verfahren für Schnellboote, ja selbst kooperative Verfahren für Zerstörer und Schnellboote, erst im Verlauf des Krieges. Alle Marinen machten schließlich eine Reihe interessanter Erfahrungen:

– In den ersten Kriegsjahren war ein erheblicher Teil der erzielten Versenkungserfolge auf das überraschende Auftreten von Schnellbooten aus Lauerstellungen zurückzuführen. Sobald der Gegner sich auf die Möglichkeit von Schnellbootangriffen eingestellt hatte, wurden Erfolge in immer stärker zunehmendem Maße zum Resultat gekonnter, zielstrebig ausgeführter Handlungen, die eine Vielzahl von Erfahrungen, Überlegungen, Reaktionen und Maßnahmen vorraussetzten. Schnellboote wurden auch aus dieser Sicht zu Jagdflugzeugen zur See.

Das Handicap der niedrigen Augenhöhe, die Einschränkung der optischen Sicht durch die unruhige Plattform, durch Wind, See und Spritzwasser, die akustische Belästigung durch lautstarke Antriebsanlagen und Gefechtslärm, ließen die taktische Führung in dem Moment zum Problem werden, wo der Angriff tatsächlich lief. Nur zu gerne biß sich dann eine größere Gruppe von Booten am zuerst angegriffenen Ziel fest und entglitt der planmäßigen Führung. Auch der gemeinsame Ansatz von zwei, drei oder mehr in 20—40 m Abstand als „Torpedobatterie" zum Angriff anlaufender Boote erwies sich als problematisch.
Lief die Gruppe bis zum Schluß geschlossen, war ein gemeinsames Heranführen an den Gegner möglich, doch galt ein großer Teil der Aufmerksamkeit dem Führerboot. Die Handlungsfreiheit und Initiative der Einzelboote wurde stark eingeschränkt, und

wenn die Gruppe vom Gegner abgeschlagen wurde, fiel gleichzeitig eine größere Anzahl von Booten aus.

Löste man dagegen die enge taktische Bindung an das Führerboot kurz vor dem eigentlichen Angriff, so bestand die Gefahr der Zersplitterung, des völligen Verlusts der Führung und — vor allen Dingen beim Nachstoßen feindlicher Kleinbootsverbände — das Problem des Sammelns zu neuem Angriff oder Rückmarsch. Die von den Engländern entwickelte Zusammenarbeit einer Schnellbootgruppe mit einem Radarzerstörer als Leitschiff versuchte dieser Schwierigkeit abzuhelfen.

— Mit dem Moment, wo praktisch alle alliierten Überwasserschiffe mit Radargeräten ausgerüstet waren, sanken die Erfolgsaussichten der ohne diese Geräte operierenden deutschen, italienischen und japanischen Boote drastisch.

Besonders in den Invasionsräumen zeigte es sich, daß mehrreihige, in der Tiefe gegliederte, mehr oder minder lückenlose Bewachungs- und Radarketten den klassischen Überraschungserfolg vereitelten. Die angreifenden Schnellboote waren gezwungen, sich mit hoher Fahrt und Zickzackkursen artilleristisch kämpfend auf das entsprechend vorgewarnte und voll abwehrbereite Ziel vorzuarbeiten und durch gleichzeitige, organisierte Schußabgabe mehrerer Boote auf meist größere Entfernung zum Erfolg zu kommen. Immer mehr erwies sich, daß selbst eine Vielzahl kleinerer Boote durch eine radarvorgewarnte Abwehr gefährdet war, und das vor dem Kriege als ideal angesehene, einseitig ausgerüstete Torpedoschnellboot nunmehr völlig verfehlt war: Es konnte sich nicht durch Abwehrlinien hindurcharbeiten bzw. im Laufe des Gefechtes Situationen gegenüberstehen, die ein gewisses Mindestmaß an Artillerie-, aber keine Torpedowaffen erforderten.

Eine Reaktivierung des reinen Torpedoschnellboot-Einsatzes wurde im August 1944 von deutschen Schnellbooten im Kanal versucht:

Einige Boote schossen, weit außerhalb der Sicherungsstreitkräfte stehend, Langstreckentorpedos des Typs „Dackel" (10 m lang, doppelte Akkubatterie, 9 kn, 57 000 m Laufstrecke) gegen die vor dem Invasionsraum konzentrierten alliierten Schiffsziele. Hatte der Torpedo 27 000 m auf geradem Kurs durchlaufen, ging er automatisch in eine Kreislaufbahn oder in eine asymmetrische Schleifenbahn über, bis er entweder auf ein Ziel traf oder am Ende der Laufstrecke angekommen war. Trotz angeblich erzielter Treffer wurde dieser aufwendige, nur gegen räumlich enge Schiffskonzentrationen verwendbare Torpedo später nicht mehr eingesetzt.

Schließlich ist zu erwähnen, daß unter den genannten Aspekten auch die bis zum Aufkommen des Radar gültige Forderung nach kleinster Silhouette sehr relativ wurde.

Ein neuartiger Trend der Schnellboot-Entwicklung wurde 1940/41 von den Engländern kreiert. Diese hatten erkannt, daß die deutschen Schnellboote dem alliierten Schiffsverkehr vor der Süd- und Südostküste Englands durch Torpedo und Mine immer stärkeren Schaden zufügten und der Einsatz von Zerstörern als enge Objektsicherung bzw. stationäre Überwachung der Geleitwege wenig Entlastung bot. Die meist überraschend erfolgenden Schnellbootangriffe liefen so kurzfristig ab, daß die Dampfzerstörer die Turbinenanlagen selten schnell genug hochfahren konnten, um den angreifenden Booten entgegenzutreten bzw. den ablaufenden folgen zu können.

Durch Umrüstung vorhandener, ursprünglich für U-Jagdzwecke vorgesehener, später durch Neubau geeigneter oder durch Umbau aus amerikanischer Lend-Lease-Lieferung erhaltener Boote entstanden die mit 4 cm und ähnlichen Maschinenwaffen bestückten Motor Gun Boats (MGB), eine Art Rückgriff auf die unter anderen Aspekten entstandenen italienischen Artillerie-Schnellboote des Ersten Weltkriegs. Die den mit 1 — 20-mm-MK bewaffneten deutschen Booten kalibermäßig überlegenen MGB sollten die deutschen Fahrzeuge unabhängig von den Geleitzügen, am zweckmäßigsten beim Ein- und Auslaufen vor ihren Stützpunkten, angreifen und vernichten. Sie operierten in Rudeln.

Bau und Einsatz der MGB ergaben:

a) Für die deutsche Marine die Abkehr von der klassischen Vorstellung, daß ein Schnellboot primär Minen- und Torpedoträger sei und eine relativ geringe Artilleriebewaffnung zur Selbstverteidigung genüge, weil alle taktischen Einsatzvorstellungen der Vorkriegszeit die Selbstverteidigung zum Ausnahmefall einstuften. Als der Einsatz der MGB die Selbstverteidigung des Schnellboots ab 1941 zur Regel werden ließ, ergab sich die Notwendigkeit, die Artilleriebewaffnung nach und nach zu verstärken. Da die deutschen Boote ab 1941 nicht mehr mit einer ausreichenden Luftunterstützung rechnen konnten, mußte bei der Verstärkung der Artilleriebewaffnung eine Kaliberbeschränkung auf 37—40 mm in Kauf genommen werden. Diese Kaliber besaßen noch die für die Abwehr schneller Flugzeuge erforderlichen hohen Kadenz- und V_0-Werte, hatten aber andererseits gegenüber Schiffszielen eine geringere Wirkung als nicht-flafähige größere Kaliber. Die Engländer, die fast immer mit einem Schutz durch Seeluftstreitkräfte rechnen konnten, konnten sich durchaus auf die Anbordgabe größerer, gegen Schiffsziele besser geeigneter Kaliber konzentrieren.

b) Nach einer Vielzahl von Gefechten zwischen Schnellbooten und MGB ergab sich für ein Artillerieduell folgende Vier-Phasen-Taktik

   — Mit hoher Fahrtstufe und unter unsteten Kursen die taktisch günstige Position suchen und so dicht wie möglich an den Feind herangehen (selten über 500 m).
   — Heruntergehen mit der Fahrt, um günstige Umstände für das Artilleriegefecht herzu-

stellen (Vermeiden harten Einsetzens im Seegang, starken Überholens bei Hartrudermanövern usw.).
   — Kurzfristiges Niederkämpfen der Gegnerbesatzung und -artilleriewaffen durch gleichzeitigen Einsatz aller Kaliber.
   — Versenken des Gegnerfahrzeugs durch Wirkungsschießen, Rammen, Entern, Sprengen, Torpedofangschuß usw.

Ein dichtes Herangehen und Heruntergehen mit der Fahrt war erforderlich, da Abkommen und Treffen der kleinen Ziele bei bewegter See und hoher Fahrt außerordentlich schwierig war. Schon bald zeigte es sich, daß die deutschen Boote die angreifenden MGB immer dann erfolgreich ausmanövrieren konnten, wenn sie mit hohen Fahrtstufen liefen und die Entfernung zum Gegner groß genug hielten, d. h. das Artilleriegefecht einfach nicht annahmen.

Zur tatsächlichen Vernichtung eines Schnellboots durch Kleinboots-Artilleriewaffen waren nun einmal länger andauernde Gefechte über große Wegstrecken erforderlich, die immer in die Endphase, das dichte Herangehen an den Gegner zum Niederkämpfen, einmünden mußten.

Auch die Amerikaner machten im Pazifikkrieg diese Erfahrungen und kamen zu einer entsprechenden Verstärkung der Maschinenwaffenausrüstung hinsichtlich Anzahl und Kaliber. Bemerkenswert ist jedoch, daß Amerikaner wie Deutsche am Torpedoschnellboot mit verstärkter Artilleriebewaffnung festhielten. Während die Amerikaner noch einige PT-Boote zu Versuchen vorübergehend als MGB umrüsteten, kam die deutsche Marine über Studienobjekte auf dem Reißbrett nicht hinaus. Als Ablehnungsgründe für ein reines Artillerie-Schnellboot wurden genannt:

a) Ein breit angelegter, systematischer Offensiveinsatz von Torpedo- und Minenträger-Schnellbooten mit ausreichender Selbstschutzartillerie gegen See- und Luftziele, gegen den feindlichen Versorgungs- und Nachschubverkehr bringt mit den materiellen

Schäden und der Bindung starker Gegnerkräfte einen höheren Nutzeffekt der vorhandenen Boote, als ein Einsatz von MGB gegen feindliche leichte Seestreitkräfte.

b) Bei der relativ eng begrenzten Betriebsstundenzahl der Hochleistungsmotoren sichern kurze, gezielte Einsätze gegen den feindlichen Seeverkehr einen wesentlich besseren „Wirkungsgrad", als Sicherungs- und Schnellbootsjagd-Aufgaben mit ungewissem Gegnerkontakt.

c) Die Überzeugung, daß der zahlenmäßig gegenüber den Alliierten weitaus geringere deutsche Seeverkehr im Kanalgebiet usw. allein durch geeignete enge bzw. Nahsicherung langsam laufender, materiell weniger aufwendiger Sicherungsstreitkräfte (Vorposten-, Minensuchboote, Artillerieträger) gewährleistet werden könnte.

d) Die beschränkte deutsche Werft- und Ausbildungskapazität ist nicht in der Lage, auf längere Sicht die bei mörderischen, Material und Kräfte verschleißenden Kleinbootsartilleriegefechten mit Maschinenwaffen auftretenden Schäden und Verluste zu decken.

Um so bemerkenswerter ist daher, daß auch die Engländer ab 1942, als sie die inzwischen in größerer Zahl vorhandenen MGB nicht nur in der Schnellbootsabwehr, sondern zunehmend offensiv gegen den deutschen Küstenverkehr verwandten, zu einer neuen Erkenntnis kamen. Es stellte sich bald heraus, daß MGB-Angriffe auf Sicherungsstreitkräfte und gut armierte Handelsschiffe zu stundenlangen, blutigen und abnutzenden Gefechten führten, die selten klare Entscheidungen, und noch seltener echte Versenkungen brachten. In den meisten Fällen traten erhebliche Material- und Personalausfälle auf beiden Seiten auf, ehe das Gefecht aus Munitions- oder Zeitmangel ergebnislos abgebrochen werden mußte. Man versuchte zunächst, durch eine Steigerung der Artilleriekaliber auf 57—76 mm eine größere Sprengwirkung zu erzielen und ging dazu über, Menschen und vitale Teile der Schiffe und Boote durch Panzerung gegen die verheerende Wirkung von Maschinenwaffen im Nahgefecht zu

schützen. Die Frage, ob ein großes, langsames, schwerfälliges Kaliber mit kleinerer Trefferwahrscheinlichkeit aber größerer Trefferwirkung einem kleinen, schnellfeuernden, beweglichen Kaliber mit größerer Trefferwahrscheinlichkeit aber kleinerer Trefferwirkung vorzuziehen sei, muß im Kleinbootsgefecht unter besonderen Aspekten gesehen werden: Ohne Zweifel ist das große Kaliber bei einem überraschenden Nahgefecht auf kurze Entfernung dann überlegen, wenn das Feuer nach wenigen Schüssen im Ziel liegt.

Andererseits ergeben sich aber aus der Verwendung größerer Artilleriekaliber auf Kleinbooten auch Probleme:

— Infolge der komplizierten Richt- und Schießverfahren sowie der geringeren Kadenz und V_o führen Schlinger-, Stampf- und Rollbewegungen, Slamming-Effekte und die Vibrationen der Antriebsanlage zu stärkeren Streuungen, als dies bei kleineren Kalibern mit direkten und Leuchtspurrichtverfahren sowie hoher Kadenz und V_o der Fall ist.

— Die geringe Kadenz größerer Kaliber erfordert ein sehr genaues Beobachten des Abkommens, um das Einschießen abzukürzen und das Feuer bei der schnellen Beweglichkeit der kleinen Boote im Ziel zu halten.

Da die Aufschlagbeobachtung jedoch durch die niedrige Augenhöhe, die beweglichen Ziele, und nachts auch durch das helle Aufleuchten von Schaumkronen und eigenen Abschüssen erschwert wird, führen letzthin nur geringe Gefechtsentfernungen und die Anwendung des zwar sicheren, aber zeit- und munitionsaufwendigen „Gartenschlauchverfahrens" zu den erwünschten Treffern.

Gerade aber auf geringe Entfernungen können die mit wesentlich höherer Kadenz und V_o versehenen, abwechselnd mit Spreng-, Panzerspreng- und Brandpatronen munitionierten, kleinkalibrigen Maschinenwaffen sehr erhebliche Zerstörungen anrichten. Mehrläufige Waffen wie Doppel-, Drillings- und Vierlingswaffen mittlerer Kaliber führten im Nahkampf immer wieder zu einem regelrechten „Zersägen" des Ziels.

Auch die Engländer kamen daher bald zu der Überzeugung, daß Kleinbootsgefechte mit Kalibern über 40 mm nicht aussichtsreicher waren, als solche mit Kalibern von 20—40 mm, und daß selbst größere Artilleriekaliber die vernichtende Wirkung des Torpedos nicht ersetzen können. Sie entschlossen sich daher 1942, bei offensiven Unternehmen gegen gesicherte deutsche Geleite usw., gemischte Gruppen von MGB und MTB anzusetzen: Die MGB sollten artilleristisch Lücken in die Sicherungsstreitkräfte schlagen, durch die die MTB zum Torpedoangriff anlaufen sollten. Schon nach wenigen Einsätzen dieser Art ergaben sich wiederum interessante Erfahrungen: Vielfach kamen die MGB kämpfend in erfolgsträchtige Torpedoschußpositionen, während die torpedotragenden MTB abgedrängt wurden. In anderen Fällen trafen durchgebrochene MTB plötzlich auf Gegner, die mit Torpdos nicht zu fassen waren.

Kurz, es stellte sich heraus, daß Schnellbootgefechte im allgemeinen so schnell und im voraus unkalkulierbar ablaufen, daß eine vorherige Rollenverteilung auf waffentechnisch spezialisierte Boote einfach unmöglich ist. Jedes Boot muß aus der augenblicklichen Lage heraus bereit sein, den entscheidenden Schlag gegen den Gegner alternativ mit Artillerie **oder** Torpedo zu führen.

Die Engländer zogen aus diesen Erkenntnissen 1942/43 Konsequenzen, die sie praktisch auf die Ebene der kontinuierlich weiterentwickelten deutschen und amerikanischen Boote brachten: Sie entwickelten ein „Kombi-Boot", das MTB/MGB, d. h. das relativ große torpedotragende Schnellboot mit einer hinsichtlich Kaliber und Rohrzahl gegenüber dem ursprünglichen MTB erheblich gesteigerten, nicht nur zur gelegentlichen Selbstverteidigung, sondern auch zur Diversion der Abwehr und zur nachhaltigen offensiven Bekämpfung des Gegners geeigneten Artillerieausrüstung.

Aber auch die Italiener, wie keine andere Marine vor dem Kriege extremer Anhänger des kleinen, schnellen Torpedo-Schnellboots, schwenkten im Rahmen der beschränkten industriellen Möglichkeiten auf diesen Kurs ein!

Darüber hinaus erkannten die Engländer auch, daß das aufkommende Radar die für einen erfolgträchtigen Artillerieeinsatz erforderlichen geringen Gefechtsentfernungen zunehmend unterbinden mußte. Als erste kamen sie zu dem Entschluß, den Torpedo auch beim Kampf gegen Kleinfahrzeuge einzusetzen. Durch den Masseneinsatz von Torpedos, die Verwendung zielsuchender Geräte usw. wurde der Torpedo nach und nach wieder zur entscheidenden Waffe des Schnellboots, während die Artillerie mehr die Rolle des Wegbereiters beim Angriff und die des Selbstschutzes zugewiesen bekam. Man hatte deutlich erkannt, daß alle Fahrzeuge, die keine ausreichende Standkraft für eine längere Kampfhandlung besitzen, von der Taktik und der Technik her in der Lage sein müssen, durch Geschwindigkeit, Beweglichkeit und nachdrückliche Schlagkraft einen überlegenen Gegner in kürzester Zeit zu vernichten. Diese Forderung konnte aber nur der Torpedo erfüllen. Wenn ein kleines Kriegsschiff mit mangelnder Standkraft nicht die Möglichkeit besitzt, den überlegenen Gegner mit einem Schlag auszuschalten, dann ist es von der gesamten Konzeption her falsch ausgelegt. Die auf einigen amerikanischen PT-Booten und deutschen Klein-Schnellbooten der Jahre 1944/45 eingebauten Raketenwerfer griffen der späteren Entwicklung um mehr als 10 Jahre voraus! Gleiches gilt für die auf russischen Schwarzmeer-Booten eingebauten Stallnorgeln.

596. Zusammenfassung und Zielrichtung einer weiteren Entwicklung

Schnellboote haben sich während des Krieges als ein außergewöhnlich vielseitig verwendbarer Kriegsschiffstyp bewährt. Die von den meisten Marinen vor dem Zweiten Weltkrieg entwickelten kleinen Torpedo-Schnellboote erwiesen sich jedoch als wenig zweckmäßig. Aufgrund der zu geringen Seefähigkeit, der unzureichenden Standkraft und der zu einseitigen Schlagkraft waren die von diesen Fahrzeugen erzielten Versenkungserfolge — gemessen an der Zahl der eingesetzten Boote — gering.

Allein die deutsche Marine, und in einem gewissen Maße die auf den englischen Vorarbeiten systematisch aufbauenden US-Navy, hatten für das Schnellboot eine Konzeption entwickelt, die trotz notwendiger, auf der Kriegserfahrung beruhender Modifikationen grundsätzlich beibehalten werden konnte. Nur diese beiden Marinen hielten über die gesamte Kriegsdauer an einem einzigen Grundtyp fest, der den Erfordernissen entsprechend variiert wurde.

Allgemein setzte sich die Erkenntnis durch, daß das kleine Boot den permanent wachsenden militärischen Forderungen gar nicht entsprechen konnte, es sei denn als extrem kleines, echtes Klein-Schnellboot für bestimmte Aufgaben Selbst in einem Boot mittlerer Größe war ein ausgeglichenes Maß an Schlag- und Standkraft nicht zu realisieren. Der Trend ging daher allgemein in Richtung auf ein Boot von eben unter 100 t Verdrängung und mehr. In einem Fahrzeug dieser Größenordnung lassen sich eine Reihe von Faktoren vereinen, die für ein modernes Schnellboot einfach zwingend sind:

a) Seefähigkeit

Die Seefähigkeit muß so groß sein, daß sie einerseits den geographischen Bedingungen des Einsatzgebiets, andererseits aber auch der der zu erwartenden Ziele entspricht. Das heißt, daß unter Berücksichtigung der jahresdurchschnittlichen Wetterlage des Einsatzgebiets nur beschränkte Ausfallzeiten aus Wettergründen auftreten dürfen. Der Gegner muß permanent mit dem Auftreten dieser Fahrzeuge rechnen und für Schutz und Abwehr Sorge tragen. Schließlich muß durch Größe und Bootsform erreicht werden, daß die bekannte Spanne zwischen Waffeneinsatzmöglichkeit und Grenze der Seegängigkeit möglichst klein gehalten wird. Obwohl das baulich aufwendige Rundspant-Verdrängungsboot hier eindeutige Vorteile bietet, lassen sich nach den Erfahrungen des Zweiten Weltkriegs für Fahrzeuge dieser Größe durchaus auch be-

friedigend seegängige, baulich einfache V-Spantformen entwickeln.

Die Kriegserfahrungen zeigten schließlich, daß im Hinblick auf Ortungs- und Aufklärungsbedingungen nicht die glatte See, sondern etwa See 2—3 die optimalen Einsatzbedingungen für Schnellboote ergibt. Bei den gerade für Kleinboote sehr spezifischen Bedingungen des Nord- und Ostseeraumes sollten in diesen Seegebieten operierende Schnellboote so ausgelegt sein, daß die militärische Verwendbarkeit bis See 5—6, die seemännische Sicherheit jedoch bis etwa See 7 gewährleistet ist.

Eine Beschränkung der Bootsgröße nach oben ergibt sich zwangsläufig und aus unterschiedlichen Aspekten:

— geringe Wassertiefen im vorgesehenen Operationsraum, die die Verwendungsmöglichkeit nicht einschränken sollen,

— Rücksicht auf Dislozierungs- und Notliegeplätze. Sie müssen in möglichst großer Zahl zur Verfügung stehen und dürfen nicht durch einen zu großen Tiefgang der Boote ausfallen.

— Die Relation von Größe und Einsatzwert. Große Fahrzeuge sind teuer und aufwendig und daher nur in geringerer Stückzahl vorhanden. Der hohe Wert eines Einzelboots kann daher den Mut zum Einsatz beeinträchtigen. Jeder Verlust durch Minen, Gegnerabwehr usw. ist folgenschwer. Eine geringe Bootszahl verhindert schließlich das Bilden mehrerer Schwerpunkte zur gleichen Zeit und die Diversion der Abwehr.

b) Raum- bzw. Decksflächen

Ein Schnellboot entsprechender Abmessungen verfügt auch über den notwendigen Stauraum bzw. über ausreichende Decksstellflächen für Sonderaufgaben. Immer wieder zeigte es sich im Kriege, daß ein optimales Schnellboot vielseitig verwendbar, d. h. ein schnell umrüstbares Mehrzweckboot sein soll, dem kurzfristig Sonderaufgaben zugewiesen werden können. Wechsel der Schwerpunktbildung bei der Schlagkraft, sehr weitgehender Verzicht auf die Kampffähigkeit bei vorübergehender Verwendung als Transporter oder Evakuierungsfahrzeug usw. sollen schnell, mit geringem Aufwand und mit möglichst wenigen an Bord verbleibenden toten Restgewichten ausgeführt werden können, um die vorhandene Tragfähigkeit immer voll auszunutzen. Die Fähigkeit, ein und dasselbe Boot je nach Lage als Torpedo-, Artillerie- und Minenträger, als Material- und Truppentransporter, als Seenot- und Bergungsschiff oder bei der Unterstützung von Erdkämpfen einsetzen zu können, bestimmt den Wert des Fahrzeugs. Auch auf deutschen S- und R-Booten wurden während des Krieges plötzlich Feldhaubitzen des Heeres zur Unterstützung von Landkämpfen an Bord gegeben.

Die Ähnlichkeitsgesetze zeigen, daß jede lineare Vergrößerung der Hauptabmessungen Länge, Breite, Höhe alle Flächen eines Körpers mit dem Quadrat, alle Räume sogar mit der 3. Potenz der linearen Vergrößerung anwachsen läßt!

c) Schlagkraft

Die Bemessung der Schlagkraft eines Schnellboots sollte von einer Standardbewaffnung ausgehen, bei der Torpedo und Artillerie in so ausgewogenem Maße vorhanden sind, daß

— der Einsatz von hochwertigen und für Schnellboote gefährlichen Fregatten und Zerstörern in der Schnellbootabwehr aufgrund des großen Risikos fraglich wird,

— in Anbetracht des auch bei größeren Booten immer beschränkten Operationsbereichs und der daraus resultierenden Luftgefährdung ein hohes Maß an Fla-Schutz gewährleistet ist.

Macht man sich klar, daß die langen Nächte des Herbst-Winter-Zeitraums wegen der Wetterlage nur theoretisch lange Einsatzzeiten ermöglichen und die wetterbegünstigten kurzen Sommereinsätze starker Luftbedrohung unterliegen, so wird die Wichtigkeit einer geeigneten Fla-Bewaffnung gerade für diesen Typ deutlich. Im Hinblick auf Richtgeschwindigkeit, Schießverfahren, Reichweite, Sprengwirkung, Kadenz und V_0 hatte sich die 40 mm im Kriege als das Kaliber herausgestellt, das einen optimalen Kompromiß zwischen See- und Luftzielwaffe gewährleistete.

Sollte die alternative Anbordgabe eines größeren Kalibers aus bestimmten militärischen Gründen erforderlich sein, so war eine Aufstellung dieser Waffe auf dem Achterdeck nicht nur aus Widerstands- und Trimmgründen, sondern auch aus rein praktischen Erwägungen zweckmäßig. Da die Geschwindigkeit des Fahrtwinds von Schnellbooten auch bei geringen Fahrtstufen meist größer ist, als die Windgeschwindigkeit, stößt das Boot bei einem vor der Brücke stehenden großen Kaliber bei jedem Abschuß in die Gas- und Hitzewolken hinein. Blend-, Rauch- und Druckwirkung behindern zusätzlich die taktische und Schiffsführung. Unter Berücksichtigung der in den USA, der Sowjetunion und z. T. auch in Deutschland zunächst für die Landzielbekämpfung von Seezielen geeigneten Raketenwerfer tendierte die Standardbewaffnung eines großen Schnellboots gegen Kriegsende in folgende Richtung:

— 4— 53,3-cm-Torpedos in Rohren oder Seitenwurfeinrichtung mit der Möglichkeit, alle Torpedos gleichzeitig abfeuern zu können. Das 45,6-cm-Kaliber wurde wegen seiner geringen technischen Leistungsdaten (Geschwindigkeit, Laufstrecke, Sprengladung) von allen Marinen abgelehnt. U. U. sollten zwei Reservetorpedos vorgesehen und in See nachgeladen werden können.

— 2 Geschütze mittleren Kalibers (bis 40 mm) sowie mindestens 2 MG im Brückenbereich. Gegebenenfalls Ersatz des einen Geschützes durch ein größeres Kaliber bzw. einen oder mehrere Raketenstarter.

Darüber hinaus waren See- und Luftzielradar für Ortung und Waffeneinsatz, Navigations-, Funk- und Funksprechgeräte usw. zu fordern.

d) Standkraft

Die Standkraft eines Schnellboots sollte für ein Gefecht mit Gegnern gleichen Typs ausreichen. Sie läßt sich für ein Schnellboot — im Gegensatz zu großen Schiffen — in zwei Komponenten, die aktive und die passive Standkraft, zerlegen. Zur aktiven Standkraft sind die Maschinenwaffen (also ein Teil der Schlagkraft), zur passiven Reserveverdrängung, wasserdichte Unterteilung durch Schotte, Panzerung vitaler Teile wie Brücke, Waffen, Antriebsanlage, Brennstofftanks usw., zu rechnen. Auch die Verwendung sicherer Brennstoffe, wie z. B. Dieselöl, gehört bei diesen Fahrzeugen in den Bereich der Standkraft. Trotz selbstdichtender Tanks und anderer Sicherheitsmaßnahmen erwiesen sich Otto-Brennstoffe nicht nur im Gefecht, sondern auch bei normalem Betrieb als unglücklich.

e) Geschwindigkeit und Fahrbereich

Alle Marinen stellten während des Krieges bald fest, daß die vor dem Kriege vielfach angestrebten spektakulären Geschwindigkeiten von Schnellbooten unter kriegsmäßigen Bedingungen einerseits nicht erreicht wurden, andererseits aber auch gar nicht erforderlich waren. Da ein Schnellboot mit Motorenantrieb wesentlich schneller beschleunigt und erheblich wendiger ist, als sein schärfster Gegner, der Zerstörer, genügt ein Geschwindigkeitsüberschuß von etwa 4 kn in der Dauer — und etwa 6 kn in der Kurzhöchstfahrt.

Das bedeutet eine unter kriegsmäßigen Umständen erzielbare Geschwindigkeit von 40 bis 42 kn.

Die Betriebsmittel sollten so bemessen sein, daß die längste reale Einsatzzeit eines Schnellboots, d. h. etwa 14 Stunden mit hoher Fahrt, gewährleistet ist. Das entspricht einer Eindringtiefe von etwa 300—350 sm bzw. einem Fahrbereich von 600—700 sm.

f) Als Abschluß der Betrachtung der Schnellboote des Zweiten Weltkriegs sollen die Ausführungen zitiert werden, die der letzte Führer der deutschen Schnellboote im Zweiten Weltkrieg, Kommodore Petersen, zu den operativen und taktischen Überlegungen machte, die sich in den deutschen Kriegsschnellbooten niederschlugen:

„Nicht nur geographische Gegebenheiten zwangen dazu, einen Typ zu besitzen, der mit hoher Geschwindigkeit größere Seeräume zu durcheilen hatte. Auch das gegebene Vorhandensein einer blitzschnell auftauchenden Feindluftwaffe im Operationsgebiet setzte eine derartige Fähigkeit, von entfernter gelegenen Stützpunkten aus zu operieren, voraus, wobei vorweg genommen werden mag, daß die Feindluftwaffe, speziell der Jäger oder Jabo, der gefährlichste Gegner für das im Küstenvorfeld und auf den Nachschubwegen des Gegners operierende Schnellboot war und daher den größten Zwang auf die Operationen und somit auf die Typenentwicklung ausübte.

Der hierdurch gegebene Zwang zu hoher Marschgeschwindigkeit bei großem Aktionsradius aus operativen Gründen wurde durch den taktischen Zwang zu hoher Spitzengeschwindigkeit aus taktischen Notwendigkeiten ergänzt. Der artillerietragende Zerstörer war der gefährlichste Gegner des Schnellboots auf dem Wasser und konnte nur mit überlegener Geschwindigkeit ausmanövriert werden. An seine Stelle trat das ebenfalls gefährliche feindliche Schnellboot als artillerietragendes Motorkanonenboot, das sich ebenfalls das Abdrängen unserer Schnellboote vom Operationsziel zur Aufgabe stellte. Auch diesem konnte nur mit überlegener Spitzengeschwindigkeit begegnet werden.

So stand aus operativen und taktischen Gegebenheiten die Forderung nach hoher Spitzen- und Marschgeschwindigkeit bei ausreichendem Aktionsradius an erster Stelle.

Die Tatsache, daß im kombinierten See- und Luftkrieg nur ein wendiger Waffenträger an die Lebensadern des Gegners herankommen konnte und daß sich in den immer luftbedrohten Einsatzhäfen nur ein kleines Fahrzeug einsatzfähig halten konnte, setzte der Deplacementsteigerung des Schnellboots Grenzen. Auch die Leistungssteigerung der Radargeräte und ihre steigende Einflußnahme auf die Abwehrtaktik des Gegners zwang zur Beibehaltung des kleinstmöglichen Typs. Schließlich konnte nur ein flaches und kleines Boot mit einem Bootskörper aus Holz fremde und selbstgeworfene Ankertau- und Magnetminen relativ gefahrlos überlaufen. Andererseits stellte die See als Element ihre Anforderungen an die Typenentwicklung und bestimmte ein

Mindestdeplacement und eine Bootskörperkonstruktion, die ein Maximum an Operationen über die hohe See bei allen Wetterlagen gestattete, die einen Waffeneinsatz noch als erforderlich erscheinen ließen. Es ist ein glücklicher Umstand gewesen, daß die Konstruktionen des Bootskörpers und die Typeneigenschaften der Motorenanlage von vornherein diesen Notwendigkeiten weitgehend Rechnung getragen hatten und daß grundsätzlich keine neuen Wege beschritten zu werden brauchten.

Die Artillerie des Schnellboots diente, da sie für ein Überwasserschiff nur selten hätte tödlich sein können, der Abwehr von Flugzeug und Feindschnellboot. Sie war hierauf zuzuschneiden und mußte die Angriffswaffen lediglich als Defensivwaffe ergänzen. Reine Kanonenschnellboote zu konstruieren, hätte angesichts der operativen Gegebenheiten wenig Zweck gehabt. Die beschränkte Baukapazität der Werften und Werke schloß den Luxus, derartige Boote als Begleitsicherung der Angriffsboote (Torpedoträger) zu bauen, ohnehin aus. Abgesehen davon erwies sich, daß die Motor-

kanonenboote des Feindes nicht in der Lage waren, den Angriff der eigenen Boote gegen die Lebensader des Feindes zu verhindern. Und es erwies sich darüber hinaus, daß der eigene S-Bootstyp noch so viel an Abwehrartillerie tragen konnte, daß der Verzicht auf die Torpedowaffe nicht notwendig und folglich auch nicht richtig war.

So ist es aus operativen und taktischen Überlegungen und Gegebenheiten wie Erfahrungen bei dem torpedotragenden schnellen Bootstyp geblieben, der in seiner technischen Anlage und seinen Waffen eine Bewährung in Nord- und Ostsee, Nord- und Mittelmeer sowie Schwarzem Meer durchstand und schließlich der einzige Überwasserwaffenträger war, der bis zum Kriegsschluß noch auf den Nachschubwegen des Feindes zu operieren in der Lage war.

Schnelligkeit und Aktionsradius, Seetüchtigkeit und die tödliche Torpedowaffe waren die bestimmenden Faktoren der Typweiterentwicklung, denen sich alle anderen unterordneten (29)."

Abb. 199
Sowjetisches Panzer-
Motorboot Typ 1124

Abb. 200
Sowjetisches Panzer-
Motorboot Typ 1125

Abb. 201
Japanisches Torpedo-
Schnellboot Typ T 38

Abb. 202
Japanische Schnellboote
„Nr. 11—27"

Abb. 203
Japanisches Artillerie-
Schnellboot Typ H 61

Abb. 204
Finnisches Schnellboot
„Hurja 1"
(auf dem Schutzumschlag)

Abb. 205
Schwedisches Schnellboot
Typ „T 21—31"

138 Gross, G., Die Führungsmittel für den deutschen Schnellbooteinsatz im 2. Weltkrieg, Marine-Rundschau 1962, S. 131, Zusatz von Giessler, Marine-Rundschau 1962, S. 262

139 Meister, J., Die jugoslawische Marine in der Adria 1941/45, Marine-Rundschau 1963, S. 137

140 Hubatsch, W., Schiffbauplanung, technischer Rüstungsstand und politische Zielsetzung beim Aufbau der deutschen Marine 1848/1945, Marine-Rundschau 1962, S. 65

141 Piterskij, N. A., Die Sowjet-Flotte im Zweiten Weltkrieg, Gerhard Stalling Verlag, Oldenburg — Hamburg 1966

142 Huan, C., Die sowjetischen Landungsoperationen auf der Krim 1941/42, Marine-Rundschau 1962, S. 337

143 Ackasov, Die sowjetische Kriegsflotte im Verlauf des Großen Vaterländischen Krieges, Marine-Rundschau 1965, S. 275

144 Jentschura/Jung/Mickel, Die japanischen Kriegsschiffe 1869/1945, J. F. Lehmanns Verlag, München

145 Cooper, B., The Battle of the Torpedo Boats, McDonald, London 1970

146 Persönliche Unterlagen Schiffbau-Ing. Brauer, Krögerwerft Rendsburg

147 Conrady, H. D. v., Quer durch Europa — Überführung der deutschen S-Boote in das Mittel- und Schwarzmeer, Marine-Rundschau 1957, S. 60

148 Docter H., Überlandtransport von Kriegsschiffen quer durch Europa, Schiff und Hafen 1961, S. 1207

149 Popp, F., Überlandtransport deutscher Schiffe nach dem Mittel- und Schwarzmeer, US Naval Institute Proceedings 1/1955, S. 28

150 Fukui, Fighting Ships of the Imperial Japanese Navy, Tokio

151 Fukui, Japanese Naval Verssels Survived, Tokio 1961

152 Rohwer, J., Die Gliederung der japanischen Marine am 15. 8. 1945. Marine-Rundschau 1960, S. 227

153 Adamich, Z. V., Royal Yougoslav Navy In World War II, US Naval Institute Proceedings 4/1963, S. 138

154 Hümmelchen G. German E-Boats, Profile Warship 1973

Verzeichnis und Herkunft der Skizzen

Alle Skizzen wurden von Herrn Mittelstädt, Flensburg, für dieses Buch neu gezeichnet und z. T. nach anderen Unterlagen ergänzt.

SK 1 — SK 84 siehe Band 1

SK 85 Englisches Vosper-70' — MIB um 1940 (nach (28))

SK 86 Englisches Kanonen-Schnellboot mit Dampfantrieb (SGB) (nach (28))

SK 87 Englische „MGB 74 — 81" (nach (28))

SK 88 Englisches „MGB 501" (nach (28))

SK 89 Englische Motor Launches Typ Fairmile B (nach (28))

SK 90 Englische MTB/MGB Typ Fairmile D (nach (28))

SK 91 Italienische Schnellboote „MS 11-16, 21-26, 31-36" (nach (37))

SK 92 Italienische Schnellboote „MS 51-56, 61-66, 71-(76)" (nach (37))

SK 93 Italienische U-Jäger „VAS 201-230" (nach (37))

SK 94 Italienische U-Jäger „VAS 301-312" (nach (37))

SK 95 Italienisches Klein-Schnellboot Typ M.T.S.M. 1941 (nach (37))

SK 96 Italienisches Klein-Schnellboot Typ M.T.S.M.A. 1943 (nach (37))

SK 97 US PT-Boot des Elco-80'-Typs 1944/45 (US Unterlagen)

SK 98 Monatliche Ablieferungen amerikanischer PT-Boote (incl. Lieferungen an die englische und sowjetische Marine) (Verfasser)

SK 99 Deutscher Schnellboot-Typ „S 26" — Spantenriß (nach Lürssen-Werft)

SK 100 Anordnung von Hauptruder und Staurudern auf deutschen S-Booten (nach (86))

SK 101 Deutsches Schnellboot „S 130" — Meilenfahrten mit 3 Motoren am 28. 10. 43. ohne und mit Staukörpereinstellung (Verfasser)

SK 102 Staukeil (Verfasser)

SK 103 Wellenlagerung im Ruderleitbock (nach (86))

SK 104 Kühlwasserfänger (nach (86))

SK 105 Unterwasserauspuff (nach (86))

SK 106 Ruderhausanordnung auf deutschen S-Booten (nach (86))

SK 107 Lürssen-Entwurf eines 21-m-MTB mit 3 Wellen für ausländische Rechnung (nach BA-MA 132)

SK 108 Lürssen-Entwurf eines 21-m-MTB mit 2 Wellen für ausländische Rechnung (nach BA-MA 132)

SK 109 Deutscher Schnellboot-Typ „S 38" 1941 mit konventioneller Brücke und 2-20 mm MK (nach Lürssen-Werft)

SK 110 Entwurf I — Projekt eines deutschen Artillerie-Schnellboots 1943 (nach BA-MA 1662)

SK 111 Deutscher Schnellboot-Typ „S 100" (nach Lürssen-Werft)

SK 112 Deutscher Schnellboot-Typ „S 38/S 100" mit Kalottenbrücke, 6-20-mm und 1-30-mm-MK (nach BA-MA 696)

SK 113 Planung eines Knickspant-Stahl-Panzerschnellboots 1943 (nach BA-MA 1662)

SK 114 Planung eines Rundspant-Stahl-Panzerschnellboots 1943 (nach BA-MA 1662)

SK 115 Deutscher Schnellboot-Typ „S 219" (nach Lürssen-Werft)

SK 116 Deutscher Schnellboot-Typ „S 700" 1945 (nach BA-MA 1662)

SK 117 Deutsches Geleit-Räumboot „GR 306" (nach Abeking & Rasmussen)

SK 118 Deutsche Mehrzweckboote Typ „Mz 1-12" (nach (101))

SK 119 Spantenriß der Beuteboote „S 201-202" — British Power Boat (Typ PV-Boat (nach (86))

SK 120 Minenlegeeinrichtung auf deutschem Klein-Schnellboot „LS 2" (nach (92))

SK 121 Minenlegeeinrichtung auf deutschem Klein-Schnellboot „LS 3" (nach (92))

SK 122 Deutsches Klein-Schnellboot Typ „LS" (nach (92))

SK 123 Einrichtung für Wasserbombenabwurf auf den deutschen Klein-Schnellbooten „LS 5" und „LS 6" (nach (92))

SK 160   Japanisches   Motor-Flußkanonenboot
         (nach (144))
SK 161   Japanische Schnellboote „Nr. 102-113,
         115-120“ (ex holländisch „TM 4-21“)
         (nach (144))
SK 162   Japanischer Schnellboot-Typ „T 25“
         (nach (144))
SK 163   Japanischer Schnellboot-Typ „T 31“
         (nach (144))
SK 164   Japanischer Schnellboot-Typ „T 38“
         (nach (144))

SK 165   Japanischer Schnellboot-Typ „T 14“
         (nach (144))
SK 166   Japanischer Schnellboot-Typ „T 51“
         (nach (144))
SK 167   Japanisches Artillerie-Schnellboot Typ
         „H 35“ (nach (144))
SK 168   Japanisches Artillerie-Schnellboot Typ
         „H 38“ (nach (144))
SK 169   Japanisches Artillerie-Schnellboot Typ
         „H 61“ (nach (144))

Verzeichnis und Herkunft der Abbildungen

Verzeichnis der Tabellen

Baujahr		1938	1939	1940	1942	1943	1944
Nummer		MTB 20–23	MTB 31–40	MTB 73–98	MTB 347–362	MTB 380–395	MTB 523–537
Benzin	t	5,00	6,36	8,49	8,56	8,49	8,49
Schmieröl	t	0,20	0,27	0,49	0,36	0,69	0,50
Frischwasser	t	0,22	0,42	0,20	0,23	0,20	0,20
Besatzung/Effekten	t	0,97	1,08	0,81	0,81	0,97	1,30
Verschiedene Zusatzausrüstung	t	0,16	0,32	0,32	0,36	0,62	0,71
Bewaffnung, Munition	t	5,79	6,66	6,81	7,31	3,26	8,55
Funk, Radar, Asdic usw.	t	0,24	0,42	0,38	0,48	0,81	1,63
Gesamtgewicht	t	12,58	15,53	17,50	18,10	20,04	21,38
Prozentuale Zunahme der mil. Zuladung gegenüber den Vorkriegsbooten	%	–	23,20	38,50	44,00	59,20	69,50
Probefahrtsverdrängung	t	35,79	39,70	46,90	44,73	44,39	48,80
Prozentualer Anteil der mil. Zuladung an der Verdrängung	%	34,90	38,80	36,90	40,30	44,70	43,40

Wachsende Zuladungsgewichte der englischen 70'-MTB
(zusammengestellt nach (28))

Tabelle 10

		1	2	3	4	5	6
		MAS 3 D–6 D	MAS 7 D–8 D	MS 11–16 21–26 31–36	MS 51–56 61–66 71–76	MS 81–86 + 3 weitere	MAS Typ 500 5. Serie
Länge über Alles	m	28,00		28,00	28,00	34,94	18,70
Breite	m	4,25		4,30	4,30	5,33	4,70
Seitenhöhe	m	2,56		2,68			
Tiefgang (max.)	m	1,70		1,67	1,73	2,10	1,50
Boots-	form	Rundspant		Rundspant	Rundspant	Rundspant	2 Stufen V-Spt.
	konstruktion	Komposit LM/Holz		Komposit	Komposit	Komposit	Komposit
Einsatzverdrängung	t	62,00–62,50		62,60–63,40	68,00–68,80	~ 120	28–30
Hauptantrieb	Anzahl	3		3	3	3	2
	Typ	Daimler-Benz Bfz 12 zyl.V		IF ASM 183	IF ASM 183	DB MB 501	IF ASM 183
	Ges. Leistung	2850/3000		3300	3300	6000	2300
Hilfsantrieb	Anzahl	1					
	Typ	Maybach 6 zyl.		–	–	–	–
	Ges. Leistung	100					
Geschwindigkeit	max.	32,5		32,5	31	39	43
	Hilfsantrieb	7,0		–	–	–	–
Brennstoff	Art	Benzin		Benzin	Benzin	Dieselöl	Benzin
	Menge kg	5850		6030	7200	16700	3500
Fahrbereich	max. sm/kn	265 (32,5)		250 (32)	300 (31)	700 (30)	350 (42)
	Marsch. sm/kn	1650 (7)		850 (12)	900 (12)		400 (24)
Bewaffnung	MK Zahl	2x1	1	1–2	2x1	2x1	2x1
	Kal.	20	40	20	20	20	20
	MG Zahl	1	1	2x1	2x1	–	–
	Kal.	6,5	15	6,5	6,5	–	–
	TR Zahl	2 Bug		2 Bug	2 Bug	2 Bug	–
	Kal.	55		53,3	53,3	53,3	–
	TA Zahl	–		–	2	2	2
	Kal.	–		–	45	45	45
	Wabos Zahl	12+20		6–8	8	6	8
	Gew.	104 50		100	100	50	50
Besatzung				19	19	20	15
Bemerkung		2 Res.Torp. auf S-Deck später MAS 41–46 TR franz. Beutewaffen		2 Res.Torp.	MS 73, 74, 75, 76 mit Abweichungen	Typ deutsch S 38	

Italienische Schnellboote des 2.Weltkrieges
(zusammengestellt nach (37))

7	8	9	10	11	12	13
VAS 201–230	VAS 231–248	VAS 301–304	VAS 305–312	Projekt Küsten-S-Bt. 1943	Klein-S-Bt. Typ M.T.S.M.	Klein-S-Bt. Typ M.T.S.M.A.
28,00	28,00	34,10	34,10	14,00	8,40	8,80
4,30	4,30	5,00	5,00	3,50	2,20	2,32
1,80	1,77	2,10	2,10		0,60	0,70
Rundspant	Rundspant	Rundspant	Rundspant	2 Stufen V-Spt.	V-Spt.	V-Spt.
Holz/Komposit	Komposit	Stahl	Stahl	Holz oder Stahl	Holz	Holz
68,80–69,10	68,50	92,5	92,0	21,0	3,0	3,71
2	1	3	1	1	2	2
Fiat A 25	IF ASM 183	Fiat Littorina	IF ASM 183	IF ASM 184 C	Alfa Romeo 6 c 2500	Alfa Romeo 6 c 2500
1500	1100	1050	1100	1500	190	190
1	2		2	1		
Carraro	Carraro	–	Carraro	Alfa Rom. 1001	–	–
300	600		600	200		
20,5	21	18	19	37	32	29
	–			10	–	–
Benzin	Benzin	Dieselöl	Benzin	Benzin	Benzin	Benzin
9000	8900	9000	8000			
300 (19)	440 (20)	500 (18)	400 (19)	260 (37)	200 (32)	250 (29)
1100 (12)	1260 (14)	900 (14)	1000 (13)	400 (10)		
1–2	1–2	1–2	1–2	1 · 2 oder 20 12,7	–	–
20	20	20	20		–	–
2	2	2	2	–	–	–
6,5	6,5	6,5	6,5	–	–	–
–	–	–	–	2 Heck	1 Heck	1 Heck
–	–	–	–	45	45	45
2	2	2	2	–	–	–
45	45	45	45	–	–	–
30	30	30	30	–	2	2
104	104	104	104	–	50	70
26	26	26	26	2	2	2
Bootskörper wie MS 11–16, 30 kg U-Bootschleppmine, mehrere U-Horchgeräte unterschiedl. Konstrukt.				30–35 mm Panzerschutz für vitale Teile		

Tabelle 11

221

Namen	Werft	In Dienst	Depl. t	Hauptabmess.			Antriebsanlage			
				L m	B m	H m	Motoren		Leistung (PS) Höchst-	Marsch-
Lür	Lürssen	1926	23	21,0	3,6	2,08	3 Maybach VL	O	3x 450	
S 1	Lürssen	1930	39,8/51,6	26,8	4,2	2,44	3 Daimler Bfz	O	3x 900	3x 800
							1 Maybach S 5	O	1x 100	
S 2–5	Lürssen	1932	46,5/58	27,95	4,2	2,44	3 Daimler Bfz	O	3x1100	3x 800
							1 Maybach S 5	O	1x 100	
S 6–9	Lürssen	1933/34	80/95	32,4	4,9	2,80	3 MAN LZ 7	D	3x1320	3x 960
S 10–13	Lürssen	1934/35	78/92	32,4	4,9	2,80	3 Daimler MB 502	D	3x1320	3x1200
S 14–17	Lürssen	1936/38	92,5/114	34,62	5,1	2,90	3 MAN LZ 11	D	3x2050	3x1500
Orjen, Velebit, Dinara, Triglaf, Suvobur, Rudnik, Kajmakalan, Durmitat	Lürssen	1936/38	51/61	28,0	4,2	2,45	3 Daimler Bfz	O	3x1000	3x 800
							1 Maybach S 5	O	1x 100	
C 1–3	Lürssen	1936/37	51/	28,0	4,2	2,44	3 Daimler Bfz	O	3x1000	3x 800
							1 Maybach S 5	O	1x 100	
F 1 (Bura)–F 4 S 1 (ex F5)	Lürssen	1938/39	56/	28,0	4,2	2,44	3 Daimler MB 500	D	3x 950	3x 700
S 18–25	Lürssen	1938/39	92,5/115	34,62	5,1	2,90	3 Daimler MB 501	D	3x2000	3x1500
S 26–29	Lürssen	1940	92,5/115	34,94	5,1	2,90	3 Daimler MB 501	D	3x2000	3x1500
S 30–37	Lürssen	1939/40	81/100	32,76	4,9	2,80	3 Daimler MB 502	D	3x1320	3x1200
S 38–53	Lürssen	1940/41	92,5/115	34,94	5,1	2,90	3 Daimler MB 501	D	3x2000	3x1500
S 54–61	Lürssen	1940/41	82/102	32,76	4,9	2,80	3 Daimler MB 502	D	3x1320	3x1200
S 62–99	Lürssen	1941/43	92,5/115	34,94	5,1	2,90	3 Daimler MB 501	D	3x2000	3x1500
S 100	Lürssen	1943	100/117	34,94	5,1	2,90	3 Daimler MB 501 A	D	3x2500	
S 101–133	Schlichting	1940/43	92,5/115	34,94	5,1	2,90	3 Daimler MB 501	D	3x2000	3x1500
S 134–135	Lürssen	1943	92,5/115	34,94	5,1	2,90	3 Daimler MB 501	D	3x2000	3x1500
S 136	Lürssen	1943	100/117	34,94	5,1	2,90	3 Daimler MB 501 A	D	3x2500	
S 137–138	Lürssen	1943	92,5/115	34,94	5,1	2,90	3 Daimler MB 501	D	3x2000	3x1500
S 139–150	Lürssen	1943	100/117	34,94	5,1	2,90	3 Daimler MB 501 A	D	3x2500	
S 151–158	Gusto. Schiedam	1941/42	54/68	28,30	4,3	2,44	3 Daimler MB 500	D	3x 950	3x 700
S 159–166	Schlichting	–	92,5/115	34,94	5,1	2,90	3 Daimler MB 501	D	3x2000	3x1500
S 167–169	Lürssen	1943/44	100/117	34,94	5,1	2,90	3 Daimler MB 511	D	3x2500	
S 170	Lürssen	1944	100/117	34,94	5,1	2,90	3 Daimler MB 518	D	3x3000	
S 171–186	Lürssen	1944	105/122	34,94	5,1	2,90	3 Daimler MB 511	D	3x2500	
S 187–194	Schlichting	1944	105/122	34,94	5,1	2,90	3 Daimler MB 511	D	3x2500	
S 195–218	Lürssen	1944/45	105/122	34,94	5,1	2,90	3 Daimler MB 511	D	3x2500	
S 219–228 –(300)	Schlichting	1944/45 –∞	107/124	34,94	5,1	2,90	3 Daimler MB 511	D	3x2500	
S 301–307 –(500)	Lürssen	1944/45 –∞	107/124	34,94	5,1	2,90	3 Daimler MB 518	D	3x3000	
S 701–709 –(800)	Danziger Waggonfabrik	1944/45 –∞	107/124	34,94	5,11	2,90	3 Daimler MB 511	D	3x2500	

Deutsche Schnellboote 1926–1945
(zusammengestellt nach (3) und anderen Quellen)

Geschwindigkeit sm		Fahr-bereich sm	Bewaffnung			Bemerkungen
Höchst-	Marsch-		TR	Torp.	Artillerie	
33,5	30		1	1		1 Bug – TR
34,2	30	350	2	2	1–20	2 Bug – TR, offener Steuerstand
33,8	30	300	2	2	1–20	Geschl. Steuerhaus, davor offener Kdo. Stand
35	30	600	2	2	1–20	Vorschiff mit Knickspanten
35	30	600	2	2	1–20	
37,5	35	700	2	4	1–20	
34,5	30	350	2	2	1–40, 2–13	Jugoslawische Marine, Typ „S 2–5" (Knickspanten)
34,5	30	350	2	2	1–20	Chinesische Marine, Typ „S 2–5"
35	30	350	2	2	1–20	Bulgarische Marine, Typ „S 2–5"
39,5	35	700	2	4	1–20	Typ „S 14"
·39,5	35	700	2	4	2–20	Back mit verkl. TR, Bug-Flak, Kdo-Stand hinter Ruderhaus
36	30	800	2	2	2–20	als „C 4–C 10" für China in Bau. Back mit verkl. TR, Bug-Flak, geschl. Steuerhaus, davor Kdo-Stand, Typ „S 10"
39,5	35	700	2	4	2–20	Typ „S 38"
36	30	800	2	2	2–20	Typ „S 30"
39,5	35	700	2	4	2–20	Typ „S 38" incl. Ruderhaus. Ab S 67 Ruderhaus in Kugel-kalottenform, S 81–83, 98–99:1–40, 1–20 mm, 38,5 kn; S 84–85:3x2500 PS MB 501 A, 41 kn
42	35	700	2	4	1–40, 1–20	Ruderhaus und Kdo. Std. gepanzerte Kugelkalotte
38,5	35	700	2	4	2–20	Typ „S 38"
38,5	35	700	2	4	2–20	Typ „S 38"
42	35	700	2	4	2–20	Typ „S 100"
38,5	35	700	2	4	2–20	Typ „S 38"
42	35	700	2	4	2–20	Typ „S 100", ab „S 147":1–40, 1–20 mm
35	30	350	2	2	1–20, 1–15	Typ „S 1" (ex F 5), ex holl. „TM 54–61"
38,5	35	700	2	4	2–20	nicht fertiggestellt
42	35	700	2	4	2–20	Typ „S 100"
45	35	700	2	4	2–20	Typ „S 100" 1. Versuchsboot mit 3000 PS MB 518 Mot.
42	35	700	2	4	1–40, 1–20, 1x2 MG 34	Typ „S 100"
42	35	700	2	4	1–40, 1–20, 1x2 MG 34	Typ „S 100"
45	35	700	2	4	1–40, 1–20, 1x2 MG 34	Typ „S 100", S 208 Versuchsboot mit MB 518 Mot.
42	35	750	2	4	6–30	nur bis S 218 fertiggestellt
45	35	750	2	4	6–30	nur bis S 307 fertiggestellt
42	35	700	2	4	6–30	nur bis S 709 fertiggestellt

Tabelle 12

VS 1	LS 11-30	LS 6-10	LS 4-5	S 167-170	S 151-158	S 118-150	S 117	S 100-116	S 98-99	S 84-97	S 81-83	S 47-80	S 44-46	S 43	S 42	S 40-41	S 39	S 30-38	S 29	S 26-28	S 7-17	
							1		1		1		1		1		1		1			4 cm Flak 28 Bofors, vollaut.
																						3,7 cm Doppelflak L42 dreiachs., vollaut.
																						2 cm Flak Vierling 38, zweiachsig
																						2 cm Flak Vierling 38, dreiachsig
				1	1	1		1	1	1		1	1			1				1	1	2 cm Flak 38 in Sockellafette, dreiachsig
				1		1	1	1		1	1	1	1	1	1	1	1	1	1	1		2 cm Flak 38 in Drehkranz 41 versenkbar 2- und 3achsig
																						2 cm Flak 38 in Drehkranz 42 mit Plexiglas-Kuppel, teilweise gepanzert
																						2 cm Flak 38 in Drehkranz mit Panzerung
			1																			2 cm Flak St 11 in Flzg-Drehring 14 mit Plexiglas-Kuppel, zweiachsig
6	1																					2 cm Hydraul. Drehringlafette HD 151
		1																				MG 131 in Drehkranz mit Plexiglas-Kuppel dreiachsig
																						15 mm Fla MG 39, zweiachsig in Bordlafette
																						15 mm Fla MG 39 in Drehkranz mit Plexiglas-Kuppel
																						15 mm MG 151 in Säulenlafette, dreiachsig
				2	2	2	2	2	2	2	2	2	2	2	2	2	2	2	2	2	1	MG 34

Bewaffnungsstand deutscher S-Boote am 24.9.43
(zusammengestellt nach (133))

Tabelle 13

Motoren-Baumuster	4-Takt Bauform	Aufladung	Verdich-tungs-Verhältnis	Zahl	Zylinder			Gesamt-Hub-raum l	Drehmoment b.Dauerlstg. bezog. auf Kurbelwelle mkg	Kraftstoff-verbrauch b.Dauer-leistung g/PS/h
					Bohrg. mm	Hub mm	Hub-raum l			
MB 500	V-Motor 2x6	ohne	1:16	12	175	230	5,53	66,38	343,4	180
MB 501	V-Motor 2x10	ohne	1:16	20	185	250	6,7	134,4	725,9	180
MB 511	V-Motor 2x10	MB 501 mit mech. angetr. Lader	1:14	20	185	250	6,7	134,4	907,3	180
MB 502	V-Motor 2x8	ohne	1:16	16	175	230	5,53	88,5	429,7	180
MB 512	V-Motor 2x8	MB 502 mit mech. angetr. Lader	1:14	16	175	230	5,53	88,5	549,1	180
MB 507	V-Motor 2x6	ohne	1:17	12	162	180	3,7	44,5	275,5	180
MB 518	V-Motor 2x10	mit mechan. angetr. Lader	1:14	20	185	250	6,7	134,4	954,9	175–180

Technische Daten der MB-Dieselmotoren deutscher Schnellboote
(Firma Mercedes-Benz)

Mittl. effek. Druck bez. auf Nenn-leistung	Netto-Gewicht kompl. kg	Gewicht pro PS bez. auf Nennleistg. kg	Dauer-leistung		Volleistung			Höchstleistung (Nennleistung)			Einbaumasse		
			PSe	U/min	PSe	U/min	Dauer min	PSe	U/min	Dauer min	L mm	B mm	H mm
7,9	2170	2,28	700	1460	800	1540	180	950	1630	30	2933	975	1725
8,25	4220	2,15	1500	1480	1800	1570	180	2000	1630	30	3875	1580	1710
10,27	4720	1,92	1875	1480	2250	1570	180	2500	1630	30	3995	1580	2330
8,15	2700	2,04	900	1500	1200	1600	180	1320	1650	30	3015	1220	1900
10,17	3100	1,87	1150	1500	1500	1600	180	1650	1650	30	3045	1280	1915
8,43	790	0,79	750	1950	850	2200	180	1000	2400	30	1830	790	1060
11,68	4810	1,6	2000	1500	2500	1620	180	3000	1720	30	4050	1580	2330

Tabelle 14

225

Typ und Serie	Bau-jahr	Verdräng. (t) (t/cm Tauch.)	Hauptabmessungen			Geschwindigkeit		Antriebsanlage		Brennstoff (Fliegerbenzin)		
			L m	B m	Tg m	Vmax Kn	Vmarsch (1400 U/min)	Typ	Leistung	Vorrat kg	Verbrauch/h Höchstf. kg	Marschf. kg
Sch 4	1932	14,5 (12,8 t Konstr.)	18,07	3,33	1,00 (hint.)	44,0	25	Wright T	2x650	1060	164	100
Stahl-Boot	1931	25 (0,5)	25,50	3,80	1,35	30,0	27	GAM 34	3x530	3200	325	240
G 5 Serie 7	1930	14,03	19,10	3,33	0,65	45,0	34	GAM 34 ①	2x675	1450	180	160
G 5 Serie 8	1930	14,03 (0,43)	19,10	3,33	0,65	45,3	34,2	GAM 34 ①	2x675	1450	180	160
G 5 Serie 9	1934	14,03	19,10	3,33	0,65	49,0	35,4	GAM 34 BS ①	2x850	1450	180	160
G 5 Serie 10	1937	16,26	19,10	3,40	1,02	49,0	36	GAM 34 BS ②	2 x 850	1600		
G 5 Serie 11	1939	16,26	19,10	3,40	1,02	55,0	45	GAM 34 BSF	2x1000	1600		
D 3	1939/41	35 (30 t Konstr.)	21,00	4,0	1,20	30/35		GAM 34 BS GAM 34	2x850 1x675			
MO-IV	1937	56–59	26,40	4,01	1,20	27,5	24,5	GAM 34 B	3x850	6000	490	444

① im Kriege z.T. mit Motoren GAM 34 B und GAM 34 BS ausgerüstet: 850 PS bei 1850 U/min.

② im Kriege z.T. mit Motoren GAM 34 BSF (1000 PS) ausgerüstet.

③ im Kriege: 2–12,7 mm DSchK und 1– 7,6 mm MG DA-2.

④ im Kriege: 2–12,7 mm MG DSchK und 1– 7,6 mm Flzg.-MG SchKas.

⑤ im Kriege: 2–12,7 mm MG DSchK und 2– 7,6 mm MG DA-2.

⑥ 2–53,3 cm Torpedos oder 24–36 kg Wabos oder 4 Minen.

Sowjetische Schnellboot-Typen des 2. Weltkrieges
(zusammengestellt nach Unterlagen des BA/MA)

Fahrstrecke (sm)		Artillerie	Torpedos	Minen	Besatzung	Bemerkungen
Höchstf.	Marschf.					
250 ⑦		2–7,6 mm MG DA 2	2–45,7	–	6	
300 ⑦	350	2–7,6 mm MG DA 2 ⑤	3–45,7	–	6	Nur 2 Boote gebaut
200 ⑦	250	1–7,6 mm MG DA 1 ③	2–53,3 ⑥	– ⑥	7	Sommer 1942 85 Boote in Ostsee und Schwarzmeer
200 ⑦	250	1–7,6 mm MG DA 1 ③	2–53;3	–	7	Nur wenige Boote gebaut, diese im Schwarzmeer
200	250	2–7,6 mm MG DA 2 ③	2–53,3	–	7	Schwarzes Meer
		2–7,6 mm MG DA 2 ④	2–53,3 ⑥	–	7	Sommer 1942 20 Boote, davon Masse im Schwarzmeer
450 ⑦		1–20 mm SchWAK 20 1x2–12,7 mm DSchK 1–12,7 mm Flzg.-MG	2–53,3	–	12–14	Anfang 1941 erste Boote in Groß-Serienbau
265	610	2–45 mm		–	21	

⑦ Höchstfahrtangaben rein theoretisch, da GAM-Motoren nur knapp eine Stunde Höchstfahrt laufen können.

Tabelle 15

	Ostsee	Nordmeer	Pazifik	Schw. Meer	Donau	Kasp. Meer	Gesamt
Bestand am 22.6.41	48	2	135	84	–	–	269
Neubauten bis Mai 1945	92	18	36	13	6	–	165
Reaktivierungen	–	–	–	2	–	3	5
Gesamt	140	20	171	99	6	3	439
Verluste 1941/45	60	5	5	54	–	–	124
Anderweitige Verwendung	–	1	–	8	–	3	12
Abgänge insgesamt	60	6	5	62	–	3	136
Bestand bei Kriegsende (Eigenbauten)	80	14	166	37	6	0	303
Anglo-amerikanische Lieferungen	213 Boote, davon 12 Kriegsverluste				Bestand Mai 1945		201
Kriegsbeute vor Mai 1945	12 ex Rumänen, 7 ex Bulgaren, 4 ex Finnen (z.T. desolat)						23
					Gesamtbestand im Mai 1945 ~		527

Stärkeverhältnisse der sowjetischen Schnellbootwaffe 1941/45
(zusammengestellt nach (75) und anderen Unterlagen)

Tabelle 16

Länge über Alles	21,00 m
" in der Wasserlinie	20,08 m
Breite über Deck	4,50 m
" in der Wasserlinie	4,10 m
Seitenhöhe	2,20 m
Tiefgang	1,30 m

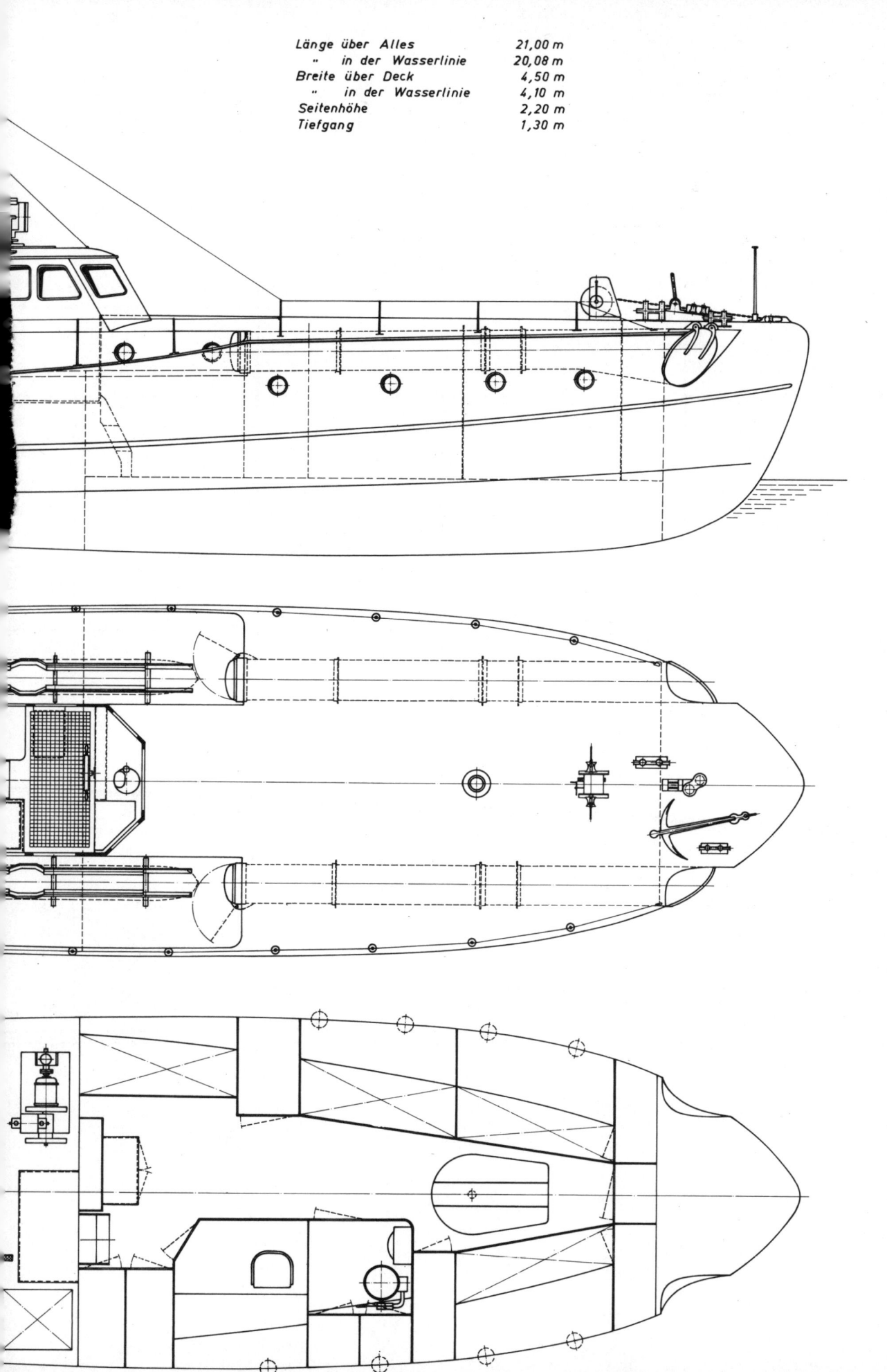

SK 99

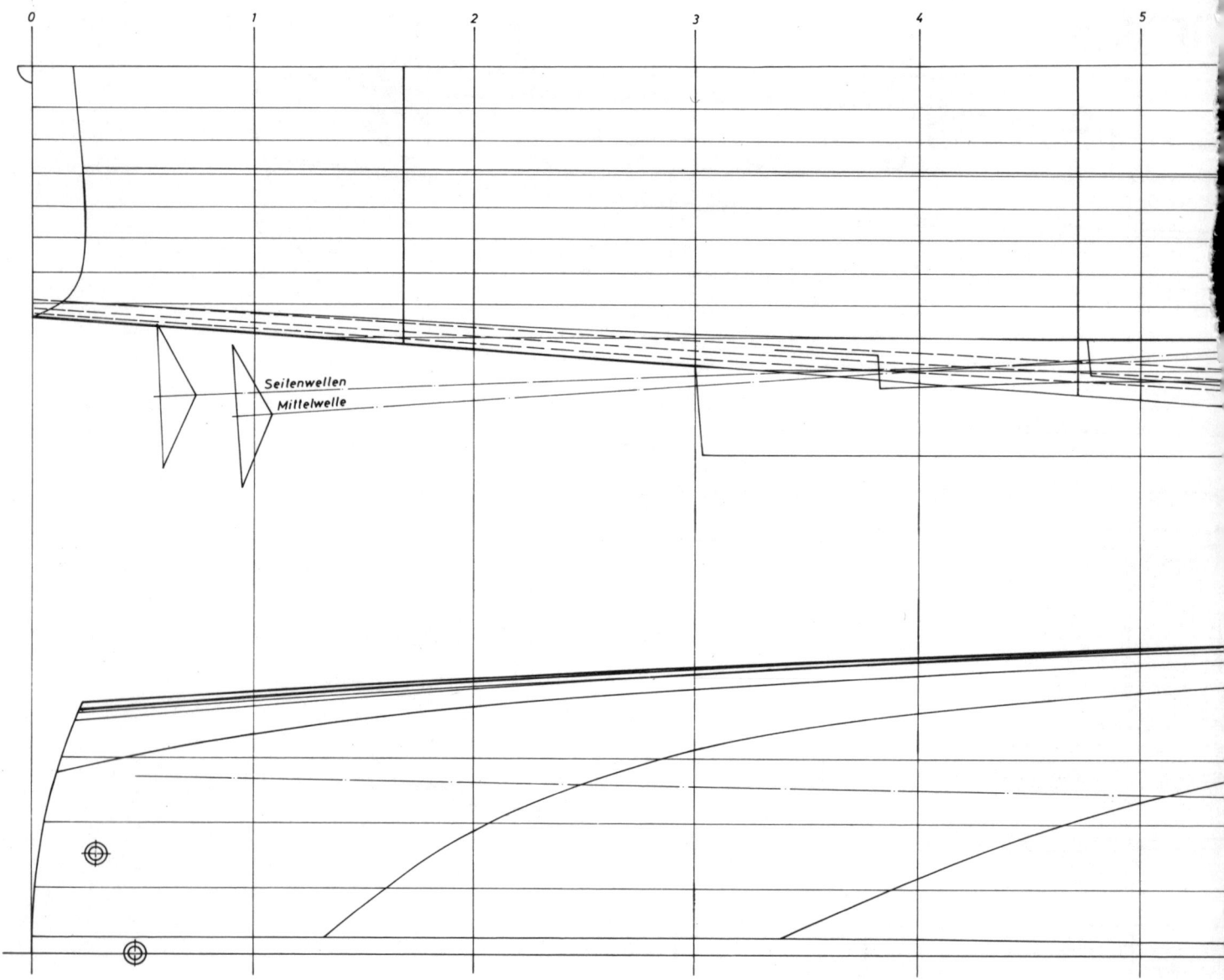

Seitenwellen
Mittelwelle

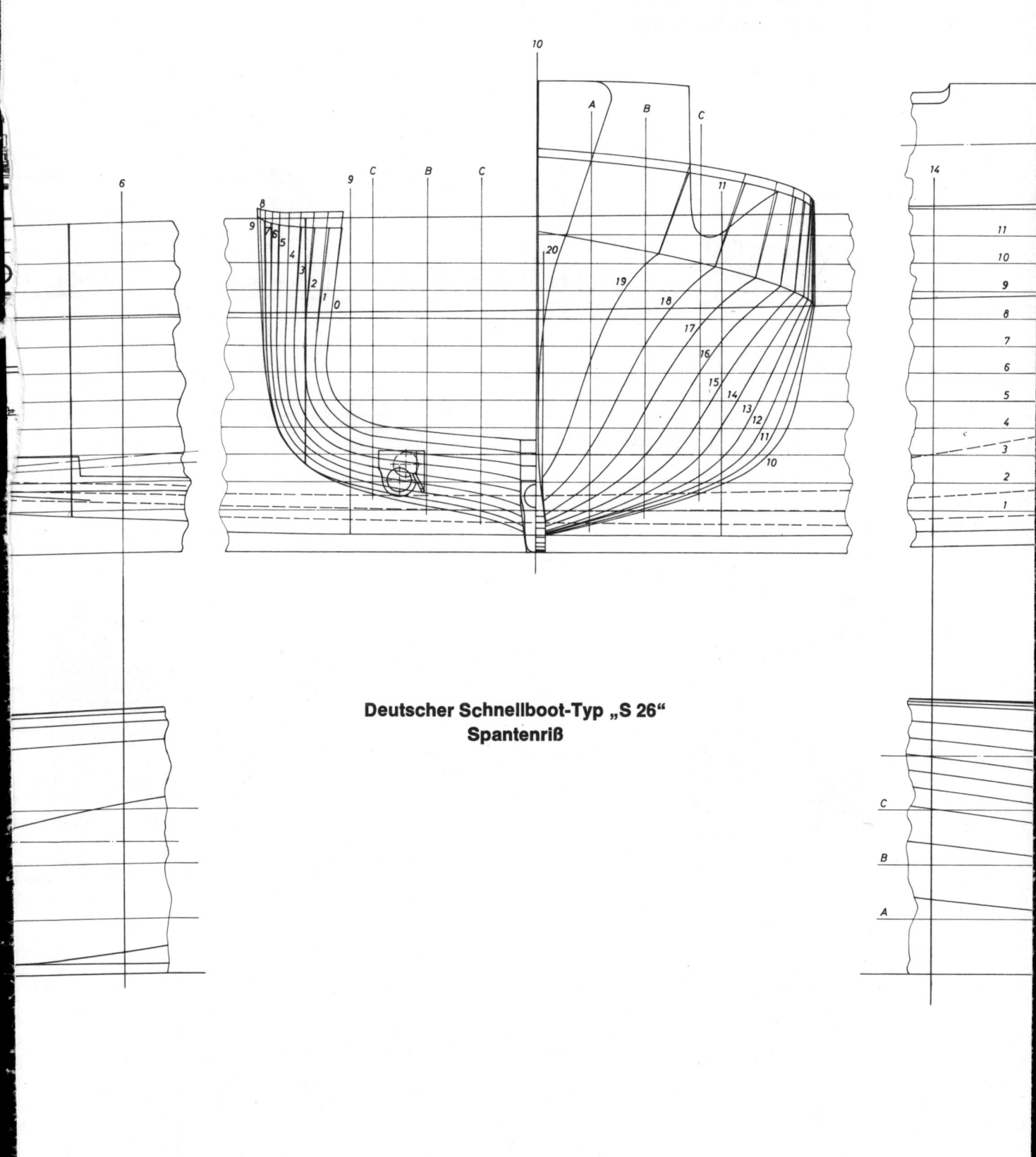

Deutscher Schnellboot-Typ „S 26"
Spantenriß

**Lürssen-Entwurf eines 21 m - MTB mit
3 Wellen für ausländische Rechnung**

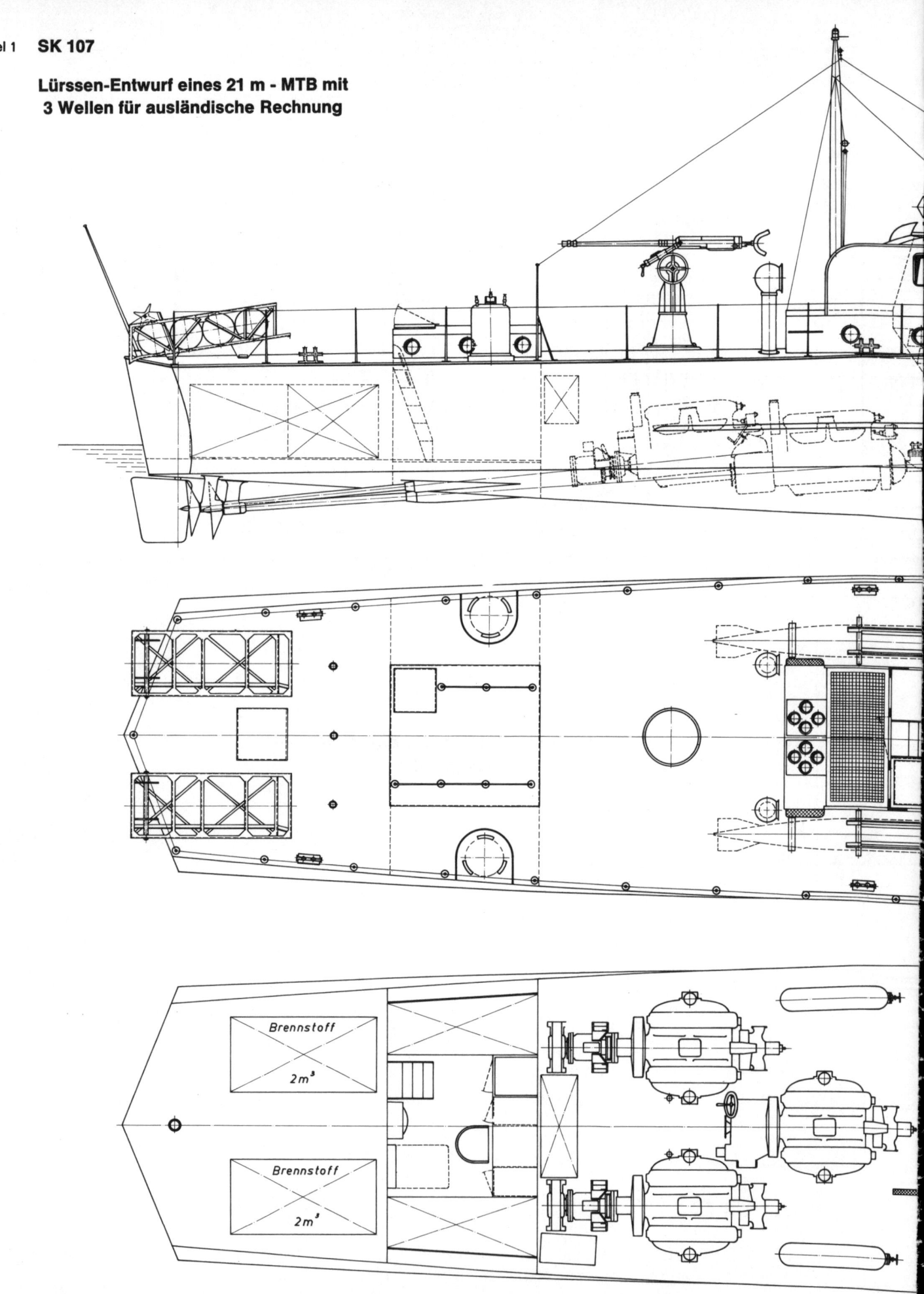

Brennstoff

2 m³

Brennstoff

2 m³

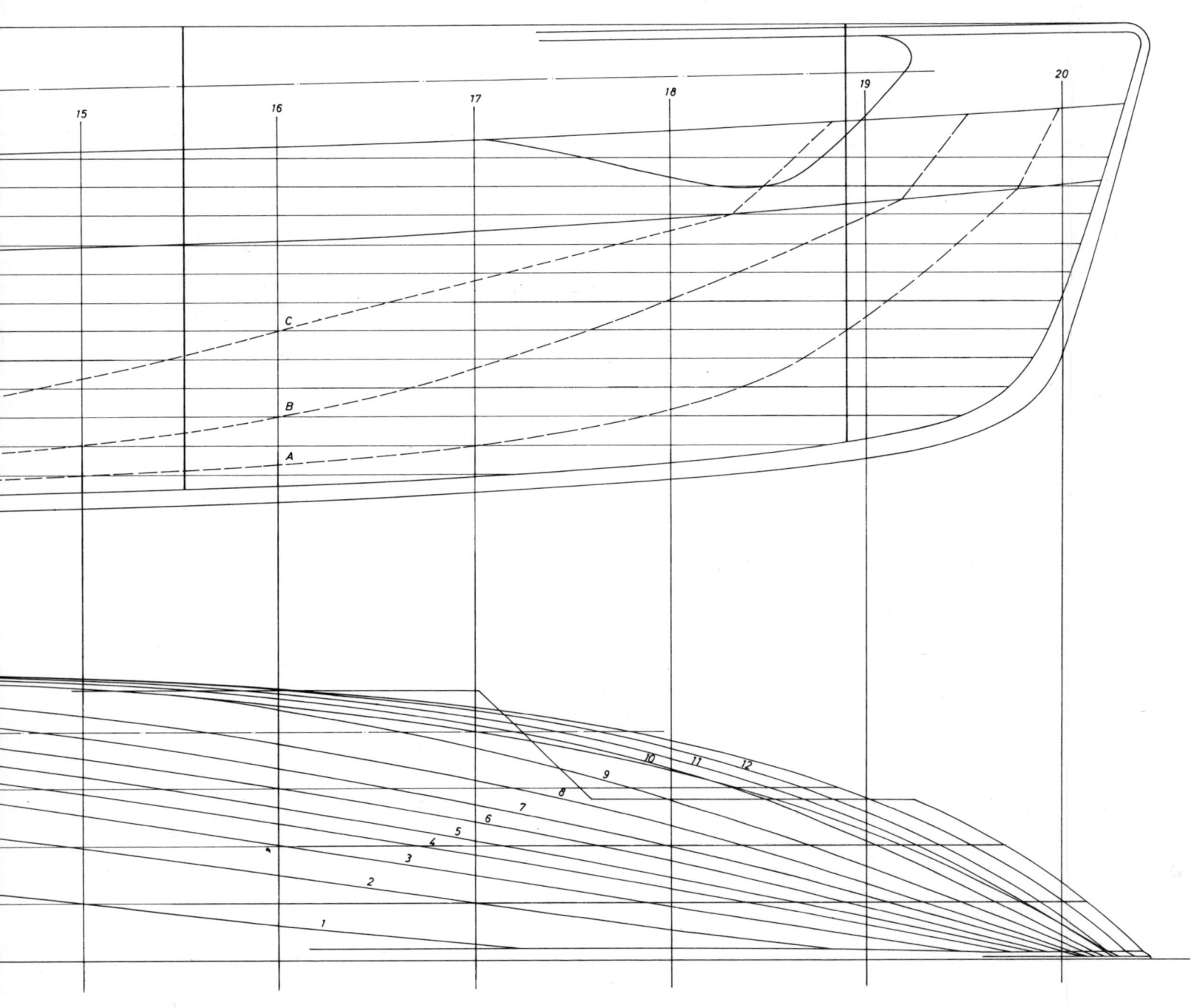

Deutscher Schnellboot-Typ „S 100"

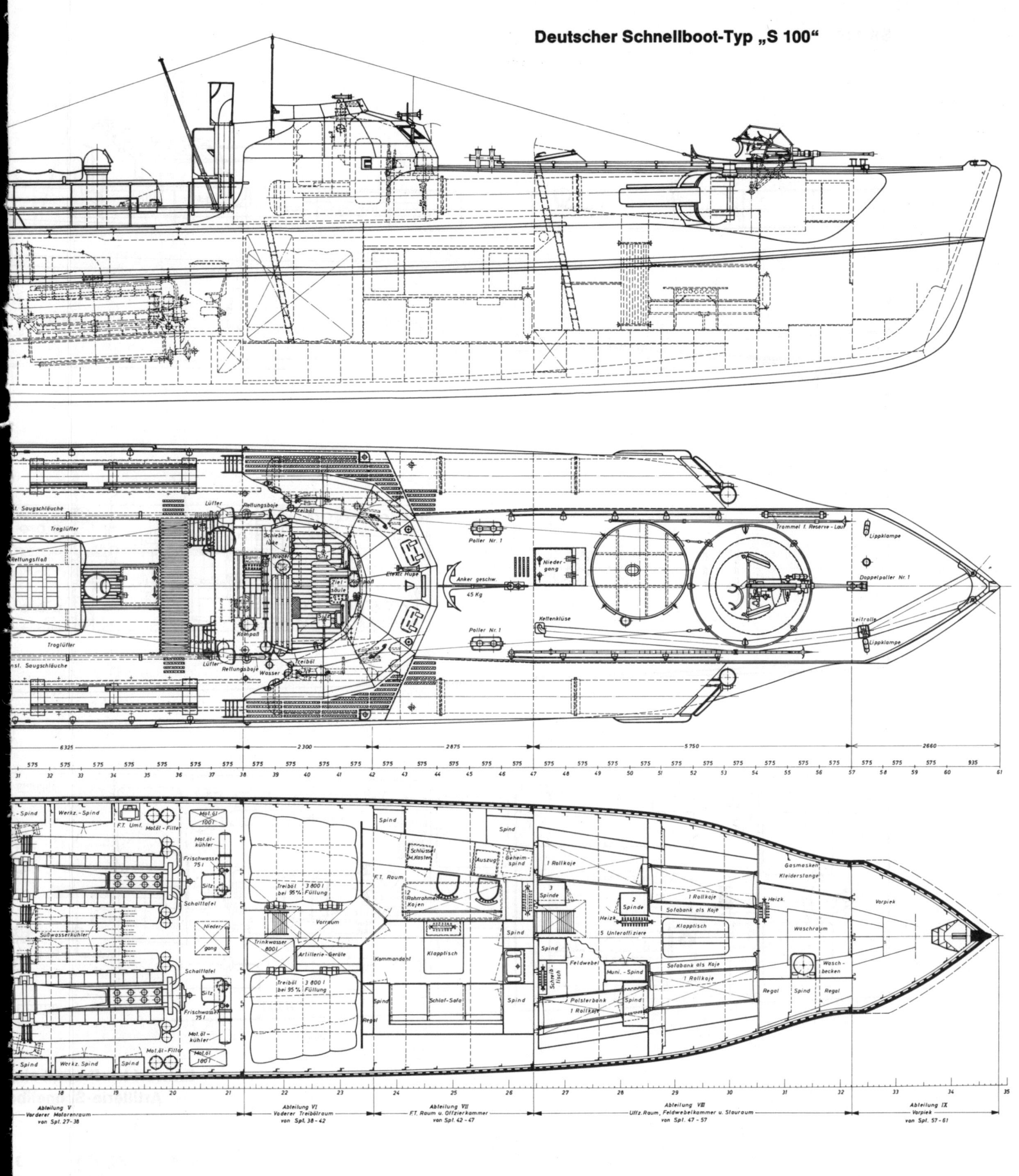

SK 110

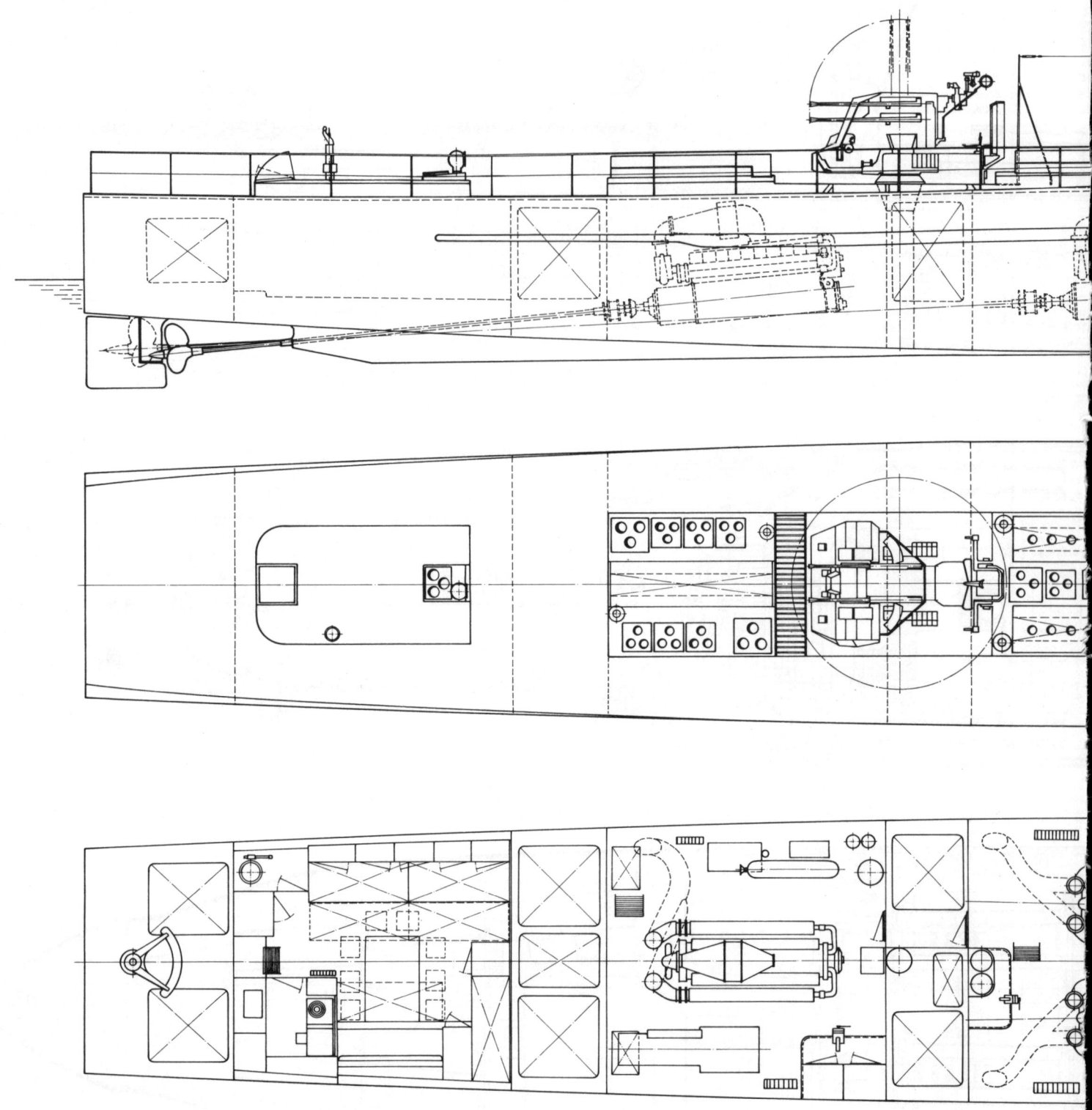

Entwurf I — Projekt ein
Artillerie-Schnellbo

L.ü.A.	36,37 m	3
B	5,30 m	2
H	3,00 m	1
Tg	1,94 m	1

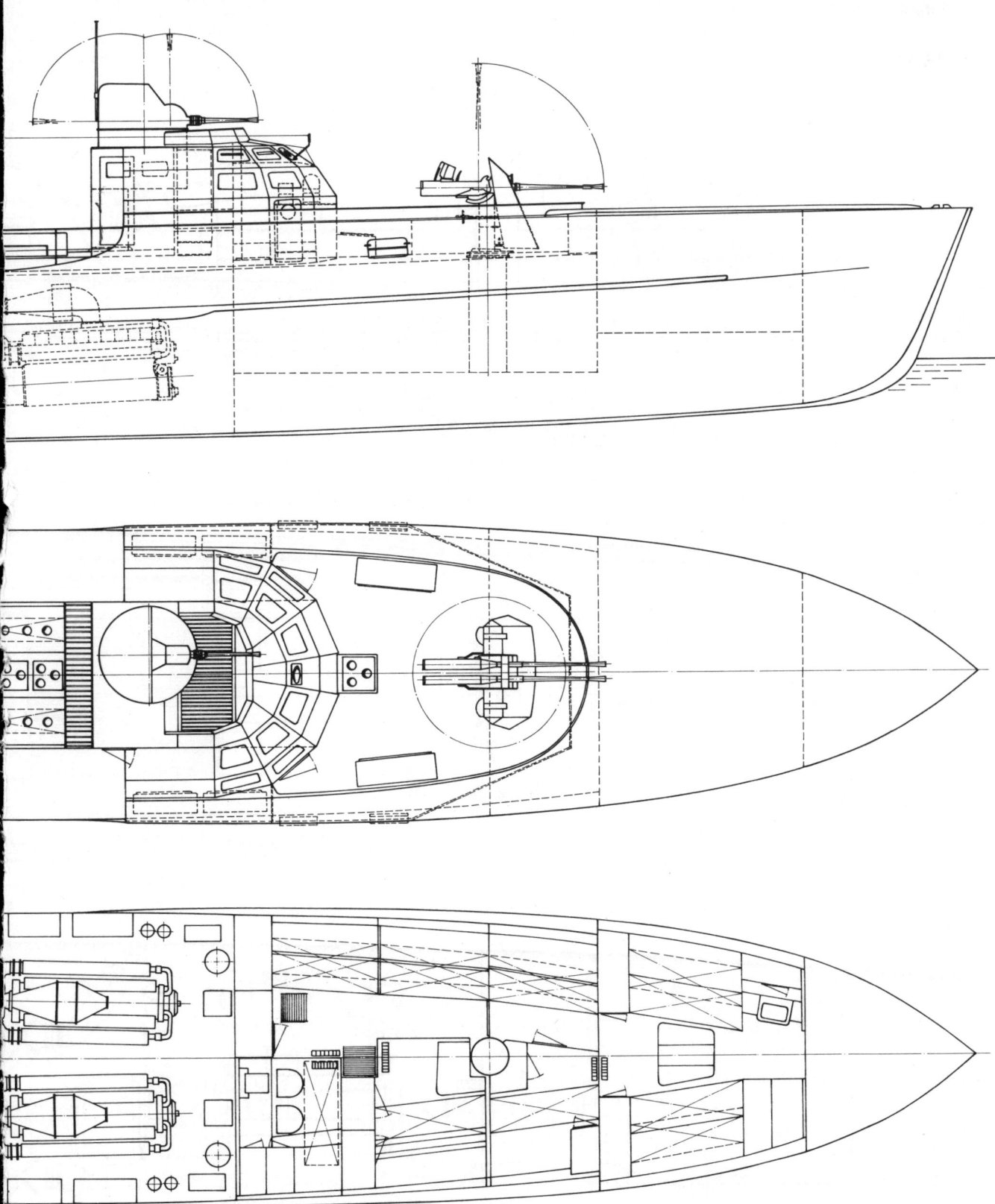

es deutschen

oots 1943

×2500 PS MB 511- Diesel

- 37 mm MK (Zwilling)

- 20 mm Vierling

- 20 mm MK

Tafel 2

SK 111

Notpinne · Lüfter · Haller Nr. 2 · Nebelkanne · T.M.B. · Treiböl · Motorenöl · Treiböl · Pollerbd. Nr. 1 · Einstieg · Einstieg

Kippklampe · Treiböl · Haller für Nebelboje · deutsch · franz · 4 cm Bereitsch. Munition · Telephon · Brenn

Rettungsboje · Montage-Luke · Niedergang · Lüfter · Reserve-Steuerkompaß · Küchenschornstein · Niedergang

Luke 1 Rüder · Luke

Kippklampe · Lüfter · Treiböl · Poller Nr. 2 · T.M.B. · Treiböl · Motorenöl · Haller Nr. 1 · Einstieg · Einstieg · Bren

2855 · 5175 · 1725 · 5175

605 · 450 · 450 · 450 · 450 · 575

0 1 2 3 4 5 6 7 8 9 10 11 12 13 14 15 16 17 18 19 20 21 22 23 24 25 26 27 28 29 30

Längsschott · Treiböl 2 000 l bei 95% Füllung · 2 Rollkojen · 2 Rollkojen · Torp.-Werkz.-Kasten · 2 Rollkojen · Spinde · 2 Spinde · 2 Spinde · Treiböl 3150 l bei 95% Füllung · Mot.öl/Vorrat 450 l · Treiböl · Werkz.-Spind · Mot.-öl 100 l · Heizk. · Werk

2 Spinde · Rohrrahmen Kojen · Klapptisch mit Schrank · 2 Spinde · Rollkojen · Hilfsaggregat 7,5 KW · Ölkühler · Ölfilter · Luftflasche 50 l

Luke · Niedergang · Verräte · Beschir · Treiböl 145 l bei 95% Füllung · w.d.Tür · Schalttafel · Sitz · Batterie unter · Niedergang

Munition-Kammer · 14 Mann · Gebb.öl/Sch. · Küche · Auflwache · Niedergang · Schalttafel · Frischwasser 75 l

Längsschott · 3 Rohrrahmenkojen · Heizungs-Herd · Elektr. Topf · Niedergang · Lüftfläche 50 l · Niedergang · Torpedo-Schalttafel · Werkbank

Mantel Spind · 2 Rollkojen darunter Platz für 6 Rohrrahmenkojen · Regale f. Geschirr und Töpfe · Treiböl 3150 l bei 95% Füllung · Mot.öl Vorrat 450 l · Werkbank · Umformer · Hilfsaggregat 7,5 KW · Ladewiderstand

Treiböl 2 000 l bei 95% Füllung · Spind · Torpedo-Luftflasche Heizk. · Treiböl · Lüftfläche 50 l

0 1 2 3 4 5 6 7 8 9 10 11 12 13 14 15 16 17

Abteilung I · Achterpiek · von Spt. 0 – 6

Abteilung II · Mannschafts- u. Schrankraum , Küche · von Spt. 6 – 15

Abteilung III · Mittlerer Treibölraum · von Spt. 15 – 18

Abteilung IV · Hinterer Motorenraum · von Spt. 18 – 27

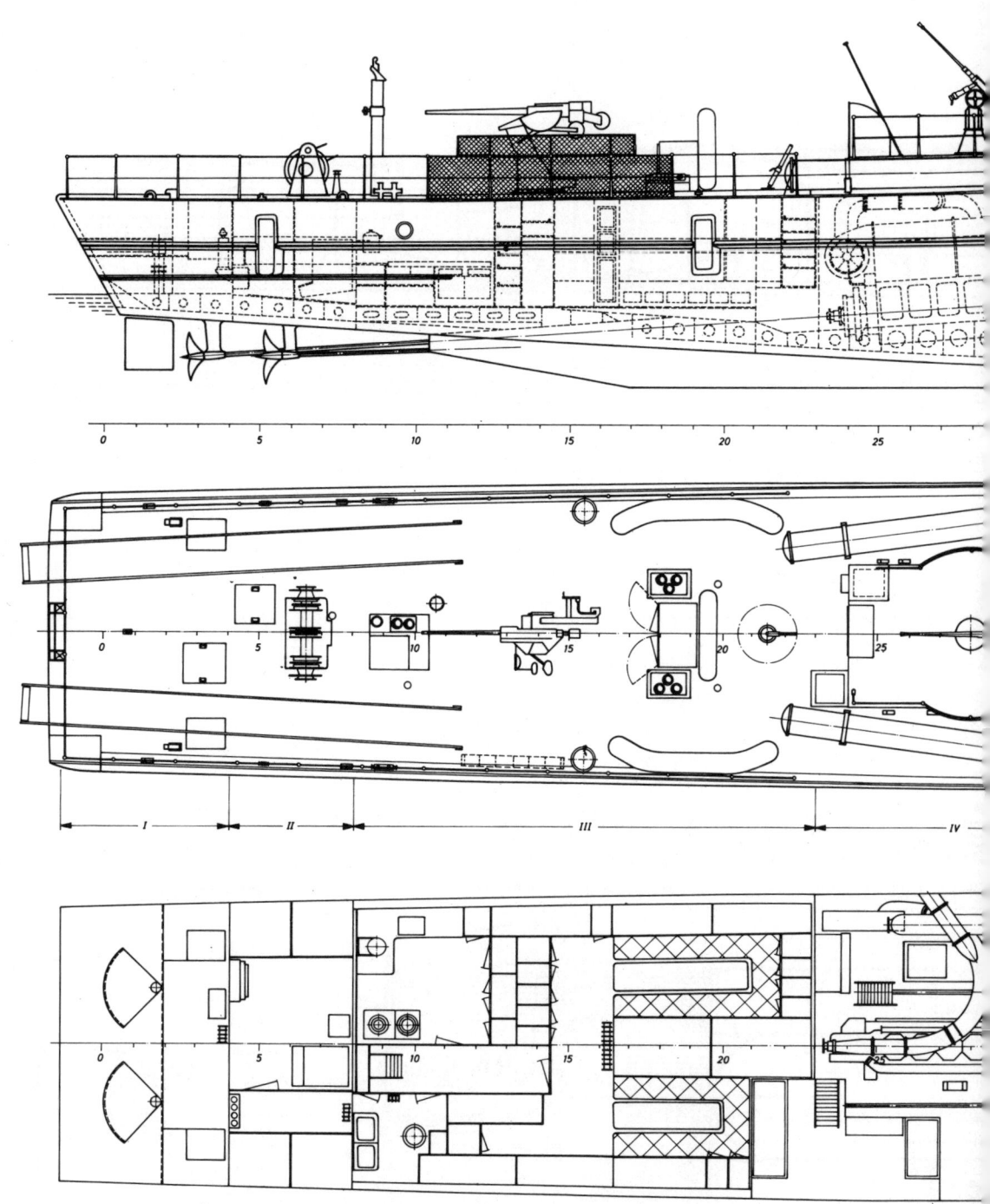

Maschinenanlage:

3 Dieselmotoren RS 143 Su mit Aufladung zus. 3 750 PS
Geschwindigkeit   24 Kn
Brennstoffvorrat   16,50 t
Fahrstrecke (Kriegsmarschfahrt)   760 / 20 sm / Kn

Bewaffnung:

1 – 3,7 cm Flak Sk c/30 U in Ubts. L c/39
1 – 2 cm Flak 38 in Drehkranz 41 dreiachsig
2 – 2 cm Flak c/30 in Einzellafette c/30
3 – LMG 34

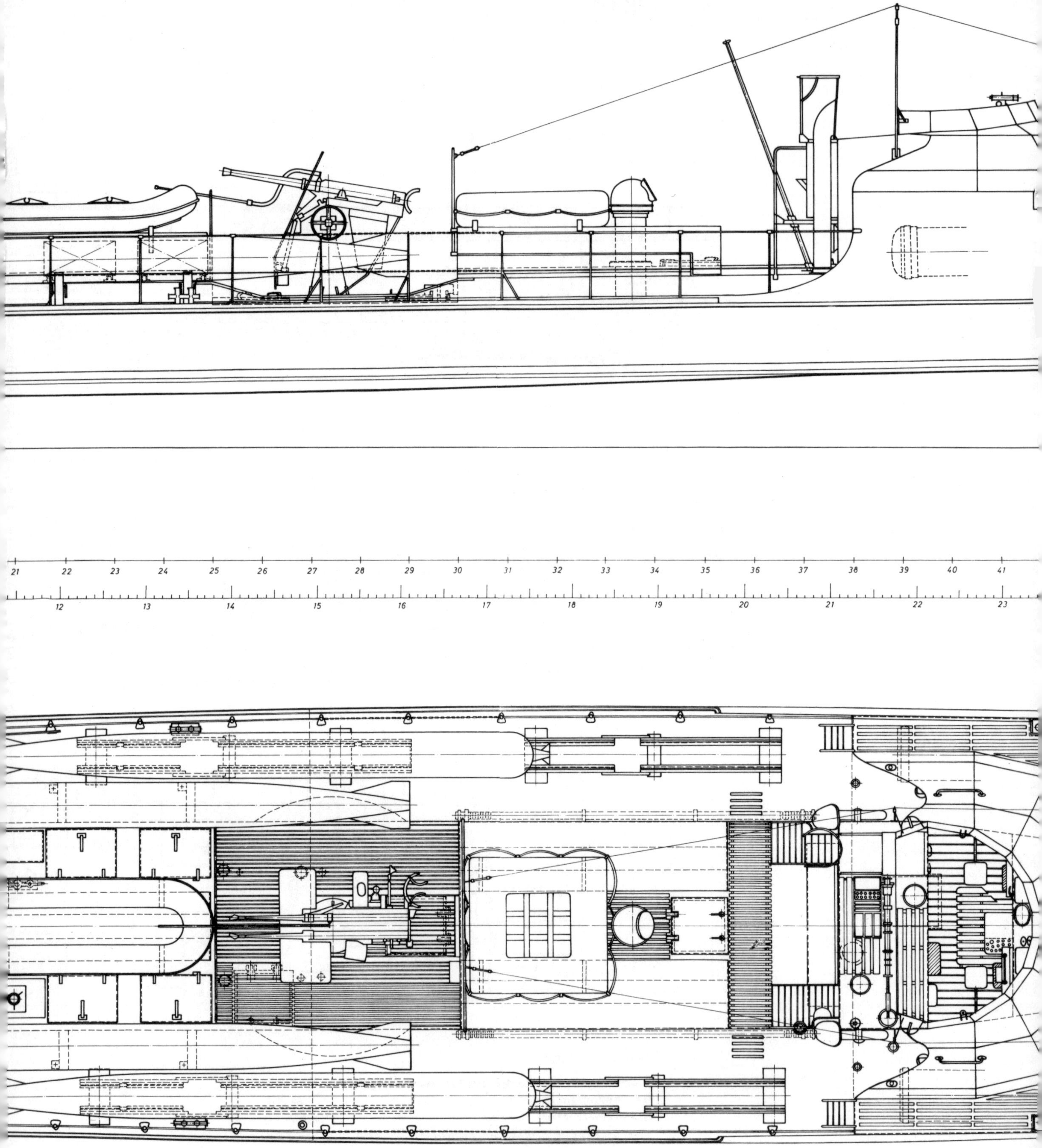

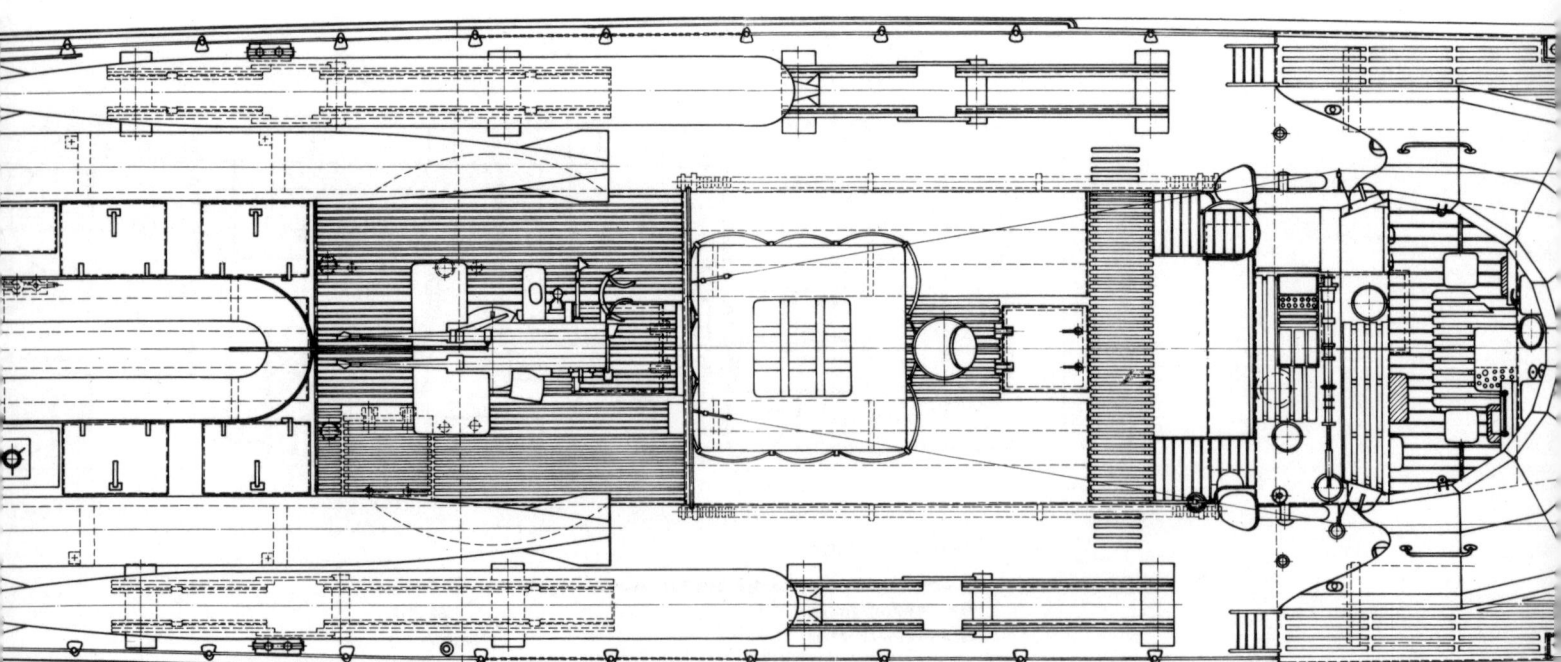

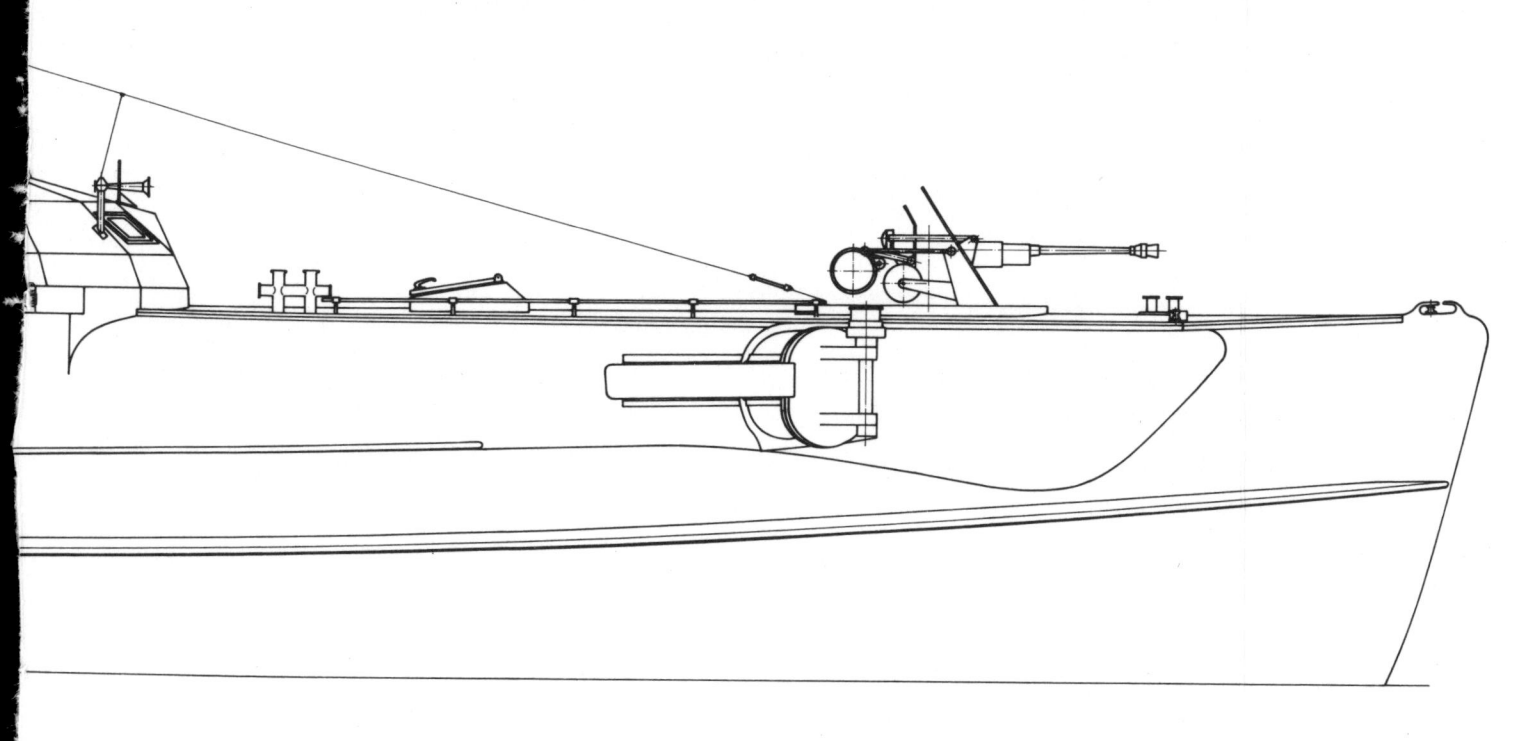

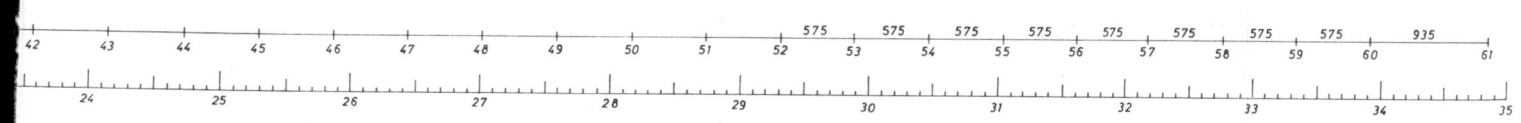

| 42 | 43 | 44 | 45 | 46 | 47 | 48 | 49 | 50 | 51 | 52 | 575 | 53 | 575 | 54 | 575 | 55 | 575 | 56 | 575 | 57 | 575 | 58 | 575 | 59 | 575 | 60 | 935 | 61 |

| 24 | 25 | 26 | 27 | 28 | 29 | 30 | 31 | 32 | 33 | 34 | 35 |

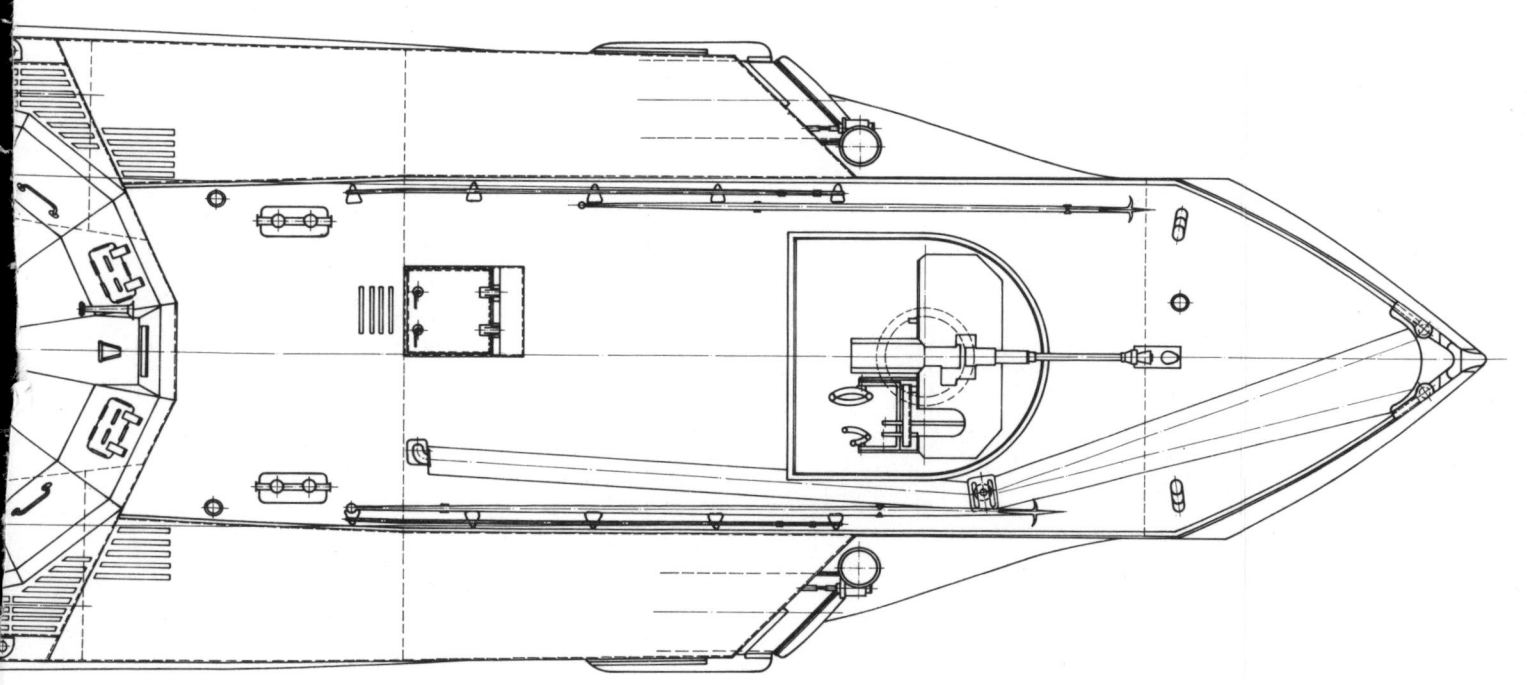

Deutscher Schnellboot-Typ „S 700" 1945

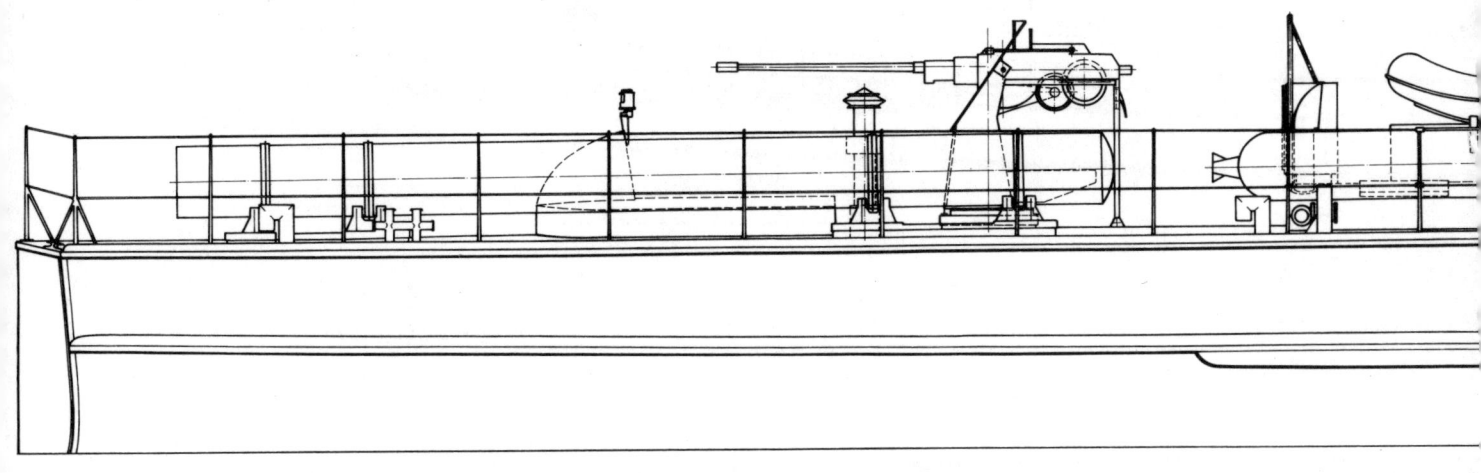

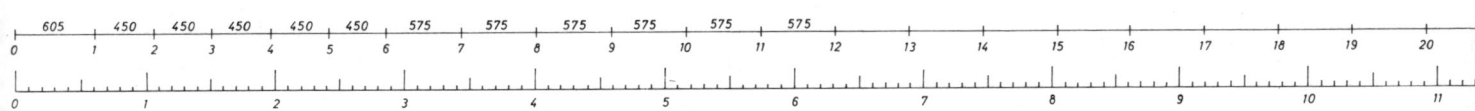

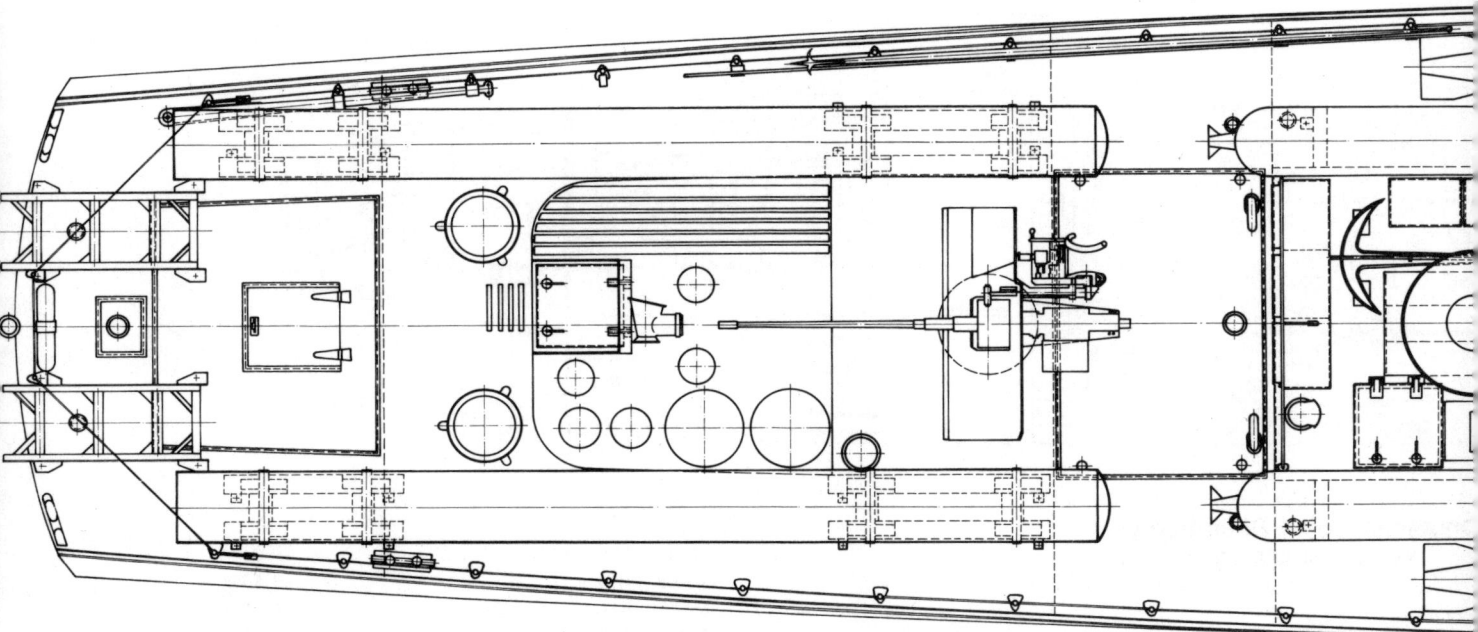

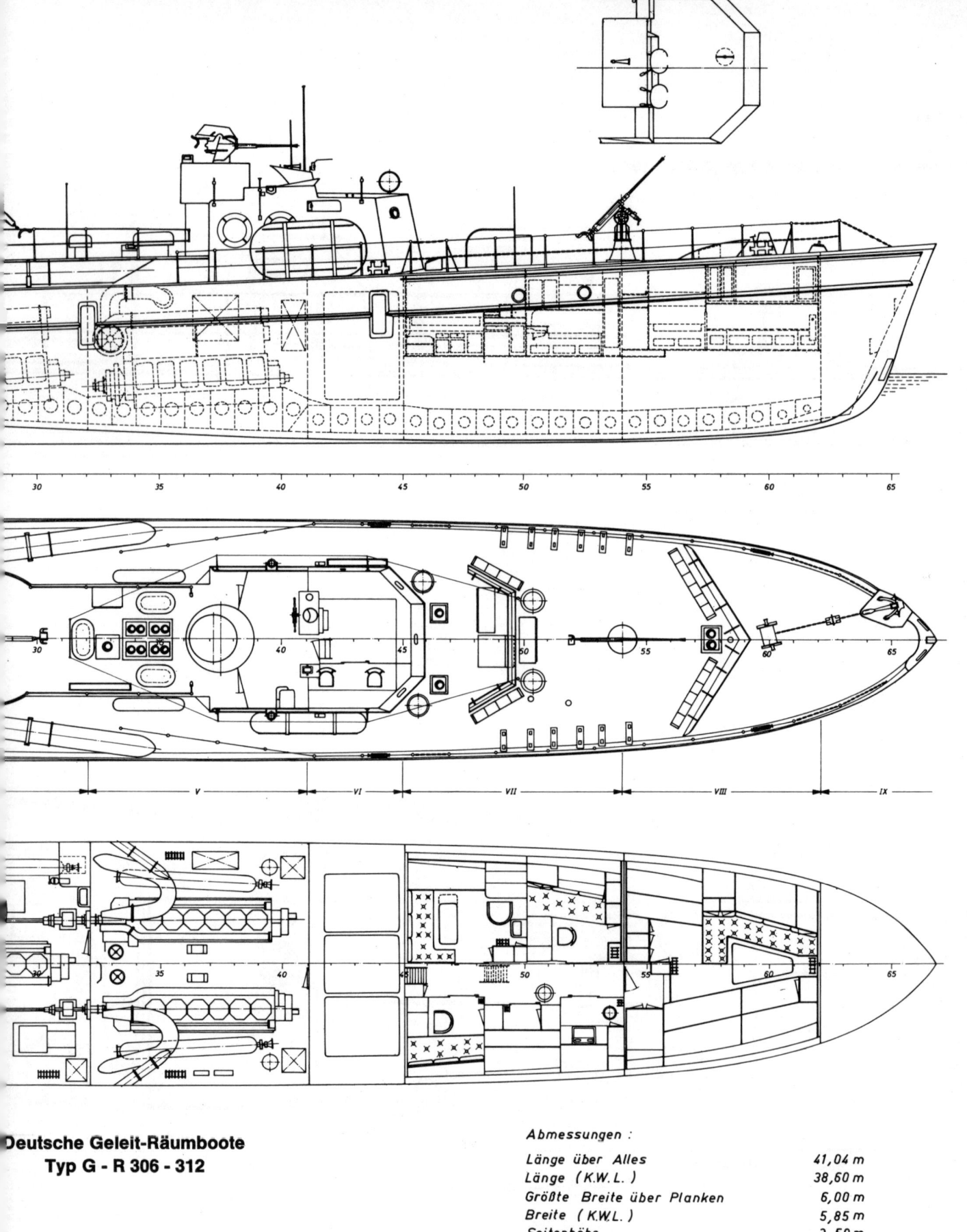

Deutsche Geleit-Räumboote
Typ G - R 306 - 312

Abmessungen :

Länge über Alles	41,04 m
Länge (K.W.L.)	38,60 m
Größte Breite über Planken	6,00 m
Breite (K.W.L.)	5,85 m
Seitenhöhe	3,50 m
Konstr. Tiefgang	1,80 m
Größter Tiefgang (Propeller)	1,88 m
Konstr. Verdrängung	160,90 t
Verdrängung voll beladen	177,05 t
Besatzungstärke	32 Mann